Un cadre d'investissement pour la nutrition

DIRECTIONS DU DÉVELOPPEMENT
Développement humain

Un cadre d'investissement pour la nutrition

Atteindre les cibles mondiales en matière de retard de croissance, d'anémie, d'allaitement maternel et d'émaciation

Meera Shekar, Jakub Kakietek, Julia Dayton Eberwein, et Dylan Walters

GROUPE DE LA BANQUE MONDIALE

Table des matières

Encadrés

Figures

Carte

Tableaux

Avant-propos

Le Groupe de la Banque mondiale (GBM) s'est engagé envers le double objectif consistant à mettre fin à l'extrême pauvreté et à promouvoir une prospérité partagée. Quoique des progrès significatifs aient été réalisés, avec, pour la première fois dans l'histoire, des taux de pauvreté mondiale inférieurs à 10 pour cent, le retard de croissance au cours de la petite enfance — un indicateur de premier plan de la dénutrition et du bien-être général — fait figure d'urgence silencieuse, avec une magnitude pourtant tout aussi importante que celle de l'épidémie au VIH sida : 159 millions d'enfants présentent actuellement un retard de croissance et souffrent de ses effets négatifs, notamment la maladie, la mortalité, le déficit d'apprentissage, la pauvreté et une productivité diminuée. Les liens entre la nutrition au cours de la petite enfance et le capital humain ont été démontrés depuis un certain temps déjà. Ce rapport identifie plutôt une série d'interventions qui, prises ensemble, permettraient l'atteinte des cibles de nutrition mondiales en matière de retard de croissance, d'anémie chez la femme, et d'allaitement maternel exclusif du nourrisson ainsi que l'intensification du traitement de l'émaciation sévère. Ces interventions permettraient d'améliorer considérablement la nutrition des enfants à court terme, leur santé et leur bien-être à long terme et leur productivité future en tant qu'adultes participant de façon dynamique à la société. Cet ensemble d'interventions demanderait des investissements de près de 70 milliards de dollars sur 10 ans, une somme qui proviendrait à la fois des ressources nationales, de l'aide publique au développement (APD) et du secteur privé.

Contrairement à plusieurs autres financements du développement, les montants investis dans la nutrition génèrent des retombées à la fois durables, inaliénables et transportables. Elles sont *durables* puisque les investissements effectués au cours des 1000 premiers jours — une fenêtre d'opportunité déterminante — ont une portée qui dure toute la vie, sans besoin de renouvellement. Elles sont également *inaliénables* et *transportables* puisqu'elles font corps avec l'enfant, quoi qu'il fasse et où qu'il aille. Plus important encore, les constats effectués ici indiquent que les investissements dans la nutrition figurent parmi les meilleurs placements dans le développement, avec un rendement qui va de 4 à 35 dollars pour chaque dollar dépensé.

Ce rapport identifie certains dispositifs de levée des fonds nécessaires à la mise à l'échelle des interventions susceptibles de permettre l'atteinte des cibles mondiales. Il faudra pour cela combiner les modalités de financement plus traditionnelles — notamment à travers une allocation plus importante des ressources nationales et de l'APD et une nouvelle répartition des financements étatiques existants, qui déplacerait une dépense peu rentable vers des interventions nutritionnelles à fort impact — avec des dispositifs de financements novateurs tels que la Force de la Nutrition et le Mécanisme de financement mondial en soutien à chaque femme, chaque enfant.

Il faut agir maintenant. Rassemblons-nous en tant que communauté internationale et attaquons-nous à la malnutrition. Les années d'enfance sont peu nombreuses et chaque jour qui passe sans prise d'actions contre le retard de croissance et en faveur de l'amélioration des résultats nutritionnels diminue la croissance et la prospérité des différents pays du monde.

Timothy Grant Evans
Directeur principal, santé, nutrition et population
Groupe de la Banque mondiale

Remerciements

L'élaboration de ce rapport a été dirigée par Meera Shekar, appuyée de Jakub Kakietek, Julia Dayton Eberwein, et Dylan Walters. L'ensemble de l'ouvrage, qui fait état des travaux conjoints du Groupe de la Banque mondiale, du Results for Development Institute et de l'organisme 1,000 Days, a pu être réalisé avec le soutien financier de la Fondation Bill et Melinda Gates ainsi que de la Children's Investment Fund Foundation.

L'équipe du Results for Development Institute, qui a élaboré les scénarios de financement présentés dans cet ouvrage, était dirigée par Robert Hecht, appuyé de Shan Soe-Lin, Mary Rose D'Alimonte, Hilary Rogers, Stephanie Heung, et Daniel Arias. David de Ferranti a prodigué les conseils techniques nécessaires alors que Jack Clift a assuré le soutien et la revue par les pairs associés au Chapitre 8.

L'équipe de 1,000 Days était dirigée par Lucy Sullivan et Danielle Porfido.

Ellen Piwoz de la Fondation Bill et Melinda Gates et Augustin Flory de la Children's Investment Fund Foundation ont émis de précieux conseils techniques. Jon Kweku Akuoku, Audrey Pereira, Rebecca Heidcamp, et Michelle Mehta (consultants Banque mondiale); Thu Do (Results for Development Institute); ainsi que Robert Greener et Clara Picanyol (Oxford Policy Management) ont contribué de façon efficace à l'analyse. Hope Steele a édité l'ensemble du rapport.

Les auteurs remercient tout particulièrement de leurs conseils et appuis Keith Hansen, Vice-Président du Développement humain au Groupe de la Banque mondiale et Tim Evans, Directeur de la Pratique Mondiale santé, nutrition et population du Groupe de la Banque mondiale.

Harold Alderman (IFPRI), Ellen Piwoz, Luc Laviolette (Banque mondiale), et Marelize Gorgens (Banque mondiale) ont formulé certains commentaires lors de la revue par les pairs et Sue Horton (Université de Waterloo), Julia Kravasec (UNICEF), Monika Bloessner (OMS), Neil Watkins et Nora Coghlan (Fondation Bill et Melinda Gates ont prodigué de précieux conseils techniques sur les questions relatives au plaidoyer.

L'équipe tient également à exprimer sa profonde reconnaissance aux membres du Groupe Technique Consultatif pour leur collaboration à cet ouvrage (voir l'Appendice A pour l'identification des membres du GTC). Les apports additionnels des différents collègues qui ont participé à la rencontre du 22 février 2016 se sont également révélés précieux (voir également l'Appendice A pour la liste des participants).

Les consultations auprès des partenaires techniques et financiers, tout particulièrement de la *International Coalition for Advocacy on Nutrition* (ICAN), du Département pour le Développement international du Royaume-Uni (DfiD), de l'Organisation mondiale de la Santé (OMS) et d'autres parties prenantes ont également fourni des indications supplémentaires lors de l'élaboration du rapport. Les auteurs tiennent à remercier tous ceux qui ont bien voulu consacrer leur temps, formuler des conseils et contribuer à cet ouvrage.

À propos des auteurs et des contributeurs

À propos des auteurs

Meera Shekar assure le leadership global de la Pratique mondiale Santé, Nutrition et Populations. Elle a vécu et travaillé partout dans le monde et dispose d'une vaste expérience opérationnelle au Bangladesh, en Éthiopie, au Guatemala, en Inde, aux Philippines, au Sri Lanka, en Tanzanie, en Ouzbékistan et au Vietnam. Avant de se joindre à la Banque mondiale en 2003, elle a dirigé en Tanzanie et aux Philippines les équipes de santé, de nutrition et d'eau et d'assainissement du Fonds des Nations-Unies pour l'enfance (UNICEF). Meera a obtenu un doctorat en études internationales sur la nutrition, l'épidémiologie et la population de l'Université Cornell.

Jakub Kakietek agit à titre d'économiste de la santé au sein de la Pratique mondiale Santé, Nutrition et Populations. Il possède une expérience de plus de 10 ans dans la conception, la mise en œuvre et la gestion de projets analytiques et d'assistance technique dans les pays à revenu élevé, intermédiaire et faible. Il s'est particulièrement penché sur les questions d'évaluation économique et d'impact dans les domaines de la nutrition, de l'obésité et du VIH/sida. Il est titulaire d'une maîtrise ès science en économie de la santé du London School of Economics ainsi que d'une maîtrise en santé publique et d'un doctorat en sciences politiques de l'Université Emory.

Julia Dayton Eberwein est consultante au sein de la Pratique mondiale Santé, Nutrition et Populations de la Banque mondiale. Outre ses recherches dans le domaine de la nutrition, elle a participé à des travaux sur les effets du VIH/sida, à l'évaluation de programmes de santé et à la conduite d'analyses de rapports coût-efficacité. Elle a été associée de recherche au Population Council et boursière postdoctorale au Centre interdisciplinaire de recherche sur le sida de l'Université Yale.

Dylan Walters est consultant au sein de la Pratique mondiale Santé, Nutrition et Populations de la Banque mondiale. Il prépare un doctorat au Centre canadien en économie de la santé et à l'Institut des politiques, de la gestion et de l'évaluation de la santé de l'Université de Toronto. Il a travaillé à titre de consultant en recherche auprès d'Alive and Thrive en Asie du sud-est et de la Coalition canadienne pour la recherche en santé mondiale et a assuré la gestion de vastes programmes de renforcement des capacités des ressources humaines pour le SickKids Centre for Global Child Health.

À propos des contributeurs

Anne Marie Provo est analyste de recherche pour la Pratique mondiale Santé, Nutrition et Populations de la Banque mondiale.

Michelle Mehta est consultante pour la Pratique mondiale Santé, Nutrition et Populations de la Banque mondiale.

Jon Kweku Akuoku est consultant pour la Pratique mondiale Santé, Nutrition et Populations de la Banque mondiale.

Audrey Pereira est consultante pour la Pratique mondiale Santé, Nutrition et Populations de la Banque mondiale.

David de Ferranti est président et directeur général du Results for Development Institute de Washington, DC.

Mary Rose D'Alimonte, est agente de programme au Results for Development Institute de Washington, DC.

Hilary Rogers est associée principale de programme au Results for Development Institute de Washington, DC.

Lucy Sullivan est directrice générale de l'organisme 1 000 Days situé à Washington, DC.

Acronymes

APD	Aide publique au développement
AVCI	Année de vie corrigée du facteur invalidité
AVI	Année de vie en bonne santé perdue pour cause d'invalidité
AVP	Année de vie perdue
BIRD	Banque Internationale pour la Reconstruction et le Développement
DAES	Département des Affaires Économiques et sociales
DfID	Department for International Development UK (Département pour le Développement International du Royaume-Uni)
DM	Différence moyenne
EDS	Enquête démographique et de santé
ESR	Enquêtes sur la santé de la reproduction
ET	Écart-type
FAO	Organisation pour l'Agriculture et l'Alimentation
FBMG	Fondation Bill et Melinda Gates
FFI	Food Fortification Initiative
GAIN	Global Alliance for Improved Nutrition
GTC	Groupe Technique Consultatif
IAEG-SDG	Inter-Agency and Expert Group on Sustainable Development Goal Indicators (Groupe interagences d'experts sur les objectifs de développement durable)
IC	Intervalle de confiance
ICAN	International Coalition for Advocacy on Nutrition (Coalition Internationale pour la Promotion de la Nutrition)
IDA	International Development Association (Association Internationale de Développement)
IFNA	Initiative on Food and Nutrition Security in Africa (Initiative pour la Sécurité Alimentaire et Nutritionnelle en Afrique)
IFPRI	Institut International de Recherche sur les Politiques Alimentaires
INSP	Institut national de santé publique

JICA	Japan International Cooperation Agency (Agence Japonaise de Coopération Internationale)
kcal	Kilocalories
LiST	Lives Saved Tool (outil Vies sauvées)
mg	milligrammes
MICS	Multiple Indicator Cluster Survey (Enquêtes en grappes à indicateurs multiples)
ODD	Objectif de développement durable
OIT	Organisation internationale du travail
OMS	Organisation mondiale de la Santé
ONU	Organisation des Nations Unies
ONUSIDA	Programme commun des Nations Unies sur le VIH/sida
PIB	Produit intérieur brut
QI	Quotient intellectuel
RR	Risque relatif
S & E	Suivi et évaluation
SMART	Specific, Measurable, Agreed upon, Realistic, Time-related (Spécifique, Mesurable, Atteignable, Réaliste, limité dans le Temps)
SUN	Scaling up Nutrition (Mouvement pour le renforcement de la nutrition)
TICAD-VI	Tokyo International Conference on African Development
UI	Unité internationale
UNICEF	Fonds des Nations Unies pour l'Enfance
UNIMAP	Préparation multi-micronutriments (UNICEF)
USAID	United States Agency for International Development (Agence des États-Unis pour le développement international)
WASH	Water Sanitation and Hygiene promotion (eau, assainissement et promotion de l'hygiène)

À moins d'avis contraire, tous les montants sont en dollars des États-Unis

Glossaire des termes techniques

Le rapport coûts – avantages résume la valeur globale d'un projet ou d'une proposition. Il exprime le coefficient de bénéfices tirés d'un projet ou d'une proposition, traduits en termes monétaires, face aux coûts encourus, également formulés en termes monétaires. Le rapport coûts-avantages rend compte de l'ampleur du gain financier tiré de la mise en œuvre d'un projet, contre le montant investi dans son exécution. Plus le rapport est élevé, meilleur est l'investissement. En règle générale, un projet est un bon investissement lorsque ses avantages sont plus importants que ses coûts.

Le renforcement des capacités pour la mise en – uvre de programmes désigne le processus d'amélioration des capacités humaines et des systèmes nationaux à des fins de conception, de mise en œuvre, de gestion et d'évaluation d'interventions à large échelle (Banque mondiale 2010). Il s'agit notamment du développement des compétences nécessaires à la prestation de services à travers la formation des personnels de santé publique et des relais communautaires. Ces activités accompagnent généralement la mise en œuvre d'un programme ou la précèdent, lorsque possible. Dans l'analyse proposée ici, 9 pour cent des coûts programmatiques totaux ont été alloués au renforcement des capacités de mise en œuvre des interventions.

L'analyse coûts – avantages menée dans un cadre économique permet de pondérer les coûts d'une intervention par rapport à ses avantages. Il s'agit en fait d'assigner une valeur monétaire aux effets positifs d'une intervention puis d'estimer la valeur actualisée des résultats nets attendus, soit la *valeur nette actualisée*. Les avantages nets représentent la différence entre le coût et la valeur monétaire des résultats obtenus. De façon mathématique, la valeur nette actualisée se calcule comme suit :

$$Valeur\ nette\ actualisée = \sum_{t=1}^{T} \frac{C_t}{(1+r)^t} - C_0$$

Où C_t représente les entrées nettes de trésorerie, C_0 l'investissement initial, l'indice—la période de temps considérée et— le taux d'actualisation. Lorsque le résultat, mesuré à partir d'un taux d'actualisation approprié, est positif, la valeur actualisée des gains monétaires (avantages) dépasse la valeur actualisée des dépenses (montants investis). Les interventions dont la valeur nette actualisée est au moins aussi élevée que leurs alternatives offrent des avantages plus importants que celles dont la valeur nette actualisée est égale ou inférieure à celle des alternatives. Les résultats d'une analyse coûts – avantages peuvent également été exprimés en termes de rapport coûts – avantages.

L'analyse coûts – efficacité permet d'identifier les interventions qui produisent les résultats escomptés au coût le plus bas. L'analyse coûts – efficacité fait appel à 2 facteurs : le coût total de l'intervention et une estimation de l'impact de cette dernière, par exemple en termes de nombre de vies sauvées. Le rapport coûts – efficacité peut être défini comme suit :

$$rapport\ coût - efficacité = \frac{coût\ total\ de\ mise\ en\ \alpha uvre\ de\ l'intervention}{impact\ de\ l'intervention\ sur\ le\ résultat\ attendu}$$

L'analyse implique la comparaison des rapports coûts – efficacité des différentes interventions alternatives axées sur l'atteinte des mêmes résultats. L'intervention qui présente le rapport coûts – avantages le plus bas sera considérée comme ayant le meilleur coefficient coûts – efficacité.

Une année de vie corrigée du facteur invalidité (AVCI) correspond à une année de vie en santé perdue en raison d'un déficit sanitaire. Le concept d'AVCI, développé en 1993 par la Banque mondiale, combine à la fois les années de vie perdues (AVP) en raison d'un décès prématuré et les années de vie en bonne santé perdues pour cause d'invalidité (AVI) due à la maladie. L'AVCI évalue les gains en termes de recul de la mortalité (à savoir le nombre évité d'années de vie supplémentaires perdues en raison d'un décès prématuré) et de la morbidité (soit le nombre évité d'années de vie supplémentaires perdues en raison d'une invalidité). L'indice AVCI a l'avantage d'être reconnu et maîtrisé par divers organismes, notamment l'Organisation mondiale de la Santé (OMS) et les instituts nationaux de santé publique (INSP). Il permet d'apprécier la contribution de chaque maladie à la charge générale de morbidité par région géographique ou zone de santé. Combiné aux données sur les coûts, l'indice AVCI favorise l'estimation et la comparaison du rapport coûts – efficacité du renforcement d'interventions nutritionnelles dans différents pays.

Le taux d'actualisation désigne taux d'intérêt utilisé pour déterminer la valeur actualisée des flux monétaires dans l'avenir. Le concept de valeur temporelle de l'argent présuppose qu'en raison de la diminution du pouvoir d'achat, le revenu d'aujourd'hui vaut davantage que la même somme gagnée dans l'avenir. Un taux d'actualisation plus élevé indique des pertes sur investissement plus substantielles face aux bénéfices tirés d'investissements alternatifs, mais il peut également indiquer la présence de risques d'intervention plus importants.

L'outil Vies sauvées (*Lives Saved Tool*) (LiST) convertit les changements apportés à la couverture d'une intervention en estimation du recul de la mortalité et des retards de croissance évités. L'outil LiST est utilisé à des fins de projection des impacts sur la survie maternelle et infantile du renforcement de la couverture d'une intervention. Il fait partie intégrante d'un ensemble d'instruments offerts par le programme de modélisation informatique Spectrum.

Le suivi et évaluation (S & E), la recherche opérationnelle et le soutien technique à la mise en œuvre de programmes favorisent tous la mise en œuvre rentable et efficace d'un programme. Le **suivi** estime la progression des activités par rapport à la planification, essentiellement à travers la collecte systématique et régulière de données sur les projets et programmes ; le suivi permet de tirer parti des expériences et d'améliorer les pratiques et activités à venir ; d'assurer la redevabilité interne et externe face aux ressources investies et résultats obtenus ; et, de favoriser la prise de décisions informée sur la conduite de l'intervention. Le suivi est par nature périodique et récurrent. L'**évaluation** désigne l'appréciation, aussi systématique et objective que possible, d'un projet ou d'une intervention finalisée (ou encore d'une phase d'un projet en cours). **La recherche opérationnelle** renseigne les concepteurs de programmes sur les méthodes susceptibles d'améliorer l'efficacité et l'efficience d'une intervention. Le **soutien technique** permet de s'assurer que la formation, l'appui et les équipements nécessaires à l'intervention sont en place. Dans l'analyse proposée ici, 2 pour cent des coûts impartis à une intervention ont été alloués au suivi et évaluation, à la recherche opérationnelle et au soutien technique.

Une intervention sensible à la nutrition génère un impact indirect sur la nutrition et est mise en œuvre par un secteur autre que celui de la santé, notamment l'agriculture, l'éducation, l'eau, l'assainissement et l'hygiène. Il s'agit par exemple d'interventions de bio-enrichissement des denrées de base, de transferts monétaires conditionnels ou encore d'amélioration des infrastructures d'eau et d'assainissement.

Une intervention spécifique à la nutrition s'intéresse aux déterminants immédiats de la nutrition infantile, particulièrement à l'apport alimentaire et nutritionnel adéquat ; aux pratiques d'alimentation et de soins ; et au traitement des maladies. Il s'agit par exemple de programmes communautaires de nutrition, d'apports supplémentaires de micronutriments ou de l'administration de vermifuge.

L'APD désigne l'aide publique au développement et les types d'assistance similaires. L'expression désigne ici les agences d'aide bilatérale (et les pays à revenu élevé dont elles dépendent), les organismes multilatéraux (tels que les banques de développement) et un vaste éventail d'institutions charitables (notamment les organisations non gouvernementales à vocation internationale).

L'analyse de sensibilité permet d'évaluer la solidité des constats lorsque les variables clés sont modifiées. Elle aide à identifier les variables exerçant le plus et le moins d'influence sur les résultats d'une intervention. L'analyse de sensibilité procède à un certain ajustement de la valeur d'une variable afin d'observer l'impact sur les résultats attendus.

Le retard de croissance est constaté lorsque la mesure anthropomorphique révèle une faible taille pour l'âge. Il s'agit d'un indicateur de dénutrition chronique attribuable à l'effet cumulatif de déficits alimentaires à long terme et/ou de maladies. Il est mesuré en termes d'écart-type (ET) (ou d'unité de déviation standard, voir ci-dessous) : un enfant présente un retard de croissance lorsque sa taille pour l'âge équivaut à un écart-type de -2 unités de déviation standard ou plus.

L'insuffisance pondérale est constatée lorsque la mesure anthropométrique révèle un faible poids pour l'âge. Il s'agit d'un indicateur composite de dénutrition à la fois chronique et aiguë, même s'il ne peut établir de distinction entre les deux. Elle est mesurée en termes d'écart-type (ET) (ou d'unité de déviation standard) : l'insuffisance pondérale est constatée lorsque le poids pour l'âge de l'enfant équivaut à un écart-type de -2 unités de déviation standard ou plus.

L'émaciation est un indicateur anthropométrique du faible poids pour la taille. Il identifie la dénutrition aiguë, généralement attribuable à une insuffisance calorique ou à l'occurrence d'une maladie plus récente. L'émaciation est mesurée en termes d'écart-type (ET) (ou d'unité de déviation standard) : un enfant qui présente un poids pour la taille équivalent à un écart-type de -2 unités de déviation standard ou plus est considéré émacié.

Sommaire

En 2015, 159 millions d'enfants de moins de cinq ans souffraient de malnutrition chronique ou d'un retard de croissance, une donnée qui souligne toute l'ampleur du défi mondial en matière de santé et de développement économique (UNICEF, OMS et Banque mondiale 2015). En 2012, dans le cadre d'un effort de ralliement de la communauté internationale pour l'amélioration de la nutrition, les 176 membres de l'Assemblée mondiale de la santé ont adopté pour la première fois des cibles mondiales de nutrition dans six domaines déterminants : le retard de croissance, l'anémie, le faible poids à la naissance, la surcharge pondérale chez l'enfant, l'allaitement maternel et l'émaciation. Il faudra pour leur atteinte investir davantage dans des interventions rentables ; adopter des pratiques améliorées et novatrices ; et, catalyser les progrès vers la réduction de la malnutrition. Certaines des cibles fixées (retard de croissance et émaciation) sont en outre déjà enchâssées dans l'Objectif no.2 de développement durable des Nations-Unies (ODD), axé sur l'éradication de la malnutrition sous toutes ses formes d'ici 2030.

Les analyses menées ici ont permis d'estimer les besoins financiers nécessaires à l'atteinte des cibles en matière de retard de croissance, d'anémie chez la femme, d'allaitement exclusif du nourrisson et d'émaciation chez le jeune enfant (voir Figure S.1). Toutefois, en raison d'un manque de données probantes sur les interventions préventives, il n'a pas été possible de déterminer l'ampleur des financements requis pour l'atteinte des objectifs liés à l'émaciation. En lieu et place, les analyses ont pris en compte les coûts associés au renforcement du traitement de l'émaciation sévère. En outre, deux des cibles mondiales de nutrition – soit le faible poids à la naissance et la surcharge pondérale chez l'enfant — n'ont pas été considérées ici en raison de l'insuffisance des données sur leur prévalence (faible poids à la naissance) ou de l'absence de consensus sur les interventions considérées efficaces pour l'atteinte de l'objectif fixé (surcharge pondérale chez l'enfant).

Figure S.1 Les quatre cibles de nutrition de l'Assemblée mondiale de la santé

2025 Target

Retard de croissance — Réduire de 40% le nombre d'enfants de moins de cinq ans présentant un retard de croissance

Anémie — Réduire de 50% le nombre de femmes en âge de procréer souffrant d'anémie

Allaitement maternel exclusif — Augmenter d'au moins 50% le taux d'allaitement maternel exclusif au cours des premiers six mois de vie

Émaciation — Réduire et maintenir à moins de 5% l'émaciation infantile (malnutrition aiguë)

Source : OMS 2014.

Cibles de nutrition : Bien-fondé des investissements

L'éradication de la malnutrition est essentielle au développement humain et économique. Le retard de croissance chez l'enfant, un indicateur général de malnutrition à long terme, a des conséquences tout au long de la vie, non seulement sur la santé, mais aussi sur le capital humain, le développement économique, la prospérité et l'équité. Le retard de croissance au cours de la petite enfance compromet la réussite scolaire, décroit le salaire chez l'adulte et réduit la possibilité qu'un enfant atteint puisse sortir de la pauvreté au cours de sa vie adulte (Fink et al. 2016 ; Hoddinott et al. 2008, 2011 ; Martorell et al. 2010). À l'inverse, on estime qu'un recul du retard de croissance pourrait contribuer, en Afrique comme en Asie, à une hausse de 4 pour cent à 11 pour cent de la productivité économique générale — telle que mesurée à travers le produit intérieur brut (PIB) par habitant (Horton et Steckel 2013). Par conséquent, les interventions de nutrition sont éminemment considérées parmi les interventions de développement les plus rentables (Horton et Hoddinott 2014). En outre, les investissements dans la nutrition au stade précoce sont porteurs d'effets permanents et inaliénables.

Quoique le bien-fondé des investissements dans la nutrition soit solidement établi, les efforts en vue de l'atteinte des cibles nutritionnelles fixées par les ODD sont entravés par divers facteurs, notamment associés à l'insuffisance du financement, à la complexité de la mise en œuvre (notamment en matière de dispositifs de collaboration interdisciplinaire et intersectorielle), ainsi qu'à l'identification des méthodes et des coûts (à la fois financiers et en ressources humaines) liés au suivi des cibles fixées par les ODD. Par ailleurs, lorsqu'il s'agit d'aborder la contribution de la nutrition à une approche sociétale au développement, ces défis sont exacerbés par un manque significatif de données sur les coûts et les ressources nécessaires à la mise à l'échelle des interventions. Bien que deux études antérieures aient estimé les coûts totaux associés à l'expansion d'interventions de nutrition (Bhutta et al. 2013 ; Horton et al. 2010), ces travaux n'ont considéré que les montants nécessaires à la conduite d'un paquet complet d'interventions éprouvées de lutte contre la dénutrition infantile dans son ensemble, sans mettre l'accent sur l'atteinte de résultats spécifiques (voir le Chapitre 1 pour une discussion plus poussée). En outre, aucune de ces études n'a estimé les sommes requises pour l'atteinte des cibles mondiales de nutrition, incluant les ODD. Au reste, aucune étude antérieure n'a établi de lien systématique entre les coûts et l'impact potentiel, par exemple sous forme de retour sur investissement, ni d'ailleurs évalué l'écart financier entre les besoins exprimés et la dépense mondiale actuelle. Finalement, aucune analyse mondiale exhaustive ne s'est encore penchée sur les investissements des différents gouvernements et les financements accordés par l'aide publique au développement (APD). Ce rapport entend donc combler ces lacunes à travers une estimation plus complète des coûts et des besoins de financement ; l'illustration des liens entre ces différents aspects et les impacts attendus ; et, la proposition d'un cadre de financement global. Dans une perspective de transformation du simple engagement politique en impératif politique, l'ouvrage propose une analyse approfondie des investissements actuels dans la nutrition, des besoins à venir, des impacts attendus et des moyens de mobilisation des fonds nécessaires.

Besoins financiers estimés

Les effets attendus des interventions sélectionnées sur la prévalence du retard de croissance chez l'enfant, l'incidence d'anémie chez la femme et le taux d'allaitement exclusif du nourrisson ont été estimés, comme d'ailleurs leurs impacts sur la mortalité. Une analyse coûts – avantages a été effectuée pour chaque intervention et les résultats obtenus ont été traduits en termes de cas de retard de croissance et d'anémie évités ; de nombre supplémentaire d'enfants allaités ; de cas d'émaciation traités ; de vies sauvées et de revenus potentiellement gagnés au cours de la vie active chez l'adulte. En raison de leurs corrélations avec la mise à l'échelle des interventions, les questions d'efficacité technique et allocative ont également été traitées.

Ce rapport conclut que des investissements additionnels de 70 milliards de dollars sur 10 ans seront nécessaires à l'atteinte des cibles mondiales en matière de retard de croissance ; d'anémie chez la femme ; d'allaitement exclusif ; et, au renforcement du traitement de l'émaciation sévère. Au cours de cette décennie, les impacts de ces investissements accrus seront par contre colossaux : 65 millions de cas de retard de croissance et 265 millions de cas d'anémie chez la femme évités en 2025, comparativement à l'année de référence 2015. En outre, au moins 91 millions d'enfants de moins de cinq ans de plus auront été traités pour émaciation sévère et 105 millions de bébés additionnels auront bénéficié d'un allaitement exclusif au cours des six premiers mois de la vie. Pris ensemble, les investissements dans les interventions mises en œuvre pour l'atteinte des cibles fixées auront également permis d'éviter au moins 3,7 millions de mortalités infantiles (voir Figure S.2).

Dans un environnement où les ressources mondiales sont limitées, et s'il n'apparait pas possible d'investir les 70 milliards de dollars nécessaires à l'atteinte des cibles fixées, il faudra peut-être opter pour un sous-ensemble d'interventions et fixer des priorités. Dans ce contexte, le rapport propose deux paquets alternatifs. Ceux-ci permettraient de démarrer la mise à l'échelle des interventions les plus rentables (soit à efficacité allocative maximale) et les plus rapidement expansibles (soit à efficacité technique maximale), avec toutefois des réserves sur la capacité de ces sous-ensembles d'interventions à atteindre certaines des cibles d'ici 2025. La mise en œuvre d'un « paquet prioritaire » d'interventions pouvant être rapidement mises à l'échelle demanderait des investissements additionnels de 23 milliards de dollars au cours des 10 prochaines années, soit de 2,3 milliards par an. Toutefois, s'il est combiné aux autres interventions de santé et de réduction de la pauvreté, ce sous-ensemble permettrait néanmoins de générer des retombées importantes: l'étude a estimé qu'en 2025 et par rapport à 2015, 2,3 millions de vies auraient été sauvées et 50 millions de cas de retard de croissance auraient été évités. La seconde option propose un paquet d'investissement un peu plus ambitieux, le « paquet catalyseur des progrès » qui mettrait à l'échelle le paquet prioritaire tout en procédant à une expansion progressive des autres

Figure S.2 Retombées de l'investissement dans les cibles mondiales de nutrition

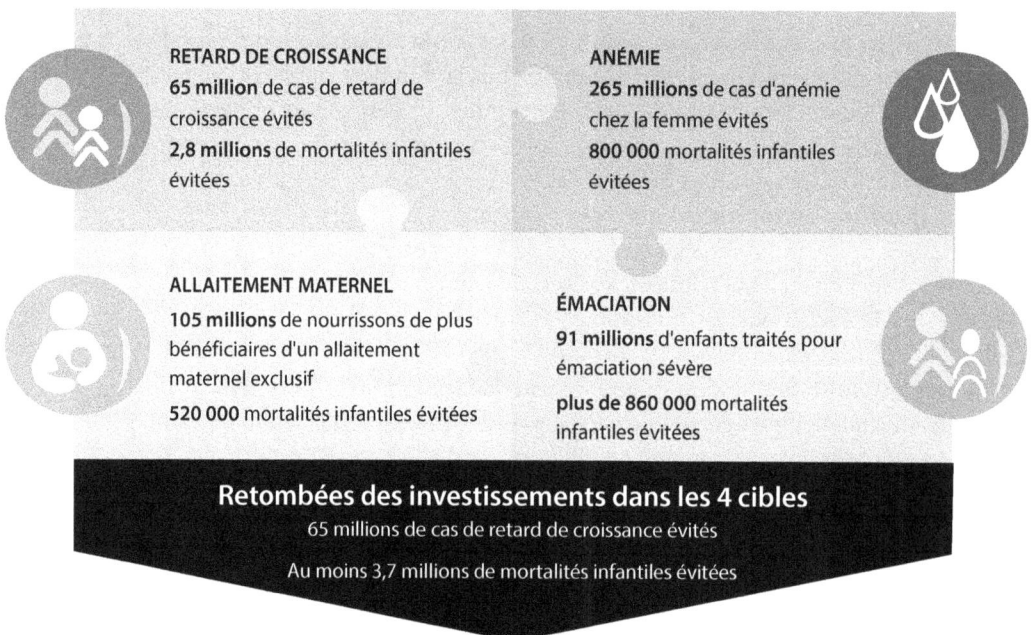

RETARD DE CROISSANCE
65 million de cas de retard de croissance évités
2,8 millions de mortalités infantiles évitées

ANÉMIE
265 millions de cas d'anémie chez la femme évités
800 000 mortalités infantiles évitées

ALLAITEMENT MATERNEL
105 millions de nourrissons de plus bénéficiaires d'un allaitement maternel exclusif
520 000 mortalités infantiles évitées

ÉMACIATION
91 millions d'enfants traités pour émaciation sévère
plus de 860 000 mortalités infantiles évitées

Retombées des investissements dans les 4 cibles
65 millions de cas de retard de croissance évités
Au moins 3,7 millions de mortalités infantiles évitées

interventions, de façon à pouvoir améliorer les dispositifs de prestation, appuyer la recherche et soutenir la mise en œuvre des programmes. Il a été présumé que, dans ce dernier cas, l'emphase serait placée au cours des cinq premières années sur l'élaboration de directives mondiales et la conduite de recherches opérationnelles axées sur le développement de plateformes de prestation, de produits moins coûteux ou encore de technologies plus rentables (par ex. pour l'enrichissement du riz). Ce paquet catalyseur de progrès demanderait un investissement additionnel de 37 milliards de dollars pendant la décennie à venir, soit 3,7 milliards de dollars par an. Cet effort, associé aux autres initiatives de santé et de réduction de la pauvreté, pourrait donner lieu à des avancées importantes vers l'atteinte des cibles mondiales : il y aurait, en 2025, 2,6 millions de mortalités et 58 millions de cas de retard de croissance de moins qu'en 2015.

En termes de sources de financement — et comme dans les autres secteurs ciblés par les ODD — il serait possible de combler les écarts résiduels non seulement à travers une combinaison de fonds nationaux et de l'APD, mais aussi en associant des dispositifs de financement novateurs à la contribution des ménages. Ceci souligne de nouveau l'ampleur des efforts qui devront être consentis par l'ensemble de la société pour l'atteinte des cibles de nutrition fixées dans le cadre des objectifs de développement durable en général ; cette combinaison de financements est d'ailleurs alignée sur les autres défis associés aux ODD.

Les analyses ont également confirmé la force des rendements tirés des investissements dans la nutrition des femmes et les enfants. Par conséquent, et outre le fait qu'il s'agit de l'un des domaines de développement présentant le meilleur rapport qualité prix, la nutrition jette également les bases nécessaires au succès des investissements dans les autres secteurs.

L'atteinte des cibles de nutrition reste pourtant possible si les partenaires collaborent dès maintenant à l'intensification des financements. En fait, certains pays (Pérou, Sénégal et d'autres) ont démontré qu'il était possible de procéder à une accentuation rapide des interventions de nutrition et d'obtenir, de ce fait, un déclin marqué des taux de retard de croissance (voir Chapitre 9 pour une discussion sur les résultats des pays en matière de réduction de la malnutrition).

Principales recommandations

1. **Au cours des 10 prochaines années, il faudra investir 70 milliards de dollars** dans des interventions spécifiques à la nutrition et à fort impact si l'on veut atteindre les cibles mondiales en matière de retard de croissance ; d'anémie chez la femme ; et, d'allaitement exclusif du nourrisson, mais aussi renforcer le traitement de l'émaciation sévère chez le jeune enfant (voir Figure S.3).

Quoique 7 milliards de dollars par an puissent sembler un investissement substantiel, ce montant représente bien peu comparativement aux 500 milliards de dollars (près de 1,5 milliard/jour) dépensés chaque année en subventions agricoles (Potter 2014) ; aux 543 milliards (plus de 1,5 milliard/jour) investis dans la subvention des carburants fossiles (Agence Internationale de

Figure S.3 Un paquet abordable d'interventions spécifiques à la nutrition pour l'atteinte des quatre cibles de nutrition

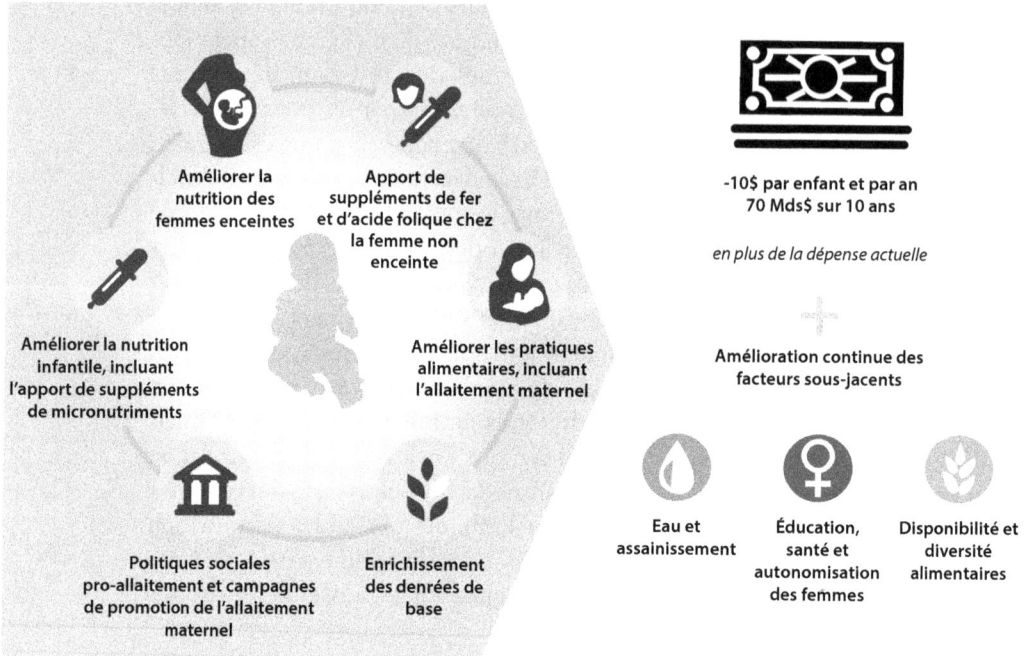

l'Énergie, 2014) et aux 19 milliards de dollars annuellement consacrés à la lutte contre le VIH/sida (ONUSIDA, 2016).

Les interventions spécifiques à la nutrition présentées dans ce rapport auraient retombées substantielles au cours de la décennie : 65 millions de cas de retard de croissance et 265 millions de cas d'anémie chez la femme évités en 2025, comparativement à l'année de référence 2015. En outre, au cours de la même période, au moins 91 millions d'enfants de plus auraient été traités contre l'émaciation sévère et 105 millions de nourrissons additionnels bénéficieraient d'un allaitement exclusif au cours des six premiers mois de la vie. Somme toute, l'atteinte de ces cibles permettrait en outre d'éviter au moins 3,7 millions de mortalités infantiles. Chaque dollar investi dans ce paquet d'interventions générerait des rendements économiques se situant entre 4 et 35 dollars (voir Encadré S.1). Ces chiffres concordent avec ceux des études précédentes, qui suggéraient des rendements de 18 dollars (Hoddinott et al. 2013).

Dans un contexte de contraintes budgétaires, ce rapport propose deux paquets d'investissement alternatifs, avec toutefois de fortes réserves sur la capacité de ces sous-ensembles d'interventions à atteindre les cibles mondiales d'ici 2025. La mise en œuvre d'un « paquet prioritaire » d'interventions pouvant être rapidement mises à l'échelle demanderait des investissements additionnels de 23 milliards de dollars au cours des

Encadré S.1 Un bon rendement sur investissement : les avantages de l'investissement dans la nutrition

Lorsque plusieurs objectifs de développement sont concurrents, la priorisation des interventions reste un défi majeur. Pour y parvenir, les décideurs peuvent examiner les rapports coûts – avantages respectifs. Même si les méthodes employées par les différentes études varient (voir Alderman, Behrman, et Puett 2016 pour une discussion détaillée de ces différences), de nombreuses données probantes font état des rendements économiques substantiels tirés des investissements dans la nutrition (Alderman, Behrman et Puett 2016 ; Copenhagen Consensus Center 2015 ; Hoddinott et al. 2013). Les analyses menées ici confirment ces conclusions et rapportent des rapports coûts — avantages qui vont bien au-delà de 1, le point de rupture, pour toute une série d'hypothèses (voir la Figure S.E.1). La rentabilité de l'investissement dans la hausse du taux d'allaitement exclusif est, par exemple, particulièrement élevée avec 35 dollars de rendement pour chaque dollar injecté. Par ailleurs, outre leur excellent rapport qualité-prix, les interventions de nutrition contribuent à mettre en place des assises nécessaires au succès des investissements dans d'autres secteurs.

Figure S.E.1 Les retombées substantielles de l'investissement dans la nutrition

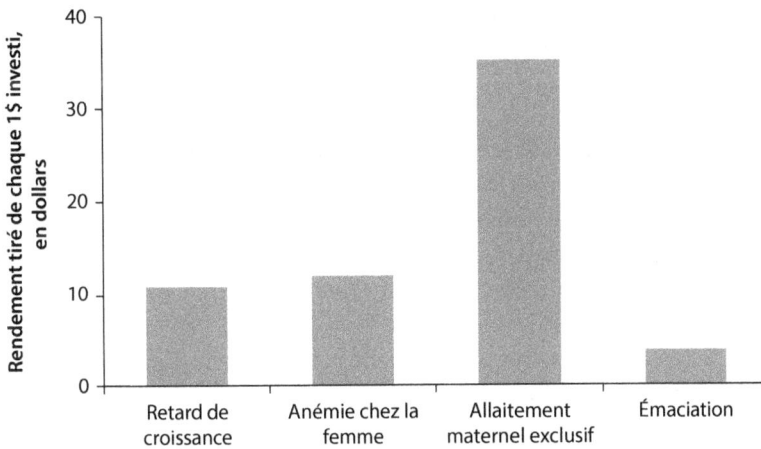

10 prochaines années, soit un peu plus de 4 dollars par enfant. Le « paquet catalyseur des progrès », assurerait pour sa part, outre l'expansion prévue au paquet prioritaire, un développement progressif de certaines des autres interventions, de façon à améliorer les dispositifs de prestation et la mise en œuvre des programmes, le tout pour un investissement additionnel de 37 milliards de dollars pendant la décennie à venir, ce qui correspond à 3,7 milliards de dollars par an ou un peu plus de 5 dollars par enfant. Il faudra procéder au fil du temps à des injections de fonds supplémentaires afin de mettre à l'échelle le paquet tout entier.

2. **Les expériences récemment menées dans plusieurs pays indiquent que l'atteinte de ces cibles reste possible**, quoique certaines d'entre elles — notamment en matière de recul du retard de croissance chez l'enfant et de l'anémie chez la femme — paraissent ambitieuses et demanderont des efforts concertés de financement, de mise à l'échelle et d'engagement continu. Par contre, la cible associée à la hausse du taux d'allaitement exclusif pourrait avoir une portée plus élevée.

3. **Certains domaines de recherche à venir doivent être priorisés**, notamment :

   La recherche sur les stratégies évolutives de mise à l'échelle d'interventions à fort impact paraît essentielle, particulièrement dans une perspective d'élimination des goulots d'étranglement à l'expansion des interventions, notamment à travers une approche budgétaire basée sur les résultats ou autres dispositifs d'incitation à la performance. Ces travaux, outre le fait qu'ils faciliteront une mise à l'échelle plus rapide, contribueront à l'amélioration de l'efficacité à la fois technique et financière des interventions, et ce sens, à la réduction des besoins financiers.

   L'évaluation de l'efficacité allocative reste également un domaine crucial de recherche ; il s'agira ici d'identifier une répartition optimale des fonds entre les différentes interventions ou encore de maximiser l'impact obtenu dans un contexte de contraintes budgétaires spécifiques. Les coûts par résultat déterminés par les analyses présentées ici permettront une comparaison préliminaire de la rentabilité des différentes interventions axées sur une cible identique.

   La conduite de *recherches sur l'amélioration de l'efficacité technique de la dépense dans la nutrition* paraît également urgente. Il s'agit notamment de l'identification de nouvelles stratégies de résolution des problèmes nutritionnels complexes tels que le retard de croissance et l'anémie, ainsi que des technologies susceptibles de faciliter une application à l'échelle rapide et à moindre coût des solutions identifiées. Puisque l'anémie est multifactorielle, les recherches en cours tentent actuellement d'identifier clairement les facteurs susceptibles d'être contrés par la conduite d'interventions de nutrition et il faudra peut-être réviser les estimations présentées dans ce rapport lorsque les résultats seront disponibles. Par ailleurs, certaines carences en micronutriments n'ont pas été considérées ici (par ex. la carence en iode) parce qu'elles n'avaient pas été introduites aux cibles mondiales, malgré leur impact important sur la morbidité, la mortalité et la productivité économique.

   Il sera également essentiel *d'accentuer la qualité des données de surveillance, de disposer des coûts unitaires des interventions menées dans les différents contextes nationaux et de renforcer la capacité des systèmes de collecte de données à estimer les investissements actuels* (nationaux et de l'APD) dans la nutrition. D'autres recherches devront être menées, notamment sur les coûts associés à la protection de la maternité chez les femmes actives sur le marché du travail, afin qu'elles puissent adopter l'allaitement exclusif du nourrisson au cours des six premiers mois. En outre, il faudra consacrer des ressources importantes au développement d'une base de données vivante sur les investissements actuels, ce qui permettra un suivi rapproché de la dépense, une certaine garantie de redevabilité et un examen des investissements publics nationaux.

Il faudra également consacrer rapidement des efforts à *l'identification des interventions susceptibles de prévenir l'émaciation*, notamment à travers une meilleure maîtrise des stratégies rentables de gestion de la malnutrition aiguë modérée et l'évaluation de leur contribution à la prévention de l'émaciation.

Il faudra *plus de données probantes sur les coûts et les impacts des interventions sensibles à la nutrition*, particulièrement sur les effets bénéfiques des activités nutritionnelles menées entre autres par les secteurs de l'agriculture, de la protection sociale, de l'eau et de l'assainissement. Il reste évident que le retard de croissance et l'anémie sont multifactoriels et peuvent être contrés à travers une meilleure qualité, diversité et abordabilité des aliments, un contrôle accru du revenu des productrices agricoles, et la réduction de l'exposition aux pathogènes fécaux grâce à des pratiques d'eau, d'assainissement et d'hygiène améliorées. Toutefois, la part du fardeau susceptible d'être atténué à travers la conduite de ces interventions reste méconnue. Au cours des cinq dernières années, de nombreuses études ont été consacrées à la clarification de ces questions, mais aussi à l'examen du rôle des programmes sociaux en tant que plateforme d'atteinte des plus vulnérables. Les travaux supplémentaires menés dans ce domaine devront prendre en considération les données dégagées dès que les études seront publiées.

Appel à l'action

Alors que le monde est sur le point d'atteindre les nouveaux ODD, avec, pour la première fois dans l'histoire, une réduction à moins de 10 pour cent de la pauvreté générale (Banque mondiale 2016), il existe une opportunité sans précédent de sauvegarder la vie des enfants ; de renforcer le capital humain et la capacité cognitive ; comme d'offrir à tous les enfants une opportunité égale de participation à une croissance économique accélérée. Les investissements au cours des 1000 premiers jours décisifs de la petite enfance sont inaliénables, transportables et porteurs de retombées tout au long de la vie — non seulement pour les enfants directement concernés, mais aussi pour nous tous — sous forme de sociétés plus robustes, qui agissent comme moteur des économies à venir.

Références

Agence Internationale de l'Énergie. 2014. *World Energy Outlook 2014*. Paris : Agence Internationale de l'Énergie. http://www.worldenergyoutlook.org/weo2014/

Alderman, H, J. R. Behrman, et C. Puett. 2016. *Big Numbers about Small Children: Estimating the Economic Benefits of Addressing Undernutrition. World Bank Research Observer* 31 (2).

Banque mondiale. 2016. *Rapport de suivi mondial 2015/2016, Objectifs de développement dans une ère de changement démographique.* Washington, DC : Banque mondiale. http://www.worldbank.org/en/publication/global-monitoring-report

Bhutta, Z. A, J. K. Das, A. Rizvi, M. F. Gaffey, N. Walker, S. Horton, P. Webb, A. Lartey, et R. E. Black. 2013. « Evidence-Based Interventions for Improvement of Maternal and Child Nutrition: What Can Be Done and at What Cost? » *The Lancet* 382 (9890): 452–77.

Copenhagen Consensus Center. 2015. *Smart Development Goals: The Post-2015 Consensus.* http://www.copenhagenconsensus.com/sites/default/files/outcomedocument_col.pdf

Fink, G., E. Peet, G. Danaei, K. Andrews, D. C. McCoy, C. R. Sudfeld, M. C. Smith Fawzi, M. Ezzati, et W. W. Fawzi. 2016. « Schooling and Wage Income Losses Due to Early-Childhood Growth Faltering in Developing Countries: National, Regional, and Global Estimates. » *The American Journal of Clinical Nutrition* 104 (1): 104–12.

Hoddinott, J., H. Alderman, J. R. Behrman, L. Haddad, et S. Horton. 2013. « The Economic Rationale for Investing in Stunting Reduction. » *Maternal and Child Nutrition* 9 (Suppl. 2): 69–82.

Hoddinott, J., J. A. Maluccio, J. R. Behman, R. Flores, et R. Martorell. 2008. « Effect of a Nutrition Intervention during Early Childhood on Economic Productivity in Guatemalan Adults. » *Lancet* 371 (9610): 411–16.

Hoddinott, J., J. Maluccio, J. R. Behrman, R. Martorell, P. Melgar, A. R. Quisumbing, M. Ramirez-Zea, R. D. Stein, et K. M. Yount. 2011. « The Consequences of Early Childhood Growth Failure over the Life Course. » Document de discussion IFPRI 01073. Institut International de Recherche sur les Politiques Alimentaires, Washington, DC.

Horton, S. et J. Hoddinott. 2014. « Benefits and Costs of the Food and Nutrition Targets for the Post-2015 Development Agenda: Post-2015 Consensus. » Document de perspectives sur la nutrition et la sécurité alimentaire. Document de travail du Copenhagen Consensus Center. http://www.copenhagenconsensus.com/sites/default/files/food _security_and_nutrition_perspective_-_horton_hoddinott_0.pdf

Horton, S., M. Shekar, C. McDonald, A. Mahal, et J. K. Brooks. 2010. *Scaling Up Nutrition: What Will it Cost?* Série sur les Directions en développement. Washington, DC : Banque mondiale.

Horton, S. et R. Steckel. 2013. « Malnutrition: Global Economic Losses Attributable to Malnutrition 1900–2000 and Projections to 2050. » Dans *The Economics of Human Challenges*, édité par B. Lomborg, 247–72. Cambridge, Royaume-Uni : Presses de l'Université Cambridge.

Martorell, R., B. L. Horta, L. S. Adair, A. D. Stein, L. Richter, C. H. D. Fall, S. K. Bhargava, S. K. Dey Biswas, L. Perez, F. C. Barros, C. G. Victora, et Consortium sur la Recherche en Santé dans les Sociétés en Transition. 2010. « Weight Gain in the First Two Years of Life Is an Important Predictor of Schooling Outcomes in Pooled Analyses from Five Birth Cohorts from Low and Middle-Income Countries. » *Journal of Nutrition* 140: 348–54.

OMS. 2014. *Comprehensive Implementation Plan on Maternal, Infant and Young Child Nutrition.* Genève : OMS. http://apps.who.int/iris/bitstream/10665/113048/1/WHO _NMH_NHD_14.1_eng.pdf?ua=1

ONUSIDA. 2016. *Fast-Track Update on Investments Needed in the AIDS Response.* Genève : ONUSIDA. http://www.unaids.org/sites/default/files/media_asset/UNAIDS _Reference_FastTrack_Update_on_investments_en.pdf

Potter, G. 2014. « Agricultural Subsidies Remain a Staple in the Industrial World. » *Vital Signs*, Institut World Watch, Washington, DC:. http://vitalsigns.worldwatch.org /vs-trend/agricultural-subsidies-remainstaple-industrial-world

Shekar, Meera, Jakub Kakietek, Julia Dayton Eberwein, et Dylan Walters. 2017. Un cadre d'investissement pour la nutrition. Atteindre les cibles mondiales en matière de retard de croissance, d'anémie, d'allaitement maternel et d'émaciation. Directions du Développement. Washington, DC : Banque mondiale. doi:10.1596/978-1 -4648-1010-7.

UNICEF, OMS, et Banque mondiale (Fonds des Nations Unies pour l'Enfance, Organisation mondiale de la Santé, et Banque mondiale). 2015. *Estimation conjointe de la malnutrition infantile : niveaux et tendances*. Base de données mondiale sur la croissance infantile et la malnutrition. http://www.who.int/nutgrowthdb/estimates 2014/en.

CHAPITRE 1

Atteindre les cibles mondiales de nutrition : Retard de croissance et autres formes de malnutrition

Meera Shekar, Julia Dayton Eberwein, Anne Marie Provo, Michelle Mehta, et Lucy Sullivan

Principaux messages

- En 2015, à travers le monde, 159 millions d'enfants présentaient d'un retard de croissance physique et cognitif porteur de piètres résultats d'apprentissage et d'une mort prématurée, mais aussi de handicaps dont les impacts financiers à long terme affecteront essentiellement la population active d'économies déjà confrontées à des enjeux majeurs.

- Les pays à revenu faible et intermédiaire, majoritairement situés en Afrique subsaharienne et en Asie du Sud, assument actuellement la plus grande part de la charge associée aux faibles résultats nutritionnels ; la prévalence du retard de croissance dépasse d'ailleurs 30 pour cent dans ces deux régions, quoique certains pays à revenu intermédiaire situés ailleurs — notamment la Chine, le Guatemala, l'Indonésie et le Mexique — fassent également état de charges substantielles.

- Ces pertes pourraient être largement évitées avec des investissements adéquats dans des interventions éprouvées, qui ciblent la période critique des 1000 premiers jours de vie d'un enfant, qui va du début de la grossesse de la femme au second anniversaire de son enfant.

- Même si le retard de croissance et les autres formes de malnutrition ont des effets irréversibles, ils ne doivent en aucun cas être considérés comme une «nouvelle normalité». Bien que l'engagement politique envers l'investissement dans la fenêtre d'opportunité des 1000 premiers jours de vie progresse rapidement, il faudra faire davantage pour que cet engagement privilégié se transforme en cause commune et que la volonté politique évolue vers un impératif économique.

- Pour galvaniser la prise d'actions sur ces questions, l'Assemblée mondiale de la santé a fixé en 2012 les premières cibles de nutrition de l'histoire. Celles-ci relèvent de six domaines : retard de croissance ; anémie ; allaitement exclusif ; émaciation — traités dans cette étude —; faible poids à la naissance et surcharge pondérale.

- Le rapport apporte une triple contribution aux travaux antérieurs : il estime de façon plus exhaustive les financements nécessaires ; il associe les besoins financiers aux impacts ; et, il propose un cadre potentiel de financement de quatre des six cibles mondiales de nutrition.

- S'il bénéficie au bon moment les apports nécessaires au développement de ses fonctions cérébrales, chaque enfant sera certainement en mesure d'atteindre son plein potentiel. Les retombées de ces investissements sont durables, transportables et inaliénables. La compréhension approfondie du financement actuel de la nutrition, des besoins à venir, de leurs impacts et des dispositifs de mobilisation des financements nécessaires reste à cet égard essentielle.

Objectifs du rapport

Ce rapport entend combler les lacunes de connaissances qui persistent en matière de besoins monétaires, d'impacts et de financement d'interventions de nutrition à travers :

- l'estimation des investissements nécessaires à l'atteinte des cibles mondiales de réduction du retard de croissance chez les moins de cinq ans ; de diminution de l'anémie chez la femme ; et d'augmentation de la prévalence de l'allaitement exclusif du nourrisson ; ainsi qu'à l'atténuation de l'impact de l'émaciation chez les jeunes enfants, à travers l'évaluation besoins financiers nécessaires à la mise à l'échelle du traitement de l'émaciation sévère ;
- pour la première fois, la mise en relation des besoins financiers et des impacts potentiels ; et
- la proposition d'un cadre de financement pour la mobilisation des ressources nécessaires.

Pourquoi investir dans la nutrition ?

Soumis à de nombreuses priorités concurrentes, les décideurs se demandent souvent pourquoi ils devraient investir dans la nutrition. Or les estimations actuelles indiquent que toutes les formes de malnutrition (dénutrition, carence en micronutriments, et surcharge pondérale) ponctionnent actuellement les économies mondiales de près de 3,5 milliards de dollars par an, soit 500 $ par individu, et entravent considérablement les efforts nationaux de réduction de la pauvreté et de création de communautés productives et florissantes (Global Panel 2016). Contrairement aux sommes injectées dans les infrastructures physiques, les investissements dans la réduction de la malnutrition (Encadré 1.1) ont des retombées durables, inaliénables et transportables. Ils favorisent en outre la progression vers l'atteinte des 17 cibles de développement enchâssées dans les Objectifs de Développement Durable (ODD), notamment en matière d'éducation et de réduction de la pauvreté. Pourquoi est-ce le cas ? L'assurance d'une nutrition optimale — particulièrement au tout début de la vie — peut modifier de façon permanente la trajectoire du développement d'un individu et maximiser son potentiel productif.

À travers le monde, plus de 2 milliards d'individus souffrent de malnutrition (IFPRI 2016). Ce chiffre englobe les 159 millions d'enfants présentant un retard de croissance (faible taille pour l'âge) non seulement au plan physique, mais aussi

---

Encadré 1.1 Qu'est-ce que la malnutrition ?

Le terme *malnutrition* englobe à la fois la dénutrition et la suralimentation. La dénutrition est généralement caractérisée par une taille inadéquate pour l'âge (retard de croissance), un poids insuffisant pour l'âge (émaciation), ou la présence de carences en micronutriments tels que la vitamine A, l'iode, le zinc et le fer. La suralimentation se traduit par un poids excessif pour la taille (surpoids et obésité), tel que mesuré à travers des normes de croissance de l'enfant et des indices de masse corporelle de référence chez l'adulte (poids pour la taille au carré, ou kg/m^2).

---

en matière de développement des différentes capacités cognitives (UNICEF, OMS, et Banque mondiale 2015). Chaque année, 45 pour cent des mortalités infantiles mondiales sont attribuables à la dénutrition (Black et al. 2013). En outre, les enfants dénutris qui survivent présentent souvent de sérieux retards cognitifs (Grantham-McGregor et al. 2007), qui se traduisent généralement en piètres résultats d'apprentissage et déficits scolaires. De façon générale, la dénutrition apparaît donc comme une source de décès prématuré et de handicap — auxquels il faut ajouter la perte d'énergie créative et intellectuelle (Lye 2016). Les pertes économiques qui en résultent se traduisent en milliards de dollars à la fois investis dans une dépense accrue en soins de santé et perdus en raison d'une plus faible productivité. Pour toutes ces raisons, l'investissement dans la nutrition représente une opportunité réelle non seulement d'améliorer les indicateurs nutritionnels, mais également de contribuer à l'atteinte d'autres objectifs, notamment d'amélioration de l'achèvement scolaire, de hausse du salaire chez l'adulte, de sortie de la pauvreté des enfants et d'augmentation du produit national brut (PIB) (Figure 1.1).

Heureusement, ces pertes peuvent être en grande partie évitées si des investissements adéquats dans des interventions éprouvées sont effectués, particulièrement en matière de nutrition optimale au cours de la fenêtre d'opportunité déterminante que constituent les 1000 premiers jours de vie, soit depuis le début de la grossesse de la femme jusqu'au second anniversaire de son enfant (Black et al. 2008, 2013 ; Banque mondiale 2006). Outre le fait qu'ils améliorent l'état nutritionnel d'une population tout au cours de la vie (voir Figure 1.2), ces investissements favorisent une meilleure efficacité de la dépense en santé et en éducation, comme d'ailleurs une productivité accrue, elle-même porteuse d'une accélération de la croissance économique.

Même si le retard de croissance et les autres formes de malnutrition ont des effets irréversibles, ils ne doivent en aucun cas être considérés comme une «nouvelle normalité». Bien que l'engagement politique envers l'investissement dans la fenêtre d'opportunité des 1000 premiers jours de vie progresse rapidement, il faudra faire davantage pour que cet engagement privilégié se transforme en cause commune et que la volonté politique évolue vers un

Figure 1.1 Les investissements dans la nutrition renforcent le capital humain et favorisent une prospérité partagée

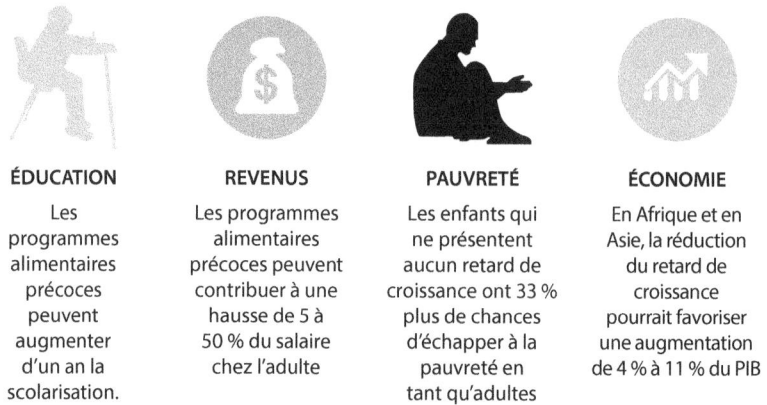

ÉDUCATION	REVENUS	PAUVRETÉ	ÉCONOMIE
Les programmes alimentaires précoces peuvent augmenter d'un an la scolarisation.	Les programmes alimentaires précoces peuvent contribuer à une hausse de 5 à 50 % du salaire chez l'adulte	Les enfants qui ne présentent aucun retard de croissance ont 33 % plus de chances d'échapper à la pauvreté en tant qu'adultes	En Afrique et en Asie, la réduction du retard de croissance pourrait favoriser une augmentation de 4 % à 11 % du PIB

Sources des données : Hoddinott et al. 2011 ; Hoddinott et al. 2008, Horton et Steckel 2013, et Martorell et al. 2010.

Figure 1.2 Développement cérébral : la nutrition au cours de la petite enfance en tant que déterminant du développement cognitif tout au long de la vie

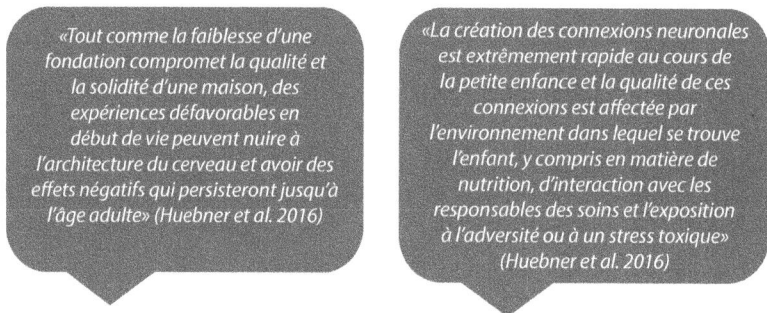

«Tout comme la faiblesse d'une fondation compromet la qualité et la solidité d'une maison, des expériences défavorables en début de vie peuvent nuire à l'architecture du cerveau et avoir des effets négatifs qui persisteront jusqu'à l'âge adulte» (Huebner et al. 2016)

«La création des connexions neuronales est extrêmement rapide au cours de la petite enfance et la qualité de ces connexions est affectée par l'environnement dans lequel se trouve l'enfant, y compris en matière de nutrition, d'interaction avec les responsables des soins et l'exposition à l'adversité ou à un stress toxique» (Huebner et al. 2016)

impératif économique. S'il bénéficie au bon moment les apports nécessaires au développement de ses fonctions cérébrales, chaque enfant sera certainement en mesure d'atteindre son plein potentiel. Les rendements tirés de ces investissements sont en outre durables, transportables et inaliénables.

Retard de croissance (faible taille pour l'âge) : il s'agit ici de la principale mesure de la dénutrition populationnelle chronique et d'un indicateur clé des ODD (Cible 2.2).[1] En outre, le retard de croissance reste un moyen privilégié d'estimation de l'exposition à toute une série de méfaits comportementaux et environnementaux précoces, qui limitent le potentiel général des enfants. Le retard de croissance chez l'enfant a des conséquences tout au long de la vie, non seulement sur la santé, mais aussi sur la capacité cognitive ; le capital humain ; la pauvreté ; et l'équité ; il est la cause de déficiences qui se répercutent d'une génération à l'autre (Victora et al. 2010). Plus important encore, la malnutrition prend souvent la forme d'un cycle intergénérationnel où les mères malnutries sont deux fois plus à risque d'avoir des enfants souffrant de retard de croissance que celles qui sont bien alimentées (Ozaltin, Hill, et Subramanian 2010).[2] Une large gamme de données probantes tirées de différents contextes et obtenues à partir de diverses approches empiriques indiquent que la malnutrition conduit à une réduction de la scolarisation et de l'apprentissage par année de fréquentation scolaire, ce qui se traduit ultimement par un salaire plus faible. En effet, le retard de croissance au cours de la petite enfance est associé à un report de la scolarisation (Daniels et Adair 2004) et à une diminution de l'achèvement scolaire (Fink et al. 2016 ; Martorell et al. 2010), deux facteurs qui diminuent sensiblement le salaire chez l'adulte, qu'il soit mesuré au niveau individuel (Hoddinott et al. 2008) ou national (Fink et al. 2016). L'une des études a constaté que les jeunes enfants affectés par un retard de croissance avaient 33 pour cent moins de chances de sortir de la pauvreté à l'âge adulte (Hoddinott et al. 2011). Prises ensemble, toutes ces conséquences se traduisent par une perte générale de 4 à 11 pour cent du PIB en Afrique et en Asie (Horton et Steckel 2013) (Figure 1.1). Par conséquent, à travers le monde, les interventions directes de nutrition qui contribuent à la réduction de la charge du retard de croissance sont systématiquement considérées parmi les actions de santé et de développement les plus rentables (Horton et Hoddinott 2014).

Émaciation (faible poids pour la taille) : elle se produit lorsque les enfants perdent rapidement du poids, généralement suite à un faible apport calorique et/ou à des infections répétées.[3] L'émaciation est un indicateur de dénutrition aiguë. Elle fait suite à une insécurité alimentaire constante dans un environnement à faibles ressources caractérisé par une diète à qualité, quantité et diversité insuffisantes ; un allaitement sous optimal ; et des épisodes récurrents de maladie — par exemple sous forme de diarrhées (OMS 2014b). Les enfants qui traversent des crises humanitaires, notamment une famine ou une urgence è caractère complexe, sont particulièrement vulnérables à la malnutrition aiguë. L'émaciation et l'infection forment un cercle vicieux où la malnutrition aiguë diminue la fonction immunitaire, ce qui a pour effet d'accroître la susceptibilité aux infections, qui entraîne pour sa part une diminution de l'appétit, la malabsorption des nutriments, une augmentation des besoins métaboliques et la dénutrition (OMS 2014b). De ce fait, les enfants émaciés présentent deux fois plus de risques de mortalité que les enfants affectés par un retard de croissance (OMS 2014b) ; lorsque cette émaciation est sévère, et comparativement à un enfant en santé, ce risque de mortalité se voit multiplié par 11 (McDonald et al. 2013). Le Chapitre 6 aborde ces questions de façon plus détaillée.

Carences en micronutriments (souvent désignées comme «la faim cachée») : elles affectent près de 2 milliards d'individus à travers le monde (IFPRI 2016). Les carences en iode, en fer, en vitamine A, en zinc et en acide folique sont les plus couramment identifiées dans les populations et leurs impacts sur la santé et le capital humain sont importants.

- **La Carence en iode** reste l'une des principales causes évitables du retard cognitif chez l'enfant. Lorsque la femme enceinte en est affectée, la carence en iode a de graves conséquences sur le développement du fœtus et le quotient intellectuel (QI) de l'enfant. En effet, les enfants nés de mères ayant souffert d'une carence en iode au cours de la grossesse font état d'une perte moyenne de 12,5 à 13,5 points de QI (Bleichrodt et Born 1994 ; Qian et al. 2005). Lorsque la carence affecte directement l'enfant, la perte s'établit à près de 13 points de QI, ce qui diminue la capacité d'apprentissage (Banque mondiale 2006).

- **La carence en fer** est l'une des causes épidémiologiques les plus directes de l'anémie dans le monde, quoique les infections isolées (principalement à caractère helminthique) et répétées en raison d'une faible hygiène jouent — entre autres facteurs — un rôle important dans son occurrence. En raison de ses aspects multifactoriels, l'anémie fait actuellement l'objet de recherches qui permettront de clarifier l'apport des interventions nutritionnelles à son éradication. Par ailleurs, bien que tous puissent en être victime, les enfants et les femmes en âge de procréer des pays à revenu faible et intermédiaire restent les plus à risque.[4] L'anémie contribue en effet fortement à la mortalité maternelle et périnatale et au faible poids de l'enfant à la naissance. Dans la population active, la morbidité associée à l'anémie peut conduire à une baisse de productivité du travail, notamment en raison de troubles des fonctions cognitives et de risques d'infections accrus. En outre, l'anémie par carence en fer a été corrélée, chez l'enfant de moins de trois ans, à un déficit développemental et à une maturation retardée des fonctions cérébrales (Walker et al. 2011). L'apport supplémentaire de fer et d'acide folique chez la femme enceinte a été associé à un meilleur développement cognitif chez les enfants de sept et neuf ans (Christian et al. 2010). De plus amples détails sont fournis au Chapitre 4.

- **La carence en vitamine A** au cours de l'enfance reste l'un des principaux facteurs de morbidité dans les pays à faible revenu, notamment sous forme de cécité pédiatrique évitable, et de mortalité. La carence en vitamine A fait suite à une consommation insuffisante d'aliments qui en sont riches (notamment de viande animale, de foie et les légumes verts) et se voit souvent exacerbée par la maladie (OMS 2010). Elle accroît la gravité des infections infantiles, notamment la rougeole, la diarrhée et le paludisme. À l'inverse, l'apport supplémentaire de vitamine A chez l'enfant est directement corrélé à une réduction de 23 pour cent de la mortalité infantile (Beaton et al. 1993).

- Le zinc joue un rôle pivot dans la fonction immunitaire et la croissance. La **carence en zinc** est corrélée à une incidence, à une sévérité et à une durée accrues des épisodes diarrhéiques et, comme le démontrent de récentes données probantes, joue un rôle néfaste sur la croissance infantile (Imdad and Bhutta 2011).

- **La carence en acide folique** chez la femme, avant ou pendant la grossesse peut entraîner une déformation importante du tube neural du nourrisson, lui-même porteur de retards développementaux et cognitifs. L'apport supplémentaire d'acide folique réduit de 70 pour cent le risque de déformation du tube neural (Bhutta et al. 2013). Malgré ceci, les dispositifs nécessaires à la distribution de ces suppléments se sont révélés problématiques, particulièrement lorsqu'il s'agissait de rejoindre les femmes en âge de procréer, mais non enceintes.

L'allaitement exclusif (soit l'alimentation maternelle exclusive du nourrisson — sans autre aliment, liquide ou eau — au cours des six premiers mois de la vie) présente de nombreux avantages, d'ailleurs largement reconnus. Malgré cela, différents facteurs sociaux, sociétaux et environnementaux rendent dans les faits cette pratique difficile pour des millions de mères du monde entier, ceci alors qu'une mise à l'échelle quasi totale de l'allaitement exclusif permettrait de prévenir chaque année 823 000 décès chez les enfants de moins de cinq ans (Victora et al. 2016). Lorsqu'il n'y a pas d'allaitement maternel, la probabilité de mortalité du nourrisson est en effet trois à quatre fois plus élevée au cours des six premiers mois et des données irréfutables confirment ses effets préventifs sur la pneumonie et la diarrhée du jeune enfant (Victora et al. 2016). Des données récentes indiquent également que l'allaitement serait associé à un QI plus élevé (Horta, Loret de Mola, et Vitora 2015) et, à plus long terme, à une meilleure performance économique sur le marché du travail (Lutter 2016 ; Rollins et al. 2016). Toutefois, la présence de politiques favorables et d'un environnement ouvert à la protection de l'allaitement en tant que source essentielle de nutrition du nourrisson est loin d'être universelle, ce qui fait de la promotion de l'allaitement exclusif un défi encore plus important. Plus de détails sont disponibles au Chapitre 5.

Riposte mondiale

Au fil du temps, les taux de malnutrition n'ont pas décliné aussi rapidement qu'escompté, surtout en raison de l'absence d'interventions et d'investissements dans des solutions mondiales fondées sur des données probantes. Cependant, le rôle essentiel de la nutrition dans l'atteinte d'un développement durable fait l'objet d'un consensus grandissant à travers le monde (Figure 1.3). Grâce à la présence d'une base de données solide et en croissance sur les moyens qui permettent de lutter contre la malnutrition, les acteurs clés en sont progressivement venus à reconnaître l'importance de l'investissement dans la nutrition. En 2000, l'éradication de la faim sous toutes ses formes a été intégrée aux Objectifs du Millénaire pour le Développement. Puis, en 2006, le rapport déterminant de la Banque mondiale, *Replacer la nutrition au cœur du développement* a galvanisé la prise de conscience, par les dirigeants mondiaux, de l'importance de la nutrition dans le programme de développement mondial. La série d'articles sur la nutrition maternelle et infantile publiée par le *Lancet* en 2008 exploite les estimations antérieures de l'impact des appuis nutritionnels sur la mortalité infantile

Figure 1.3 Principales ripostes mondiales en matière de nutrition

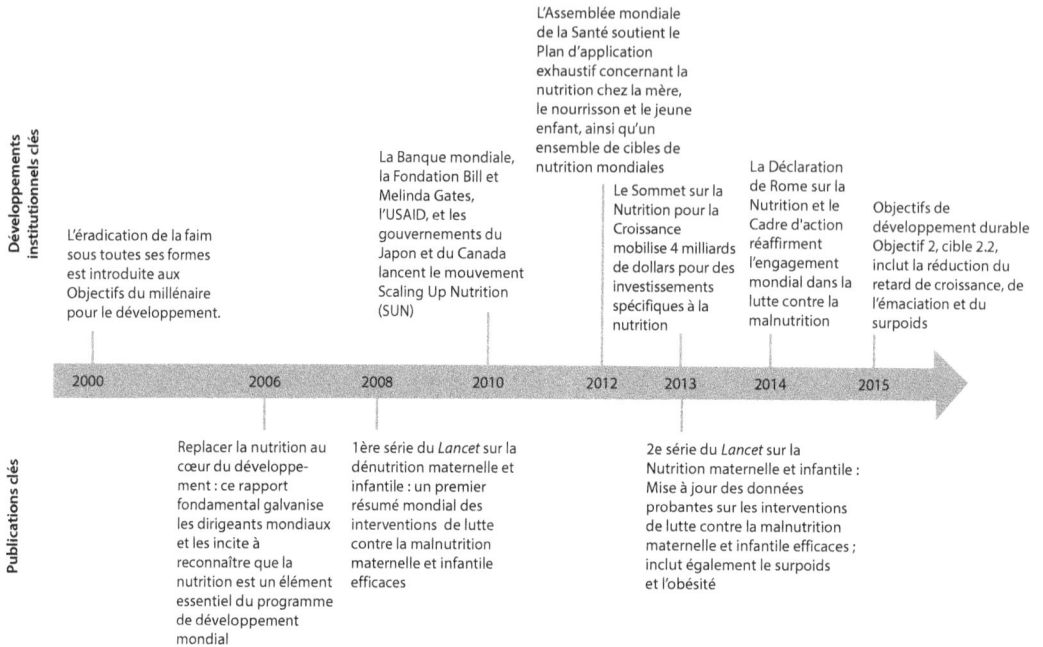

(Jones et al. 2003) et apporte des réponses sur la nature des interventions à impact maximal. Ces avancées ont été suivies de la publication du document *Scaling-Up Nutrition : What Will It Cost?*, la toute première estimation des besoins financiers nécessaires à la mise à l'échelle d'interventions de nutrition clés (Horton et al. 2010), puis, en 2013, d'une nouvelle série du *Lancet* sur la nutrition maternelle et infantile (Bhutta et al. 2013).

Armé de meilleures connaissances et fort d'un engagement mondial accru, le Mouvement pour le renforcement de la nutrition (Scaling up Nutrition/SUN) a été lancé en 2010 à la Banque mondiale en collaboration avec la Fondation Bill et Mélinda Gates, l'U.S. Agency for International Development (USAID) et les gouvernements du Japon et du Canada. L'engagement politique soulevé par le Mouvement SUN a suscité à la fois une demande accrue d'investissements dans la nutrition et une meilleure réponse des gouvernements et des partenaires techniques et financiers. La même année, le Mouvement 1000 jours a démarré ses activités avec un plaidoyer pour la prise d'actions et l'investissement accru dans la nutrition des femmes et des enfants au cours des 1000 premiers jours déterminants de la vie, soit depuis la conception jusqu'à ce que l'enfant atteigne deux ans. En 2016, le réseau SUN comprenait 57 pays clients appuyés par plus d'une centaine de partenaires issus des agences bilatérales, du milieu académique, des sociétés privées et d'au moins 3000 organisations de la société civile du monde entier.[5]

L'événement *Nutrition for Growth* organisé en 2013 par le Département pour le Développement International (*Department for International Development*/DfID) du Royaume-Uni et l'État brésilien s'est avéré déterminant en donnant lieu à des engagements de plus de 4 milliards de dollars, quoique seules quelques parties prenantes aient atteint ou soient en voie de respecter cet engagement (IFPRI 2016). Dans le cadre cette avancée, la création de la Coalition Internationale pour la Promotion de la Nutrition (*International Coalition for Advocacy on Nutrition*/ICAN) devait à la fois permettre de rassembler les organisations de la société civile œuvrant à l'éradication de la malnutrition sous toutes ses formes et encourager la priorisation d'investissements et de politiques susceptibles de sauver des vies comme d'améliorer l'état de santé à travers une meilleure nutrition.

En avril 2016, l'Assemblée générale des Nations Unies a proclamé la Décennie d'Actions pour la Nutrition (2016–2025), qui allait offrir à l'ensemble des parties prenantes une opportunité unique de renforcer les efforts conjoints d'éradication de la malnutrition sous toutes ses formes. Convoquée par l'Organisation mondiale de la Santé (OMS) et l'Organisation pour l'Agriculture et l'Alimentation (FAO) des Nations Unies, la Décennie d'Actions pour la Nutrition entend catalyser l'initiation, par les pays, d'interventions SMART responsables susceptibles de contribuer à l'avancement du programme de nutrition mondial enchâssé dans les ODD et la Déclaration de Rome sur la Nutrition.[6] L'année 2016 a également été marquée par l'événement médiatique *Nutrition for Growth*, tenu en août en marge des Jeux Olympiques d'été de Rio, qui a mis en lumière les progrès accomplis depuis 2013 et devrait être suivi d'une rencontre de prise d'engagements en 2017. En août 2016, dans le cadre de la sixième Conférence Internationale de Tokyo sur le Développement de l'Afrique (Tokyo International Conference on African Development/TICAD-VI) tenue à Nairobi, l'Agence Japonaise de Coopération Internationale (Japan International Cooperation Agency/JICA) a lancé une nouvelle Initiative pour la Sécurité Alimentaire et Nutritionnelle en Afrique (*Initiative on Food and Nutrition Security in Africa*/IFNA) axée sur la mise à l'échelle d'interventions spécifiques et sensibles à la nutrition dans 10 pays d'Afrique.

La Banque mondiale s'est pleinement engagée envers plusieurs de ces étapes clés, notamment grâce au consensus croissant au sein de l'organisation (Encadré 1.2) qui catalyse la prise de nouvelles actions nationales et mondiales. En avril 2016, au moment de la tenue des rencontres du printemps de la Banque mondiale, les responsables mondiaux des questions de nutrition se sont réunis à Washington DC pour discuter des principaux constats tirés de l'analyse des coûts, des financements et de leurs impacts présentée ici sur les investissements nationaux et l'aide internationale. L'engagement de la Banque mondiale envers l'investissement dans la nutrition devrait également se concrétiser au moment de la tenue du sommet sur le capital humain, une étape charnière qui rassemblera les chefs d'État et ministres des Finances lors des Rencontres annuelles de 2016 du Fonds Monétaire International et du Groupe de la Banque mondiale. Le plaidoyer pour la traduction des données probantes en prise d'actions et engagements politiques et financiers a demandé un certain temps, mais l'impulsion actuelle est vive.

Encadré 1.2 Intensification du soutien de la Banque mondiale à l'éradication du retard de croissance : un impératif pour les économies en développement

Au cours de la dernière décennie, la Banque mondiale a largement contribué au dialogue pour une meilleure prévention du retard de croissance, un plaidoyer plus récemment mené par le Président Jim Yong Kim, comme illustré par les remarques suivantes :

« *Les économies sont de plus en plus dépendantes de compétences et de qualifications dans les secteurs numériques et de haut niveau et nos investissements dans le « développement cérébral » sont probablement les plus importants que nous puissions faire. Dans trop de pays à revenu faible et intermédiaire, les enfants sont désavantagés avant même d'avoir mis le pied à l'école parce qu'ils n'ont pas bénéficié d'une nutrition et d'une stimulation précoce adéquates ou encore ont été exposés à un environnement néfaste. Un taux de retard de croissance infantile de 45 pour cent — un chiffre qui peut grimper jusqu'à 70 pour cent dans certains pays — constitue une tache sur notre conscience collective.*»

Il s'agit en fait d'un revirement par rapport au début et au milieu des années 2000, alors que le programme nutritionnel s'était considérablement rétréci, à la fois au niveau national et chez les partenaires techniques et financiers. En 2002 – 2004, le soutien accordé par la Banque mondiale à la nutrition restait faible, avec un personnel réduit ; très peu d'analyses sur les interventions efficaces ; un maigre engagement institutionnel — notamment de la haute direction ; et, des investissements réduits au minimum. La situation a considérablement changé suite à la publication du rapport séminal *Replacer la nutrition au cœur du développement* (Banque mondiale 2006), qui a attiré l'attention sur cette question, non seulement au sein de la Banque, mais également chez les gouvernements et les partenaires clés. Au sein de l'institution, ce nouvel intérêt a favorisé, à travers la disponibilité d'un fonds de prévoyance spécial en 2007 – 2008, une intensification rapide et importante des personnels alloués au secteur de la nutrition. En 2010, la publication subséquente de l'ouvrage *Scaling Up Nutrition : What Will It Cost?* fournissait les premières estimations mondiales des coûts associés à la nutrition alors que le mouvement SUN[a] était lancé afin de rallier les différents partenaires à cette cause.

Simultanément, l'engagement de la Banque mondiale à investir dans les premières années de vie (nutrition en début de vie, apprentissage et stimulation précoces, soins attentifs et protection contre le stress, tous en appui aux programmes respectifs) croît de façon exponentielle en portée, en ampleur et en couverture, soutenu par le double objectif actuel de réduction de la pauvreté et de promotion d'une prospérité partagée du Groupe de la Banque mondiale. L'investissement dans la réduction du retard de croissance et la stimulation de l'apprentissage au cours de la petite enfance sont maintenant au centre du programme corporatif, non seulement dans le secteur de la santé, mais aussi dans plusieurs autres domaines tels que l'éducation, l'eau et l'assainissement, la protection sociale et l'agriculture. Outre les ressources de l'Association Internationale de Développement (IDA) et de la Banque Internationale pour la Reconstruction et le Développement (BIRD), de nouveaux financements viennent appuyer ce programme aux niveaux mondial et national – notamment grâce à des partenaires tels que la Fondation Bill et Melinda Gates, la Children's Investment Fund

suite page suivante

Encadré 1.2 Intensification du soutien de la Banque mondiale à l'éradication du retard de croissance : un impératif pour les économies en développement *(continue)*

Foundation, la Fondation Dangote, Tata Trusts, the Power of Nutrition[b] et le Mécanisme de Financement Mondial en soutien à chaque femme et chaque enfant[c]. Ces partenaires, et plusieurs autres, notamment les organisations de la société civile, se rallient afin de catalyser et de renforcer l'atteinte de résultats en appui aux Objectifs de Développement Durable.

Notes: a. Pour plus d'informations sur le mouvement SUN, voir le site http://www.scalingupnutrition.org.
b. Pour plus d'informations sur l'organisme the Power of Nutrition, voir http://www.powerofnutrition.org/.
c. Pour plus d'informations sur le Mécanisme de Financement Mondial en soutien à chaque femme et chaque enfant, voir http://www.worldbank.org/en/topic/health/brief/global-financing-facility-in-support-of-every-woman-every-child.

Cadre analytique

Les analyses effectuées ici ont été fondées sur le cadre conceptuel pour la nutrition (voir Figure 1.4) qui illustre les effets tout au long de la vie à la fois des interventions spécifiques et sensibles à la nutrition et d'un environnement favorable. Les *interventions spécifiques à la nutrition* sont largement mises en œuvre par le secteur santé et s'intéressent essentiellement aux déterminants immédiats de la nutrition infantile, notamment l'allaitement, l'apport adéquat d'aliments et de nutriments, les pratiques d'alimentation et de soins et, la prévention et la gestion des maladies. Les *interventions sensibles à la nutrition* sont assurées par d'autres secteurs — par exemple de l'agriculture, de l'eau et assainissement, de l'éducation ou de la protection sociale — et interviennent plutôt sur les facteurs qui influencent de façon sous-jacente les résultats nutritionnels au cours de l'enfance.

La synergie entre les interventions spécifiques à la nutrition et les autres initiatives sectorielles est essentielle à l'interruption du cycle de la malnutrition et au maintien des gains obtenus suite à la conduite d'interventions spécifiques (Banque mondiale 2013). Ce rapport aborde les questions de coûts, de financement et d'estimation des impacts d'interventions spécifiques à la nutrition suffisamment efficaces et éprouvées pour permettre l'atteinte des cibles mondiales de nutrition fixées par l'Assemblée mondiale de la santé en matière de retard de croissance ; d'anémie ; et d'allaitement, mais aussi le traitement de l'émaciation.

Mesure des progrès

Les enseignements tirés de l'ère consacrée aux Objectifs du Millénaire pour le Développement ont démontré que des cibles claires et ambitieuses pouvaient stimuler la prise d'actions nationales. En 2012, dans le cadre d'un effort de ralliement de la communauté internationale en vue de l'amélioration de la nutrition, les 167 membres de l'Assemblée mondiale de la santé endossaient le

Figure 1.4 Un cadre pour l'atteinte de la nutrition optimale

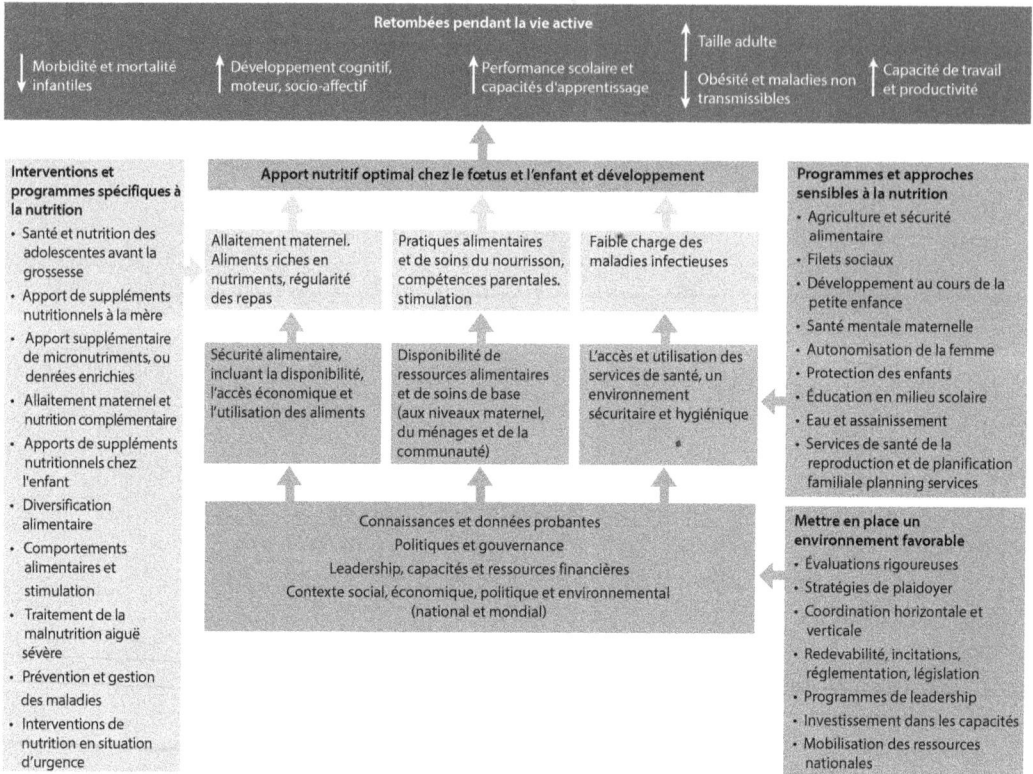

Retombées pendant la vie active

↓ Morbidité et mortalité infantiles   ↑ Développement cognitif, moteur, socio-affectif   ↑ Performance scolaire et capacités d'apprentissage   ↑ Taille adulte   ↓ Obésité et maladies non transmissibles   ↑ Capacité de travail et productivité

Interventions et programmes spécifiques à la nutrition

- Santé et nutrition des adolescentes avant la grossesse
- Apport de suppléments nutritionnels à la mère
- Apport supplémentaire de micronutriments, ou denrées enrichies
- Allaitement maternel et nutrition complémentaire
- Apports de suppléments nutritionnels chez l'enfant
- Diversification alimentaire
- Comportements alimentaires et stimulation
- Traitement de la malnutrition aiguë sévère
- Prévention et gestion des maladies
- Interventions de nutrition en situation d'urgence

Apport nutritif optimal chez le fœtus et l'enfant et développement

Allaitement maternel. Aliments riches en nutriments, régularité des repas

Pratiques alimentaires et de soins du nourrisson, compétences parentales. stimulation

Faible charge des maladies infectieuses

Sécurité alimentaire, incluant la disponibilité, l'accès économique et l'utilisation des aliments

Disponibilité de ressources alimentaires et de soins de base (aux niveaux maternel, du ménages et de la communauté)

L'accès et utilisation des services de santé, un environnement sécuritaire et hygiénique

Connaissances et données probantes
Politiques et gouvernance
Leadership, capacités et ressources financières
Contexte social, économique, politique et environnemental (national et mondial)

Programmes et approches sensibles à la nutrition

- Agriculture et sécurité alimentaire
- Filets sociaux
- Développement au cours de la petite enfance
- Santé mentale maternelle
- Autonomisation de la femme
- Protection des enfants
- Éducation en milieu scolaire
- Eau et assainissement
- Services de santé de la reproduction et de planification familiale planning services

Mettre en place un environnement favorable

- Évaluations rigoureuses
- Stratégies de plaidoyer
- Coordination horizontale et verticale
- Redevabilité, incitations, réglementation, législation
- Programmes de leadership
- Investissement dans les capacités
- Mobilisation des ressources nationales

Source : Black et al. 2013, p. 16, Elsevier. Reproduit avec autorisation d'Elsevier ; permission subséquente requise pour réutilisation.

Plan d'application exhaustif concernant la nutrition chez la mère, le nourrisson et le jeune enfant (OMS 2014a), qui fixait les toutes premières cibles mondiales de nutrition dans 6 domaines spécifiques : le retard de croissance ; l'allaitement exclusif ; l'émaciation ; l'anémie ; le faible poids à la naissance ; et la surcharge pondérale (Tableau 1.1). L'Assemblée mondiale de la santé entendait de ce fait stimuler les investissements dans des interventions rentables et catalyser les progrès vers la réduction de la malnutrition et des carences en micronutriments. Même si les cibles étaient mondiales, les états membres ont été exhortés à développer leurs propres objectifs nationaux, ce qui devait faciliter une approche harmonisée à la mesure des progrès accomplis, la redevabilité des interventions et le développement ou la modification des politiques de façon à atteindre les objectifs identifiés. Afin d'aider les pays à fixer des cibles et à en suivre l'évolution, l'OMS a élaboré un instrument de suivi qui permet aux utilisateurs d'explorer différents scénarios à partir du niveau d'avancement (OMS 2015).[7] Pour maintenir cet essor, les dirigeants mondiaux ont enchâssé certaines des cibles de l'Assemblée mondiale de la santé dans le second ODD, qui vise notamment l'éradication de la malnutrition sous toutes ses formes d'ici 2030. Les indicateurs associés au retard de croissance, à l'émaciation et à la

Tableau 1.1 Les six cibles de nutrition de l'Assemblée mondiale de la santé

Cibles de nutrition	Cibles mondiales en 2025
1. Retard de croissance	Réduire de 40 pour cent le nombre d'enfants de moins de 5 ans présentant un retard de croissance
2. Anémie	Réduire de 50 pour cent l'anémie chez les femmes en âge de procréer
3. Insuffisance pondérale à la naissance[a]	Réduire de 30 pour cent l'insuffisance pondérale à la naissance
4. Surpoids[a]	Pas d'augmentation du nombre d'enfants en surpoids
5. Allaitement exclusif	Porter le taux d'allaitement exclusif au sein au cours des six premiers mois de la vie à au moins 50 pour cent
6. Émaciation	Réduire et maintenir au-dessous de 5 pour cent l'émaciation chez l'enfant

Source : OMS 2012.

Note : a. Il n'a pas été possible d'estimer les besoins financiers nécessaires à l'atteinte des cibles en matière de faible poids à la naissance et de surpoids en raison de données insuffisantes sur les interventions susceptibles d'en réduire la prévalence.

surcharge pondérale ont été conséquemment été inclus au cadre des ODD sous la cible 2.2 (IAEG-SDG 2016). Quoique les résultats associés à plusieurs de ces indicateurs s'améliorent au fil du temps, l'évolution actuelle ne permettra pas l'atteinte des cibles mondiales fixées. Ainsi, si la tendance se maintient, environ 127 millions d'enfants de moins de cinq ans souffriront d'un retard de croissance en 2025, contre les 100 millions alors prévus par l'objectif de l'Assemblée mondiale de la santé (OMS 2014c).

S'appuyer sur les estimations préalables des besoins financiers pour mettre à l'échelle la nutrition

Stenberg et al. (2014) ont identifié les coûts associés à un large paquet d'interventions dans les secteurs de la santé de la reproduction, de la mère, du nourrisson, et du jeune enfant, dont certaines à caractère nutritionnel. Cependant, l'analyse n'a ni relié celles-ci aux cibles de l'Assemblée mondiale de la santé, ni considéré l'ensemble exhaustif des interventions de nutrition. Deux études préalables avaient estimé les coûts de la mise à l'échelle mondiale d'interventions nutritionnelles (Bhutta et al. 2013 ; Horton et al. 2010) mais le rapport *Scaling Up Nutrition* reste la première tentative systématique d'estimation des ressources nécessaires au renforcement des interventions de nutrition à travers le monde. Il a considéré pour ce faire les besoins financiers (et non les impacts) nécessaires à la mise à l'échelle de 13 interventions éprouvées, ceci sur la base des observations publiées en 2008 par le *Lancet* dans la série consacrée à la nutrition maternelle et infantile (Bhutta et al. 2008). À partir d'une approche essentiellement programmatique, le rapport a évalué à 10,3 milliards de dollars par an les besoins financiers additionnels nécessaires à l'expansion des interventions considérées. En 2013, le *Lancet* a réexaminé, dans le cadre d'une nouvelle publication sur la nutrition maternelle et infantile, les données relatives à l'efficacité des différentes interventions et a estimé cette fois à 9,6 milliards par an les besoins financiers nécessaires à une mise à l'échelle mondiale des interventions de lutte contre toutes les formes de malnutrition. Comme dans le cas du document *Scaling Up Nutrition*, cette estimation présupposait une mise à l'échelle sur une seule année, mais, contrairement à celui-ci, elle basait les besoins financiers sur les ingrédients nécessaires aux interventions, tels que définis par l'instrument *Onehealth* de l'OMS (Bhutta et al. 2013). Outre ces études mondiales, plusieurs études nationales consacrées à l'évaluation des coûts et des financements ont alimenté à la base de connaissances, particulièrement à travers une meilleure compréhension des coûts unitaires des interventions de nutrition et au développement de méthodes d'estimation des besoins financiers, des impacts et des retombées (IFPRI 2016 ; Shekar et al. 2014 ; Shekar, Dayton Eberwein, et Kakietek 2016 ; Shekar, Mattern, Eozenou et al. 2015 ; Shekar, Mattern, Laviolette et al. 2015).

Toutes ces études ont évalué les coûts d'un paquet exhaustif d'interventions éprouvées de lutte contre différents aspects de la dénutrition infantile, mais n'ont fourni aucune estimation des besoins financiers nécessaires à l'atteinte des cibles mondiales. D'ailleurs, aucune étude antérieure ou planifiée n'a établi de lien systématique entre les besoins financiers mondiaux et les impacts potentiels, ou encore évalué les écarts entre l'investissement actuel et la dépense requise pour l'atteinte des cibles fixées par l'Assemblée mondiale de la santé. Finalement, aucune étude ne s'était encore intéressée à une analyse exhaustive mondiale des investissements des bailleurs de fonds et des gouvernements nationaux, ou encore aux scénarios qui permettraient de réduire les écarts financiers identifiés.

Par conséquent, le présent rapport complète les travaux antérieurs sur trois aspects déterminants : il estime de façon plus complète les besoins financiers ; il met en relation les financements nécessaires et les impacts attendus ; et il propose un cadre de financement potentiel (Tableau 1.2). Une compréhension approfondie des investissements actuels dans la nutrition, des besoins à venir et de leurs effets ainsi que des moyens qui permettront de mobiliser les fonds nécessaires est essentielle à la transformation des engagements politiques en impératifs de politique. Il faut noter que les estimations tirées des analyses effectuées ici sont moins élevées que les précédentes, notamment en raison du corpus plus étroit d'interventions considérées (soit, l'exclusion de la solution de réhydratation orale avec apport thérapeutique de suppléments de zinc et de calcium). Le rapport a également procédé à une mise à jour des coûts unitaires, qui pourraient s'avérer plus faibles que ceux utilisés par les analyses précédentes.

Processus consultatif : le Groupe Technique Consultatif

Ces analyses ont été guidées par les conseils éclairés du Groupe Technique Consultatif (GTC). Celui-ci était composé d'experts en nutrition de partout dans le monde, qui représentaient à la fois des ministères de la santé nationaux, d'autres agences d'exécution, le milieu académique et la communauté des

Tableau 1.2 Études d'estimation des besoins financiers mondiaux pour le renforcement des interventions de nutrition

Scaling Up Nutrition (Horton et al. 2010)	Série du Lancet sur la nutrition maternelle et infantile (Bhutta et al. 2013)	Investir dans la nutrition (la présente analyse)
• Accent porté sur l'estimation des besoins financiers et non sur les impacts. • Considère les interventions de lutte contre toutes les formes de dénutrition. • Assume un passage de la couverture actuelle à 90 pour cent en une seule année. • Besoins financiers basés sur l'expérience programmatique • *Coûts additionnels de la mise à l'échelle estimés à 10,3 milliards de dollars/an*	• Accent porté sur l'estimation des besoins financiers et de certains des impacts du retard de croissance. • Considère les interventions de lutte contre toutes les formes de malnutrition. • Assume un passage de la couverture actuelle à 90 pour cent en une seule année. • Calcul des besoins financiers basé sur les ingrédients nécessaires. • *Coûts additionnels de la mise à l'échelle estimée à 9,6 milliards de dollars/an*	• Accent porté sur l'estimation des besoins financiers et des impacts de quatre des six Cibles mondiales de nutrition (retard de croissance, anémie, allaitement exclusif, émaciation) et estimation des besoins financiers. • Mise à l'échelle plus réaliste : augmentation de la couverture actuelle à 90 pour cent sur 10 ans. • Déclin du retard de croissance au fil du temps modélisé plutôt que présumé. • *Coûts additionnels de la mise à l'échelle estimés à 49,5 milliards de dollars sur 10 ans seulement pour le retard de croissance, et à 69,9 milliards de dollars pour l'ensemble des quatre cibles.* • Plusieurs options de financement incluses

bailleurs de fonds (voir l'Annexe A pour la liste des membres du GTC). Le GTC s'est réuni à quatre reprises pour la formulation de différents commentaires, notamment sur des questions de sélection des interventions, de méthodologie, de sources de données et de validation des hypothèses formulées à travers les modèles. Sa contribution a culminé par une rencontre face à face d'une journée qui a permis de revoir les méthodes finales et d'interpréter les résultats (voir l'Annexe A pour la liste des participants).

Portée du rapport

Deux des cibles mondiales de nutrition —insuffisance pondérale à la naissance et surpoids infantile — n'ont pas été considérées par l'analyse, soit en raison de données insuffisantes sur leur prévalence (insuffisance pondérale à la naissance) ou encore d'absence de consensus sur les interventions jugées efficaces pour l'atteinte de l'objectif (surpoids infantile). Les financements nécessaires au renforcement du traitement de l'émaciation sévère ont été estimés, mais il n'a pas été possible d'évaluer les sommes qui permettraient l'atteinte de la cible afférente en raison d'un manque de données probantes sur la nature des interventions préventives efficaces. Pour les trois cibles résiduelles, l'analyse s'est concentrée sur le calcul des coûts associés à un paquet d'interventions spécifiques à la nutrition et essentiellement prophylactiques, qui ont fait la preuve de leur efficacité dans la prévention du retard de croissance et de l'anémie, la hausse de l'allaitement maternel et la réduction de la mortalité infantile.

En outre, les analyses ont été circonscrites aux pays à revenu faible et intermédiaire, où le problème de dénutrition est fortement concentré. Par ailleurs, les pays à revenu élevé, largement en mesure de financer leurs propres interventions, ont généralement des besoins financiers et des stratégies de ciblage qui risquent fort de différer de ceux des pays à revenu faible et intermédiaire.

La suite de ce rapport a été structurée de la façon suivante : le Chapitre 2 décrit le cadre analytique préalable aux analyses de coûts, d'impacts et de rapport coûts-avantages. Les Chapitres 3, 4, 5 et 6 sont respectivement consacrés aux besoins financiers et impacts associés à l'atteinte des cibles en matière de retard de croissance, d'anémie chez la femme, d'allaitement du nourrisson, et de traitement de l'émaciation. Le Chapitre 7 rend compte des besoins financiers totaux et des retombées d'une mise à l'échelle qui permettra de satisfaire à l'ensemble des cibles, ceci en prenant en considération le fait que certaines interventions chevauchent plusieurs objectifs. Le Chapitre 8 soumet des scénarios de mise à l'échelle des financements pour l'atteinte des cibles d'ici 2025. Le Chapitre 9 aborde les constats et énonce certaines politiques et actions programmatiques à mener, incluant les activités de recherches dans l'avenir.

Notes

1. *Retard de croissance* : soit un enfant de moins de cinq ans dont la taille pour l'âge équivaut à un écart-type de -2 unités de déviation standard ou plus par rapport à un enfant du même âge et du même sexe (écart-type taille pour l'âge <–2) selon les standards de croissance de l'OMS (OMS 2009).

2. L'expression *mères malnutries* utilise la petite taille maternelle (<145 cm) comme indicateur de la malnutrition de la mère.

3. L'émaciation désigne un enfant de moins de cinq ans qui présente un poids pour la taille dont la mesure est équivalente à un écart-type de -2 unités de déviation standard ou plus par rapport à un enfant de la même taille et du même sexe (écart-type poids pour la taille <–2) selon les standards de croissance de l'OMS (ou OMS 2009).

4. Les seuils actuels de l'Organisation mondiale de la Santé correspondant à une anémie légère, modérée et sévère sont respectivement de 110–119, 80–109, et <80 grammes d'hémoglobine par litre chez les femmes non enceintes et de 100–109, 70–99 et <70 grammes chez les femmes enceintes (OMS 2011).

5. Pour de plus amples informations sur le Mouvement SUN, voir http://scalingupnutrition.org/.

6. SMART : Spécifique, Mesurable, Atteignable, Réaliste, limité dans le Temps.

7. L'outil de suivi est disponible en ligne au : http://www.who.int/nutrition/tracking tool/en/.

Références

Banque mondiale. 2006. *Replacer la nutrition au cœur du développement : Une stratégie d'interventions à grande échelle*. Washington, DC : Banque mondiale.

———. 2013. *Améliorer la nutrition au moyen d'approches multisectorielles*. Washington, DC : Banque mondiale.

Beaton, G. H., R. Martorell, K. J. Aronson, B. Edmonston, G. McCabe, A. C. Ross, et B. Harvey. 1993. « Effectiveness of Vitamin A Supplementation in the Control of Young Child Morbidity and Mortality in Developing Countries. » Document de discussion de politiques sur la nutrition 13, Programme international sur la nutrition, Toronto, ON.

Bhutta, Z. A., T. Ahmed, R. E. eihcBlack, S. Cousens, K. Dewey, E. Glugliani, B. A. Haider, B. Kirkwood, S. S. Morris, H. P. S. Sachdeve, et M. Shekar. 2008. « What Works? Interventions for Maternal and Child Undernutrition and Survival. » *The Lancet* 371 (9610): 417–40.

Bhutta, Z. A, J. K. Das, A. Rizvi, M. F. Gaffey, N. Walker, S. Horton, P. Webb, A. Lartey, et R. E. Black. 2013. « Evidence-Based Interventions for Improvement of Maternal and Child Nutrition: What Can Be Done and at What Cost? » *The Lancet* 382 (9890): 452–77.

Black, R. E., L. H. Allen, Z. A. Bhutta, L. E. Caulfield, M. de Onis, M. Ezzati, C. Mathers, J. Rivera, et le Groupe d'Études sur la Dénutrition Maternelle et Infantile. 2008. « Maternal and Child Undernutrition: Global and Regional Exposures and Health Consequences. » *The Lancet* 371 (9608): 243–60.

Black, R. E., C. G. Victora, S. P. Walker, Z. A. Bhutta, P. Christian, M. de Onis, M. Ezzati, S. Grantham-Mcgregor, J. Katz, R. Martorell, R. Uauy, et le Groupe d'Études sur la Dénutrition Maternelle et Infantile. 2013. « Maternal and Child Undernutrition and Overweight in Low-Income and Middle-Income Countries. » *The Lancet* 382: 427–51.

Bleichrodt, N. et M. P. Born. 1994. « A Meta-Analysis of Research on Iodine and Its Relationship to Cognitive Development. » Dans *The damaged brain of iodine deficiency*, édité par J. B. Stanbury, 195–200. New York: Cognizant Communication.

Christian, P., L. E. Murray-Kolb, S. K. Khatry, J. Katz, B. A. Schaefer, P. M. Cole, S. C. Leclerq, et J. M. Tielsch. 2010. « Prenatal Micronutrient Supplementation and Intellectual and Motor Function in Early School-Aged Children in Nepal. » *JAMA* 304 (24): 2716–23.

Daniels, M. C. et L. Adair. 2004. « Growth in Young Filipino Children Predicts Schooling Trajectories through High School. » *Journal of Nutrition* 134: 1439–46.

Fink, G., E. Peet, G. Danaei, K. Andrews, D. C. McCoy, C. R. Sudfeld, M. C. Smith Fawzi, M. Ezzati, et W. W. Fawzi. 2016. « Schooling and Wage Income Losses Due to Early-Child Growth Faltering in Developing Countries: National, Regional, and Global Estimates. » *The American Journal of Clinical Nutrition* 104 (1): 104–12.

Grantham-McGregor, S., Y. Cheung, S. Cueto, P. Glewwe, L. Richter, B. Strupp, et le Groupe de Pilotage International pour le Développement de l'Enfant. 2007. « Developmental Potential in the First 5 Years for Children in Developing Countries. » *The Lancet* 369 (9555): 60–70.

Hoddinott, J., J. A. Maluccio, J. R. Behman, R. Flores, et R. Martorell. 2008. « Effect of a Nutrition Intervention during Early Childhood on Economic Productivity in Guatemalan Adults. » *The Lancet* 371 (9610): 411–16.

Hoddinott, J., J. Maluccio, J. R. Behrman, R. Martorell, P. Melgar, A. R. Quisumbing, M. Ramirez-Zea, R. D. Stein, et K. M. Yount. 2011. « The consequences of early childhood growth failure over the life course. » Document de discussion IFPRI 01073. Institut International de Recherche sur les Politiques Alimentaires, Washington, DC.

Horta, B. L., C. Loret de Mola, et C. G. Victora. 2015. « Breastfeeding and Intelligence: A Systematic Review and Meta-Analysis. » *Acta Paediatrica* 104: 14–19.

Horton, S. et J. Hoddinott. 2014. « Benefits and Costs of the Food and Nutrition Targets for the Post-2015 Development Agenda: Post-2015 Consensus. » Document de perspectives sur la nutrition et la sécurité alimentaire. Copenhagen Consensus Center.

Horton, S., M. Shekar, C. McDonald, A. Mahal, et J. K. Brooks. 2010. *Scaling Up Nutrition: What Will it Cost?* Série Directions du développement. Washington, DC : Banque mondiale.

Horton, S. et R. Steckel. 2013. « Malnutrition: Global Economic Losses Attributable to Malnutrition 1900–2000 and Projections to 2050. » Dans *The Economics of Human Challenges*, édité par B. Lomborg, 247–72. Cambridge, Royaume-Uni : Presses de l'Université Cambridge.

Huebner, G., N. Boothby, J. L. Aber, G. L. Darmstadt, A. Diaz, A. S. Masten, H. Yoshikawa, I. Redlener, A. Emmel, M. Pitt, L. Arnold, B. Barber, B. Berman, R. Blum, M. Canavera, J. Eckerle, N. A. Fox, J. L. Gibbons, S. W. Hargarten, C. Landers, C. A. Nelson III, S. D. Pollak, V. Rauh, M. Samson, F. Ssewamala, N. St Clair, L. Stark, R. Waldman, M. Wessells, S. L. Wilson, et C. H. Zeanah. 2016. « Beyond Survival: The Case for Investing in Young Children Globally. » Document de discussion, Académie Nationale de Médecine, Washington, DC.

IAEG-SDG (Groupe interagences d'experts sur les objectifs de développement durable), Indicateurs. 2016. « Provisional Proposed Tiers for Global SDG Indicators as of March 24, 2016. » Document de discussion pour la troisième rencontre IAEG-SDG. 30 mars –1 avril, 2016, ville de Mexico, Mexique.

IFPRI (Institut International de Recherche sur les Politiques Alimentaires). 2016. Rapport mondial sur la nutrition 2016 : Des promesses aux impacts : Éliminer la malnutrition d'ici 2030. Washington, DC : IFPRI.

Imdad, A. et Z. A. Bhutta. 2011. « Effect of Preventive Zinc Supplementation on Linear Growth in Children under 5 Years of Age in Developing Countries: A Meta-Analysis of Studies for Input to the Lives Saved Tool. » *BMC Public Health* 11 (Suppl 3): S22.

Jones, G., R. W. Steketee, R. E. Black, Z. A. Bhutta, et S. S. Morris. 2003. « How Many Child Deaths Can We Prevent This Year? » *The Lancet* 362 (9377): 65–71.

Lutter, R. 2016. « Cognitive Performance, Labor Market Outcomes and Estimates of the Economic Value of Cognitive Effects of Breastfeeding. » Manuscrit non publié, mai.

Lye, S. J. 2016. « The Science of Early Development: Investing in the First 2000 Days of Life to Enable All Children, Everywhere to Reach Their Full Potential. » Présentation à la rencontre de la Banque mondiale sur le développement au cours de la petite enfance, avril.

Martorell, R., B. L. Horta, L. S. Adair, A. D. Stein, L. Richter, C. H. D. Fall, S. K. Bhargava, S. K. Dey Biswas, L. Perez, F. C. Barros, C. G. Victora, et Consortium sur la Recherche en Santé dans les Sociétés en Transition. 2010. « Weight Gain in the First Two Years of Life Is an Important Predictor of Schooling Outcomes in Pooled Analyses from Five Birth Cohorts from Low- and Middle-Income Countries. » *Journal of Nutrition* 140: 348–54.

McDonald, C. M., I. Olofin, S. Flaxman, W. W. Fawzi, D. Spiegelman, L. E. Caulfield, R. E. Black, M. Ezzati, et G. Danaei. 2013. « The Effect of Multiple Anthropometric Deficits on Child Mortality: Meta-Analysis of Individual Data in 10 Prospective Studies from Developing Countries. » *American Journal of Clinical Nutrition* 97 (4): 896–901. doi:10.3945/ajcn.112.047639.

OMS (Organisation mondiale de la Santé). 2009. *Normes de croissance OMS et identifica- tion de la malnutrition aiguë sévère chez l'enfant. Déclaration commune.* http://apps.who .int/iris/bitstream/10665/44129/1/9789241598163_eng.pdf?ua=1.

———. 2010. *Système d'information sur la situation nutritionnelle (NLIS) Indicateurs de profils pays : Guide d'interprétation.* Genève : OMS.

———. 2011. « Haemoglobin Concentrations for the Diagnosis of Anaemia and Assessment of Severity. » OMS, Genève. http://www.who.int/vmnis/indicators/haemoglobin.pdf.

———. 2012. *Cibles mondiales 2025.* http://www.who.int/nutrition/topics/nutrition _globaltargets2025/en/.

———. 2014a. *Plan d'application exhaustif concernant la nutrition chez la mère, le nourrisson et le jeune enfant.* Genève : OMS. http://apps.who.int/iris/bitstream/10665/113048/1 /WHO_NMH_NHD_14.1_eng.pdf?ua=1.

———. 2014b. *Global Nutrition Targets 2025: Wasting Policy Brief.* Genève : OMS. http:// www.who.int/nutrition/publications/globaltargets2025_policybrief_wasting/en/

———. 2014c. *Cibles mondiales de nutrition 2025. Série de Notes de politiques.* Genève : OMS. http://apps.who.int/iris/bitstream/10665/149018/1/WHO_NMH _NHD_14.2_eng.pdf?ua=1.

———. 2015. *Outil de suivi des cibles mondiales.* http://www.who.int/nutrition /trackingtool/en/.

Ozaltin, E., K. Hill, et S. V. Subramanian. 2010. « Association of Maternal Stature with Offspring Mortality, Underweight, and Stunting in Low- to Middle-Income Countries. » *JAMA* 303 (15): 1507–16.

Panel Mondial sur l'Agriculture et les Systèmes Alimentaires pour la Nutrition. 2016. « The Cost of Malnutrition: Why Policy Action Is Urgent. » Mémoire technique No. 3. http://glopan.org/sites/default/files/Costs-of-malnutrition-brief.pdf.

Qian, M., D. Wang, W. E. Watkins, V. Gebski, Y. Q. Yan, M. Li, et Z. P. Chen. 2005. « The Effects of Iodine on Intelligence in Children: A Meta-Analysis of Studies Conducted in China. » *Asia Pacific Journal of Clinical Nutrition* 14 (1): 32–42.

Rollins, N. C., N. Bhandari, N. Hajeebhoy, S. Horton, C. K. Lutter, J. C. Martines, E. G. Piwoz, L. M. Richter, et C. G. Victora. 2016. « Why Invest, and What It Will Take to Improve Breastfeeding Practices? » *The Lancet* 387 (10017): 491–504.

Shekar, M., J. Dayton Eberwein, et J. Kakietek. 2016. « The Costs of Stunting in South Asia and the Benefits of Public Investments in Nutrition. » *Maternal and Child Nutrition* 12 (Supl 1): 186–95.

Shekar, M., M. Mattern, P. Eozenou, J. Dayton Eberwein, J. K. Akuoku, E. Di Gropello et W. Karamba. 2015. « Scaling Up Nutrition for a More Resilient Mali: Nutrition Diagnostics and Costed Plan for Scaling Up. » Document de discussion, Santé, Nutrition et Populations, Banque mondiale, Washington, DC.

Shekar, M., M. Mattern, L. Laviolette, J. Dayton Eberwein, W. Karamba, et J. K. Akuoku. 2015. «Améliorer la nutrition en RDC : à quel coût ?» Document de discussion, Santé, Nutrition et Populations. Washington, DC : Groupe de la Banque mondiale.

Shekar, M., C. McDonald, A. Subandoro, J. Dayton Eberwein, M. Mattern et J. K. Akuoku. 2014. « Costed Plan for Scaling Up Nutrition: Nigeria. » Document de discussion, Santé, Nutrition et Populations. Banque mondiale, Washington, DC.

Stenberg, K., H. Axelson, P. Sheehan, I. Anderson, A. M. Gülmezoglu, et al. 2014. « Advancing Social and Economic Development by Investing in Women's and

Children's Health: A New Global Investment Framework. » *The Lancet* 383 (9925): 1333–54.

UNICEF, OMS, et Banque mondiale (Fonds des Nations Unies pour l'Enfance, Organisation mondiale de la Santé, et Banque mondiale). 2015. *Estimation conjointe de la malnutrition infantile : niveaux et tendances.* Base de données mondiale sur la croissance infantile et la malnutrition. http://www.who.int/nutgrowthdb/estimates 2014/en/.

Victora, C., R. Bahl, A. Barros, G. V. A. Franca, S. Horton, J. Krasevec, S. Murch, M. J. Sankar, N. Walker, et N. C. Rollins. 2016. « Breastfeeding in the 21st Century: Epidemiology, Mechanisms and Lifelong Effect. » *The Lancet* 387 (10017): 475–90.

Victora, C. G., M. de Onis, P. C. Hallal, M. BloÅNssner, et R. Shrimpton. 2010. « Worldwide Timing of Growth Faltering: Revisiting Implications for Interventions. » *Pediatrics* 125: e473–e80.

Walker, S. P., T. D. Wachs, S. Grantham-McGregor, M. M. Black, C. A. Nelson, S. L. Huffman, H. Baker-Henningham, S. M. Chang, J. D. Hamadani, B. Lozoff, J. M. Meeks Gardner, C. A. Powell, A. Rahman, et L. Richter. 2011. « Inequality in Early Childhood: Risk and Protective Factors for Early Child Development. » *The Lancet* 378 (9799): 1325–38.

CHAPITRE 2

Vue d'ensemble de la méthodologie

Jakub Kakietek, Julia Dayton Eberwein, Dylan Walters,
et Meera Shekar

Messages clés

- L'étude a estimé les coûts totaux du renforcement sur 10 ans des interventions clés nécessaires à l'atteinte des cibles fixées en matière de réduction du retard de croissance chez l'enfant et de l'anémie chez la femme, d'augmentation du taux d'allaitement exclusif du nourrisson et d'atténuation de l'impact de l'émaciation chez l'enfant.
- Pour chacune de ces quatre cibles, l'analyse s'est concentrée sur les pays dans lesquels la charge était la plus élevée ; les résultats ont ensuite été extrapolés à l'ensemble des pays à revenu faible et intermédiaire.
- Les données et les méthodes dérivées de l'exercice de calcul des coûts nationaux ont renseigné les analyses et permis d'identifier, sur la base de données probantes, le paquet d'interventions nécessaires à l'atteinte de chacune des cibles.
- Les impacts des investissements additionnels sur la prévalence du retard de croissance, de l'anémie chez la femme et du taux d'allaitement exclusif ont été estimés, ainsi que les effets additionnels générés sur la mortalité infantile.
- Les analyses de rentabilité ont été menées pour chacune des cibles, et les résultats ont été traduits en revenus potentiellement gagnés au cours de la vie active en tant qu'adulte.

Ce chapitre décrit l'approche méthodologique générale utilisée pour l'estimation des coûts et des impacts associés à l'atteinte des quatre cibles fixées par l'Assemblée mondiale de la santé en matière de retard de croissance, d'anémie chez la femme, d'allaitement exclusif du nourrisson et de réduction des impacts de l'émaciation au cours de la petite enfance. Les méthodes utilisées pour l'estimation des rapports coûts – avantage sont également expliquées. Les considérations méthodologiques spécifiques aux cibles sont abordées aux Chapitres 3 à 6. Les méthodes utilisées pour l'estimation des scénarios de financement actuel et futur font l'objet d'une discussion distincte au Chapitre 8.

Sélection d'un échantillon de pays

Sans nier que, dans plusieurs pays à revenu élevé, l'état nutritionnel des femmes et des enfants demeure un problème de santé publique, ce rapport s'est concentré sur l'estimation des coûts et des impacts associés à l'atteinte des cibles fixées par l'Assemblée mondiale de la santé dans les pays à revenu faible et intermédiaire, dans lesquels la charge reste la plus importante. Cette concentration ajoute à la cohérence des estimations puisque les informations sur les coûts, la couverture et les modalités de prestation de services dans les pays à revenu élevé ne sont ni comparables, ni facilement accessibles. En outre, les estimations générées ici ont pour objectif de renseigner les décideurs des pays à revenu faible et intermédiaire qui envisagent d'investir dans la nutrition ainsi que les partenaires de l'aide au développement et les fondations philanthropiques qui élaborent des stratégies d'investissement.

Un échantillon des pays à revenu faible et intermédiaire les plus fortement affectés a été identifié pour chacune des quatre cibles considérées. La Figure 2.1, qui illustre la part respective de la charge associée au retard de croissance dans plusieurs pays, a permis de constater que 37 d'entre eux assumaient à eux seuls 85 pour cent du fardeau mondial. Sur la base de ce constat, il a été décidé de ramener systématiquement le nombre de pays de l'échantillon à un corpus d'analyse réaliste. Par conséquent, 37 pays ont été considérés pour le retard de croissance, 26 pour l'anémie, 27 pour l'allaitement maternel et 24 pour l'émaciation (Tableau 2.1). Compte tenu des efforts nécessaires à l'obtention, souvent difficile, des données relatives aux coûts et aux impacts, cette approche a favorisé une élaboration plus efficace des estimations mondiales.

Chaque échantillon comprend donc les 20 pays dans lesquels la charge associée à un aspect donné de la malnutrition est la plus élevée (soit, les pays qui abritent le nombre le plus important d'enfants présentant un retard de croissance ; de femmes en âge de procréer souffrant d'anémie ; d'enfants de moins de six mois non bénéficiaires d'un allaitement maternel exclusif ; et, d'enfants de moins de 5 ans émaciés). En outre, tous les pays dans lesquels la charge de la malnutrition dépassait un seuil de prévalence déterminé ont été ajoutés à l'échantillon correspondant (voir le Tableau 2.2 pour les seuils). Cette stratégie de sélection a

Figure 2.1 Pourcentage incrémental de la charge mondiale du retard de croissance et nombre de pays supplémentaires inclus à l'analyse

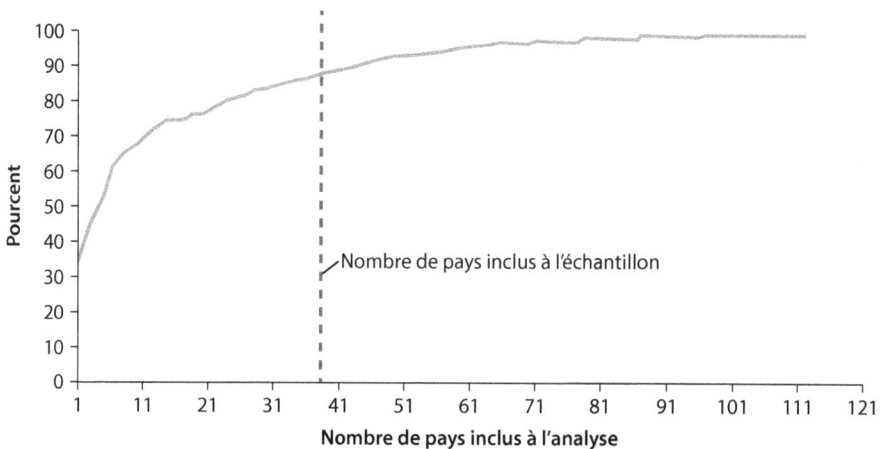

Source des données : IFPRI 2014.

Tableau 2.1 Nombre de pays de l'échantillon, pourcentage de la charge et multiplicateur utilisé pour l'extrapolation à l'ensemble des pays à revenu faible et intermédiaire

Cible	Nombre de pays de l'échantillon	Pourcentage de la charge mondiale représenté par l'échantillon	Multiplicateur utilisé pour l'extrapolation du coût et l'estimation des besoins financiers pour l'ensemble des pays à revenu faible et intermédiaire
Retard de croissance	37	84,0	1,19
Anémie	26	82,8	1,22
Allaitement maternel	27	78,1	1,28
Émaciation	24	82,9	1,21

Tableau 2.2 Pays retenus pour l'estimation des quatre cibles

Cibles mondiales de nutrition (nombre de pays de l'échantillon)	Les 20 pays présentant la plus forte charge absolue	Pays supplémentaires présentant la prévalence la plus élevée/la plus faible[b]
Retard de croissance (37 pays)	Bangladesh ; Chine ; République Démocratique du Congo ; Égypte ; Éthiopie ; Inde ; Indonésie ; Kenya ; Madagascar ; Mexique ; Mozambique ; Myanmar ; Nigéria ; Pakistan ; Philippines ; Soudan ; Tanzanie ; Ouganda ; Vietnam ; Yémen	Bénin ; Burundi ; Cambodge ; République Centrafricaine ; Érythrée ; Guatemala ; RPD Laos ; Libéria ; Malawi ; Népal ; Niger., Papouasie-Nouvelle-Guinée ; Rwanda ; Sierra Leone ; Somalie ; Timor-Leste ; Zambie
Anémie (26 pays)	Bangladesh ; Brésil ; Chine ; République Démocratique du Congo ; République arabe d'Égypte ; Éthiopie ; Inde ; Indonésie ; République Islamique d'Iran ; Mexique ; Myanmar ; Nigéria ; Pakistan ; Philippines ; Afrique du Sud ; Tanzanie ; Thaïlande ; Turquie ; Ouzbékistan ; Vietnam	République du Congo ; Gabon ; Ghana ; Mali ; Sénégal ; Togo
Allaitement maternel (27 pays)	Algérie ; Bangladesh ; Brésil ; Chine ; Côte d'Ivoire ; République Démocratique du Congo ; République arabe d'Égypte ; Éthiopie ; Iraq ; Inde ; Indonésie ; Mexique ; Myanmar ; Nigéria ; Pakistan ; Philippines ; Tanzanie ; Turquie ; Vietnam ; Yémen	Tchad ; Djibouti ; République Dominicaine ; Gabon ; Somalie ; Suriname ; Tunisie
Émaciation (24 pays)	Afghanistan ; Bangladesh ; Chine ; République Démocratique du Congo ; République arabe d'Égypte ; Éthiopie ; Inde ; Indonésie ; Iraq ; Mali ; Myanmar ; Niger ; Nigéria ; Pakistan ; Philippines ; Sud-Soudan ; Sri Lanka ; Soudan ; Vietnam ; Yémen	Tchad ; Djibouti ; Érythrée ; Timor-Leste

Note : a. Les taux de prévalence du retard de croissance et d'émaciation sont basés les données UNICEF, OMS, et Banque mondiale 2015. Les taux relatifs à l'anémie et à l'allaitement maternel exclusif ont été tirés de l'OMS 2015.

b. Pour la cible en matière de retard de croissance, les pays de l'échantillon présentent une prévalence de plus de 40 pour cent. Dans le cas de l'anémie chez la femme, la prévalence dans les pays de l'échantillon dépasse 50 pour cent. Dans le cas de l'allaitement exclusif, les pays retenus ont un taux d'allaitement exclusif inférieur à 10 pour cent. Les pays intégrés à l'échantillon relatif à l'émaciation font état d'une prévalence de plus de 15 pour cent.

notamment permis de s'assurer que les pays de grande comme de petite taille fortement affectés par le retard de croissance figuraient à l'échantillon.

Le Tableau 2.1 indique le nombre de pays intégrés à chaque échantillon, avec le pourcentage respectif de la charge mondiale assumée et le multiplicateur utilisé pour l'extrapolation des coûts associés à cet échantillon à l'ensemble des pays à revenu faible et intermédiaire. Il y a évidemment un certain chevauchement entre les pays sélectionnés pour chacune des interventions ciblées. Ainsi, 12 pays sont représentés dans les quatre échantillons, 3 d'entre eux figurent dans trois échantillons et 12 sont mentionnés deux fois.

L'estimation des besoins financiers nécessaires à l'atteinte de la cible relative au retard de croissance a été fondée sur un échantillon de 37 pays. Il s'agit des 20 pays présentant la plus forte charge absolue (soit le nombre le plus élevé d'enfants affectés par un retard de croissance) et des 17 pays dans lesquels la prévalence du retard de croissance est la plus haute (une incidence de plus de 40 pour cent, soit le seuil de l'OMS correspondant à une prévalence « très élevée »). Ces pays assument à eux seuls 84,3 pour cent de la charge mondiale en matière de retard de croissance. L'échantillon retenu pour la cible relative à l'anémie comprend les 26 pays (soit 20 pays présentant la plus forte charge absolue et six autres dans lesquels la prévalence de l'anémie excède 50 pour cent), qui supportent 82,8 pour cent du fardeau mondial en matière d'anémie chez les femmes en âge de procréer. Les 27 pays retenus pour l'examen de la cible relative à l'allaitement exclusif (soit les 20 pays dans lesquels la charge absolue est la plus élevé et les sept autres présentant une prévalence d'allaitement exclusif de moins de 10 pour cent) assument pour leur part 78,1 pour cent du fardeau associé à l'allaitement non exclusif du nourrisson (0 à 5 mois). Enfin, l'échantillon relatif à la cible en matière d'émaciation comprend les 24 pays (soit les 20 dans lesquels la charge absolue est la plus élevée et quatre pays avec une prévalence d'enfants émaciés supérieure à 15 pour cent) qui supportent, pris ensemble, 82,9 pour cent du fardeau associé à l'émaciation des enfants. La liste des pays inclus à chaque échantillon figure au Tableau 2.2.

Dans chacun des pays examinés, il y a eu estimation puis modélisation des besoins financiers et des impacts attendus. Les résultats ont été agrégés au niveau de l'échantillon puis extrapolés à l'ensemble des pays à revenu faible et intermédiaire. L'hypothèse voulait que, dans les différents pays à revenu faible et intermédiaire non considérés, les besoins financiers soient proportionnels à leur part respective de la charge totale associée à la malnutrition. Par exemple, dans le cas de la cible relative au retard de croissance, et puisqu'il a été établi que les pays intégrés à l'échantillon assumaient à eux seuls 84 pour cent du fardeau, les coûts totaux encourus pour l'ensemble des pays à revenu faible et intermédiaire ont été calculés en multipliant les chiffres obtenus dans l'échantillon par 1/0,84 ou 1,19. Il s'agissait clairement d'un raccourci, mais celui-ci paraissait cohérent avec l'approche utilisée par les études antérieures consacrées à l'estimation des coûts mondiaux associés à la nutrition (voir Horton et al. 2010).

Les besoins financiers ont été analysés à partir de deux angles. Le premier est géographique. Tous les pays à revenu faible et intermédiaire considérés ont été replacés dans les différentes régions circonscrites par la Banque mondiale : Afrique subsaharienne ; Europe et Asie centrale ; Europe de l'Est et Pacifique ; Amérique latine et Caraïbes ; Moyen-Orient et Afrique du Nord ; et, Asie du Sud.[1] Cette classification géographique a fait office de variable pour les facteurs non observés susceptibles d'affecter les coûts des interventions de nutrition (par exemple, développement, infrastructures, et contraintes structurelles). En fait, la classification par région géographique a un caractère intuitif et a été maintes fois utilisée par les études consacrées à l'évaluation des coûts de mise en œuvre d'interventions d'appui à la nutrition (Bhutta et al. 2008 ; Bhutta et al. 2013 ; Horton et al. 2010). Le second angle d'approche — soit le revenu national — a été fondé sur l'affirmation confirmée voulant que la richesse soit l'un des principaux facteurs prédictifs du coût de prestation des services de santé (Edejer et al. 2003). Ici, le niveau de richesse national a été ramené aux grandes catégories de revenu établies par la Banque mondiale : pays à faible revenu ; à revenu intermédiaire inférieur ; à revenu intermédiaire supérieur.[2]

Interventions fondées sur des données probantes et plateformes de prestation

Deux principes clés ont guidé la sélection des interventions : (1) la présence d'une base de données probantes solides sur leur efficacité en matière de diminution du retard de croissance chez les enfants de moins de cinq ans, de réduction de l'anémie chez la femme en âge de procréer, d'augmentation de l'allaitement exclusif et de recul de l'émaciation ;[3] et (2) la pertinence de l'intervention pour une large part des pays à revenu faible et intermédiaire ou, comme dans le cas du traitement présomptif intermittent du paludisme pendant la grossesse, son applicabilité à travers une région spécifique à forte prévalence.

Les interventions à fort impact ont été identifiées sur la base des séries sur la nutrition maternelle et infantile, puis sur l'allaitement maternel respectivement publiées par le *Lancet* en 2013 et en 2016. La revue documentaire des questions de retard de croissance, d'émaciation et d'anémie a ensuite permis d'identifier les données probantes disponibles dans les différentes études et méta-analyses postérieures aux Séries du *Lancet*. Cet examen n'a permis de déceler aucune intervention additionnelle à intégrer.

Le rapport traite uniquement des interventions spécifiques à la nutrition, principalement en raison de l'insuffisance de données probantes sur les impacts des interventions sensibles à la nutrition sur le retard de croissance, l'anémie, l'allaitement maternel et l'émaciation (Ruel et al. 2013) ; une difficulté qui ne permettait ni d'en évaluer les coûts, ni la pleine influence sur les cibles mondiales. Dans certains cas, l'analyse a tenu compte des effets potentiels des interventions sensibles à la nutrition pour lesquelles des données étaient disponibles, mais celles-ci n'ont pas été chiffrées puisqu'il s'avérait impossible d'attribuer une part spécifique de leurs coûts aux résultats nutritionnels. Par exemple, dans le cas des interventions d'eau, d'assainissement et d'hygiène (WASH), et quoique les coûts afférents soient connus (Hutton 2015), il n'est pas possible d'identifier la part directement applicable à leur impact sur la réduction du retard de croissance. À l'exception du traitement de l'émaciation sévère, les analyses se sont en outre essentiellement concentrées sur des interventions préventives. Les Chapitres 3 à 6 fournissent de plus amples détails sur la méthodologie employée pour chacune des cibles.

Estimation des coûts unitaires sur la base des expériences programme

Les coûts unitaires ont été estimés à l'aide d'une approche fondée sur l'expérience programme, c'est-à-dire sur la correspondance entre les données collectées et les besoins concrets de financement opérationnel, comme dans Horton et al. (2010) (Tableau 2.3).[4] Les coûts unitaires ont été tirés de publications revues par les pairs, de documents non publiés, de plans nationaux chiffrés et des données primaires collectées par la Banque mondiale dans le cadre d'une série d'études sur les coûts encourus dans les différents pays d'Afrique subsaharienne (Shekar et al. 2014; Shekar, Dayton Eberwein, et Kakietek 2016; Shekar, Mattern, Eozenou, et al. 2015; Shekar, Mattern, Laviolette, et al. 2015). Lorsqu'aucune donnée sur les coûts unitaires n'était disponible pour une intervention spécifique dans un pays donné, le coût unitaire moyen applicable aux autres pays de la région a été utilisé.

Par ailleurs, lorsqu'il n'y avait aucune donnée nationale sur le coût unitaire dans la région concernée, celui-ci a fait l'objet d'une approximation à partir de la moyenne établie pour d'autres régions, à laquelle ont été appliqués les facteurs d'ajustement régionaux de Horton et al. (2010) lorsqu'approprié.

Tableau 2.3 Processus d'estimation des coûts unitaires et approche utilisée en l'absence de données afférentes

Étapes	*Description*
Étape 1 : Dans le pays	• Sélectionner les coûts unitaires les plus récents • S'il y a présence d'une gamme d'interventions, établir la moyenne de la gamme rapportée.
Étape 2 : Dans la région	• Extrapoler les données sur les coûts unitaires dans les pays où celles-ci sont manquantes, à partir des données disponibles dans les autres pays de la même région.
Étape 3 : À travers les régions	• S'il n'y a aucune donnée pour l'ensemble des pays d'une région, extrapoler le coût unitaire régional en appliquant un multiplicateur du coût unitaire régional. • Utiliser l'estimation en tant que coût unitaire approximatif pour l'ensemble des pays de la région concernée.

Hypothèses relatives au rythme de la mise à l'échelle

Les analyses ont présumé une croissance constante sur cinq ans de la couverture de chacune des interventions — à partir de la situation effective en 2016 jusqu'à l'atteinte d'une couverture de 100 pour cent en 2021 — suivie, entre 2021 et 2025, d'une seconde phase de cinq ans consacrée à la stabilisation de la couverture complète. Ce scénario de mise à l'échelle a été retenu dans une perspective de pleine prise en compte des retombées des interventions relatives au retard de croissance, qui sont dispensées au cours des cinq premières années de la vie d'un enfant. Il faut en effet une pleine couverture programmatique quinquennale pour qu'une seule cohorte de nouveau-nés — cinq ans puisse en tirer tous les avantages. En outre, l'Outil Vies Sauvées (LiST), utilisé ici pour la modélisation des impacts des interventions, met de l'avant un modèle de cohorte selon lequel la probabilité du retard de croissance reste fonction des interventions, des facteurs de risque et de sa présence chez l'enfant au cours des années antérieures. Puisque l'outil LiST est essentiellement un modèle de cohorte, un enfant bénéficie, au cours d'une année donnée, de l'ensemble des interventions dont il a fait l'objet au cours de l'année en cause (impact direct des interventions) ainsi que de toutes celles dont il a bénéficié au cours des années précédentes (impact indirect des interventions à travers la réduction du risque de retard de croissance dans les années antérieures). Par conséquent, une fois les interventions mises à l'échelle et la couverture maximale atteinte, il faudra compter cinq ans pour que la cohorte des nouveau-nés en tire pleinement avantage.

Le même rythme de mise à l'échelle a été retenu pour les cibles relatives à l'anémie et à l'allaitement exclusif, ceci pour deux raisons. Tout d'abord, certaines des interventions considérées pour l'atteinte de la cible relative au retard de croissance faisaient également partie du paquet relatif aux autres cibles (par exemple, le conseil aux mères et dispensatrices de soins sur les pratiques adéquates d'hygiène et de nutrition du jeune enfant, qui concernait également la cible en matière d'allaitement maternel ; ou encore, dans le cas de l'anémie, l'apport supplémentaire de micronutriments et le traitement présomptif intermittent du paludisme au cours de la grossesse dans les régions à endémie palustre). En second lieu, l'utilisation des mêmes hypothèses de mise à l'échelle facilitait considérablement l'agrégation et le calcul des besoins financiers nécessaires à la conduite d'un paquet exhaustif d'interventions (voir Chapitre 7). Cependant, puisqu'il n'y avait aucun chevauchement entre les interventions s'attaquant au retard de croissance et celles consacrées au traitement de l'émaciation, l'étude a considéré une mise à l'échelle linéaire du traitement de l'émaciation sévère entre 2016 et 2025, tel que discuté au Chapitre 6.

Afin de pouvoir prendre en compte la hausse potentielle des coûts marginaux lorsque la couverture du programme était presque complète (par exemple, les fonds supplémentaires nécessaires à l'accès aux groupes les plus difficiles à rejoindre), l'étude a appliqué la méthode adoptée par Horton et al. (2010), qui consiste à calculer les coûts associés à une couverture exhaustive, même si l'évaluation d'impacts présume que seuls 90 pour cent des bénéficiaires des interventions ont été rejoints.

Estimation des besoins financiers totaux pour chacune des cibles

Pour chacune des interventions menées, et pour chacun des pays intégrés à l'un des échantillons, les besoins financiers additionnels nécessaires au passage de la situation actuelle à la pleine couverture ont été estimés à partir de la formule suivante :

$$FN_y = UC * IC_y * Pop_y$$

où :

FN_y représente le besoin financier annuel pour une intervention donnée au cours de l'année y, UC représente le coût unitaire, IC_y correspond à la couverture incrémentielle présumée pour l'année y, et Pop_y représente la population cible au cours de l'année y.

Pour chacune des interventions, les montants nécessaires sur 10 ans correspondent donc à la somme des besoins financiers annuels respectifs. Par pays, ces besoins représentent la somme sur 10 ans des coûts relatifs à l'ensemble des interventions menées dans le cadre d'une cible donnée. Enfin, pour l'ensemble de l'échantillon, les besoins financiers nécessaires à l'atteinte de chacune des cibles sont équivalents à la somme des montants requis pour la même période dans chacun des pays. Afin de prendre en compte les charges programmatiques, l'étude a ajouté au total des besoins financiers directs 9 pour cent pour le renforcement des capacités, 2 pour cent pour le suivi et l'évaluation et 1 pour cent pour le développement de politiques. Même si ces hypothèses respectent la méthodologie utilisée par Horton et al. (2010), il est généralement admis que ce type d'a priori général reste limitatif dans une ère où des données plus précises sont nécessaires.

Afin de déterminer l'ensemble des besoins financiers, il y a eu ensuite application d'un multiplicateur correspondant à l'inverse de la part de la charge portée par l'échantillon de pays considéré, ceci pour chacune des cibles et de façon à extrapoler les résultats obtenus par cet échantillon à l'ensemble des pays à revenu faible et intermédiaire (voir Tableau 2.1).

Estimation des impacts

L'analyse des impacts a été fondée sur les estimations effectuées à travers l'outil LiST (LiST 2015). Essentiellement un modèle épidémiologique de santé maternelle et infantile, celui-ci permet aux utilisateurs d'estimer l'impact de l'expansion de la couverture d'interventions de nutrition et de santé maternelle et infantile sur la mortalité, la morbidité, et l'état nutritionnel des enfants de moins de cinq ans. L'outil LiST sert principalement à modéliser les impacts des interventions sur la prévalence du retard de croissance et de la mortalité chez les moins de cinq ans. Toutefois, il ne prend pas en compte les activités ciblant les femmes non enceintes en âge de procréer et n'en modélise donc pas les impacts. L'étude a donc dû développer un modèle distinct (à l'aide de Microsoft Excel) d'estimation des retombées spécifiques des interventions de prévention sur la prévalence de l'anémie.

L'outil LiST a servi à modéliser les impacts sur la mortalité de chacune des interventions menées dans les différents pays sélectionnés. Ces résultats nationaux spécifiques ont alors été agrégés pour l'obtention de la réduction pondérée selon la population de la prévalence générale. Ensuite, l'étude a présumé un changement identique de la prévalence relative dans les pays à revenu faible et intermédiaire auxquels les résultats ont été extrapolés. Enfin, la réduction de la prévalence mondiale du retard de croissance et de l'anémie et l'augmentation des taux d'allaitement exclusif ont été estimées en appliquant les résultats respectifs de l'échantillon aux données de référence 2015 pour l'ensemble des pays à revenu faible et intermédiaire (données de l'UNICEF, de l'OMS et de la Banque mondiale 2015). Dans le cas de la réduction de la mortalité, les multiplicateurs qui avaient été appliqués à l'extrapolation des besoins financiers ont été utilisés pour l'estimation du recul de la mortalité dans l'ensemble des pays à revenu faible et intermédiaire (voir Tableau 2.1).

Analyses coûts — avantages

Essentiellement un outil d'évaluation économique, l'analyse coûts – avantages est couramment utilisée par les décideurs, l'industrie et les chercheurs, notamment lorsqu'il s'agit d'établir le rapport entre les coûts d'une intervention et la valeur monétaire des avantages qui en sont tirés. Ici, l'étude a procédé au calcul des rapports coûts – avantages relatifs aux interventions afférentes à chacune des quatre cibles visées.

Ainsi, la mortalité maternelle et infantile évitée a été traduite en revenus potentiellement gagnés au cours de la vie active en tant qu'adulte, soit jusqu'à 65 ans ou sur la base de l'espérance de vie moyenne à la naissance (le moindre des deux). De façon similaire, les impacts (nombre de cas de retard de croissance évités et d'enfants bénéficiaires d'un allaitement maternel exclusif de plus) ont également été convertis en gains additionnels attendus au cours de la vie adulte suite à un meilleur développement cognitif. Les estimations relatives à l'augmentation du revenu attribuable à la prévention du retard de croissance ont été basées sur les données de Hoddinott et al. (2013) et celles qui ont trait au revenu additionnel ont été basées sur Rollins et al. (2016). La réduction de l'anémie chez la femme a été traduite en revenus gagnés suite à une productivité accrue au cours des années pendant lesquelles l'intervention a eu lieu selon la méthode proposée par Horton et Ross (2003). Les hypothèses spécifiques aux différents avantages sont expliquées plus avant aux Chapitres 3 et 6.

Les projections relatives aux revenus des bénéficiaires ont été fondées à la fois sur le produit intérieur brut (PIB) par habitant; la part du revenu tiré du travail; et, dans le cas de l'anémie, la part en pourcentage du travail manuel sur l'ensemble. Afin que les estimations restent conservatrices, l'étude a présumé un taux de croissance annuel du PIB de 3 pour cent dans l'ensemble des pays à revenu faible et intermédiaire, même si, dans plusieurs des pays de l'échantillon, celle-ci s'est plutôt située autour de 5 pour cent au cours de la dernière décennie (Banque mondiale 2016).[5] L'étude a également considéré qu'un maximum de 90 pour cent des revenus gagnés serait réalisé (Hoddinott et al. 2013) et que les salaires représentaient 52 pour cent du revenu national brut (Lübker 2007).

En raison de l'écart potentiel de 65 ans entre les coûts encourus et la récolte des retombées attendues des investissements dans la nutrition, l'analyse se devait également de prendre en compte une certaine actualisation des coûts — quoique le taux approprié fasse encore l'objet de certains débats. Les directives édictées par l'initiative de l'OMS *CHOosing Interventions that are Cost-Effective* (WHOCHOICE) (Edejer et al. 2003) et, plus récemment, le document *Methods in Economic Evaluation Project* de la Fondation Bill et Melinda Gates (FBMG 2014) recommandent que, lors d'une évaluation économique des interventions de santé, un taux d'actualisation de trois pour cent soit appliqué aux coûts comme aux retombées du scénario de référence. Il a été allégué que ce pourcentage reflétait les taux du marché pour un emprunt de capitaux par le secteur public (Hoddinott 2016 ; Wethli 2014). Toutefois, certaines évaluations économiques portant sur la réduction des impacts des changements climatiques au cours des 100 prochaines années et plus ont récemment suggéré qu'un taux d'actualisation sociale très bas — 1,4 pour cent — pouvait être approprié (Stern 2008), ou encore proposé le recours à un taux d'actualisation variable au fil du temps, qui décline après plusieurs années et tient compte des effets sur les générations futures (Arrow et al. 2012 ; Hoddinott 2016 ; Sunstein et Weisbach 2008). Malgré ceci, la mesure des rapports coûts – avantages a été basée ici sur une actualisation à trois pour cent du scénario de référence et, conformément aux directives existantes, à cinq pour cent lors de la conduite des analyses de sensibilité mises en parallèle avec les récentes études fondamentales sur l'économie de la nutrition (Hoddinott 2016 ; Horton and Hoddinott 2014 ; Rajkumar, Gaukler, et Tilahun 2012).

Les résultats tirés des analyses sont présentés sous de multiples formats — rapport coûts – avantages médian pour l'ensemble des pays de l'échantillon ; rapport coûts-avantages agrégé pour tous les pays ; et sous-groupes de rapports coûts — avantages agrégés pour chaque région et catégorie de revenu — une approche destinée à permettre au lecteur d'interpréter les résultats en fonction de différents contextes. Des estimations plus précises pourraient être effectuées à travers la conduite d'études de niveau national et d'analyses coûts – avantages ex post des programmes menés dans des contextes spécifiques.

Sources des données

Les données de référence sur la prévalence du retard de croissance et de l'émaciation ont été fournies par l'UNICEF, l'OMS et la Banque mondiale (2015). Les données sur la prévalence de l'anémie et de l'allaitement maternel exclusif ont été tirées des séries de données de l'Outil de suivi des cibles mondiales (OMS 2015). Les différentes enquêtes démographiques et de santé (EDS) et enquêtes en grappes à indicateurs multiples (MICS) ont fourni les données de référence sur la couverture. Les Perspectives sur la population mondiale 2015 (DAES – ONU) ont été utilisées pour l'obtention des données populationnelles, incluant les projections sur la population de référence en 2015 et celles relatives à la croissance de la population entre 2016 et 2025. Les données sur le PIB et la population vivant sous le seuil de pauvreté ont été extraites de la Base de données sur les Indicateurs du développement dans le monde. Les sources spécifiques à une cible en particulier sont mentionnées aux chapitres afférents subséquents.

Notes

1. Pour une liste des pays de chaque région, voir https://datahelpdesk.worldbank.org /knowledgebase/articles/906519.
2. Pour une liste des pays inclus à chaque catégorie de revenu de la Banque mondiale, voir https://datahelpdesk.worldbank.org/knowledgebase/articles/906519.
3. Les interventions pour une atteinte efficace des cibles en matière de retard de croissance, d'anémie et d'allaitement maternel sont toutes à caractère préventif. Cependant en raison des recherches limitées sur la prévention de l'émaciation, seules les interventions consacrées au traitement ont été retenues pour l'analyse.
4. L'autre méthode principalement utilisée pour l'estimation des coûts unitaires est basée sur les coûts des différents ingrédients nécessaires à un modèle idéal de prestation de services. Voir Bhutta et al. 2013.
5. Calcul des auteurs à partir des données de la Banque mondiale 2016.

Références

Arrow, K., M. Cropper, C. Gollier, B. Groom, G. M. Heal, R. G. Newell, W. D. Nordhaus, R. S. Pindyck, W. A. Pizer, P. R. Portney, T. Sterner, R. S. J. Tol, et M. L. Weitzman. 2012. « How Should Benefits and Costs Be Discounted in an Intergenerational Context? The Views of an Expert Panel. » Document de discussion RFF 12-53, Ressources pour l'avenir, Washington, DC.

Banque mondiale. 2016. *Indicateurs du développement dans le monde* (base de données). Banque mondiale, Washington. http://data.worldbank.org/data-catalog/world-development -indicators.

Bhutta, Z. A., T. Ahmed, R. E. Black, S. Cousens, K. Dewey, E. Glugliani, B. A. Haider, B. Kirkwood, S. S. Morris, H. P. S. Sachdeve, et M. Shekar. 2008. « What Works? Interventions for Maternal and Child Undernutrition and Survival. » *The Lancet* 371 (9610): 417–40.

Bhutta, Z. A., J. K. Das, A. Rizvi, M. F. Gaffey, N. Walker, S. Horton, P. Webb, A. Lartey, et R. E. Black. 2013. « Evidence-Based Interventions for Improvement of Maternal and Child Nutrition: What Can Be Done and at What Cost? » *The Lancet* 382 (9890): 452–77.

DAES-ONU (Département des Affaires Économiques et Sociales des Nations Unies), Division de la Population. 2015. *World Population Prospects : The 2015 Revision*, données personnalisées obtenues via le site Web http://esa.un.org/unpd/wpp/DataQuery/.

Edejer, T., R. Baltussen, T. Adam, R. Hutubessy, A. Acharya, D. B. Evans, et C. J. L. Murray, éd. 2003. *Making Choices in Health: WHO Guide to Cost-Effectiveness Analysis*. Genève: OMS.

FBMG (Fondation Bill et Melinda Gates). 2014. *Methods for Economic Evaluation Project (MEEP) Final Report*. NICE International. https://www.nice.org.uk/Media/Default /About/what-we-do/NICE-International/projects/MEEP-report.pdf.

Hoddinott, J. 2016. « The Economics of Reducing Malnutrition in Sub-Saharan Africa. » Document de travail Global Panel sur l'agriculture et les systèmes alimentaires pour la nutrition. http://glopan.org/sites/default/files/Global_Panel_Working_Paper.pdf.

Hoddinott, J., H. Alderman, J. R. Behrman, L. Haddad, et S. Horton. 2013. « The Economic Rationale for Investing in Stunting Reduction. » *Maternal and Child Nutrition* 9 (Suppl. 2): 69–82.

Horton, S. et J. Hoddinott. 2014. « Benefits and Costs of the Food Nutrition Targets for the Post-2105 Agenda. » Document de travail du Copenhagen Consensus Center, Copenhague, Danemark. http://www.copenhagenconsensus.com/sites/default/files /food_security_and_nutrition_perspective_-_horton_hoddinott_0.pdf

Horton, S. et J. Ross. 2003. « The Economics of Iron Deficiency. » *Food Policy* 28 (1): 51–75.

Horton, S., M. Shekar, C. McDonald, A. Mahal, et J. K. Brooks. 2010. *Scaling Up Nutrition: What Will It Cost?* Série Directions du développement. Washington, DC : Banque mondiale.

Hutton, G. 2015. « Benefits and Costs of the Water and Sanitation Targets for the Post -2015 Development Agenda. » Document de travail du Copenhagen Consensus Center. http://www.copenhagenconsensus.com/sites/default/files/water_sanita- tion_assessment_-_hutton.pdf.

IFPRI (Institut International de Recherche sur les Politiques Alimentaires). 2014. *Global Nutrition Report 2014*. Washington, DC : IFPRI.

LiST (Lives Saved Tool). 2015. Baltimore, MD : École de santé publique Bloomberg de l'Université John Hopkins. http://livessavedtool.org/.

Lübker, M. 2007. «Labour Shares.» Genève : Note de politique, Département de l'inté- gration politique, Bureau International du Travail.

OMS (Organisation mondiale de la Santé). 2015. *Outil de suivi des objectifs mondiaux*. http://www.who.int/nutrition/trackingtool/en/.

Rajkumar, A. S., C. Gaukler, and J. Tilahun. 2012. *Malnutrition in Ethiopia. An Evidence- Based Approach for Sustained Results*. Série sur le développement humain en Afrique. Washington, DC : Banque mondiale.

Rollins, N. C., N. Bhandari, N. Hajeebhoy, S. Horton, C. K. Lutter, J. C. Martines, E. G. Piwoz, L. M. RIchter, et C. G. Victora. 2016. « Why Invest, and What It Will Take to Improve Breastfeeding Practices? » *The Lancet* 387 (10017): 491–504.

Ruel, M., H. Aldernal, Groupe d'Étude sur la Nutrition Maternelle et Infantile. 2013. « Nutrition-Sensitive Interventions and Programmes: How Can They Help Accelerate Progress in Improving Maternal and Child Nutrition? » *The Lancet* 382 (9890): 66–81.

Shekar, M., J. Dayton Eberwein, et J. Kakietek. 2016. « The Costs of Stunting in South Asia and the Benefits of Public Investments in Nutrition. » *Maternal and Child Nutrition* 12 (Supl. 1): 186–95.

Shekar, M., M. Mattern, P. Eozenou, J. Dayton Eberwein, J. K. Akuoku, E. Di Gropello et W. Karamba. 2015. « Scaling Up Nutrition for a More Resilient Mali: Nutrition Diagnostics and Costed Plan for Scaling Up. » Document de discussion, Département Santé, Nutrition et Populations. Banque mondiale, Washington, DC.

Shekar, M., M. Mattern, L. Laviolette, J. Dayton Eberwein, W. Karamba, et J. K. Akuoku. 2015. «Améliorer la nutrition en RDC : à quel coût?» Document de discussion, Département Santé, Nutrition et Populations. Banque mondiale, Washington, DC .

Shekar, M., C. McDonald, A. Subandoro, J. Dayton Eberwein, M. Mattern et J. K. Akuoku. 2014. « Costed Plan for Scaling Up Nutrition: Nigeria. » Document de discussion, Département Santé, Nutrition et Populations. Banque mondiale, Washington, DC .

Stern, N. 2008. *The Economics of Climate Change: The Stern Review.* Cambridge, Royaume-Uni : Presses de l'Université Cambridge. http://www.cambridge.org/ca/academic /subjects/earth-and-environmental-science/climatology-and-climate-change /economics-climate-change-stern-review.

Sunstein, C. et D. Weisbach. 2008. « Climate Change and Discounting the Future: A Guide for the Perplexed. » Document de travail No. 08-19 du Reg-Markets Center. Faculté de droit de Harvard, Cambridge, MA. http://papers.ssrn.com/sol3/papers .cfm?abstract_id=1223448.

UNICEF, OMS, et Banque mondiale (Fonds des Nations Unies pour l'Enfance, Organisation mondiale de la Santé, et Banque mondiale). 2015. *Estimation conjointe de la malnutrition infantile : niveaux et tendances.* Base de données mondiale sur la croissance infantile et la malnutrition. http://www.who.int/nutgrowthdb/estimates 2014/en/.

Wethli, K. 2014. « Benefit-Cost Analysis for Risk Management: Summary of Selected Examples. » Document d'information pour le Rapport sur le développement dans le monde 2014, Banque mondiale, Washington, DC. http://siteresources.worldbank.org /EXTNWDR2013/Resources/8258024-1352909193861/8936935-1356011448215 /8986901-1380568255405/WDR15_bp_BenefitCost_Analysis_for_Risk _Management_Wethli.pdf.

CHAPITRE 3

Atteindre la cible mondiale en matière de retard de croissance

Meera Shekar, Jakub Kakietek, Julia Dayton Eberwein, Jon Kweku Akuoku, et Audrey Pereira

Messages clés

- L'atteinte de la cible en matière de retard de croissance est encore possible, mais il faudra à la fois procéder à des investissements coordonnés et substantiels dans des interventions clés et s'assurer d'un environnement favorable.
- L'analyse a été axée sur les interventions clés à fort impact ayant fait la preuve de leur efficacité dans la réduction du retard de croissance. Les montants nécessaires la mise à l'échelle ont été estimés pour un échantillon de 37 pays à forte charge puis extrapolés à l'ensemble des pays à revenu faible et intermédiaire. La modélisation des impacts du renforcement de la lutte contre le retard de croissance a été effectuée à l'aide de l'Outil Vies sauvées (*Lives Saved*/LiST).
- La mise à l'échelle d'interventions à fort impact dans l'ensemble des pays à revenu faible et intermédiaire, complétée par le recul des déterminants sous-jacents à la dénutrition, permettrait, d'ici 2025, un déclin de 40 pour cent du nombre d'enfants présentant d'un retard de croissance et, conséquemment l'atteinte de la cible mondiale. Les financements totaux nécessaires s'élèvent à 49,5 milliards de dollars sur 10 ans.
- L'expansion de la couverture, combinée à la diminution des facteurs sous-jacents, permettrait également de réduire de 65 millions le nombre d'enfants affectés par un retard de croissance en 2025. Au cours de cette décennie, et grâce à ces interventions, 2,8 millions de mortalités chez moins de 5 ans pourraient en outre être évitées.

Le retard de croissance ne se résume pas à une faible taille pour l'âge ; les données récentes indiquent qu'il est également corrélé à plusieurs autres contraintes au développement, notamment en matière de déficit cognitif et de perte d'opportunités économiques dans l'avenir. En 2012, l'Assemblée mondiale de la santé a convenu d'une cible mondiale de réduction de 40 pour cent du nombre d'enfants de moins de cinq ans présentant un retard de croissance en 2025. Ce chapitre traite des méthodes utilisées pour l'estimation des financements nécessaires à l'atteinte de cette cible, des ressources requises et des impacts de ces investissements sur les résultats nutritionnels, sanitaires et économiques.

Prévalence du retard de croissance et progrès accomplis

L'Organisation mondiale de la Santé (OMS) considère qu'un enfant souffre d'un *retard de croissance* lorsque, comparativement à ses standards de référence sur la croissance infantile, sa taille pour l'âge équivaut à un écart-type de -2 unités de déviation standard ou plus (OMS 2016).

En 2015, 159 millions d'enfants de moins de cinq ans présentaient un retard de croissance, avec une concentration des plus fortes charges dans les pays à revenu faible et intermédiaire (Carte 3.1, UNICEF, OMS et Banque mondiale 2015). Depuis les années 1990, la prévalence mondiale du retard de croissance a chuté de 40 pour cent à un peu moins de 24 pour cent en 2014. Cependant, cette avancée masque de fortes différences régionales, alors que l'Afrique sub-saharienne et l'Asie du Sud se situent bien au-delà de la moyenne mondiale, à la fois en termes de prévalence et de nombre d'enfants affectés (Figure 3.1). En fait, c'est en Asie du Sud que l'on trouve le plus grand nombre d'enfants présentant un retard de croissance (Figure 3.1, UNICEF, OMS et Banque mon-diale 2015), soit 37 pour cent des moins de 5 ans en 2014, un chiffre malgré tout en recul par rapport aux 49 pour cent de 1990. Même si, en Afrique subsaharienne, la prévalence du retard de croissance est passée de 49 pour cent en 1990 à 35 pour cent en 2014, le nombre total d'enfants affectés en Afrique s'est accru de 12,8 millions au cours de la même période en raison des forts

Carte 3.1 Incidence du retard de croissance dans les pays à revenu faible et intermédiaire en 1995

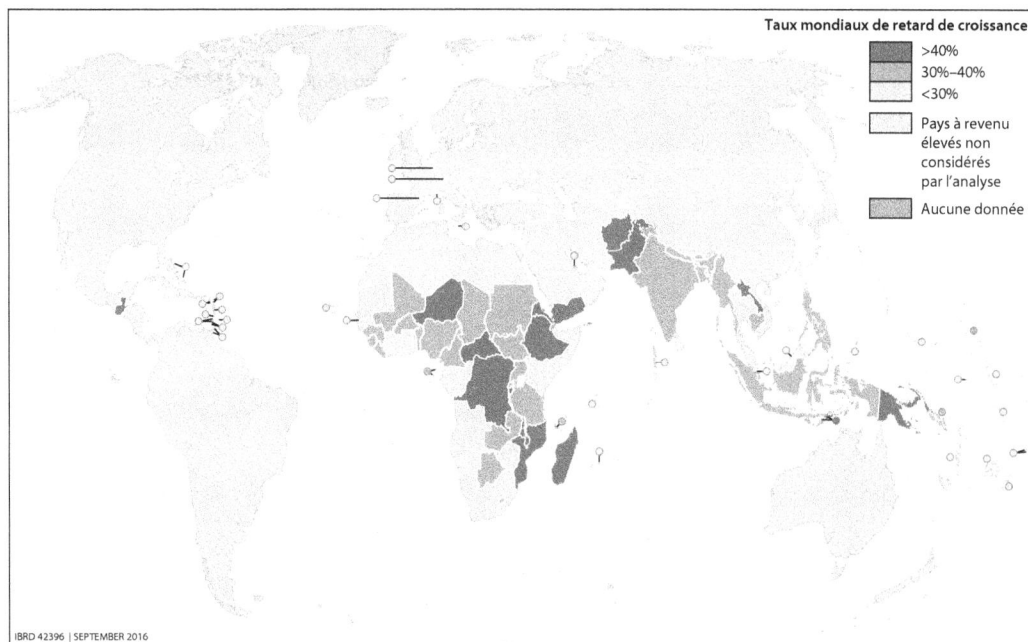

Source : Basé sur les données de l'UNICEF, de l'OMS et de la Banque mondiale 2015.

Figure 3.1 Tendances mondiales et régionales du retard de croissance chez les enfants de moins de cinq ans, 1990 – 2014

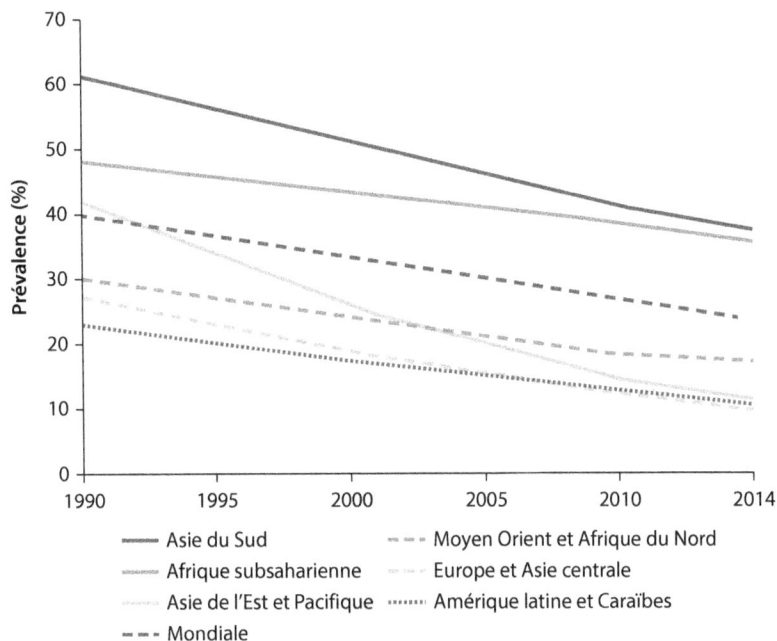

Sources des données : UNICEF, OMS, et Banque mondiale 2015.

taux de fertilité et d'un déclin du retard de croissance moins prononcé que dans d'autres régions (Figure 3.2).

Parmi toutes les régions, les progrès les plus importants en matière de recul du retard de croissance ont été accomplis par la région Asie du Sud et Pacifique. La prévalence y a chuté de près des trois quarts, soit de 42 pour cent à 11 pour cent et le nombre d'enfants présentant un retard de croissance a reculé de 64 millions entre 1990 et 2014. Toutefois, une large part de ce déclin est attribuable aux améliorations en Chine alors que dans plusieurs pays — tels que l'Indonésie, la République Démocratique Populaire du Laos et le Cambodge — la charge du retard de croissance chez l'enfant reste particulièrement élevée. Quoique de façon beaucoup plus lente qu'en Asie, l'Europe, l'Amérique latine et les Caraïbes ainsi que le Moyen-Orient et l'Afrique du Nord ont également fait des progrès considérables en matière de lutte contre le retard de croissance, avec une prévalence qui se maintient actuellement bien en deçà de la moyenne mondiale. D'ailleurs, entre 1990 et 2014, la part combinée du nombre d'enfants souffrant d'un retard de croissance dans l'ensemble de ces régions est passée de 30 pour cent à 14 pour cent. Sur la base des tendances mondiales actuelles, 127 millions d'enfants de moins de 5 ans présenteront un retard de croissance en 2025, alors que l'Assemblée mondiale de la santé a pour objectif de ramener ce nombre à moins de 100 millions (OMS 2014).

Figure 3.2 Tendances dans le nombre d'enfants de moins de cinq ans présentant un retard de croissance, par région, 1990 – 2014

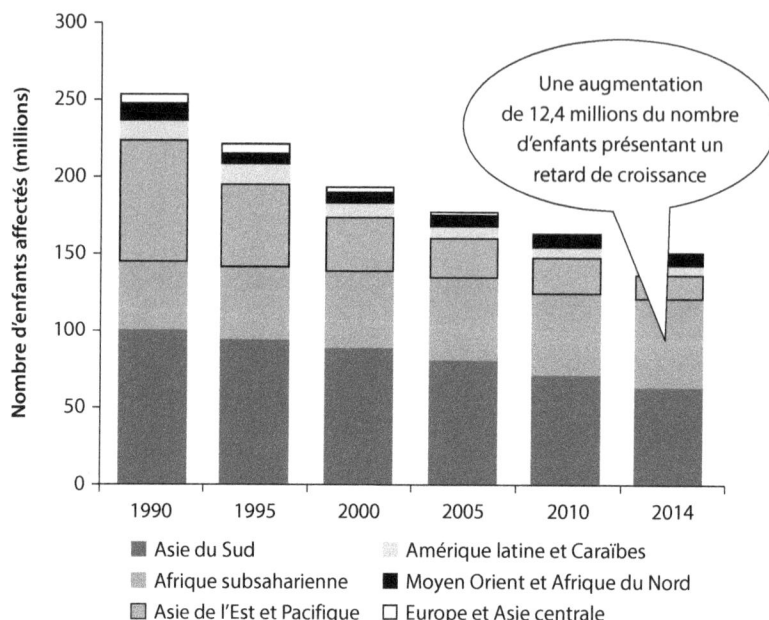

Sources des données : UNICEF, OMS, et Banque mondiale 2015.

Par ailleurs, outre son incidence élevée dans plusieurs pays à revenu faible et intermédiaire, le retard de croissance menace tous les échelons de la société, même les populations les mieux nanties (Figure 3.3). On a en effet pu observer dans nombreux pays à revenu faible et intermédiaire un modèle similaire : les taux de retard de croissance restent, sans surprise, très élevés dans quintiles les plus pauvres, mais sont aussi beaucoup trop importants dans les quintiles les plus riches. Ces constats réfutent l'opinion admise voulant que le retard de croissance soit le seul fait de la pauvreté. Les recherches démontrent au contraire que d'autres facteurs, notamment la charge de la maladie, l'accès à des installations sanitaires adéquates, la diversité alimentaire et les pratiques d'alimentation et de soins optimales affectent également sa prévalence. Par conséquent, il conviendrait, avec ces constats en tête, de revoir certaines des stratégies de lutte contre le retard de croissance, afin que la gratuité des soins, qui absorbe une large part des ressources publiques, s'adresse spécifiquement aux pauvres et que les mieux nantis bénéficient plutôt de services d'information et de renforcement des connaissances à travers les médias traditionnels et sociaux.

Les effets du retard de croissance

Le retard de croissance au cours de l'enfance mérite que les responsables politiques lui accordent une attention soutenue, non seulement en raison de ses effets sur la santé et les capacités cognitives à long terme, mais aussi de ses liens

Figure 3.3 Incidence du retard de croissance par quintile de richesse, pays sélectionnés. Les plus pauvres étant probablement les plus affectés

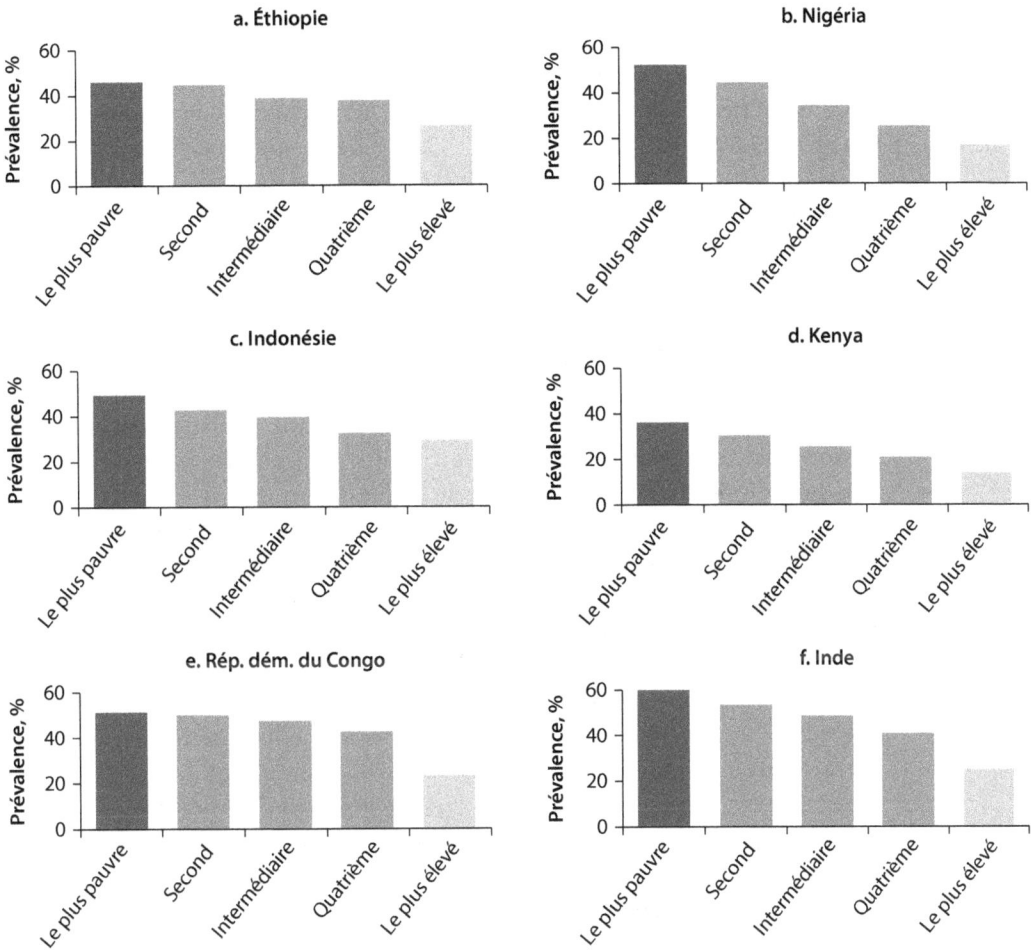

Sources des données : UNICEF, OMS, et Banque mondiale 2015.

inextricables avec la croissance soutenue et équitable de la société tout entière. Les coûts sociétaux du retard de croissance au cours de l'enfance sont substantiels, notamment en termes de mortalité accrue; de morbidité plus importante (à la fois au cours de l'enfance et subséquemment dans la vie adulte); de diminution des capacités cognitives; de faibles résultats éducationnels; de perte de revenus; et, de contribution réduite à la productivité économique nationale. À l'inverse, les investissements dans la nutrition ont des retombées significatives sur le recul de la pauvreté et la croissance économique. Un document récent de l'Académie Nationale de Médecine (Huebner et al. 2016) affirme d'ailleurs, à propos des opportunités dans le contexte américain, que : «*le rendement tiré des investissements effectués au cours de la période prénatale et pendant la petite enfance est, en moyenne, de 7 à 10 pour cent plus élevé que celui d'investissements plus tardifs (Carneiro and Heckman, 2003). Quoiqu'il existe d'autres opportunités d'amélioration du développement humain, les investissements stratégiques et rentables effectués au cours des premières années de l'enfance peuvent atténuer les effets délétères de la pauvreté, de l'iniquité sociale et de la discrimination, ce qui se traduit ultimement en gains à long terme pour les enfants et les jeunes, les familles, les communautés et les nations»*[1] (Huebner et al. 2016, p. 1).

Mortalité et morbidité infantiles accrues

Le retard de croissance implique plusieurs changements pathologiques et se caractérise par un retard de croissance linéaire (faible écart-type taille pour l'âge) qui favorise la morbidité et la mortalité et diminue les capacités physiques, neuro-développementales, et économiques (Prendergast et Humphrey 2014). La malnutrition, lorsqu'elle s'exprime sous forme de retard de croissance, d'émaciation, de sous-développement du fœtus, d'allaitement maternel sous optimal et de carences en micronutriments, agit comme cause sous-jacente dans près de 45 pour cent des mortalités chez les moins de 5 ans et le cinquième des décès maternels dans les pays en voie de développement (Black et al. 2013). En outre, le faible poids gestationnel ou du prématuré et les pratiques d'allaitement maternel sous optimales figurent parmi les principaux déterminants de mortalité néonatale (Black et al. 2013). Les nombreuses études d'importance revues par Prendergast et Humphrey (2014), font état d'un rapport dose – réponse tangible entre l'écart-type taille pour l'âge et la morbidité. Les enfants qui présentent une croissance linéaire insuffisante sont 1,5 fois plus à risque de souffrir d'infections respiratoires et de diarrhées, une menace qui se voit multipliée par six lorsque le retard de croissance est sévère. Dans ce cas, les enfants sont également trois fois plus à risque de mortalité suite à d'autres infections, notamment la septicémie, la méningite, la tuberculose, l'hépatite et la cellulite (Prendergast et Humphrey 2014).

Dommages cognitifs irréversibles et plus faibles résultats éducationnels

Les circonstances qui mènent au retard de croissance, notamment les pratiques d'alimentation inadéquates ou la diarrhée persistante, ont des effets destructeurs sur le cerveau de l'enfant en provoquant des changements dans la séquence temporelle de maturation cérébrale, ce qui, en retour, perturbe la formation des circuits neuronaux (Udani 1992) et entraîne des déficits cognitifs (Kar, Rao, et Chandramouli 2008). De nombreuses données probantes tirées de différents contextes et obtenues à travers diverses approches empiriques indiquent que la malnutrition conduit à de piètres résultats éducationnels. Les enfants affectés par un retard de croissance sont plus susceptibles d'être scolarisés tardivement, de redoubler ou d'abandonner l'école (Daniels et Adair 2004; Mendez et Adair 1999). Martorell et al. (2010) ont démontré que les adultes qui souffraient d'un retard de croissance à l'âge de deux ans avaient complété une année de scolarisation de moins. Adair et al. (2013) ont pour leur part estimé qu'une amélioration d'une seule unité de déviation standard de la croissance linéaire chez les moins de deux ans se traduisait par une demi-année scolaire de plus. Behrman et al. (2009) rapportent une meilleure réussite scolaire et des résultats aux tests plus élevés lorsque la nutrition est améliorée au cours de la petite enfance. Lors de leurs études sur la distribution de suppléments nutritionnels à base lipidique pour le traitement du paludisme et de la diarrhée, Prado et al. (2016) ont constaté que l'intervention avait également eu des effets sur les scores développementaux associés aux capacités motrices et linguistiques.

Liens avec la pauvreté

Le retard de croissance et la pauvreté sont interreliés et s'exacerbent l'un l'autre. Une étude récente (Hoddinott et al. 2011) a en effet conclu que, lorsque les enfants de 36 mois ne souffraient d'aucun retard de croissance, la probabilité qu'ils fassent partie d'un ménage pauvre en tant qu'adultes se voyait réduite du tiers. La pauvreté accroît le risque de retard de croissance et des autres formes de dénutrition en diminuant le pouvoir d'achat, limitant l'accès aux services de santé de base et exposant le ménage à un environnement malsain ce qui, en retour, compromet l'apport alimentaire (à la fois qualitatif et quantitatif), entrave l'accès aux soins et accroît l'exposition aux infections. Les ménages pauvres sont également plus sujets aux grossesses fréquentes ; plus nombreux, avec de forts ratios de dépendance ; plus enclins aux infections et plus à risque de devoir assumer des coûts de santé plus importants (Victora et al. 2003). De façon concomitante, la malnutrition conduit à une mauvaise santé et à un piètre développement cognitif, avec pour conséquences un capital humain plus faible et des pertes de productivité à long terme (Horton and Steckel 2013).

Salaires réduits et pertes de PIB

Les coûts associés à la dénutrition dans les pays en voie de développement se chiffrent en milliards de dollars de productivité économique perdue, notamment en raison de salaires plus faibles, de capacités physiques et mentales réduites et d'un nombre accru de jours d'absence pour cause de maladie. Au niveau individuel, on a estimé que le retard de croissance au cours de l'enfance réduisait d'au moins 10 pour cent les revenus potentiellement gagnés au cours de la vie active (Banque mondiale 2006). D'autres études ont démontré qu'une augmentation d'un pour cent de la taille adulte se traduisait en hausse de 2,4 pour cent du revenu (Thomas et Strauss 1997). En outre, ce sont les individus les plus vulnérables du monde en voie de développement qui assument la plus large part des pertes économiques associées à la dénutrition. Une analyse récente a en effet estimé qu'en Afrique et en Asie, celles-ci pouvaient représenter entre 4 et 11 pour cent du PIB annuel (Horton et Steckel 2013) — ce qui correspondrait à 149 milliards de dollars de productivité perdue chaque année. Ces pertes seraient en grande partie attribuables à un déficit cognitif. Une autre étude récemment menée par Lin, Lutter, et Ruhm (2016) a en effet constaté que la capacité cognitive était positivement corrélée à la performance future sur le marché du travail, notamment en termes de revenus améliorés au cours de la vie active. Fink et al. (2016) ont également observé que la croissance insuffisante des enfants des pays en voie de développement diminuait la scolarisation de 0,5 an, ce qui se traduisait par un manque à gagner de 175 milliards de dollars dans l'économie mondiale et une réduction des revenus individuels au cours de la vie active de 1400 dollars par enfant. Alors que le monde passe d'une économie fondée sur le travail manuel non qualifié à un système basé sur des compétences qui demandent une forte capacité mentale, l'impact du retard de croissance au cours de l'enfance et des autres formes de dénutrition sur les revenus et les économies ne pourra que s'accentuer. Puisque le retard de croissance reste surtout le fait des pays à revenu faible et intermédiaire, il pèsera lourdement sur leur capacité à tirer parti des progrès technologiques et à rattraper les nations à revenu élevé, ce qui risque fort d'exacerber plus avant l'iniquité du revenu à travers le monde.

Interventions qui réduisent le retard de croissance

L'étiologie du retard de croissance est complexe. Il est causé par un apport alimentaire de qualité et de quantité insuffisantes ; les poussées récurrentes de maladies ; et/ou, la présence de difficultés à la naissance, notamment l'insuffisance pondérale et l'accouchement prématuré ; qui, à leur tour, sont attribuables à des comportements alimentaires inadéquats ; aux faibles connaissances nutritionnelles des parents et responsables des soins ; aux mesures d'assainissement et d'hygiène insuffisantes ; au manque d'accès aux soins de santé ; à un faible pouvoir d'achat du ménage ; à une offre insuffisante d'aliments de qualité appropriée sur le marché ; et à d'autres facteurs (Black et al. 2013). La prévention du retard de croissance demande donc l'adoption d'approches multidimensionnelles et multisectorielles. Toutefois, jusqu'à maintenant, les travaux d'identification des stratégies les plus efficaces à partir des données probantes disponibles sont toujours en cours.

Les interventions *spécifiques à la nutrition* qui s'attaquent aux déterminants proximaux du retard de croissance ont fait leurs preuves. Deux Séries du *Lancet* consacrées à la nutrition maternelle et infantile (en 2008 et en 2013) ont d'ailleurs proposé une synthèse des données probantes mondiales suite à un examen documentaire systématique et la conduite de méta-analyses. Par contre, les preuves de l'efficacité des interventions qui s'adressent aux déterminants plus distaux du retard de croissance — soit *sensibles à la nutrition* — sont plus limitées (voir Ruel et al. 2013 pour une revue). Certaines données associent l'accès inadéquat à l'eau et à l'assainissement à une incidence accrue des maladies diarrhéiques, elles-mêmes un facteur de risque du retard de croissance (Bhutta et al. 2013). Cependant, les effets des interventions sensibles à la nutrition sur le retard de croissance — notamment à travers l'amélioration de la sécurité alimentaire et de la diversité diététique ou encore de l'autonomie et de l'éducation des femmes — sont plus difficiles à démontrer. Par conséquent, ce Chapitre a essentiellement été axé sur les interventions spécifiques à la nutrition, telles que définies par Bhutta et al. 2013, pour lesquelles il existe des données probantes solides et dont les coûts et les impacts sur les résultats nutritionnels, incluant le retard de croissance, pouvaient être estimés.

Interventions à l'intention des femmes enceintes et des mères de nourrissons et jeunes enfants

Les interventions à l'endroit des femmes enceintes, notamment sous forme d'apport supplémentaire de micronutriments, ont un effet sur le retard de croissance en améliorant la croissance fœtale et en limitant les conditions qui affectent son développement, notamment l'anémie attribuable à une carence en fer. Toutefois, même si les données probantes relatives à ces interventions portent davantage sur les effets à la naissance que sur la croissance linéaire de l'enfant, celles qui ont été considérées ici ont fait la preuve de leur efficacité. Les autres interventions très prometteuses — par exemple l'apport supplémentaire de petites quantités de nutriments à base lipidique[2] et la distribution de vermifuges en prévention des maladies parasitaires et helminthiques — pourront être ajoutées lorsque les données probantes seront plus nombreuses.

Apport supplémentaire de micronutriments pendant la grossesse. Il s'agit ici de suppléments multiples, généralement caractérisés par la présence de plus de deux micronutriments.[3] La *Préparation multi-micronutriments* (UNIMAP) du Fonds des Nations Unies pour l'enfance (UNICEF) contient l'apport quotidien des 14 micronutriments recommandés pendant la grossesse, notamment du fer, de l'acide folique et de la vitamine A. Quoique, selon une étude de Cochrane (Haider and Bhutta 2015), les suppléments de micronutriments prénataux aient fait la preuve de leur capacité à réduire de 11 à 13 pour cent l'insuffisance pondérale à la naissance et l'hypotrophie néonatale, d'autres recherches ont rapporté peu d'effets directs sur les caractéristiques anthropométriques de l'enfant, à l'exception de la circonférence du crâne (Lu et al. 2014). Peña-Rosas et al. (2015) ont constaté que l'administration d'un supplément quelconque, mais enrichi en fer, aux femmes enceintes pouvait faire grimper de 20 grammes le poids à la naissance du nourrisson, comparativement à la distribution de suppléments sans fer ou à aucune intervention. Néanmoins, l'apport supplémentaire de micronutriments pendant la grossesse est peu coûteux et permet de s'assurer facilement de la présence des micronutriments essentiels à l'amélioration des résultats à la naissance, eux-mêmes porteurs d'effets sur le risque de retard de croissance (Haider et Bhutta 2015). L'étude a donc estimé ici les besoins financiers associés à l'apport supplémentaire de micronutriments pendant la grossesse.

Conseil aux mères et responsables de soins sur les pratiques d'hygiène et de nutrition du nourrisson et du jeune enfant adéquates. Aux fins de l'analyse, cette intervention a été résumée par l'expression «conseil sur la nutrition du nourrisson et du jeune enfant». La pratique optimale fait référence à un allaitement maternel immédiat et exclusif du nourrisson et du jeune enfant jusqu'à l'âge de six mois, suivi d'une alimentation complémentaire appropriée entre 6 et 24 mois, avec la poursuite de l'allaitement maternel jusqu'à l'âge de deux ans. La promotion des pratiques d'hygiène et d'alimentation du nourrisson et du jeune enfant adéquates s'effectue à travers différents circuits : établissement de santé, milieu communautaire/du ménage et campagnes médiatiques. Quoique les établissements de santé constituent actuellement la principale source de conseil sur la nutrition, les agents de santé communautaire jouent un rôle fonda-mental lorsqu'il s'agit de rejoindre les personnes vulnérables des zones périphé-riques ou éloignées. Il a été démontré que, dans les populations souffrant d'insécurité alimentaire, l'éducation sur l'alimentation complémentaire permet-tait à elle seule non seulement d'améliorer de façon significative la croissance linéaire (soit l'écart-type taille pour l'âge) et la prise de poids (soit l'écart-type poids pour l'âge), mais aussi de réduire l'incidence du retard de croissance (Lassi et al. 2013). La promotion de l'allaitement maternel et son adhésion conséquente ont des effets certains sur le retard de croissance, notamment à travers la réduc-tion de l'incidence de diarrhées. L'estimation des impacts utilisée par cette ana-lyse a été tirée de Lamberti et al. (2011), qui ont fait état des conséquences d'un allaitement maternel sous optimal sur la fréquence des diarrhées.

Apport de suppléments protéino-énergétiques équilibrés chez la femme enceinte. Il s'agit ici de suppléments alimentaires dont la teneur en protéines ne dépasse pas 25 pour cent du contenu énergétique total ; ils s'adressent essentiellement aux femmes enceintes sous-alimentées ou à risque de dénutrition et favorisent le gain de poids gestationnel et l'amélioration des résultats à la naissance. La Série sur la nutrition maternelle et infantile publiée en 2013 par le *Lancet* rapporte, sur la base de 16 études, une réduc-tion de 30 pour cent du risque de petite taille pour l'âge gestationnel ou d'enfant mort-né. Les données tirées de cinq recherches attestent en outre d'une réduction de 32 pour cent du risque d'insuffisance pondérale à la nais-sance, avec des résultats beaucoup plus prononcés chez les femmes sous-alimentées que chez celles qui avaient été convenablement nourries (Imdad et Bhutta 2012). Plus récemment, Ota et al. (2015) ont constaté, suite à un apport de suppléments protéino-énergétiques équilibrés, une aug-mentation du poids moyen à la naissance et une réduction substantielle de l'incidence de nourrissons trop petits pour l'âge de gestation.

Traitement présomptif intermittent du paludisme pendant la grossesse dans les régions à endémie palustre. L'OMS recommande l'administration d'au moins deux doses de sulfadoxine-pyriméthamine, et préférablement de quatre, dans le cadre du traitement présomptif intermittent du paludisme au cours de la gros-sesse intégré aux soins prénataux de routine dans les zones à transmission modérée – importante du paludisme, particulièrement en Afrique subsaharienne (OMS 2012).[4] Les essais menés afin d'identifier l'influence sur les résultats à la naissance de l'introduction du traitement présomptif intermittent du paludisme au cours de la grossesse dans les régions à endémie palustre ont fait état d'une réduction importante de l'insuffisance pondérale à la naissance et d'une augmen-tation de la moyenne du poids des nourrissons (Garner et Gülmezoglu 2006 ; Radeva-Petrova et al. 2014), soit d'impacts qui auront ultérieurement, par contrecoup, des effets substantiels sur le retard de croissance. D'autres études ont également démontré que, lors des première et seconde grossesses dans les zones où le paludisme prévaut, les interventions préventives au cours de la grossesse, notamment le traitement présomptif intermittent, avaient une efficacité protec-trice agrégée qui se traduisait en réduction de 35 pour cent de l'insuffisance pondérale à la naissance (Eisele, Larsen, et Steketee 2010). Ainsi, et quoique cette intervention se situe hors du champ nutritionnel couvert par cette analyse, ses effets significatifs sur les résultats à la naissance, et par conséquent sur le retard de croissance, justifient amplement son inclusion.

Interventions à l'intention des nourrissons et des jeunes enfants

Apport supplémentaire de vitamine A chez l'enfant. La carence en vitamine A, une source avérée de déficience visuelle et de cécité infantile, contribue également à la prévalence des maladies diarrhéiques et à la mortalité infantile. L'OMS recommande un apport de 100 000 unités internationales (UI) de vitamine A chez le nourrisson âgé de 6 à 11 mois et de 200 000 UI de vitamine A tous les quatre à six mois chez l'enfant de 12 à 59 mois, ceci dans les milieux où la prévalence de l'héméralopie est de 1 pour cent ou plus chez les enfants âgés de 24 à 59 mois ou encore lorsque la carence en vitamine A s'établit à 20 pour cent ou plus chez les nourrissons et enfants de 6 à 59 mois (OMS 2011). L'analyse documentaire systématique par Cochrane de 43 essais et enquêtes par grappe randomisés et contrôlés menés en milieu communautaire n'a permis d'identifier aucun effet de l'apport supplémentaire de vitamine A sur la croissance linéaire (Imdad et al. 2010). Toutefois, la vitamine A agit indirectement le retard de croissance en réduisant l'incidence des diarrhées et son influence sur la réduction des mortalités infantiles par diarrhée a été abondamment documentée. Dans la même revue systématique, 7 des essais attribuaient d'ailleurs directement le recul de 30 pour cent de la mortalité infantile par diarrhée enregistrée à un apport supplémentaire préventif de vitamine A (Imdad et al. 2010). Les résultats tirés d'une évaluation de 21 études démontrent également que, chez les enfants de 6 à 59 mois, l'apport supplémentaire de vitamine A réduit de 25 pour cent la mortalité, toutes causes confondues, mais aussi de 30 pour cent les décès directement attribuables à la diarrhée (Imdad et al. 2011).

Apport supplémentaire de zinc à des fins prophylactiques. Le zinc, un micronutriment important, agit à la fois sur la fonction immunitaire ; sur la croissance et la différenciation cellulaire ; et sur le fonctionnement métabolique. L'examen systématique de 36 essais randomisés et contrôlés a permis de constater une augmentation significative — de 0,37 centimètre — de la taille et une réduction de 13 pour cent de l'incidence de diarrhées chez les enfants qui avaient bénéficié, pendant 24 semaines, d'un apport de suppléments de zinc à des fins prophylactiques (Imdad et al. 2011). À ce jour, l'OMS n'a émis encore aucune recommandation spécifique sur l'apport supplémentaire de zinc à des fins préventives.

Distribution publique d'aliments complémentaires pour enfants. Les aliments complémentaires destinés à assurer un apport nutritionnel adéquat chez les enfants âgés de 6 à 24 mois apportent généralement entre 100 et 1500 calories additionnelles et les micronutriments essentiels à l'amélioration de l'écart-type taille pour le poids des bénéficiaires. Imdad, Yakoob, et Bhutta (2011) ont constaté que les aliments complémentaires, accompagnés ou non de conseils nutritionnels, avaient un effet positif sur les écarts type relatifs à la taille et au poids. En outre, l'apport d'aliments complémentaires, avec ou sans éduca-tion, peut réduire de 67 pour cent le retard de croissance dans les populations affectées par l'insécurité alimentaire (Lassi et. al. 2013).

Approches analytiques spécifiques à la cible en matière de retard de croissance

Cette section examine les différentes méthodes spécifiques utilisées pour la conduite des analyses liées à la cible en matière de croissance, soit le choix des interventions ; les hypothèses relatives à leur prestation ; la sélection des pays inclus à l'échantillon ; les sources de données privilégiées ; et, les diffé-rentes modalités d'estimation des impacts. Pour plus de détails sur la méthodologie, voir le Chapitre 2.

Interventions considérées par l'analyse

Sept interventions clés ont fait la preuve de leur efficacité sur la réduction du retard de croissance. Le Tableau 3.1 résume leurs processus et impacts respectifs sur l'incidence du retard de croissance. Quatre de ces interventions ciblent direc-tement les femmes enceintes et mères de nourrissons et jeunes enfants, eux-mêmes bénéficiaires des trois autres interventions (Tableau 3.1). Ainsi, l'étude a considéré que l'apport supplémentaire de micronutriments pendant la grossesse et le conseil sur la nutrition du nourrisson et du jeune enfant seraient étendus à l'ensemble des femmes enceintes ; par contre, l'apport de suppléments pro-téino-énergétiques équilibrés ne serait mis à l'échelle qu'auprès des femmes enceintes vivant sous le seuil de pauvreté et le traitement présomptif intermit-tent du paludisme pendant la grossesse qu'auprès de celles qui habitent des régions à endémie palustre. L'étude a également présumé une mise à l'échelle basée sur l'administration de suppléments de vitamine A et de zinc prophylac-tique à l'ensemble des enfants âgés de 6 à 59 mois et la distribution publique d'aliments complémentaires à tous les enfants vivant sous le seuil de pauvreté. Un individu qui vit sous le *seuil de pauvreté* gagne moins de 1,25 dollar par jour (Banque mondiale 2009).[5]

Hypothèses relatives aux plateformes de prestation

Plusieurs des interventions — conseil sur la nutrition du nourrisson et du jeune enfant ; apport supplémentaire de vitamine A chez l'enfant ; et, traitement pré-somptif intermittent du paludisme pendant la grossesse dans les régions à endémie palustre — disposent déjà de larges plateformes de prestation qui pourraient être mises à l'échelle pour atteindre la pleine couverture. Par contre, dans les autres cas, il y a peu d'expérience en matière de programmation à grande échelle et certaines hypothèses sur les différents dispositifs de prestation ont dû être formulées. Ainsi, pour l'apport supplémentaire de zinc chez l'enfant à des fins prophylactiques, l'analyse a présumé que le zinc serait administré de façon similaire aux supplé-ments de micronutriments multiples distribués par les programmes à base commu-nautaire. Il a également été supposé que l'apport supplémentaire de micronutriments

Tableau 3.1 Interventions nécessaires à l'atteinte de la cible en matière de retard de croissance

Intervention	Population cible	Description et méthodes de prestations	Preuves d'efficacité
À l'intention des femmes enceintes et des mères de nourrissons et jeunes enfants			
Apport supplémentaire de micronutriments pendant la grossesse[a]	Femmes enceintes	Avec fer et acide folique et au moins un micronutriment additionnel, pendant environ 180 jours de grossesse. Prestation dans le cadre des soins prénataux.	Les études récentes sur l'apport supplémentaire de micronutriments (Haider et Bhutta 2015) rapportent une réduction significative de 10 pour cent de la prévalence de l'insuffisance pondérale à la naissance et de nourrissons trop petits pour l'âge gestationnel (soit une efficacité de 0,10).
Conseil pour la nutrition du nourrisson et du jeune enfant	Mères d'enfants âgés de 0 à 23 mois	Il s'agit ici de séances de conseil individuel ou groupé sur la promotion de l'allaitement maternel exclusif menées dans la communauté et/ou au sein de l'établissement de santé, selon le contexte national.	Une réanalyse par Sinha et al. (2015) effectuée pour LiST a démontré que la promotion de l'allaitement maternel exclusif augmentait l'adhésion pour les nourrissons âgés de 0 à 5 mois [coefficient de probabilité de 2,5 dans le système de santé et de 2,61 en milieu communautaire/à domicile]. Lamberti et al. (2011) ont démontré que le risque relatif de diarrhées variait selon que le nourrisson de 0 à cinq mois était principalement allaité au sein [RR 1,26, 95 % IC 0,81–1,95], partiellement allaité au sein [RR 1,68, 95 % IC 1,03–2,76], ou non allaité au sein [RR 2,65, 95 % IC 1,72–4,07]. Le risque de diarrhées était deux fois plus élevé chez les enfants de 6 à 23 mois qui n'avaient bénéficié d'aucun allaitement maternel. [RR 2,07, 95 % IC 1,49–2,88].
Apport de suppléments protéino-énergétiques équilibrés chez la femme enceinte[a]	Femmes enceintes malnutries vivant sous le seuil de pauvreté (1,25 $/jour)	Cette intervention permet l'apport d'aliments supplémentaires au cours de la grossesse des femmes à risque (contenu énergétique constitué à moins de 25 pour cent de protéines). Dans certains cas, la prestation est assurée à travers des programmes à base communautaire.	Cette intervention réduit les risques d'insuffisance pondérale à la naissance et de nourrissons trop petits pour l'âge gestationnel, et ont donc par nature, un impact direct sur le retard de croissance. Suite à un apport de suppléments protéino-énergétiques équilibrés, Ota et al. (2015) ont constaté un accroissement du poids moyen à la naissance [DM +40,96 g, 95 % IC 4,66–77,26] et une réduction significative des nourrissons trop petits pour l'âge gestationnel [RR 0,79, 95 % IC 0,69–0,90].
Traitement présomptif intermittent du paludisme pendant la grossesse dans les régions à endémie palustre.	Femmes enceintes (uniquement dans les régions à endémie palustre).	Cette intervention prévoit l'administration d'au moins deux doses de sulfadoxine-pyriméthamine pendant la grossesse. Prestation dans le cadre des soins prénataux.	Pour les première et seconde grossesses dans les zones à forte prévalence du paludisme ; la prévention sous forme de traitement présomptif intermittent du paludisme pendant la grossesse a démontré une efficacité protectrice agrégée de 35 pour cent [95 % IC 23–45 %] sur la réduction de l'insuffisance pondérale à la naissance (Eisele, Larsen, et Steketee 2010).

suite page suivante

Tableau 3.1 **Interventions nécessaires à l'atteinte de la cible en matière de retard de croissance** *(continue)*

Intervention	Population cible	Description et méthodes de prestations	Preuves d'efficacité
À l'intention des nourrissons et jeunes enfants			
Apport supplémentaire de vitamine A chez l'enfant	Enfants âgés de 6 à 59 mois	Il s'agit ici de la distribution de deux doses par an (100 000 unités internationales [UI] chez les 6 à 11 mois et 200 000 UI chez les 12 à 59 mois), soit à travers la conduite de campagnes de masse ou l'établissement de santé.	La vitamine A affecte indirectement le retard de croissance à travers son influence sur l'incidence de la diarrhée et de la mortalité. Il a été démontré que l'apport supplémentaire de vitamine A réduisait l'incidence de la diarrhée [RR 0,85, 95 % IC 0,82–0,87 ; 13 études] et de la mortalité [RR 0,72, 95 % IC 0,57–0,91 ; 7 études] (Imdad et al. 2011).
Apport supplémentaire de zinc chez l'enfant à des fins prophylactiques[a]	Enfants âgés de 6 à 59 mois	Cette intervention prévoit l'administration de zinc (10mg/jour), soit 120 paquets de capsules par enfant et par année. Il n'existe actuellement aucune plateforme de prestation à large échelle. L'estimation des coûts de distribution a été basée sur ceux encourus par les programmes d'apport supplémentaire de poudre de micronutriments multiples.	L'administration de 10 mg de zinc par jour pendant 24 semaines a permis d'accroître la taille moyenne (cm) [0,37, 95 % IC 0,12–0,62 ; 16 études] comparativement à une intervention placebo (Imdad et Bhutta 2011). L'apport supplémentaire de zinc a également réduit l'incidence des diarrhées [RR 0,87, 95 % IC 0.81–0,94] dans le groupe d'intervention comparativement au groupe témoin (Yakoob et al. 2011).
Distribution publique d'aliments complémentaires aux enfants	Enfants âgés de 6 à 23 mois vivant sous le seuil de pauvreté (1,25 $/jour)	Suppléments alimentaires pour enfants (100 à 1500 kcal par jour) contenant généralement des micronutriments. Présence de certains modes de distribution à travers des programmes à base communautaire.	Bhutta et al. (2008) ont constaté qu'en situation de sécurité alimentaire, les enfants de 6 à 12 mois de mères n'ayant pas reçu de conseil sur la nutrition présentaient 1,43 fois plus de risques de souffrir d'un retard de croissance. Dans un contexte d'insécurité alimentaire, le coefficient de probabilité d'un retard de croissance passe à 1,60 lorsqu'il y a distribution d'aliments complémentaires avec ou sans conseil aux mères sur la nutrition ; et, à 2,39 sans suppléments ou conseil.

Note : IC = intervalle de confiance ; kcal = kilocalories ; DM = différence moyenne ; RR = risque relatif.
a. Fin 2016, les directives de l'OMS relatives à cette intervention devraient faire l'objet de mises à jour.

pendant la grossesse serait assumé par les prestataires de soins prénataux et postnataux existants, et que les programmes de distribution alimentaire et/ou de filets sociaux pourraient prendre en charge la distribution des suppléments protéino-énergétiques équilibrés aux femmes enceintes.

Sélection de l'échantillon

L'estimation des besoins financiers nécessaires à l'atteinte de la cible relative au retard de croissance a été fondée sur un échantillon de 37 pays. Il s'agit des

20 pays présentant la plus forte charge absolue (soit le nombre le plus élevé d'enfants affectés par un retard de croissance) et des 17 pays dans lesquels la prévalence du retard de croissance est la plus haute (une incidence de plus de 40 pour cent, soit le seuil de l'OMS correspondant à une prévalence «très élevée») (voir Tableau 2.2 pour la liste des pays en cause). Les 20 pays les plus touchés portent à eux seuls 77 pour cent du fardeau mondial alors que les 17 autres en assument sept pour cent supplémentaires, pour un échantillon global correspondant à 84 pour cent de la charge mondiale en matière de retard de croissance.

Sources des données

Les estimations relatives aux populations et à la croissance démographique ont été tirées des *Perspectives de la Population Mondiale* de l'ONU (DAES ONU2015a, 2015b). Les données sur la couverture actuelle des interventions ont été extraites des différentes Enquêtes Démographiques et de Santé les plus récentes. Toutefois, en l'absence de toute mise en œuvre à une échelle nationale, la couverture des interventions d'apport supplémentaire de micronutriments pendant la grossesse, d'administration de suppléments protéino-énergétiques aux femmes enceintes et d'apport supplémentaire de zinc à des fins prophylactiques a été considérée inexistante (zéro pour cent). Les coûts et les impacts du traitement présomptif intermittent du paludisme au cours de la grossesse dans les régions à endémie palustre ont été uniquement estimés pour l'Afrique sub-saharienne, où l'incidence du paludisme est suffisamment élevée pour justifier cette intervention.

Estimation des impacts

Les effets additionnels générés par les sept interventions de nutrition sur la prévalence du retard de croissance ont été modélisés à travers l'outil LiST. Les processus spécifiques et modes d'estimation des effets du modèle LiST ont été illustrés à la Figure 3.4. L'étude a procédé à une estimation individuelle des 37 modèles nationaux et a ensuite combiné les résultats afin d'obtenir une réduction pondérée selon la population de la prévalence générale dans l'ensemble de l'échantillon. Il a été présumé qu'une modification identique de la prévalence relative pouvait être appliquée aux pays à revenu faible et intermédiaire non inclus à l'analyse. Ainsi, le coefficient de réduction du nombre d'enfants présentant un retard de croissance dans les pays à revenu faible et intermédiaire a été calculé en appliquant la réduction relative obtenue dans l'échantillon au nombre estimé d'enfants affectés par un retard de croissance à travers le monde au cours de l'année de référence 2014 – soit 159 millions ((UNICEF, OMS, et Banque mondiale 2015).

L'impact de la mise à l'échelle des interventions a été évalué en termes de (1) nombre de cas de retard de croissance évités en 2025, comparativement à l'année de référence 2015 ; (2) recul, sous forme de pourcentage, du nombre d'enfants présentant un retard de croissance ; et (3) nombre de mortalités infantiles évitées.

Figure 3.4 Outil Vies sauvées et modèle sous-jacent utilisé pour l'estimation des impacts sur le retard de croissance

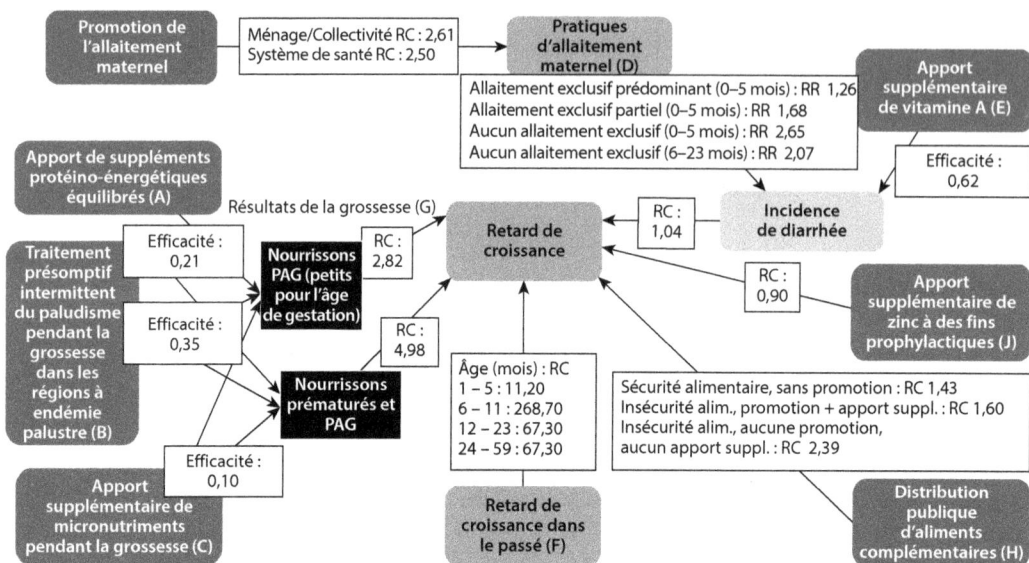

Sources: (A) apport de suppléments protéino-énergétiques équilibrés : Ota et al. 2015 ; (B) traitement présomptif intermittent du paludisme pendant la grossesse : Eisele, Larsen, et Steketee 2010 ; (C) apport supplémentaire de micronutriments chez la femme enceinte : Haider et Bhutta 2015 ; Haider, Yakoob, et Bhutta 2011 ; (D) pratique de l'allaitement maternel : Lamberti et al. 2011 ; (E) apport supplémentaire de vitamine A : Imdad et al. 2011 ; (F) retard de croissance antérieur : valeurs LiST par défaut sur la base d'opinion d'experts ; (G) résultats à la naissance : valeurs LiST par défaut sur la base d'opinion d'experts ; (H) distribution publique d'aliments complémentaires : Bhutta et al. 2008 ; (I) incidence de la diarrhée : Bhutta et al. 2008 ; (J) apport supplémentaire de zinc à des fins prophylactiques : Bhutta et al. 2013 ; Yakoob et al. 2011.

Il est largement admis que la croissance linéaire est affectée par des facteurs sous-jacents — directs ou indirects —, et que l'amélioration des déterminants cachés de la malnutrition se traduit en déclin de la prévalence du retard de croissance. Ici, le modèle a estimé le fléchissement supplémentaire obtenu suite à l'amélioration de la disponibilité et de la diversité alimentaires ; de l'état de santé, de l'éducation et de l'autonomisation des femmes ; et, de l'accès à une eau potable sûre, à l'hygiène et à l'assainissement (WASH).

Dans le cas des interventions WASH, les effets sur le retard de croissance ont été estimés à l'aide de l'outil List pour la conduite des cinq activités suivantes : lavage des mains à l'eau savonneuse, évacuation améliorée des excréta ; source d'eau potable améliorée ; meilleure élimination des selles des enfants et raccordement du domicile au réseau d'eau potable.

L'expansion linéaire de la couverture des activités WASH a été modélisée pour chacun des 37 pays de l'échantillon, depuis le niveau affiché en 2016 jusqu'à une couverture de 90 pour cent en 2021 et sa consolidation entre 2021 et 2025. Toutefois, ces interventions n'ont pas été considérées lors de l'analyse des besoins financiers mondiaux en raison de l'incapacité à en ventiler les coûts dans une perspective de programmation d'interventions de nutrition. En outre, les dépenses associées aux activités WASH et autres interventions sensibles à la nutrition sont probablement beaucoup plus élevées que si l'intervention est spécifique et leur prise en considération sans répartition adéquate pourrait fausser l'estimation des coûts.

L'ampleur des impacts générés par l'amélioration des autres déterminants sous-jacents, notamment de la disponibilité et de la diversité alimentaires; de l'état de santé, de l'éducation et de l'autonomisation des femmes n'a pas pu être estimée à partir de l'outil LiST. Cependant, puisque les changements apportés à ces facteurs contribueront à l'atteinte de la cible de l'Assemblée mondiale de la santé en matière de retard de croissance, l'étude a estimé leur impact approximatif sur la base des calculs de Smith et Haddad (2015). Ces derniers ont eu recours à un modèle de régression qui permettait d'évaluer les impacts, sur la prévalence nationale du retard de croissance, de la disponibilité d'aliments (mesurée en termes de consommation moyenne de kilocalories par habitant); de la diversité alimentaire (mesurée en tant que part du régime hors denrées de base); de l'éducation des femmes (évaluée à partir du taux d'inscription au secondaire); et, de la santé et de l'autonomisation des femmes (mesurée en tant que ratio d'espérance de vie femmes vs hommes). Pour chacun des 37 pays de l'échantillon, la tendance de chacune de ces quatre variables a donc été projetée à partir des changements survenus au cours des cinq années précédentes (2011 – 2015), en présumant que la même tendance se poursuivrait pendant la décennie 2016 – 2025. Les coefficients de régression rapportés par Smith et Haddad ont ensuite été appliqués au calcul du recul du retard de croissance attendu au cours de la période 2016 – 2025, si la tendance se maintient. Les données sur l'inscription des filles au secondaire et le ratio d'espérance de vie femmes vs hommes ont été tirées de la Base de données sur les Indicateurs du Développement dans le Monde (IDM). Les chiffres sur la disponibilité et la diversité des aliments ont été extraits des bilans alimentaires de l'Organisation des Nations Unies pour l'Alimentation et l'Agriculture (FAO).

Le déclin potentiel du retard de croissance attribuable aux améliorations générées par les interventions WASH et les autres facteurs sous-jacents a été combiné aux estimations relatives aux 37 modèles de façon à obtenir la réduction pondérée selon la population de la prévalence totale dans l'échantillon analysé.

Analyses coût – avantage

Les effets attribuables au renforcement des interventions spécifiques à la nutrition clés ont été mesurés sur la base du nombre estimé de vies sauvées et de cas de retard de croissance évités calculés à travers le modèle LiST (voir Figure 3.4). Pour les besoins du scénario de référence, chaque vie sauvée à l'âge de 5 ans a été transposée en produit intérieur brut (PIB) par habitant. Ainsi, en se basant sur les données relatives aux conséquences du retard de croissance sur le salaire ultérieur en tant qu'adulte (Hoddinott et al. 2013), l'étude a évalué à 21 pour cent du PIB par habitant la valeur de chaque cas de retard de croissance évité; un résultat qui a été ajusté pour tenir compte de la proportion du revenu provenant d'un salaire (voir Chapitre 2 pour la méthodologie détaillée).

Les retombées économiques dans l'ensemble des pays à revenu faible et intermédiaire ont été calculées en appliquant la méthode déjà utilisée pour l'estimation des coûts : les retombées totales ont été multipliées par l'inverse de la proportion de la charge totale du retard de croissance dans les 37 pays de l'échantillon (voir Chapitre 2 pour les détails). Le rapport coûts – avantages a été établi en divisant les retombées monétaires actualisées sur les bénéficiaires tout au long de leur vie par le total actualisé des coûts encourus pour la mise à l'échelle. Comme mentionné au Chapitre 2, un taux d'actualisation de trois pour cent a été appliqué à la fois aux coûts et aux retombées ; dans l'analyse de sensibilité, le taux d'actualisation a été modulé jusqu'à cinq pour cent.

Résultats

Cette section présente les résultats tirés de l'analyse des coûts, des impacts, et des rapports coûts – avantages respectifs des interventions de lutte contre le retard de croissance mentionnées ci-dessus.

Coûts unitaires

Le Tableau 3. 2 résume les coûts unitaires des différentes interventions. L'apport supplémentaire de micronutriments (vitamine A et zinc à des fins prophylactiques chez l'enfant et suppléments de micronutriments pendant la grossesse) reste le

Tableau 3.2 Coût unitaire minimum, maximum et moyen des interventions pour l'atteinte de la cible en matière de retard de croissance (annuel)
$ EU

Intervention	Minimum	Maximum	Coût unitaire moyen
À l'intention des femmes enceintes et mères de nourrissons			
Apport supplémentaire de micronutriments pendant la grossesse	1,80	7,55	2,80
Conseil sur la nutrition du nourrisson et du jeune enfant	0,07	12,00	6,62
Apport de suppléments protéino-énergétiques équilibrés chez la femme enceinte	16,93	54,72	24,07
Traitement présomptif intermittent du paludisme au cours de la grossesse dans les régions à endémie palustre	2,27	2,27	2,27
À l'intention des nourrissons et des jeunes enfants			
Apport supplémentaire de vitamine A chez l'enfant	0,03	4,81	0,32
Apport supplémentaire de zinc à des fins prophylactiques chez l'enfant	2,40	6,19	3,89
Distribution publique d'aliments complémentaires pour enfants	29,03	115,28	42,93

Note : les coûts unitaires moyens représentent la moyenne pondérée selon la population moins coûteux, avec moins de quatre dollars par intervention et par année (ou quatre dollars par grossesse dans le cas des micronutriments prénataux). Le coût unitaire du traitement présomptif intermittent du paludisme pendant la grossesse dans les régions à endémie palustre est également très faible, à environ deux dollars par femme enceinte. La distribution publique d'aliments complémentaires aux enfants demande davantage par unité, mais il s'agit ici d'une intervention plus ciblée, qui s'adresse essentiellement à ceux qui vivent sous le seuil de pauvreté. Le coût d'un apport public d'aliments complémentaires à un enfant pauvre s'élève à environ 43 dollars par année, alors qu'il faut 24 dollars pour la distribution de suppléments protéino-énergétiques aux femmes enceintes vivant sous le seuil de pauvreté. L'appendice C fournit des détails sur les coûts unitaires et les sources de données associés à chacune des cibles.

Estimation des besoins financiers totaux

Les coûts sur 10 ans de la mise à l'échelle du paquet de 7 interventions ayant un effet sur le retard de croissance ont été estimés à 49,5 milliards de dollars (Tableau 3.3). Ce montant inclut 44,2 milliards de dollars en prestation de

Tableau 3.3 Besoins financiers pour l'atteinte de la cible en matière de retard de croissance

Millions $ EU

Intervention	Coût total de l'intervention sur 10 ans	Part des coûts totaux sur 10 ans
À l'intention des femmes enceintes et mères de nourrissons		
Apport supplémentaire de micronutriments pendant la grossesse	2 309	5 %
Conseil sur la nutrition du nourrisson et du jeune enfant	6 823	15 %
Apport de suppléments protéino-énergétiques équilibrés chez la femme enceinte	6 949	16 %
Traitement présomptif intermittent du paludisme pendant la grossesse dans les régions à endémie palustre	416	1 %
À l'intention des nourrissons et des jeunes enfants		
Apport supplémentaire de vitamine A chez l'enfant	716	2 %
Apport supplémentaire de zinc à des fins prophylactiques	14 212	32 %
Distribution publique d'aliments complémentaires pour enfants	12 750	29 %
Sous total	44 175	100 %
Programme (suivi et évaluation, renforcement des capacités, et développement de politiques)	5 301	n. a.
Total	49 476	n. a.

Note : n.a. = non applicable.

services et 5,3 milliards de dollars additionnels en suivi et évaluation, renforcement des capacités et développement de politiques. L'apport supplémentaire de zinc à des fins prophylactiques et la distribution publique d'aliments complémentaires aux enfants à accapareraient à eux seuls près de 60 pour cent du coût total des interventions (respectivement 32 pour cent et 29 pour cent). Le conseil pour la nutrition du nourrisson et du jeune enfant (incluant la promotion de l'allaitement maternel et le conseil pour l'alimentation complémentaire adéquate) et l'apport de suppléments protéino-énergétiques absorberaient respectivement 15 pour cent et 16 pour cent des investissements. Les dépenses résiduelles de mise à l'échelle iraient à l'administration de suppléments de micronutriments pendant la grossesse, à l'apport supplémentaire de vitamine A chez l'enfant et au traitement présomptif intermittent du paludisme pendant la grossesse dans les régions à endémie palustre (respectivement cinq pour cent, deux pour cent et un pour cent).

Les besoins en ressources ont été évalués à 16,3 milliards de dollars au cours des cinq années consacrées à la mise à l'échelle (2016 – 2020) et à 33,1 milliards de dollars supplémentaires pendant la phase subséquente de consolidation (2021 – 2025) (Figure 3.5) (pour les fondements de ces deux phases de mise à l'échelle, voir le Chapitre 2).

Il faudrait investir près de 50 pour cent des coûts totaux estimés (23,5 milliards de dollars) dans le renforcement des interventions de nutrition en Afrique subsaharienne (Figure 3.6), contre un peu plus de 20 pour cent dans les régions

Figure 3.5 Besoins financiers annuels pour l'atteinte de la cible en matière de retard de croissance en 2025
Millions $ EU

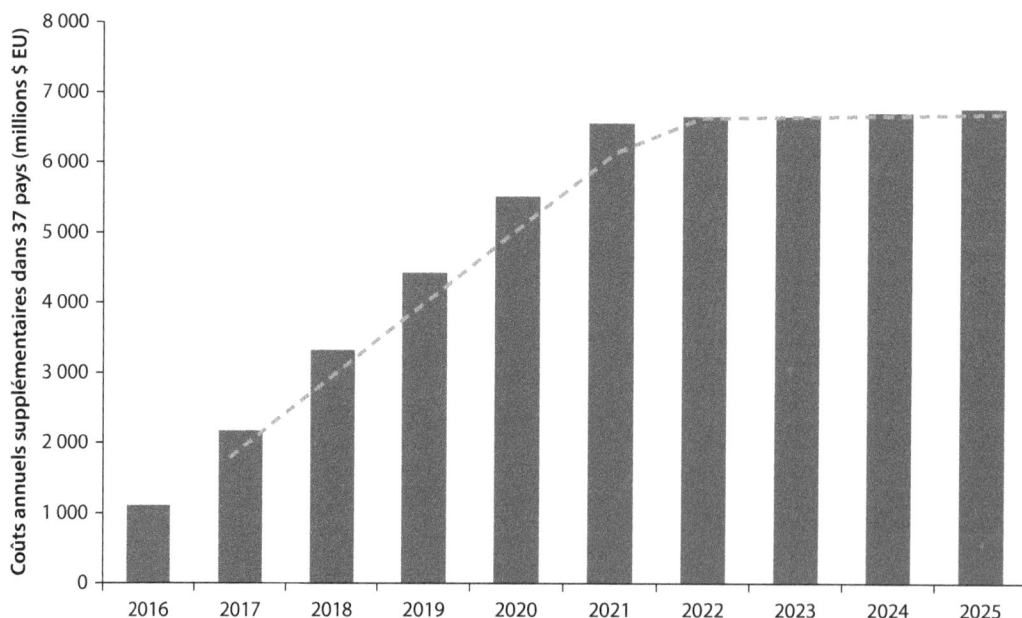

Figure 3.6 Besoins financiers totaux sur 10 ans pour l'atteinte de la cible en matière de croissance, par région

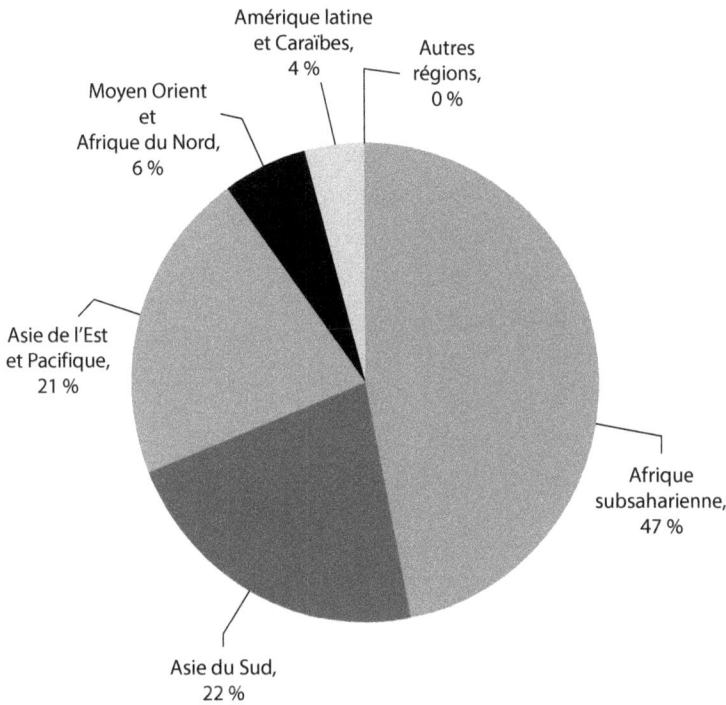

Asie du Sud et Asie de l'Est et Pacifique (respectivement 10,8 milliards de dollars et 10,4 milliards de dollars). Deux pays, l'Inde et la Chine, absorberaient près du quart des coûts mondiaux (26,3 pour cent) en raison de l'ampleur de leurs populations d'enfants de moins de cinq ans et de femmes enceintes — les bénéficiaires directs des interventions considérées par l'analyse.

Malgré la consolidation du niveau de couverture pendant cette période, les coûts diminueraient en Asie du Sud et dans d'autres régions entre 2020 et 2025 (voir Figure 3.7), surtout en raison du déclin populationnel projeté suite à une adhésion accrue aux programmes de planification familiale et à la dénatalité dans les ménages. Par contre, en Afrique subsaharienne, les besoins financiers augmenteraient concurremment pour les raisons inverses — accroissement projeté des populations et adoption plus lente de la planification familiale.

Il faudrait investir près de 30 pour cent de l'ensemble des coûts de la mise à l'échelle dans les pays à faible revenu (Figure 3.8), contre 50 pour cent dans les pays à revenu intermédiaire inférieur, principalement en raison de la présence dans cette catégorie de trois des quatre pays les plus peuplés (Inde, Nigéria et Pakistan). Les pays à revenu intermédiaire supérieur n'absorberaient que 20 pour cent des coûts; une part largement attribuable à la Chine et à l'ampleur de sa population.

Figure 3.7 Besoins financiers totaux estimés pour l'atteinte de la cible en matière de croissance, par région
Millions $ EU

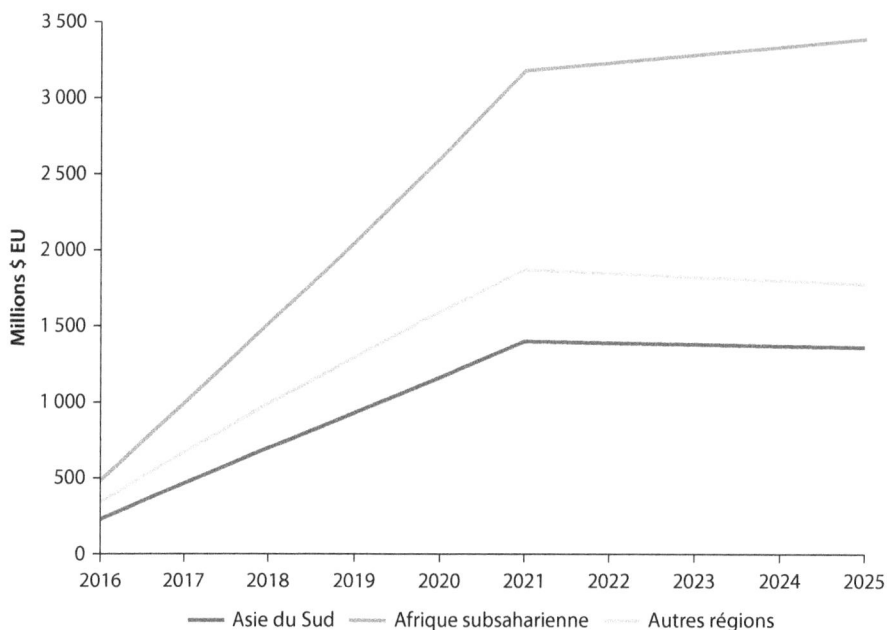

Asie du Sud   Afrique subsaharienne   Autres régions

Figure 3.8 Besoins financiers totaux sur 10 ans pour l'atteinte de la cible en matière de retard de croissance, par catégorie de revenu national

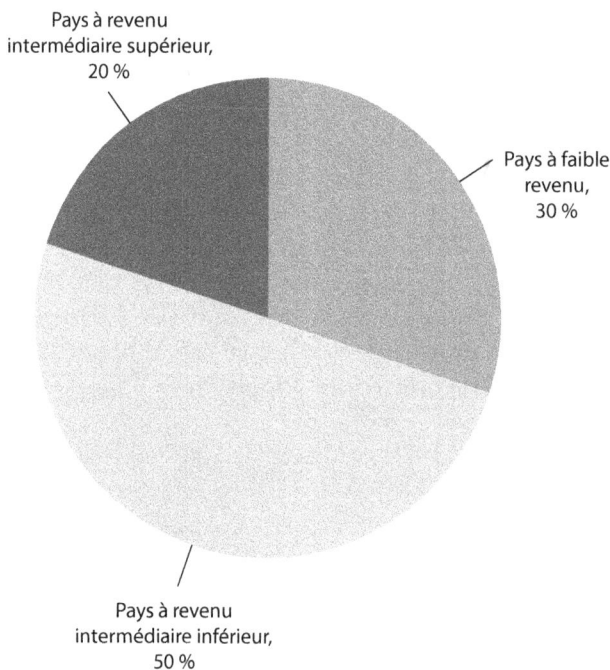

Pays à revenu intermédiaire supérieur, 20 %

Pays à faible revenu, 30 %

Pays à revenu intermédiaire inférieur, 50 %

Estimation des impacts de la mise à l'échelle

On estime qu'une couverture à 90 pour cent des interventions spécifiques à la nutrition clés, si elle est associée aux améliorations attendues des déterminants sous-jacents au retard de croissance, entraînerait un déclin de près de 40 pour cent du nombre d'enfants présentant un retard de croissance en 2025, soit l'atteinte de la cible mondiale (Figure 3.9).[6] En fait, la mise à l'échelle des interventions spécifiques à la nutrition permettrait, en 2025, une réduction de 19,5 pour cent du nombre d'enfants souffrant d'un retard de croissance dans les 37 pays à forte charge identifiés — le pourcentage restant étant attribuable aux changements apportés aux facteurs sous-jacents. Si l'on applique une réduction relative similaire aux autres pays qui assument les 15,7 pour cent résiduels de la charge mondiale associée au retard de croissance, il y aurait, en 2025, 65 millions d'enfants affectés de moins que les 159 millions comptabilisés au début de 2015. En outre, ces interventions préviendraient, sur 10 ans, près de 2,8 millions de mortalités chez les moins de cinq ans.

La comparaison entre les coûts et les impacts a permis l'identification des interventions spécifiques à la nutrition les moins coûteuses par cas de retard de croissance évité soit la promotion de pratiques adéquates de nutrition et d'hygiène du nourrisson et du jeune enfant ainsi que l'apport supplémentaire de vitamine A chez l'enfant (respectivement 273 dollars et 266 dollars) (Tableau 3.4).[7]

Figure 3.9 Coûts et impacts d'une mise à l'échelle sur 10 ans des interventions pour l'atteinte de la cible en matière de retard de croissance

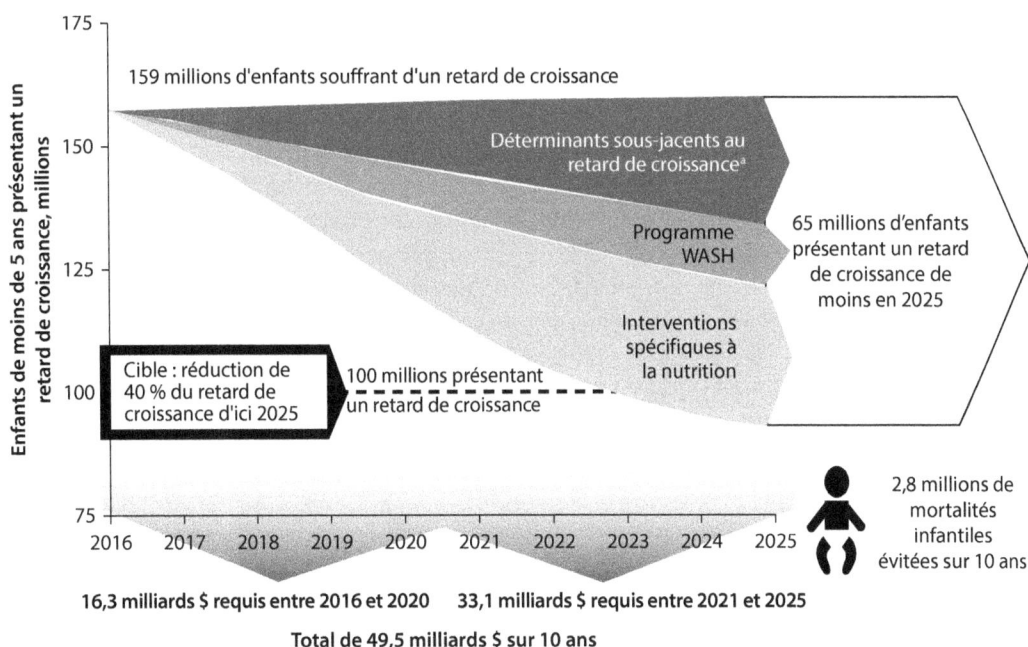

Note : a. Inclut la disponibilité et la diversité alimentaire, l'éducation des femmes, la santé et l'autonomisation des femmes, et l'eau potable, et l'hygiène l'assainissement (WASH).

Tableau 3.4 Coûts totaux, coût par cas de retard de croissance évité et coût par mortalité évitée

Intervention	Coûts totaux sur 10 ans (milliards, $ EU)*	Coûts par cas de retard de croissance évité ($ EU)	Coût par mortalité évitée ($ EU)
À l'intention des femmes enceintes et des mères de nourrissons			
Apport supplémentaire de micronutriments pendant la grossesse	2,59	3 637	7 376
Conseil sur la nutrition du nourrisson et du jeune enfant (éducation sur l'alimentation complémentaire et promotion de l'allaitement maternel)	7,64	467	7 353
Éducation sur l'alimentation complémentaire	4,28	273	16 122
Promotion de l'allaitement maternel	3,36	4 761	4 347
Apport de suppléments protéino-énergétiques équilibrés chez la femme enceinte	7,78	29 949	37 054
Traitement présomptif intermittent du paludisme pendant la grossesse dans les régions à endémie palustre	0,47	1 535	6 594
À l'intention des nourrissons et jeunes enfants			
Apport supplémentaire de vitamine A chez l'enfant	0,8	266	4 270
Apport supplémentaire de zinc à des fins prophylactiques	15,92	988	23 642
Distribution publique d'aliments complémentaires pour enfants	14,28	1 724	67 787

Note : Au cours de cette analyse, les deux composantes du conseil pour la nutrition du nourrisson et du jeune enfant — éducation sur l'alimentation complémentaire et promotion de l'allaitement maternel — ont été évaluées séparément puis ensemble.
* Tous les coûts des interventions prévoient un 12 pour cent additionnel en charges d'exploitation

Quoique l'effet relatif de l'apport supplémentaire de vitamine A sur la prévalence du retard de croissance soit faible (puisque modélisé à travers l'incidence de la diarrhée), il s'agit d'une intervention bon marché et par conséquent très rentable. Les autres interventions, particulièrement à l'intention des femmes enceintes (par exemple apport de suppléments protéino-énergétiques équilibrés), sont beaucoup plus dispendieuses par cas de retard de croissance évité et, conséquemment, relativement moins rentables. Toutefois, il faut noter que certaines interventions très onéreuses par cas de retard de croissance évité peuvent se révéler moins coûteuses en termes de mortalités évitées (par exemple, la promotion de l'allaitement maternel) ou vice versa (éducation nutritionnelle complémentaire). On trouvera au Chapitre 7 une discussion plus approfondie de la rentabilité et de l'efficacité allocative et technique des interventions de lutte contre le retard de croissance et les autres trois cibles de nutrition considérées par ce rapport.

Analyse coûts - avantages

Selon le scénario de référence, la mise à l'échelle dans les pays à revenu faible et intermédiaire des interventions spécifiques à la nutrition clés devrait générer des retombées économiques annuelles de près de 417 milliards de dollars au cours de la vie active des bénéficiaires (montant actualisé à trois pour cent). Celles-ci seraient en grande partie (environ 98 pour cent) imputables aux pertes cognitives évitées chez les enfants de moins de 5 ans et à l'augmentation conséquente de la productivité économique. Les retombées résiduelles de 2 pour cent seraient tirées des mortalités prématurées évitées grâce aux interventions. Le rapprochement entre ces retombées et des coûts actualisés a permis d'établir un rapport coûts - avantages de 10,5, ce qui signifie que chaque dollar investi dans la réduction du retard de croissance générerait un rendement économique de plus de 10 dollars.

Lorsque le taux d'actualisation passe de 3 pour cent à 5 pour cent, les retombées au cours de la vie active des bénéficiaires dégringolent de 417 milliards de dollars à 172 milliards de dollars, avec un rapport coûts — avantages en baisse de 10,5 à 5,0. Les résultats sont donc sensibles au taux d'actualisation puisque, malgré des investissements majoritairement effectués dès le départ et donc peu sujets à une actualisation éventuelle, les retombées sont essentiellement attendues dans l'avenir et, de ce fait, plus sensibles aux taux d'actualisation que les investissements (voir Tableau 3.5). Cependant, il faut souligner que même dans le cadre du scénario le plus conservateur, avec un taux d'actualisation de 5 pour cent,

Tableau 3.5 Rapport coûts – avantages de la mise à l'échelle des interventions afin d'atteindre la cible en matière de croissance, taux d'actualisation de 3 et de 5 pour cent

Région	Taux d'actualisation de 3 %			Taux d'actualisation de 5 %		
	Retombées en valeur actualisée (milliards $ EU)	Coût en valeur actualisée (milliards $ EU)	Rapport coût – avantage	Retombées en valeur actualisée (milliards $ EU)	Coût en valeur actualisée (milliards $ EU)	Rapport coût – avantage
Par région						
Afrique subsaharienne*	66,8	15,8	4,2	26,3	13,7	1,90
Asie du Sud*	121,4	8,0	15,1	50,6	7,0	7,2
Asie de l'Est et Pacifique*	125,0	7,9	15,8	52,4	6,9	7,6
Par catégorie de revenu national						
Pays à faible revenu*	17,9	10,4	1,7	4,1	9,0	0,5
Pays à revenu intermédiaire inférieur*	232,4	18,4	12,6	98,2	16,0	6,2
Pays à revenu intermédiaire supérieur*	103,4	4,8	21,6	44,0	4,2	10,60
Agrégé	417,4	39,7	10,5	172,8	34,4	5,0
Moyenne			4,0			1,60

Note : * Uniquement les pays de l'échantillon.

Un cadre d'investissement pour la nutrition • http://dx.doi.org/10.1596/978-1-4648-1142-5

le rapport coûts – avantages reste très confortablement au-dessus de 1, ce qui fait de la prévention du retard de croissance un excellent investissement économique.

Discussion

Les analyses contribuent de façon significative à la littérature existante. Tout d'abord, elles estiment les capitaux nécessaires à l'atteinte de la cible mondiale en matière de retard de croissance. Elles confirment également qu'il faudra, pour atteindre l'objectif fixé, procéder à des investissements importants à la fois dans les interventions à fort impact chiffrées ici et dans les facteurs sous-jacents au retard de croissance.

Les estimations sont cohérentes avec les données existantes (voir Tableau 3.6). Lors de leurs calculs, Horton et al. (2010) ont combiné les interventions WASH d'hygiène et de changement de comportement menées au niveau communautaire avec les activités de promotion de l'allaitement maternel et d'éducation nutritionnelle complémentaire. Ceci explique probablement pourquoi leurs estimations totales sont plus élevées que celles de Bhutta et al. (2013) et du

Tableau 3.6 Comparaison de trois études des coûts unitaires et besoins annuels de financement pour les interventions de nutrition

Intervention	Coûts unitaires			Besoins de financement annuels (millions, $ EU)		
	Horton et al. 2010	Bhutta et al. 2013	Présente étude	Horton et al. 2010	Bhutta et al. 2013	Présente étude
À l'intention des femmes enceintes et des mères de nourrissons						
Apport supplémentaire de micronutriments pendant la grossesse	2,00	6,15	2,80	85	479	309
Conseil sur la nutrition du nourrisson et du jeune enfant	7,50	19,59	6,62	2 900	922	904
Suppléments protéino-énergétiques équilibrés chez la femme enceinte	n. a	25,00	24,07	n. a.	1 041	936
À l'intention des nourrissons et jeunes enfants						
Apport supplémentaire de vitamine A chez l'enfant	1,20	2,85	0,32	130	106	96
Apport supplémentaire de zinc à des fins prophylactiques	n,a,	4,20–5,90	3,89	n. a.	1 182	1 893
Distribution publique d'aliments complémentaires pour enfants	40,00–80,00	50,00	42,93	3 600	1 359	1 722

Note : Le traitement présomptif intermittent du paludisme pendant la grossesse dans les régions à endémie palustre n'a pas été considéré par les études susmentionnées puisque le financement de cette intervention a été assumé provenir d'autres budgets de santé ; n.a. = non disponible.

présent rapport. En outre, Horton et al. ont pris en compte les coûts de l'apport supplémentaire de fer pendant la grossesse plutôt que ceux des suppléments de micronutriments multiples, ce qui a probablement contribué à diminuer les coûts associés à cette intervention.

Contrairement aux deux études antérieures, qui avaient considéré les coûts associés à une mise à l'échelle à 90 pour cent de la couverture actuelle sur une seule année, l'analyse a modélisé ici, de façon plus réaliste, une expansion sur 10 ans qui tient compte des dynamiques populationnelles chez les moins de cinq ans. En outre, contrairement à Bhutta et al. (2013) qui avaient présumé que ces interventions entraîneraient une réduction générale de 20 pour cent du retard de croissance, la présente étude a plutôt modélisé le déclin attendu dans chacun des pays analysés. Pour cette raison, les conclusions sur le recul de la prévalence du retard de croissance sur 10 ans sont ici plus explicites que si un niveau de réduction préétabli avait été utilisé.

L'analyse s'écarte également des études antérieures en présentant des estimations qui font état de besoins financiers plus élevés en Afrique subsaharienne qu'en Asie du Sud. Quoiqu'il y ait davantage d'enfants présentant un retard de croissance en Asie du Sud, cette différence reste surtout attribuable au coût unitaire plus élevé des intrants, particulièrement des suppléments alimentaires, en Afrique subsaharienne. Les populations cibles sont également plus nombreuses en Afrique subsaharienne, notamment dans le cas de deux des trois interventions les plus coûteuses : distribution publique d'aliments complémentaires pour enfants et apport de suppléments protéino-énergétiques chez la femme enceinte (voir Tableau 3.7).

L'analyse a présumé que les coûts unitaires des interventions de nutrition ne varieraient pas au cours de la prochaine décennie. Toutefois, les travaux à venir devraient considérer de nouveaux modèles de prestations qui permettraient de réduire les coûts unitaires et de rendre les technologies nutritionnelles et la prestation de services plus efficaces ; il faudrait pour cela procéder à une combinaison de recherche et développement ; réaliser des économies d'échelle ; et introduire des changements dans les modèles de prestation de services. Certaines des interventions chiffrées ici pourraient être mises à l'échelle à court terme alors que d'autres se heurtent encore à des contraintes majeures (voir Chapitre 7 pour une discussion détaillée des différentes contraintes). Par exemple, l'apport supplémentaire de vitamine A chez l'enfant, déjà relativement répandu, pourrait facilement faire l'objet d'une expansion immédiate vers la pleine couverture.

Les analyses présentées ci-dessus ne vont pas sans certaines limites importantes. Tout d'abord, elles ont été essentiellement axées sur les impacts des interventions spécifiques à la nutrition et n'ont pas tenu compte, malgré leurs impacts potentiels sur les résultats, des interventions sensibles à la nutrition — notamment menées par les secteurs de l'agriculture ; de l'éducation ; et de l'eau, de hygiène et de l'assainissement. Ensuite, les montants nécessaires à l'amélioration de la santé et de l'éducation des femmes ou encore à une meilleure disponibilité et diversité alimentaire n'ont pas pu être estimés ici en l'absence de paquet d'interventions bien défini et efficace. De plus, même si des hypothèses, renseignées

Tableau 3.7 Populations couvertes et coûts unitaires des interventions nécessaires à l'atteinte de la cible en matière de retard de croissance, dans l'ensemble de l'échantillon, en Afrique subsaharienne et en Asie du Sud

Intervention	Échantillon complet		Afrique subsaharienne		Asie du Sud	
	Populations couvertes sur 10 ans (millions)	*Coût unitaire moyen pondéré selon la population ($ EU)*	*Populations couvertes sur 10 ans (millions)*	*Coût unitaire moyen pondéré selon la population ($ EU)*	*Populations couvertes sur 10 ans (millions)*	*Coût unitaire moyen pondéré selon la population ($ EU)*
À l'intention des femmes enceintes et des mères de nourrissons						
Apport supplémentaire de micronutriments pendant la grossesse	698	2,80	222	3,49 $	255	1,82
Conseil sur la nutrition du nourrisson et du jeune enfant	874	6,62	280	5,96 $	330	4,78
Apport de suppléments protéino-énergétiques équilibrés chez la femme enceinte	245	24,07	136	25,00	81	16,93
Traitement présomptif intermittent du paludisme pendant la grossesse dans les régions à endémie palustre	155	2,27	155	2,27	n.a.	n. a.
À l'intention des nourrissons et jeunes enfants						
Apport supplémentaire de vitamine A chez l'enfant	1,916	0,32	391	0,62	782	0,09
Apport supplémentaire de zinc à des fins prophylactiques	3,092	3,89	899	4,61	1,135	2,40
Distribution publique d'aliments complémentaires pour enfants	252	42,93	132	53,65	95	29,03

Note : n.a. = Non disponible.

par la littérature, ont été formulées sur les effets potentiels d'une hausse de 0,1 de l'espérance de vie des femmes (vs des hommes) sur la prévalence du retard de croissance, ces retombées n'ont pas pu être chiffrées sans paquet d'interventions spécifique.

Les interventions WASH font figure d'exception. Les estimations relatives à leur impact sur l'incidence de la diarrhée étaient disponibles, comme d'ailleurs leurs effets indirects sur les résultats nutritionnels chez l'enfant — notamment sur le retard de croissance — et pouvaient donc être utilisés. La modélisation des impacts des interventions WASH sur le retard de croissance a été effectuée à l'aide de l'outil LiST. Les montants nécessaires à une mise à l'échelle avaient été estimés ailleurs (Hutton 2015), mais ces données n'ont pas été introduites ici puisque, quoiqu'indispensable à l'atteinte de la cible en matière de croissance, l'expansion de la couverture des interventions WASH sera financée par le secteur de l'eau et de l'assainissement. Il convient également rappeler que les analyses coûts – avantages présentés ci-dessus n'ont pas tenu compte des impacts, sur la prévalence du retard de croissance, des changements apportés aux déterminants sous-jacents de la dénutrition. Seuls les coûts et les effets des interventions spécifiques à la nutrition ont été considérés. Les estimations générées ici ont été basées sur une mise à l'échelle relativement rapide des interventions et, quoique celle-ci soit ambitieuse, certains pays tels que le Pérou et le Sénégal (voir Encadré 9.1 et 9.2) ont démontré sa faisabilité.

Notes

1. Traduction libre : «*the return on investments during the prenatal and early childhood years average between 7 and 10 percent greater than investments made at older ages Although there are other opportunities to enhance human development, cost-effective strategic investments made during children's early years can mitigate the deleterious effects of poverty, social inequality, and discrimination, ultimately resulting in long-lasting gains that reap benefits for children and youth, families, communities, and nations*».

2. En dépit de certaines études prometteuses sur l'administration de petites quantités de suppléments de nutriments à base lipidique (Adu-Afarwuah et al. 2015 ; Ashorn et al. 2015), il n'y a ni identification claire des populations qui bénéficieraient de ces suppléments ni recommandations mondiales sur leur utilisation. En outre, aucune production et distribution à large échelle n'est actuellement effectuée, ce qui laisse en suspens de nombreuses questions relatives aux coûts et à la mise en œuvre. Une étude de ces suppléments lipidiques est en cours à Madagascar avec l'appui de la Banque mondiale.

3. L'apport supplémentaire de micronutriments pendant la grossesse est parfois désigné différemment. Il s'agit notamment de la supplémentation maternelle en micronutriments, de la supplémentation en micronutriments multiples pendant la grossesse, de l'apport supplémentaire aux femmes de micronutriments multiples pendant la grossesse.

4. Aux fins de cette analyse, tous les pays à endémie palustre sont situés en Afrique subsaharienne.

5. Au moment où l'analyse a été effectuée, le seuil de pauvreté fixé par la Banque mondiale était établi à 1,25 dollar par jour. Depuis, ce seuil a été haussé à 1,90 dollar. Pour plus de détails, voir http://www.worldbank.org/en/topic/poverty/brief/global-poverty-line-faq.

6. Le modèle inclut une variable de croissance des enfants de moins de cinq ans spécifique à chaque pays.

7. Dans cette analyse, les deux composantes de la promotion de pratiques d'hygiène et de nutrition du nourrisson et du jeune enfant adéquates — éducation nutritionnelle complémentaire et promotion de l'allaitement maternel — sont évaluées séparément puis ensemble. Le faible coût par cas de retard de croissance évité est largement attribuable à l'éducation nutritionnelle complémentaire.

Références

Adair, L. S., C. H. Fall, C. Osmond, A. D. Stein, R. Martorell, M. Ramirez-Zea, H. S. Sachdev, D. L. Dahly, I. Bas, S. A. Norris, et L. Micklesfield. 2013. « Associations of Linear Growth and Relative Weight Gain during Early Life with Adult Health and Human Capital in Countries of Low and Middle Income: Findings from Five Birth Cohort Studies. » *The Lancet* 382 (9891): 525–34.

Adu-Afarwuah, S., A. Lartey, H. Okronipa, P. Ashorn, M. Zeilani, J. M. Peerson, M. Arimond, S. Vosti, et K. G. Dewey. 2015. « Lipid-Based Nutrient Supplement Increases the Birth Size of Infants of Primiparous Women in Ghana. » *The American Journal of Clinical Nutrition* 101 (4): 835–46.

Ashorn, P., L. Alho, U. Ashorn, Y. B. Cheung, K. G. Dewey, U. Harjunmaa, A. Lartey, M. Nkhoma, N. Phiri, J. Phuka, S. A. Vosti, M. Zeilani, et K. Maleta. 2015. « The Impact of Lipid-Based Nutrient Supplement Provision to Pregnant Women on Newborn Size in Rural Malawi: A Randomized Controlled Trial. » *The American Journal of Clinical Nutrition* 101 (2): 387–97. doi:10.3945/ajcn.114.088617.

Banque mondiale. 2006. *Replacer la nutrition au cœur du développement : Une stratégie d'intervention à grande échelle*. Washington, DC : Banque mondiale.

———. 2009. *Knowledge in Development Note: Measuring Global Poverty*. Washington, DC : Banque mondiale. http://econ.worldbank.org/WBSITE/EXTERNAL/EXTDEC/EXTRESEARCH/0,,contentMDK:22452035~pagePK:64165401~piPK:64165026~theSitePK:469382,00.html#comparisons_over_time.

Behrman, J. R., M. C. Calderon, S. H. Preston, J. Hoddinott, R. Martorell, et A. D. Stein. 2009. « Nutritional Supplementation in Girls Influences the Growth of their Children: Prospective Study in Guatemala. » *The American Journal of Clinical Nutrition* 90 (5): 1372–79.

Bhutta, Z. A., T. Ahmed, R. E. Black, S. Cousens, K. Dewey, E. Glugliani, B. A. Haider, B. Kirkwood, S. S. Morris, H. P. S. Sachdeve, et M. Shekar. 2008. « What Works? Interventions for Maternal and Child Undernutrition and Survival. » *The Lancet* 371 (9610): 417–40.

Bhutta, Z. A., J. K. Das, A. Rizvi, M. F. Gaffey, N. Walker, S. Horton, P. Webb, A. Lartey, et R. E. Black. 2013. « Evidence-Based Interventions for Improvement of Maternal and Child Nutrition: What Can Be Done and at What Cost? » *The Lancet* 382 (9890): 452–77.

Black, R. E., C. G .Victora, S. P. Walker, Z. A. Bhutta, P. Christian, M. de Onis, M. Ezzati, S. Grantham-Mcgregor, J. Katz, R. Martorell, R. Uauy, et Groupe d'Étude sur la Nutrition Maternelle et Infantile. 2013. « Maternal and Child Undernutrition and Overweight in Low-Income and Middle-Income Countries. » *The Lancet* 382: 427–51.

Carneiro, P. M. et J. J. Heckman. 2003. « Human Capital Policy. » Document de discussion Institut pour l'étude du travail (IZA) No. 821, Bonn. http://papers.ssrn.com/sol3/papers.cfm?abstract_id=434544.

DAES-ONU (Département des Affaires Économiques et Sociales des Nations Unies), Division de la Population 2015a. «World Population Prospects: The 2015 Revision, Key Findings and Advance Tables.» Document de travail ESA/P/WP.241.

———. 2015 b. *World Population Prospects : The 2015 Revision*, données personnalisées obtenues via le site Web http://esa.un.org/unpd/wpp/DataQuery/.

Daniels, M. C. et L. S. Adair. 2004. « Growth in Young Filipino Children Predicts Schooling Trajectories Through High School. » *The Journal of Nutrition* 134 (6): 1439–46.

Eisele, T. P., D. Larsen, et R. W. Steketee. 2010. «Protective Efficacy of Interventions for Preventing Malaria Mortality in Children in Plasmodium Falciparum Endemic Areas. » *International Journal of Epidemiology* 39 (1): i88–i101.

Fink, G., E. Peet, G. Danaei, K. Andrews, D. C. McCoy, C. R. Sudfeld, M. C. Smith Fawzi, M. Ezzati, et W. W. Fawzi. 2016. «Schooling and Wage Income Losses Due to Early-Childhood Growth Faltering in Developing Countries: National, Regional, and Global Estimates. » *The American Journal of Clinical Nutrition* 104 (1): 104–12.

Garner, P. et A. M. Gülmezoglu. 2006. « Drugs for Preventing Malaria in Pregnant Women. » *Cochrane Database of Systematic Reviews* 4 (CD000169).

Haider, B. A. et Z. A. Bhutta. 2015. «Multiple-Micronutrient Supplementation for Women during Pregnancy.» *Cochrane Database of Systematic Reviews.* 11 (Novembre) :CD004905.

Haider, B. A., M. Y. Yakoob, et Z. A. Bhutta. 2011. «Effect of Multiple Micronutrient Supplementation during Pregnancy on Maternal and Birth Outcomes. » *BMC Public Health* 11 (Suppl 3): S19.

Hoddinott J., H. Alderman, J. R. Behrman, L. Haddad, et S. Horton. 2013. «The Economic Rationale for Investing in Stunting Reduction. » *Maternal and Child Nutrition* 9 (2) : 69–82. doi:10.1111/mcn.12080.

Hoddinott, J., J. Maluccio, J. R. Behrman, R. Martorell, P. Melgar, A. R. Quisumbing, M. Ramirez-Zea, R. D. Stein, et K. M. Yount. 2011. « The Consequences of Early Childhood Growth Failure over the Life Course. » Document de discussion IFPRI 01073. Institut International de Recherche sur les Politiques Alimentaires, Washington, DC.

Horton, S., M. Shekar, C. McDonald, A. Mahal, et J. Krystene Brooks. 2010. *Scaling Up Nutrition: What Will It Cost?* Série Directions du développement. Washington, DC : Banque mondiale.

Horton, S. et R. Steckel. 2013. « Malnutrition: Global Economic Losses Attributable to Malnutrition 1900–2000 and Projections to 2050. » Dans *The Economics of Human Challenges*, édité par B. Lomborg, 247–72. Cambridge, Royaume-Uni : Presses de l'Université Cambridge.

Huebner, G., N. Boothby, J. L. Aber, G. L. Darmstadt, A. Diaz, A. S. Masten, H. Yoshikawa, I. Redlener, A. Emmel, M. Pitt, L. Arnold, B. Barber, B. Berman, R. Blum, M. Canavera,

J. Eckerle, N. A. Fox, J. L. Gibbons, S. W. Hargarten, C. Landers, C. A. Nelson III, S. D. Pollak, V. Rauh, M. Samson, F. Ssewamala, N. St. Clair, L. Stark, R. Waldman, M. Wessells, S. L. Wilson, et C. H. Zeanah. 2016. « Beyond Survival: The Case for Investing in Young Children Globally. » Document de discussion, Académie Nationale de Médecine, Washington, DC.

Hutton, G. 2015. « Benefits and Costs of the Water and Sanitation Targets for the Post-2015 Development Agenda. » Document d'évaluation Eau et Assainissement. Document de travail du Copenhagen Consensus Center. http://www.copenhagenconsensus.com/sites/default/files/water_sanitation_assessment_-_hutton.pdf.

Imdad, A. et Z. A. Bhutta. 2011. « Effect of Preventive Zinc Supplementation on Linear Growth in Children under 5 Years of Age in Developing Countries: A Meta-Analysis of Studies for Input to the Lives Saved Tool. » *BMC Public Health* 11 (3): S22.

———. 2012. « Maternal Nutrition and Birth Outcomes: Effect of Balanced Protein-Energy Supplementation. » *Paediatric and Perinatal Epidemiology* 26: 178–90.

Imdad, A., K. Herzer, E. Mayo-Wilson, M. Y. Yakoob, et Z. A. Bhutta. 2010. « Vitamin A Supplementation for Preventing Morbidity and Mortality in Children from 6 Months to 5 Years of Age. » *Cochrane Database of Systematic Reviews* 12 : CD008524.

Imdad, A., M. Y. Yakoob, et Z. A. Bhutta. 2011. « Impact of Maternal Education about Complementary Feeding and Provision of Complementary Foods on Child Growth in Developing Countries. » *BMC Public Health* 11 (3): S25.

Imdad, A., M. Y. Yakoob, C. R. Sudfeld, B. A. Haider, R. E. Black, et Z. A. Bhutta. 2011. « Impact of Vitamin A Supplementation on Infant and Childhood Mortality. » *BMC Public Health* 11 (3): S20.

Kar, B. R., S. L. Rao, et B. A. Chandramouli. 2008. « Cognitive Development in Children with Chronic Protein Energy Malnutrition. » *Behavioral and Brain Functions* 4 (1): 1.

Lamberti, L. M., C. L. Fischer Walker, A. Noiman, C. Victora, et R. E. Black. 2011. « Breastfeeding and the Risk for Diarrhea Morbidity and Mortality. » *BMC Public Health* 11 (Suppl 3): S515.

Lassi, Z. S., G. S. Zahid, J. K. Das, et Z. A. Bhutta. 2013. « Impact of Education and Complementary Feeding on Growth and Morbidity of Children Less than 2 Years of Age in Developing Countries: A Systematic Review. » *BMC Public Health* 13 (3): S13.

Lin, D., R. Lutter, et C. Ruhm. 2016. « What Are the Effects of Cognitive Performance on Labor Market Outcomes? » Université de Virginie. Juillet. http://batten.virginia.edu/sites/default/files/research/attachments/The%20Effects%20of%20Cognitive%20Performance%20on%20Labor%20Market%20Outcomes_final2.pdf.

LiST (Lives Saved Tool). 2015. Baltimore, MD : École de santé publique Bloomberg de l'Université Johns Hopkins, (accès le 31 décembre 2015). http://livessavedtool.org/.

Lu, W. P., M. S. Lu, Z. H. Li, et C. X. Zhang. 2014. « Effects of Multimicronutrient Supplementation during Pregnancy on Postnatal Growth of Children under 5 Years of Age: A Meta-Analysis of Randomized Controlled Trials. » *PLoS One* 9 (2): e88496.

Martorell, R., B. L. Horta, L. S. Adair, A. D. Stein, L. Richter, C. H. D. Fall, S. K. Bhargava, S. K. Dey Biswas, L. Perez, F. C. Barros, C. G. Victora, et Consortium sur la Recherche en Santé dans les Sociétés en Transition. 2010. « Weight Gain in the First Two Years of Life Is an Important Predictor of Schooling Outcomes in Pooled Analyses from Five Birth Cohorts from Low- and Middle-Income Countries. » *The Journal of Nutrition* 140: 348–54.

Mendez, M. A. et L. S. Adair. 1999. « Severity and Timing of Stunting in the First Two Years of Life Affect Performance on Cognitive Tests in Late Childhood. » *The Journal of Nutrition* 129 (8): 1555–62.

OMS (Organisation mondiale de la Santé). 2011. *Directive : Supplémentation en vitamine A chez les nourrissons et les enfants de 6 à 59 mois.* Genève : OMS.

———. 2012. Recommandations de politique actualisées de l'OMS (octobre 2012) : *Traitement préventif intermittent du paludisme pendant la grossesse à l'aide de Sulfadoxine-Pyriméthamine.* Http://www.who.int/malaria/iptp_sp_updated_policy_recommendation_en_102012.pdf.

———. 2014. *Comprehensive Implementation Plan on Maternal, Infant, and Young Child Nutrition.* Genève : OMS. http://apps.who.int/iris/bitstream/10665/113048/1/WHO_NMH_NHD_14.1_eng.pdf?ua=1.

———. 2016. *Nutrition, Malnutrition Modérée.* http://www.who.int/nutrition/topics/moderate_malnutrition/en/.

Ota, E., H. Hori, R. Mori, R. Tobe Gai, et D. Farrar. 2015. *Antenatal Dietary Education and Supplementation to Increase Energy and Protein Intake.* » *The Cochrane Library.*

Peña-Rosas, J. P., L. M. De-Regil, M. N. Garcia-Casal, et T. Dowswell. 2015. « Daily Oral Iron Supplementation during Pregnancy. » *Cochrane Database of Systematic Reviews* 12 : CD004736.

Prado, E. L., K. Maleta, P. Ashorn, U. Ashorn, S. A. Vosti, J. Sadalaki, et K. G. Dewey. 2016. « Effects of Maternal and Child Lipid-Based Nutrient Supplements on Infant Development: A Randomized Trial in Malawi. » *The American Journal of Clinical Nutrition* 103 (3): 784–93.

Prendergast, A. J. et J. H. Humphrey. 2014. « The Stunting Syndrome in Developing Countries. » *Paediatrics and International Child Health* 34 (4): 250–65.

Radeva-Petrova, D., K. Kayentao, F. O. ter Kuile, D. Sinclair, et P. Garner. 2014. « Drugs for Preventing Malaria in Pregnant Women in Endemic Areas: Any Drug Regimen versus Placebo or No Treatment. » *Cochrane Database of Systematic Reviews* 10 : CD000169.

Ruel, M. T., H. Alderman, et Groupe d'Étude sur la Nutrition Maternelle et Infantile. 2013. « Nutrition-Sensitive Interventions and Programmes: How Can They Help to Accelerate Progress in Improving Maternal and Child Nutrition? » *The Lancet* 382 (9891): 536–51.

Sinha, B., R. Chowdury, M. J. Sankar, J. Martines, S. Taneja, S. Mazumder, N. Rollins, R. Bahl, et N. Bhandari. 2015. « Interventions to Improve Breastfeeding Outcomes: A Systematic Review and Meta-Analysis. » *Acta Pediatrica* 104 (467): 114–34.

Smith, L. C. et L. Haddad. 2015. « Reducing Child Undernutrition: Past Drivers and Priorities for the Post-MDG Era. » *World Development* 68: 180–204.

Thomas, D. et J. Strauss. 1997. « Health and Wages: Evidence on Men and Women in Urban Brazil. » *Journal of Econometrics* 77: 159–85.

Udani, P. M. 1992. « Protein Energy Malnutrition (PEM), Brain and Various Facets of Child Development. » *The Indian Journal of Pediatrics* 59 (2): 165–86.

UNICEF, OMS, et Banque mondiale (Fonds des Nations Unies pour l'Enfance, Organisation mondiale de la Santé, et Banque mondiale). 2015. *Estimation conjointe de la malnutrition infantile : niveaux et tendances.* Base de données mondiale sur la croissance infantile et la malnutrition. http://www.who.int/nutgrowthdb/estimates2014/en/.

Victora, C. G., A. Wagstaff, J. A. Schellenberg, D. Gwatkin, M. Claeson, et J. P. Habicht. 2003. « Applying an Equity Lens to Child Health and Mortality: More of the Same Is Not Enough. » *The Lancet 362* (9379): 233–41.

Yakoob, M.Y., E. Theodoratou, A. Jabeen, A. Imdad, T. P. Eisele, J. Ferguson, A. Jhass, I. Rudan, H. Campbell, R. E. Black, et Z. A. Bhutta. 2011. « Preventive Zinc Supplementation in Developing Countries: Impact on Mortality and Morbidity Due to Diarrhea, Pneumonia and Malaria. » *BMC Public Health* 11 (3): S23.

CHAPITRE 4

Atteindre la cible mondiale en matière d'anémie

Dylan Walters, Jakub Kakietek, Julia Dayton Eberwein, et Meera Shekar

Messages-clés

- L'anémie se caractérise par l'incapacité des globules rouges de l'organisme à livrer l'oxygène nécessaire aux tissus. Ceci conduit à un risque d'infection plus élevé, à une diminution des fonctions cognitives et à une réduction de la capacité de travail physique. L'anémie maternelle est corrélée au retard de croissance intra-utérin. Les trois groupes les plus vulnérables sont : les femmes enceintes (âgées de 15 à 49 ans) ; les femmes non enceintes (âgées de 15 à 49 ans) ; et les enfants d'âge préscolaire (âgés de 6 à 59 mois).
- Parmi les interventions de lutte contre l'anémie chez la femme enceinte et non enceinte, il faut mentionner l'apport supplémentaire de micronutriments pendant la grossesse ; le traitement présomptif intermittent du paludisme pendant la grossesse dans les régions à endémie palustre ; l'apport supplémentaire de fer et d'acide folique chez la femme non enceinte en âge de procréer ; et l'enrichissement des denrées de base.
- Il faudrait investir 12,9 milliards de dollars sur dix ans pour atteindre la cible mondiale en matière d'anémie chez la femme en âge de procréer. Il s'agira notamment ici de procéder à une mise à l'échelle sans précédent de l'apport de micronutriments aux femmes non enceintes, une intervention qui demandera une volonté politique solide et des plateformes de distribution très efficaces.
- À large échelle, l'investissement dans ces quatre interventions clés permettrait de prévenir 265 millions de cas d'anémie chez la femme d'ici 2025, comparativement à 2015 ; de réduire la prévalence de l'anémie à 15,4 pour cent chez toutes les femmes enceintes et non enceintes en âge de procréer ; et d'éviter près de 800 000 mortalités infantiles. Le traitement préventif du paludisme chez la femme enceinte éviterait à lui seul entre 7 000 et 14 000 décès maternels.
- Dans les pays à revenu faible et intermédiaire, le rendement net de ces investissements s'établirait, sur dix ans, à 110,1 milliards de dollars en termes de productivité économique des femmes et de leurs enfants pendant leur vie active, ce qui correspondrait à un rapport couts-avantages agrégé de 12,1.

L'anémie reste un problème de santé publique majeur, avec de graves séquelles aux niveaux humain, social et économique. En 2012, l'Assemblée mondiale de la Santé lançait un plaidoyer pour une baisse de 50 pour cent du taux d'anémie chez la femme en âge de procréer (entre 15 et 49 ans), qu'elle soit enceinte ou non (OMS et 1,000 Days 2014). [1] Ce chapitre examine les coûts de la mise à l'échelle du paquet d'interventions clés nécessaire à l'atteinte de la cible en matière d'anémie ; les impacts liés à la réalisation de cet objectif ; ainsi que les retombées potentielles des investissements.

L'anémie et ses effets

Le terme *anémie* fait référence à une faible concentration d'hémoglobine dans le sang, ou à un faible comptage de globules rouges (ou érythrocyte), ce qui entrave la distribution de l'oxygène dans les tissus de l'organisme. Quoique dans les pays à revenu faible et intermédiaire, les enfants et les femmes en âge de procréer soient les plus à risque, tous peuvent en être affectés.

L'anémie est une source de santé déficiente et de retard de développement ; de mortalité maternelle et périnatale ; de retard de croissance intra-utérin, et d'insuffisance pondérale à la naissance. La morbidité associée à l'anémie chez la femme en âge de procréer peut mener à une productivité réduite, elle-même attribuable à une baisse des fonctions cognitives, à un risque d'infection plus élevé et à une diminution de la capacité de travail physique (OMS 2004, Stevens *et al.* 2013 ; OMS 2015b ; OMS et 1,000 Days 2014).

En 2011, la prévalence de l'anémie au niveau mondial était estimée à 29 pour cent chez la femme non enceinte, et à 38 pour cent chez la femme enceinte — pour un total de plus d'un demi-milliard de femmes. Parmi celles-ci, 19 millions de femmes non enceintes et 750 000 femmes enceintes souffraient d'anémie sévère (voir Tableau 4.2). En outre, et quoique la prévalence de l'anémie chez la femme ait diminué de 12 pour cent depuis 1995, elle reste un problème de santé publique qui va de modéré à grave dans 142 des 182 États membres de l'Organisation mondiale de la Santé (OMS) (Stevens *et al.* 2013 ; OMS 2015b ; OMS et 1,000 Days 2014).

Causes de l'anémie

Les déterminants de l'anémie (voir Figure 4.1) relèvent de toute une série de facteurs d'ordre politique, social, et économique, mais sont aussi corrélés aux changements climatiques et à la diversité alimentaire (Balarajan *et al.* 2011). Les femmes plus pauvres et moins éduquées sont plus sujettes à l'anémie, elle-même un important indicateur de l'anémie infantile. L'Organisation mondiale de la Santé considère qu'en raison du rôle majeur de la carence en fer dans l'occurrence de l'anémie, il serait possible d'éliminer la moitié de la charge mondiale de l'anémie chez la femme par un apport supplémentaire de fer (OMS 2015b). À travers le monde, la prévalence de l'anémie associée à une carence en fer toucherait 19 pour cent des femmes enceintes et 18 pour cent des enfants

Figure 4.1 Modèle conceptuel des déterminants de l'anémie

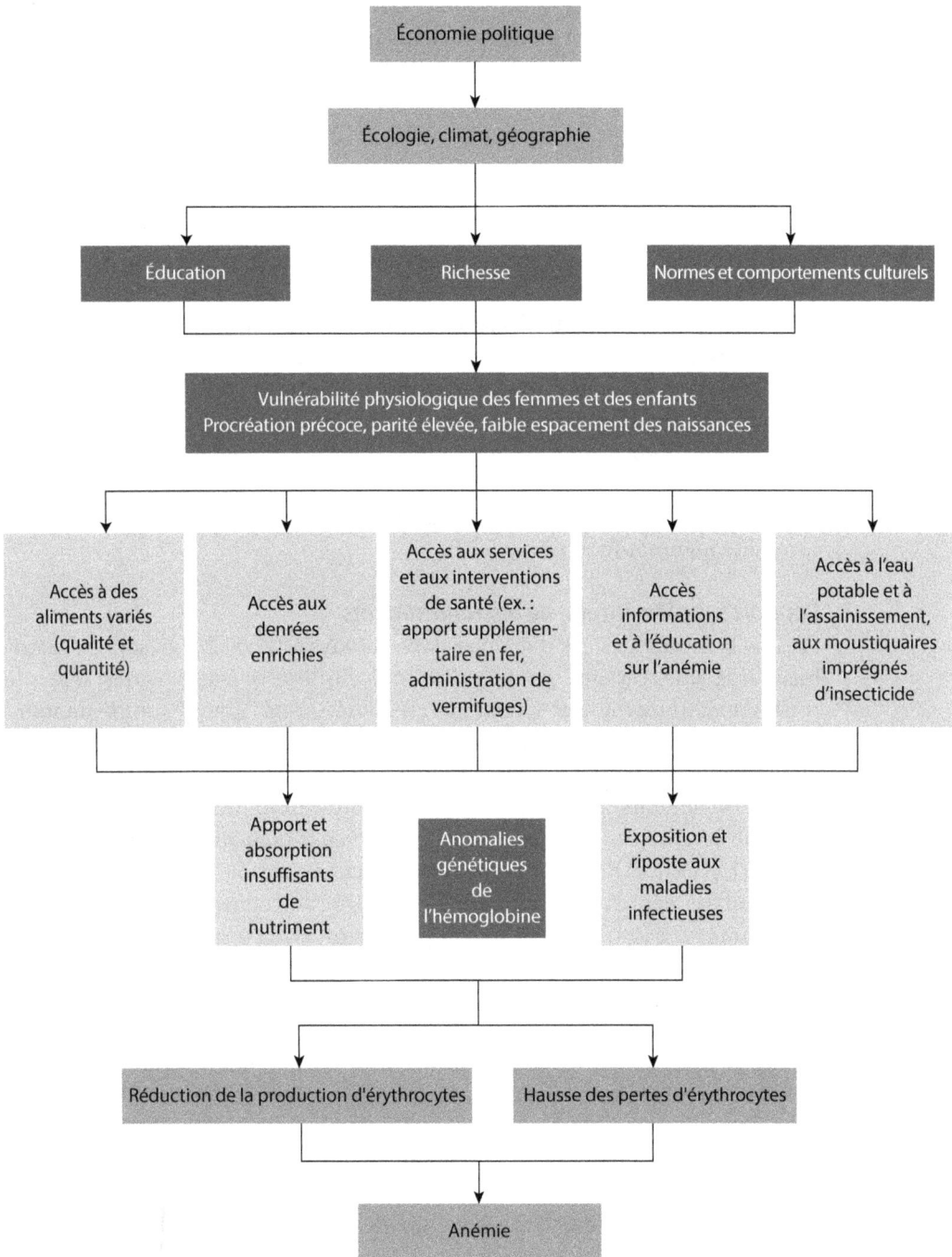

Source : Balarajan *et al.* 2011, p. 2125, © Elsevier. Reproduction avec la permission de Elsevier ; autorisation supplémentaire requise pour réutilisation.

âgés de cinq ans et moins (Black *et al.* 2013). Les autres causes seraient liées à la nutrition (par exemple, à des carences d'acide folique, de vitamine B12, et de vitamine A), ou encore à d'autres facteurs (par exemple, à l'ankylostomiase, à la drépanocytose, à la thalassémie, au paludisme, aux infections chroniques, à la schistosomiase, à des maladies génétiques, etc.) (Kassebaum *et al.* 2014 ; Stevens *et al.* 2013).

Les interventions de lutte contre l'anémie efficaces

La série d'études sur la nutrition maternelle et infantile publiée en 2013 par la revue le *Lancet* a estimé les coûts et recommandé la mise à l'échelle d'une seule intervention de lutte contre l'anémie — soit l'apport supplémentaire de micro-nutriments pendant la grossesse —, mais n'a pas abordé la problématique chez la population non enceinte dans son ensemble (Bhutta *et al.* 2013). Pour pouvoir atteindre la nouvelle cible mondiale en matière d'anémie, il faudra toutefois adopter une approche multisectorielle qui englobe à la fois les femmes enceintes et non enceintes et multiplier les efforts de lutte contre ses autres déterminants, notamment la pauvreté, le manque d'éducation et de diversité alimentaire, et l'inégalité hommes-femmes.

L'apport supplémentaire de micronutriments

Près de la moitié des cas d'anémie dans les pays à forte charge seraient attri-buables à une carence en fer, mais ces chiffres peuvent varier selon le contexte. Une revue par Cochrane a estimé qu'un apport supplémentaire quotidien de fer pendant la grossesse avait permis une réduction d'environ 70 pour cent du taux d'anémie chez les femmes enceintes (Peña-Rosas *et al.* 2012). Par ailleurs, les suppléments de multi-micronutriments administrés pendant la grossesse — par exemple la *Préparation multi-micronutriments UNICEF* (UNIMAP) qui contient 14 micronutriments — pourraient générer des bienfaits néonatals additionnels et réduire le retard de croissance chez les enfants en bas âge même si, comparativement à l'apport supplémentaire de fer et d'acide folique, ils n'ont démontré aucune efficacité supplémen-taire en matière de réduction du taux d'anémie maternelle (Haider et Bhutta 2015). Ceci dit, et en dépit de ses coûts de deux à trois fois plus élevés, la priorisation de la mise à l'échelle de l'apport supplémentaire de multi-micronutriments pendant la grossesse pourrait offrir de meilleurs avantages à long terme pour la mère, ainsi que pour l'enfant.

L'apport supplémentaire intermittent (hebdomadaire) de fer et d'acide folique permettrait de réduire de 27 pour cent le taux d'anémie chez la femme non enceinte (Fernández-Gaxiola et De-Regil 2011 ; OMS 2011a). Dans les régions à prévalence élevée (supérieure à 40 pour cent), l'Organisation mondiale de la Santé recommande d'ailleurs un apport supplémentaire quotidien de fer pour ce groupe (OMS 2016). Le Tableau 4.1 présente, par pays et selon la pré-valence de l'anémie, les doses recommandées chez les femmes enceintes et non enceintes.

Tableau 4.1 Doses recommandées de fer et d'acide folique chez les femmes enceintes et non enceintes

Population cible	Prévalence de l'anémie, par pays (%)	Dose de fer et d'acide folique
Femme non enceinte	> 40	Quotidienne, 30 à 60 mg de fer élémentaire[1]
âgée de 15 à 49 ans	> 20	Hebdomadaire, 60 mg de fer + 2,8 mg d'acide folique[2]
Femme enceinte	> 40	Quotidienne, 60 mg de fer + 0,4 mg d'acide folique[3]
	< 40	Quotidienne, 30 à 60 mg de fer élémentaire + 0,4 mg d'acide folique[3]
Femme enceinte non anémique	< 20	Hebdomadaire, 120 mg de fer élémentaire + 2,8 mg d'acide folique[4]
Femme anémique diagnostiquée dans un établissement de santé	Tous les milieux	Quotidienne, 120 mg de fer élémentaire + 0,4 mg d'acide folique[2]

Sources de données : 1. OMS 2016 ; 2. OMS 2011a ; 3. OMS 2012a ; 4. OMS 2012b.
Note : mg = milligrammes.

Trois autres interventions émergentes d'apport supplémentaire ont été envisagées pour contrer l'anémie, mais leur mise à l'échelle ne fait toujours pas l'objet de recommandations par l'Organisation mondiale de la Santé. Puisqu'il a été démontré que des poudres de micronutriments et l'apport supplémentaire de multi-micronutriments avaient des effets semblables (OMS 2011 b), l'OMS devrait publier sous peu les lignes directrices nécessaires à leur mise à l'échelle. Certaines études ont rapporté que l'apport supplémentaire de petites quantités de nutriments à base lipidique avait des effets semblables à ceux de l'apport supplémentaire de fer et d'acide folique, mais la preuve de leur efficacité n'est toujours pas concluante (Choudhury *et al.* 2012 ; Suchdev, Peña-Rosas, et De-Regil 2015). Par ailleurs, les données probantes relatives aux effets de l'apport supplémentaire de vitamine A en riposte à l'anémie chez l'adolescent et la femme enceinte restent mitigées (Michelazzo *et al.* 2013). Ainsi, puisqu'aucun résultat convaincant ne peut encore être tiré de ces interventions, il n'existe actuellement aucune directive de l'OMS sur leur mise à l'échelle.

Interventions alimentaires

Les interventions alimentaires — généralement sous forme d'enrichissement des céréales de base ou encore, quoique moins fréquemment, du sel, des sauces et des produits laitiers — se sont également révélées efficaces dans la lutte contre l'anémie chez la femme (Gera, Sachdev, et Boy 2012). Toutefois, leurs impacts à l'échelle sont moins connus. Actuellement 81 pays exigent que la farine de blé soit être enrichie en fer et autres micronutriments dont le zinc, l'acide folique et la vitamine B ; une prescription qui, dans certains cas, s'applique également à la farine de maïs. Pachon *et al.* (2015) ont constaté que la farine enrichie s'avérait peu efficace dans la réduction de la prévalence de l'anémie chez la femme ; pourtant, une autre étude a démontré que les pays qui enrichissent la farine de blé au taux recommandé par les directives de l'OMS présentaient, après contrôle du niveau de développement selon l'Indice de développement humain et de la prévalence du paludisme, une réduction annuelle de 2,4 pour cent du risque d'anémie chez les femmes non enceintes — comparativement aux pays qui n'imposent aucun enrichissement (Barkley, Wheeler, et Pachon 2015). Celui-ci pourrait donc favoriser une réduction substantielle de l'anémie dans la population en général, et plus particulièrement chez la femme non enceinte.

Les interventions qui visent à augmenter l'apport en fer à travers la diversification des denrées cultivées par les ménages, le bio-enrichissement, et la prise de repas plus fréquents pourraient avoir certains impacts dans l'avenir, mais ceux-ci restent difficiles à mesurer, et, jusqu'à maintenant, il n'y a que peu de données probantes sur leurs effets à l'échelle (Cercamondi *et al.* 2013 ; Olney *et al.* 2009).

Le traitement des maladies et des infections

Dans les régions à risque modéré ou élevé de transmission du paludisme, particulièrement en Afrique subsaharienne, et bien que les directives de l'OMS recommandent l'administration aux femmes enceintes d'un traitement présomptif intermittent de sulfadoxine-pyriméthamine lors de chaque consultation prénatale, et ce, dès le début du second trimestre, le taux de couverture effectif reste faible (OMS 2014). Pourtant, il a été démontré que le traitement présomptif intermittent du paludisme pendant la grossesse réduisait de 40 pour cent le risque d'anémie modérée à sévère et d'environ 17 pour cent le risque général d'anémie chez les femmes enceintes pour une première ou une seconde fois (Radeva-Petrova *et al.* 2014). Les données probantes ont également confirmé que l'utilisation préventive d'une moustiquaire imprégnée d'insecticide pendant la grossesse réduisait le de 5 à 12 pour cent l'incidence de l'anémie, mais ces résultats ne sont pas statistiquement significatifs (Gamble, Ekwaru, et ter Kuile 2006). De façon générale, la réduction du taux de transmission du paludisme reste donc un moyen efficace de prévention de l'anémie chez la femme enceinte. Malgré que l'infection à ankylostomes et le virus de l'immunodéficience humaine (VIH) aient été associés à l'anémie, il n'a pas été démontré que l'administration de vermifuges et la thérapie antirétrovirale réduisaient la prévalence de l'anémie.[2]

Approches analytiques spécifiques à la cible en matière d'anémie

Cette section met en lumière les méthodes utilisées lors de la conduite des analyses spécifiques à l'estimation des besoins financiers, des impacts, et des rapports coûts — avantages associés à l'atteinte de la cible en matière d'anémie. Pour plus de détails sur la méthodologie, on pourra consulter le Chapitre 2.

Mesure de l'anémie chez la femme

L'anémie chez la femme désigne l'anémie chez la femme en âge de procréer, soit toutes les femmes enceintes et non enceintes âgées de 15 à 49 ans.

Aux fins de la cible de l'Assemblée mondiale de la santé, l'anémie chez la femme a été mesurée ici à travers sa prévalence, qu'elle soit légère ou sévère, dans les groupes cibles mentionnés ci-dessus (OMS 2015a ; OMS et 1,000 Days 2014)

Tableau 4.2 Seuils de gravité de l'anémie chez la femme
Grammes d'hémoglobine par litre de sang

Seuil de gravité de l'anémie	Femme non enceinte (g/L)	Femme enceinte (g/L)
Légère	110–119	100–109
Modérée	80–109	70–99
Sévère	<80	<70

Source de données : OMS 2011c.
Note : g/L = grammes par litre.

(Tableau 4.2). Les données sur la prévalence utilisées ici ont été tirées de l'outil de suivi des cibles mondiales de l'OMS (OMS 2015), consulté en septembre 2015. La source initiale est Stevens *et al.* 2013. Les données sur l'anémie, ou la faible concentration d'hémoglobine sont généralement recueillies par les Enquêtes démographiques et de santé (EDS) ; les Enquêtes sur les indicateurs du paludisme (EIP) ; les Enquêtes sur la santé de la reproduction (ESR), les enquêtes nationales sur les micronutriments; les Enquêtes en grappe à indicateurs multiples (MICS) ; ou par toute autre enquête nationale modélisée pour une estimation de la prévalence de l'anémie sur la base d'un seuil de 110 grammes d'hémoglobine par litre de sang chez la femme enceinte, et de 120 grammes par litre chez la femme non enceinte. En 2011, cette prévalence était évaluée à 38 pour cent chez la femme enceinte et à 29 pour cent chez la femme non enceinte, pour un nombre respectif de 32 millions de femmes enceintes et de 496 millions de femmes non enceintes affectées. (Stevens *et al.* 2013).

Dans l'échantillon de pays étudié ici, la prévalence de l'anémie chez la femme va de 14,4 pour cent au Mexique à 57,5 pour cent au Sénégal, alors que 12 des 26 pays se situent au-delà du seuil critique de 40 pour cent (prévalence élevée) et que 5 autres présentent une prévalence inférieure à 20 pour cent (charge absolue pondérée).

Interventions considérées par l'analyse

Afin d'atteindre la cible en matière d'anémie chez la femme fixée par l'Assemblée mondiale de la santé, il faudra élargir sensiblement la population cible bénéficiaire des mesures de prévention et de contrôle — soit les 125 millions de femmes enceintes — afin d'englober les quelques 1,5 milliard de femmes non enceintes en âge de procréer. La satisfaction à cet objectif ambitieux demandera l'adoption d'approches multisectorielles. L'analyse a donc estimé ici les coûts et les impacts de la mise à l'échelle d'un ensemble minimal d'interventions essentielles qui (1) s'appliquent à tous les pays; (2) dont l'efficacité sur la réduction de l'anémie a été clairement démontrée ; et (3) qui, prises ensemble, pourraient vraisemblablement permettre l'atteinte la cible fixée.

L'analyse a estimé, en consultation avec le Groupe Technique Consultatif (voir Annexe A), les financements nécessaires à la mise à l'échelle des quatre interventions essentielles de lutte contre l'anémie, soit : (1) l'apport supplémentaire de micronutriments pendant la grossesse, (2) le traitement présomptif intermittent du paludisme pendant la grossesse dans les régions à endémie palustre ; (3) l'apport supplémentaire de fer et d'acide folique chez la femme non enceinte âgée de 15 à 49 ans, et (4) l'enrichissement en fer des denrées de base (farine de blé, farine de maïs, et riz) consommées par la population en général et ce, aux taux prescrits par les directives de l'OMS (voir Tableau 4.3). Puisqu'il n'apparaissait pas possible ou avisé de destiner spécifiquement les denrées enrichies à un sous-groupe de femmes, et puisque l'anémie affecte également les hommes, la population tout entière a été considérée ici bénéficiaire de l'enrichissement des denrées de base (hommes et femmes, tous âges confondus).

Malgré un coût plus élevé, l'analyse a pris en compte ici l'apport supplémentaire de micronutriments pendant la grossesse plutôt que l'apport supplémentaire de fer et d'acide folique, notamment en raison de ses effets sur les résultats à la naissance et, par conséquent, sur le retard de croissance chez l'enfant. Ce choix permettait également d'aligner l'étude de la cible relative à l'anémie sur celle du retard de croissance et d'éliminer toute possibilité de

Tableau 4.3 Interventions pour atteindre la cible de l'anémie

Intervention	Population cible	Description et méthodes de prestation	Preuves d'efficacité
À l'intention de la femme enceinte			
Apport de micronutriments pendant la grossesse [a]	Femmes enceintes	Généralement défini comme un apport supplémentaire de micronutriments comprenant du fer et au moins deux micronutriments additionnels, ou plus. Le coût correspond à un apport supplémentaire de 15 micronutriments/vitamines, incluant du fer et de l'acide folique, pendant 180 jours, par grossesse. Prestation : par le biais des programmes de soins prénataux.	Une revue par Peñas-Rosas *et al.* (2012) a constaté qu'un apport additionnel de fer quotidien pendant la grossesse menait à une réduction de 70 pour cent de la prévalence de l'anémie maternelle [RR : 0,30/95 % ; IC : de 0,19 à 0,46]. Même si l'apport supplémentaire de multi-micronutriments pendant la grossesse ne s'est pas révélé plus efficace dans la lutte contre l'anémie que le seul apport supplémentaire de fer et d'acide folique, son utilisation reste néanmoins recommandée en raison de son effet probant sur les résultats à la naissance (il prévient l'insuffisance pondérale à la naissance, et le poids insuffisant pour l'âge gestationnel), mais aussi sur la prévalence du retard de croissance chez l'enfant (voir Tableau 3.1, Chapitre 3).
Traitement présomptif intermittent du paludisme pendant la grossesse dans les régions à endémie palustre	Femmes enceintes des régions à endémie palustre	Cette intervention prévoit l'administration d'au moins deux doses de sulfadoxine-pyriméthamine pendant la grossesse. Prestation : par le biais des programmes de soins prénataux.	Selon les estimations de Radeva-Petrova *et al.* (2014), le traitement présomptif intermittent du paludisme pendant la grossesse permet un recul de 17 pour cent de toutes les formes d'anémie [RR : 0,83/95 % ; IC : de 0,74 à 0,93].

suite page suivante

Tableau 4.3 Interventions pour atteindre la cible de l'anémie *(continue)*

Intervention	Population cible	Description et méthodes de prestation	Preuves d'efficacité
À l'intention de l'ensemble des femmes en âge de procréer			
Apport supplémentaire de fer et d'acide folique chez la femme non enceinte	Femmes non enceintes âgées de 15 à 49 ans	Apport supplémentaire hebdomadaire de fer et d'acide folique par le biais des programmes scolaires pour filles âgées de 15 à 19 ans scolarisées. Distribution à l'échelle communautaire à travers les personnels de santé, les consultations ambulatoires en établissement de santé, et/ou chez les détaillants privés pour l'ensemble des autres individus.	Une revue par Fernández-Gaxiola et De-Regil (2011) a constaté que l'apport supplémentaire hebdomadaire de fer et d'acide folique permettait à une réduction de 27 pour cent de l'incidence d'anémie [RR : 0,73/95 % ; IC : de 0,56 à 0,95].
À l'intention de la population en général			
Enrichissement des denrées de base	Population en général	Enrichissement en fer de la farine de blé, de la farine de maïs et du riz, aux taux prescrits par l'OMS, avec distribution sur les marchés.	Une revue des programmes d'enrichissement de la farine de blé par Barkley, Wheeler, et Pachon (2015) a démontré que l'enrichissement aux taux prescrits par l'OMS était corrélé à une réduction de 2,4 pour cent du risque annuel d'anémie chez la femme non enceinte [rapport prévalence-risque : 0,976/95 % ; IC : de 0,975 à 0,978]. Un impact similaire est attendu de l'enrichissement du riz et de la farine de maïs.

Note : IC = intervalle de confiance ; RR = risque relatif.
a. Les directives de l'Organisation mondiale de la Santé sont attendues fin 2016.

sous-estimation. Les nouvelles directives de l'OMS sur l'apport supplémentaire de micronutriments pendant la grossesse sont attendues fin 2016, après quoi cette stratégie pourra être mise à l'échelle.[3]

L'OMS recommande un apport supplémentaire quotidien de fer et d'acide folique chez la femme non enceinte dans les pays où la prévalence de l'anémie est supérieure à 40 pour cent. Toutefois, l'analyse a retenu ici, pour des raisons de facilité de distribution à une vaste population de femmes non enceintes, un apport supplémentaire de fer et d'acide folique hebdomadaire plutôt que quotidien. Dans cette population, l'étude a présumé une distribution aux adolescentes âgées de 15 à 19 ans par le biais des programmes scolaires, et aux autres femmes et filles non enceintes par l'entremise des personnels de santé de niveau communautaire, des consultations ambulatoires, et des détaillants privés (voir Tableau 4.4).

L'étude a été axée sur l'évaluation des coûts d'un paquet d'interventions spécifiques à la nutrition préventives qui se sont montrées efficaces dans la lutte

Tableau 4.4 Plateformes présumées de distribution aux femmes de suppléments de fer et d'acide folique, selon la scolarisation au cycle secondaire et le niveau de pauvreté

Plateforme de prestation Y Niveau de pauvreté Y	Femmes âgées de 15 à 19 ans scolarisées (%) Par le biais d'un programme scolaire	Femmes âgées de 15 à 49 ans non scolarisées (%)		
		Par le biais des personnels de santé communautaire	Par le biais d'un(e) hôpital/infirmière	Par le biais d'un détaillant privé
Sous le seuil de pauvreté	100	70	30	0
Au-dessus du seuil de pauvreté	100	49	21	30

contre l'anémie (Tableau 4.3). Quoique le traitement de l'anémie n'ait pas été considéré ici, il doit évidemment être assuré par le système de santé, lorsque possible ; notamment à travers la consultation médicale, le dépistage et le diagnostic d'identification de la cause de l'anémie, en plus de l'apport supplémentaire de micronutriments. Ceci paraît tout particulièrement important pour les femmes qui souffrent d'anémie sévère, dont la prévalence mondiale est établie à seulement 1,8 pour cent chez la femme non enceinte, et à 2,0 pour cent chez la femme enceinte (Stevens *et al.* 2013).

Sélection de l'échantillon

L'étude de la cible relative à l'anémie a été basée sur un échantillon de 26 pays, incluant les 20 pays dans lesquels la charge est la plus forte et les autres 6 pays dans lesquels la prévalence est la plus élevée — soit dans lesquels le taux d'anémie est supérieur à 50 pour cent chez la femme en âge de procréer (voir Tableau 2.2 pour la liste des pays). En tout, les pays de l'échantillon assument 82,8 pour cent de la charge mondiale en matière d'anémie chez la femme en âge de procréer.[4]

Estimations des coûts

Les coûts additionnels nécessaires à l'atteinte de la cible en matière d'anémie correspondent à la somme des coûts annuels de la mise à l'échelle des quatre interventions essentielles retenues, à partir de la situation de référence en 2015 jusqu'à la pleine couverture échelonnée sur 10 ans dans les pays identifiés au Chapitre 2 (voir Tableau 2.2).

Les coûts unitaires de ces interventions ont été tirés d'une approche par programme ou par ingrédients selon la disponibilité des données. Le coût de l'apport supplémentaire de fer et d'acide folique par femme et par année (0,12 dollar), correspond à celui de l'outil *One Health* (Futures Institute 2013) auquel ont été ajoutés 10 pour cent en frais de transport. Par ailleurs, puisqu'il n'existait aucun dispositif à partir duquel des extrapolations pouvaient être tirées, l'étude a pris en compte les coûts associés aux quatre différentes plateformes de distribution auprès des femmes non enceintes (Tableau 4.4). Ainsi, la distribution aux adolescentes âgées de 15 à 19 ans scolarisées au cycle secondaire par le biais de programmes scolaires (Banque mondiale 2016) demandait une dépense supplémentaire de 0,33 dollar en Afrique subsaharienne et en Asie du Sud, et de 0,50 dollar dans toutes les autres régions (OMS 2011c).[5] Il a été présumé que jusqu'à 30 pour cent des femmes vivant au-dessus du seuil de pauvreté seraient en mesure d'acquérir des suppléments de fer et d'acide folique auprès d'un détaillant privé ; un taux de couverture somme toute similaire à celui de la distribution de poudres de micronutriments (Bahl *et al.* 2013), mais susceptible de varier considérablement en fonction des différents contextes.

L'étude a également considéré que, parmi les autres femmes vivant au-dessus ou sous le seuil de pauvreté, 70 pour cent avaient accès à un apport supplémentaire de fer et d'acide folique par le biais de consultations avec les personnels de santé communautaire et 30 pour cent à travers une consultation avec une infirmière en milieu hospitalier. L'apport supplémentaire de fer et d'acide folique aux femmes a été présumé demander deux consultations de cinq minutes chacune par an. Ce temps alloué a été multiplié par le nombre des consultations annuelles et les coûts afférents en ressources humaines ont été calculés sur la base du salaire estimé d'un agent de santé communautaire, soit 80 dollars à 917 dollars par mois (Casey *et al.* 2011 ; Dahn *et al.* 2015 ; Programme de santé intégrée mère-enfant 2011), et d'une infirmière, soit 3 047 dollars à 40 265 dollars par an, dans les pays de l'échantillon (OMS 2005). Dans cinq de ces pays, la prévalence de l'anémie chez la femme est inférieure au seuil de 20 pour cent à partir duquel l'OMS juge cette intervention nécessaire, mais l'étude les a tout de même retenus ici en raison de la présence d'une forte charge absolue. Toutefois, la couverture maximale présumée y a été fixée à 75 pour cent lorsque la prévalence variait entre 15 et 19 pour cent (soit la Chine, le Brésil et l'Éthiopie), et à 50 pour cent lorsqu'elle était inférieure à 15 pour cent (soit le Mexique, le Vietnam). Bahl *et al.* (2013) ont constaté qu'en moyenne, les suppléments de multi-micronutriments étaient vendus avec une marge bénéficiaire de 83 pour cent. Cette étude a donc présumé que les détaillants privés leur appliqueraient un pourcentage similaire.

L'estimation des coûts de l'enrichissement des denrées de base représente un réel défi en raison des lacunes importantes en matière de données, à la fois sur la consommation alimentaire, la couverture spécifique de l'enrichissement et les écarts dans les coûts afférents dans les différents contextes (Fiedler et Puett 2015 ; Fiedler, Sanghvi, et Saunders 2008). Le modèle relatif aux coûts de l'Alliance mondiale pour une meilleure nutrition (*Global Alliance for Improved Nutrition* / GAIN) (Ghauri *et al.* 2016), et les données de couverture de la *Food Fortification Initiative* (FFI) (Pachon 2016), ont été utilisées pour l'estimation des coûts et de la couverture. Pour chaque type de denrée de base et dans chaque pays, le coût unitaire de l'enrichissement par habitant a été respectivement réduit à 0 pour cent, 25 pour cent, et 50 pour cent lorsque les données disponibles suggéraient que la demande des consommateurs était faible, modérée ou inexistante — ceci de façon à prendre en compte la diversité alimentaire dans les différentes populations. Il a été présumé que la couverture de référence était de

50 pour cent dans les pays où l'enrichissement de la farine de blé, de la farine de maïs et du riz était obligatoire, ce qui permettait de prendre en considération l'exclusion potentielle de la législation des meuneries et des producteurs alimentaires de petite et de moyenne envergure. Le coût total estimé représente donc la somme des coûts unitaires de chaque denrée, dans chaque pays, en fonction d'une mise à l'échelle graduelle depuis la situation de référence en 2015 jusqu'à la pleine couverture.

Selon le modèle de prévision de coûts GAIN, 5 pour cent des coûts totaux — principalement associés au lancement des programmes et au marketing social — seraient assumés par les gouvernements et les partenaires, contre 90 pour cent par le secteur privé, à travers les différents canaux de vente au détail aux consommateurs. Les coûts associés à l'enrichissement de tous les autres aliments, notamment l'huile végétale, les produits laitiers et autres légumes ou céréales, n'ont pas été inclus, ni d'ailleurs ceux du bio-enrichissement qui risquaient d'être redondants avec les coûts des autres processus d'enrichissement. La tarification des deux interventions — apport supplémentaire de micronutriments pendant la grossesse et traitement présomptif intermittent du paludisme pendant la grossesse dans les régions à endémie palustre — a été effectuée sur la base d'une méthodologie semblable à celle appliquée au retard de croissance (voir chapitre 3).

Impacts attendus

Aux fins de l'analyse d'impact, l'étude a développé un modèle Microsoft Excel qui permettait de paralléliser le parcours des interventions de lutte contre l'anémie chez la femme de l'outil Vies Sauvées (*Lives Saved Tool*/LiST) (Bhutta *et al.* 2013 ; Walker, Tam, et Friberg 2013 ; Winfrey, McKinnon, et Stover 2011). Les modalités spécifiques et les effets respectifs obtenus à travers ce modèle ont été illustrés à la Figure 4.2. Les interventions préventives à l'intention les femmes non enceintes ont été introduites au modèle, contrairement aux autres outils de modélisation. Les différents effets attendus des interventions ont été tirés de différentes revues systématiques récentes (voir Tableau 4.3).

Le modèle Excel a permis de calculer le nombre de cas d'anémie chez la femme évités dans chacun des pays de l'échantillon, depuis la situation de référence jusqu'à une pleine mise à l'échelle sur 10 ans. Toutefois, ce type de modèle ne peut établir de distinction entre une anémie faible, modérée ou sévère (voir Tableau 4.2). Le nombre de mortalités maternelles et infantiles évitées suite à la mise à l'échelle des interventions spécifiques à l'anémie a donc dû être estimé à l'aide de l'outil LiST.[6] Par contre, puisqu'avec ce modèle, il était impossible de distinguer entre les effets sur les taux de mortalité de l'apport supplémentaire de fer et d'acide folique de ceux associés à l'enrichissement des denrées, il a été présumé que les mortalités infantiles évitées étaient attribuables à l'impact combiné de ces deux interventions. L'analyse n'a cependant pas estimé l'effet potentiel des interventions sur la réduction de l'insuffisance pondérale à la naissance et du retard pour l'âge de gestation chez les enfants nés de mères anémiques.

Figure 4.2 Modèle sous-jacent utilisé pour l'estimation des impacts des interventions sur l'anémie chez la femme

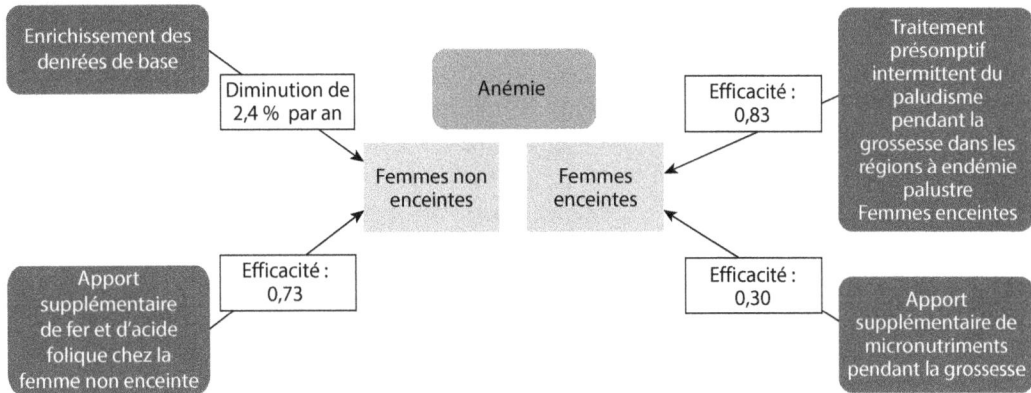

Note : L'*efficacité* fait référence à la réduction proportionnelle, pour chacun des résultats obtenus lors d'une intervention. Elle s'utilise en conjonction avec la quote-part attribuée à l'impact d'une intervention sur chacun des résultats. Voir Tableau 4.3 pour les sources.

Par ailleurs, l'étude a présumé que la tendance antérieure du recul de l'anémie se poursuivrait au cours des 10 prochaines années. La réduction de 1,1 pour cent du taux d'anémie introduite au modèle a été tirée des données disponibles dans l'*Outil de suivi des cibles mondiales* de l'OMS (OMS 2015a). Il est possible que cette tendance englobe les effets des facteurs sous-jacents à l'anémie, notamment la diversité alimentaire, le niveau d'éducation des femmes, et la conduite antérieure d'interventions de moindre ampleur. L'étude a également estimé les retombées financières d'une anémie et d'un décès évités, notamment dans une perspective d'évaluation de l'efficacité allocative de chacune de ces interventions, mais aussi du paquet d'interventions tout entier.

Analyses coûts - avantages

L'analyse coûts - avantages de l'investissement dans les interventions sélectionnées de lutte contre l'anémie a été fondée sur une méthodologie semblable à celle utilisée pour la cible relative au retard de croissance (voir Chapitre 3). Les retombées monétaires ont été évaluées selon trois indicateurs économiques corrélés à une réduction de la prévalence de l'anémie chez la femme : (1) le revenu gagné par une femme suite à une hausse de productivité, (2) le revenu gagné suite à un décès maternel évité, et (3) le revenu gagné suite à une mortalité infantile évitée. Le rapport coûts-avantages a été établi à partir de la réduction projetée de la prévalence de l'anémie obtenue à l'aide du modèle Excel et du nombre de mortalités maternelles et infantiles évitées entre 2016 et 2025 dégagées à parti du modèle LiST. Adoptée par Horton et Ross (2003, 2007) et Casey *et al.* (2011), cette approche permet de calculer les revenus approximatifs gagnés par les femmes suite à une augmentation de la productivité en termes de produit intérieur brut (PIB) par habitant, où la main-d'œuvre représente une part égale à 50 pour cent du PIB. Ces revenus supplémentaires correspondent à la somme des cas d'anémies évités grâce aux interventions, et à la hausse salariale dans les métiers manuels attribuable à une meilleure productivité sans anémie (les salaires sont 5 pour cent plus élevés dans le cas des travaux légers, 17 pour cent plus élevés lorsqu'ils sont plus exigeants, et 4 pour cent plus élevés pour les autres types d'emplois). Le taux de participation des femmes au marché du travail a été calculé à l'aide de la base de données ILOSTAT de l'Organisation internationale du travail (OIT), afin de ne pas surestimer le nombre de femmes en emploi (OIT 2015). Il a été présumé que les revenus d'emploi associés à la productivité des adultes avaient été perçus la même année que celle de l'intervention (Horton et Ross 2003).

L'estimation des salaires supplémentaires gagnés suite aux mortalités évitées a été basée sur une méthode similaire à celle employée pour le retard de croissance, qui présumait une hausse des revenus pendant la vie active, soit entre 18 ans et 65 ans ou selon l'espérance de vie nationale, le moindre des deux. L'étude a également estimé les revenus d'emploi générés par la mortalité maternelle évitée suite au traitement présomptif intermittent du paludisme pendant la grossesse dans les régions à endémie palustre, et, les salaires gagnés entre l'âge national moyen de la première grossesse et 65 ans ou l'espérance de vie, le moins élevé des deux (Banque mondiale 2016). Le taux de croissance du BIP a été fixé à 3 pour cent pour tous les pays, ce qui reste inférieur à la moyenne historique des pays à revenu faible et intermédiaire. Comme Horton et Hoddinott (2014), et à des fins comparatives, l'étude a également fait varier de 3 pour cent à 5 pour cent le taux d'actualisation des retombées et des coûts.

Cette étude coûts — avantages n'a pas considéré toutes les retombées potentielles — par exemple l'épargne réalisée grâce à la diminution des frais de santé liés au diagnostic et au traitement de l'anémie — et autres conséquences indirectes de l'anémie chez la femme, ni d'ailleurs les effets d'une prévalence diminuée chez les enfants et les hommes suite à la mise à l'échelle de l'enrichissement des denrées de base. En ce sens, les retombées prises en compte ici restent des sous-estimations.

Analyses de sensibilité

Tel que mentionné préalablement, l'étude a été confrontée à différentes lacunes dans les données nécessaires à l'analyse, plus particulièrement à la formulation de projections de scénarios de mise à l'échelle d'interventions jugées faisables, à l'efficacité de l'enrichissement des denrées de base, et aux coûts unitaires associés aux plateformes émergentes de distribution. Les analyses de sensibilité unidirectionnelles ont donc été effectuées pour les principaux facteurs de coût, d'impact, et de rapport coûts — avantages à travers l'altération de quelques-unes de leurs variables respectives. Les analyses de sensibilité réalisées illustrent par conséquent les coûts sur 10 ans de la conduite d'interventions de lutte contre l'anémie sur la base des modifications apportées aux variables suivantes : (1) retrait des personnels de santé du secteur public associés aux coûts de distribution de suppléments de fer et d'acide folique, (2) ajustement de la couverture de la cible en matière d'apport supplémentaire de fer et d'acide folique dans les cinq pays où la prévalence de l'anémie reste inférieure au seuil de 20 pour cent établi par les directives de l'OMS, ceci en faisant fluctuer la couverture de 0 pour cent à 100 pour cent (soit de la pleine inclusion à l'exclusion des pays en cause),[7] et (3) réduction de la couverture maximale de 90 pour cent considérée atteignable par l'ensemble des interventions à un taux plus accessible de 50 pour cent ou 75 pour cent. L'analyse de sensibilité confirme que les impacts attendus varient avec la modification des deux dernières variables, mais aussi l'absence d'effets sur les coûts et l'efficacité de l'enrichissement des denrées de base (0 pour cent de réduction du taux d'anémie par an), et l'efficacité des trois autres interventions selon les seuils inférieurs et supérieurs de l'intervalle de confiance de 95 pour cent mentionné dans la littérature.

Résultats

Cette section présente les résultats de l'analyse des interventions décrites plus haut, incluant leurs coûts, leurs impacts, et leurs rapports coûts-avantages respectifs.

Coûts unitaires

Les coûts unitaires retenus pour l'analyse des interventions à l'endroit des femmes enceintes sont les mêmes que ceux utilisés au Chapitre 3pour la cible en matière de retard de croissance. La documentation sur les coûts des interventions de prévention de l'anémie chez la femme non enceinte est moins solide, et il est bien connu que les coûts des micronutriments peuvent varier considérablement selon le contexte (Fiedler, Sanghvi, et Saunders 2008; Fiedler et Semakula 2014). On pourra consulter le Tableau 4.5 pour la liste du coût unitaire minimal, maximal et la moyenne pondérée en fonction de la population dans les pays de l'échantillon. Toutes données manquantes sur les coûts ont été comblées par une valeur estimative tirée d'un pays similaire de la région, ou d'une même catégorie de revenu.

Total des besoins financiers estimés

Entre 2016 et 2025, la mise à l'échelle dans les pays à revenu faible et intermédiaire du paquet d'interventions nécessaire à l'atteinte de la cible en matière d'anémie visée par l'Assemblée mondiale sur la santé demandera des investissements additionnels d'environ 12,9 milliards de dollars en ressources nationales et en aide publique au développement (APD). Selon ce scénario et par rapport à la situation de référence, les coûts supplémentaires annuels grimperaient à 1,7 milliard de dollars d'ici 2021 (voir Figure 4.3), pour ensuite augmenter légèrement lors de la phase de consolidation en raison de la croissance du nombre de femmes en âge de procréer dans les pays à revenu faible et intermédiaire. La majorité des financements nationaux et en APD iraient à l'apport supplémentaire de fer et

Tableau 4.5 Coûts unitaires minimaux, maximaux et moyens (annuels) des interventions pour l'atteinte de la cible en matière d'anémie
$ ÉU

Intervention	Coût unitaire minimal	Coût unitaire maximal	Coût unitaire pondéré
Apport supplémentaire de micronutriments pendant la grossesse	1,80	7,55	2,99
Traitement présomptif intermittent du paludisme pendant la grossesse dans les régions à endémie palustre	2,06	2,06	2,06
Apport supplémentaire de fer et d'acide folique chez la femme non enceinte : distribution à travers les programmes scolaires	0,46	0,63	0,55
Distribution à travers les soins de santé communautaires	0,21	1,78	0,73
Distribution en milieu hospitalier/infirmière	0,54	5,54	1,78
Distribution à travers les détaillants privés	0,24	0,24	0,24
Enrichissement des denrées de base			
Farine de blé	0,08	0,29	0,18
Farine de maïs	0,09	0,29	0,13
Riz	0,08	1,41	0,74

Note : Les coûts unitaires moyens ont été pondérés en fonction de la population.

Figure 4.3 Besoins de financement annuels pour l'atteinte de la cible en matière d'anémie, 2016-2025

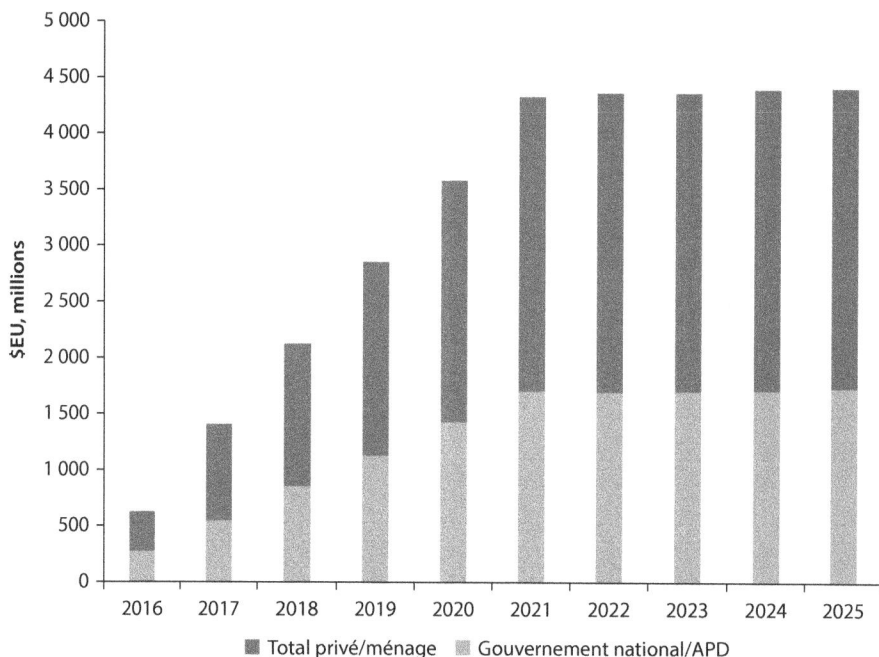

Note : APD = Aide publique au développement.

d'acide folique chez la femme non enceinte (6,7 milliards de dollars) et, de façon moins importante, à l'enrichissement des denrées de base consommées par la population en général (2,4 milliards de dollars), à l'apport supplémentaire de micronutriments pendant la grossesse (2,0 milliards de dollars), et au traitement présomptif intermittent du paludisme pendant la grossesse dans les régions à endémie palustre (337 millions de dollars).

En outre, les ménages devraient assumer une dépense de 505 millions de dollars additionnels dans l'achat de suppléments de fer et d'acide folique pour les femmes qui vivent au-dessus du seuil de pauvreté, et de 19,1 milliards de dollars supplémentaires en raison de la hausse du prix des aliments enrichis (comparativement aux denrées non enrichies) acquis par les ménages (Tableau 4.6). Au total, il faudrait investir sur 10 ans 5,24 milliards dollars dans la région Asie de l'Est et Pacifique alors que l'Afrique subsaharienne (2,50 milliards de dollars) et l'Asie du Sud (2,45 milliards de dollars) n'absorberaient respectivement qu'une part plus petite des financements nationaux/de l'aide publique au développement nécessaires (Figure 4.4).

Selon ce modèle, les coûts totaux dans la région Asie de l'Est et Pacifique seraient plus élevés qu'en Afrique subsaharienne en raison de la quantité supérieure de riz enrichi potentiellement consommé, comparativement aux denrées enrichies moins dispendieuses favorisées dans d'autres régions, mais aussi de frais de distribution des suppléments de fer et d'acide folique plus importants que dans les régions Asie du Sud et Afrique. Par catégorie de revenu, les pays à faible revenu absorberaient 13 pour cent du total des coûts, les pays à revenu intermédiaire 40 pour cent, et les pays à revenu intermédiaire supérieur 47 pour cent (Figure 4.5).

Tableau 4.6 Total des besoins en financement sur 10 ans pour l'atteinte de la cible en matière d'anémie

Intervention	Coût total des interventions sur 10 ans ($ ÉU, millions)	Proportion du coût total sur 10 ans (%)
Apport supplémentaire de micronutriments pendant la grossesse	2,017	18
Traitement présomptif intermittent du paludisme pendant la grossesse dans les régions à endémie palustre	337	3
Apport supplémentaire de fer et d'acide folique chez la femme non enceinte	6 705	58
Enrichissement des denrées de base (farine de blé, farine de maïs, riz)	2 443	21
Sous-total	11 502	100
Coûts du programme (renforcement des capacités, suivi et évaluation, développement de politiques)	1 380	n. a.
Total (excluant les coûts des ménages/du secteur privé)	12 882	n. a.

Note : n.a. = non applicable.

Figure 4.4 Total des besoins de financement sur dix ans pour l'atteinte de la cible en matière d'anémie, par région

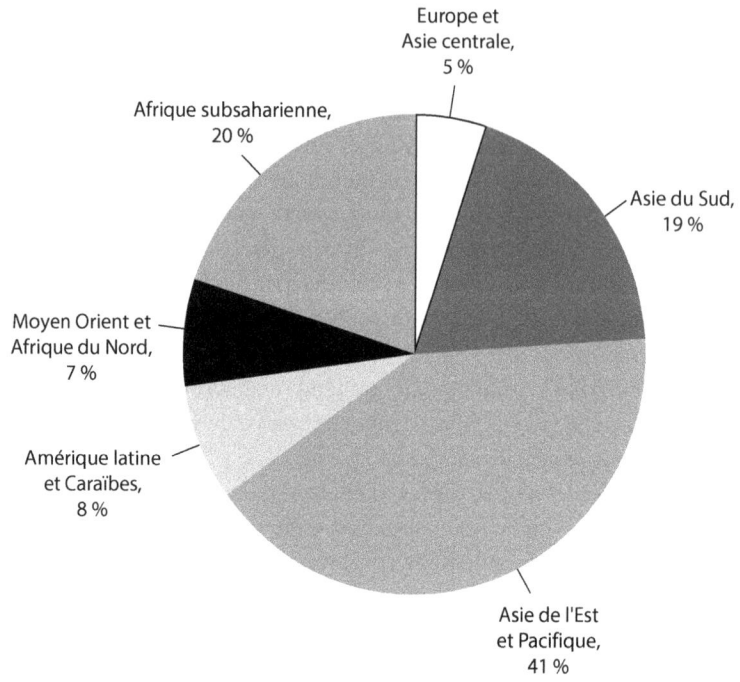

Figure 4.5 Total des besoins de financement sur dix ans pour l'atteinte de la cible en matière d'anémie, par catégorie de revenu, par pays

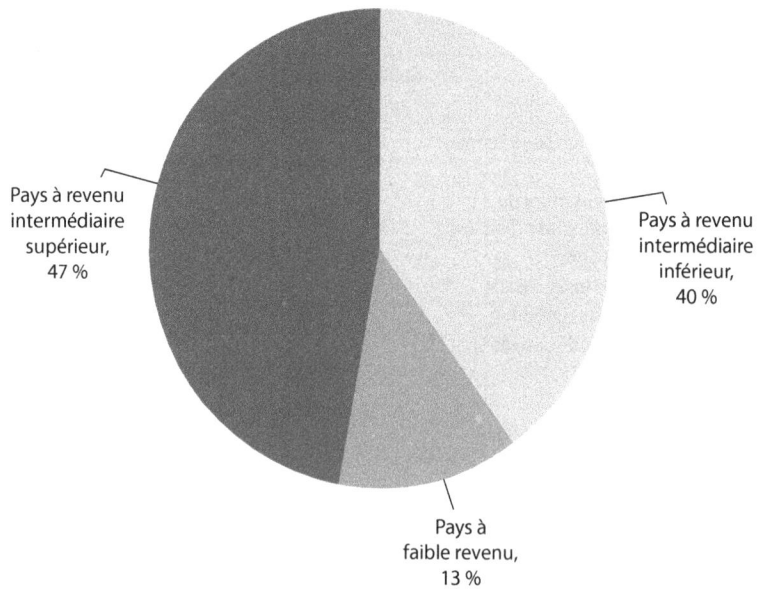

Analyse de sensibilité de l'estimation des besoins financiers

Les coûts nécessaires à l'atteinte de la cible en matière d'anémie sont sensibles aux changements apportés à plusieurs variables clés. L'analyse avait d'ailleurs fait face à certaines incertitudes, particulièrement en raison de la mise à l'échelle sans précédent de l'apport supplémentaire de fer et d'acide folique chez la femme non enceinte requis pour l'atteinte de la cible. Le schéma tornade tiré de l'analyse de sensibilité (Figure 4.6) démontre que la suppression du coût des personnels de santé publique (uniquement possible si cette intervention est jumelée à une intervention existante s'adressant à ce groupe de population), entraînerait une diminution de 7 milliards de dollars des besoins financiers sur 10 ans. Le second facteur majeur d'influence sur les besoins financiers concernait la mise à l'échelle de l'apport supplémentaire de fer et d'acide folique chez la femme non enceinte dans les cinq pays où la prévalence de l'anémie est inférieure à 20 pour cent. Initialement, l'étude avait établi à 50 pour cent ou à 75 pour cent la couverture potentielle des femmes bénéficiaires dans les pays en cause. Or, l'exclusion de la mise à l'échelle dans les pays où la prévalence nationale est inférieure à 20 pour cent permettrait une diminution d'environ 3 milliards de dollars des investissements nécessaires sur 10 ans, avec toutefois certaines conséquences sur le recul de la prévalence. Par ailleurs, si le niveau maximal de couverture atteignable pour l'ensemble des interventions passait, de façon plus réaliste, à 75 pour cent ou à 50 pour cent, le total des coûts sur 10 ans chuterait respectivement de 4 milliards de dollars ou de 2 milliards de dollars. Enfin, si la distribution par des détaillants privés des suppléments

Figure 4.6 Analyse de sensibilité des besoins de financement sur dix ans pour l'atteinte de la cible en matière d'anémie

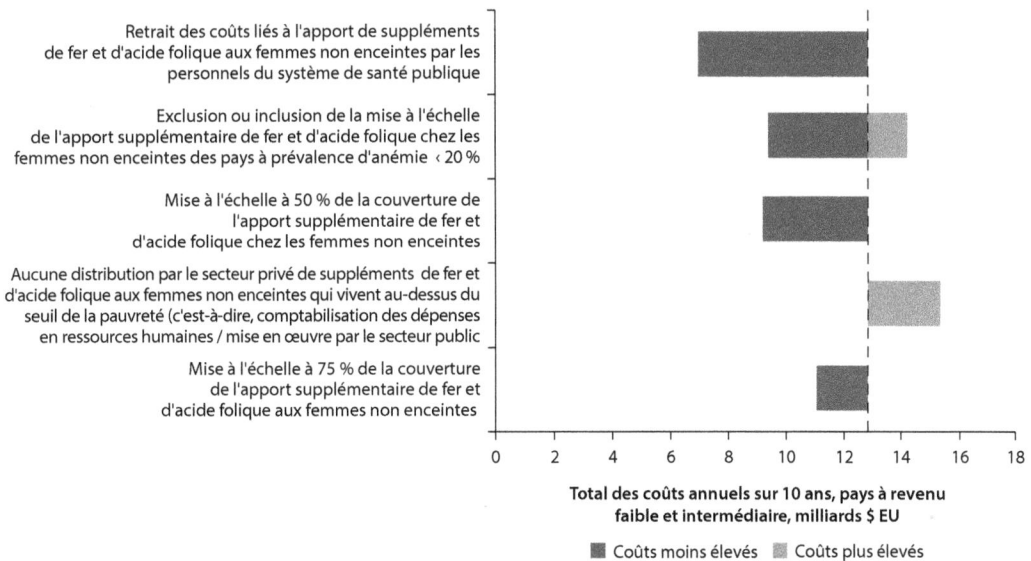

Total des coûts annuels sur 10 ans, pays à revenu faible et intermédiaire, milliards $ EU

■ Coûts moins élevés   ■ Coûts plus élevés

de fer et d'acide folique chez la femme non enceinte vivant au-dessus du seuil de pauvreté était confiée au secteur public, il faudrait ajouter environ 2 milliards de dollars sur 10 ans pour les frais de distribution associés aux ressources humaines.

Estimation des impacts de la mise à l'échelle

Ce modèle suggère qu'il reste possible d'atteindre la cible —quoiqu'ambitieuse— fixée par l'Assemblée mondiale de la santé en matière d'anémie chez la femme. Suite aux investissements dans les interventions préventives, il y aurait, en 2025, 265 millions de femmes anémiées de moins, comparativement à la situation de référence en 2015 (voir Figure 4.7). Selon ce scénario, la prévalence de l'anémie aurait en outre diminué à 15,4 pour cent en 2025, avec 799 000 mortalités infantiles évitées au cours des prochaines 10 années. Ces résultats incluent les impacts des quatre interventions de nutrition et la poursuite du déclin de 1,1 pour cent par an de l'anémie (c'est-à-dire, la tendance historique) dans l'ensemble des pays à revenu faible et intermédiaire, tel qu'établi par l'*Outil de suivi des cibles mondiales* de l'OMS (OMS 2015a). Il y aurait en outre sur 10 ans entre 7 000 et 14 000 mortalités maternelles et infantiles de moins suite à la mise à l'échelle du traitement présomptif intermittent du paludisme pendant la grossesse dans les régions à endémie palustre. Les cinq pays les plus affectés par la mortalité infantile, soit l'Inde, le Nigéria, le Pakistan, la Chine, et le Bangladesh,[8]

Figure 4.7 Coûts et impacts d'une mise à l'échelle sur 10 ans des interventions pour l'atteinte de la cible en matière d'anémie

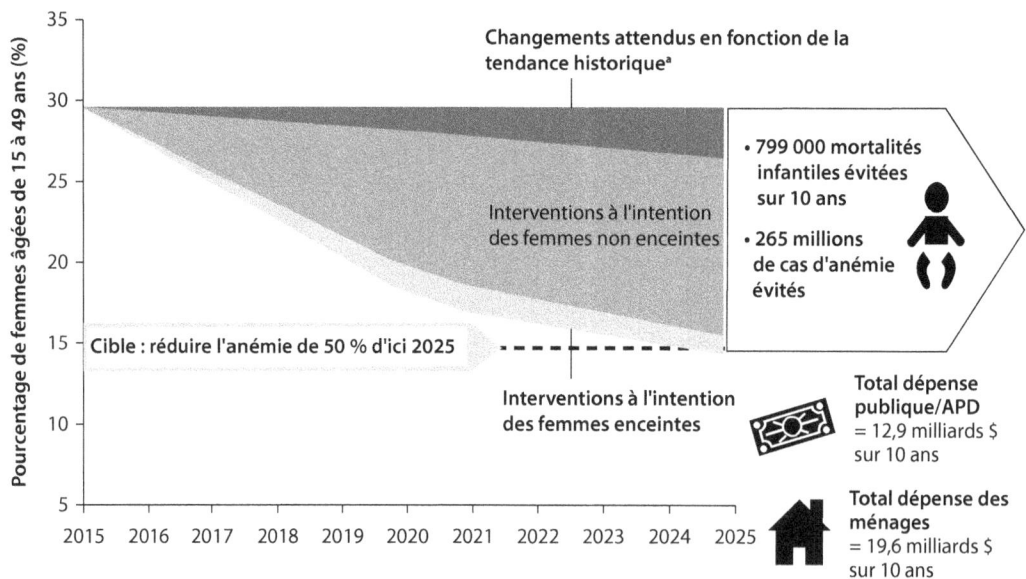

Note : APD = aide publique au développement.
a. Cette tendance correspond à une prolongation du taux annuel moyen de réduction du taux d'anémie, sans mise à l'échelle.

seraient les principaux bénéficiaires des interventions, avec 63 pour cent des mortalités infantiles évitées estimées dans les pays à revenu faible et intermédiaire.

En termes d'efficacité allocative des ressources, les résultats indiquent que les deux interventions d'apport de micronutriments demanderaient, par cas d'anémie, des investissements moyens annuels relativement faibles comparativement aux coûts du traitement présomptif intermittent du paludisme pendant la grossesse dans les régions à endémie palustre. Il n'est pas étonnant que les deux interventions qui ciblent directement les femmes enceintes — soit l'apport de micronutriments pendant la grossesse et le traitement présomptif intermittent du paludisme pendant la grossesse dans les régions à endémie palustre — affichent un coût par mortalité évitée plus bas que celui des interventions à l'intention des femmes non enceintes et de la population en général (Tableau 4.7). Les effets de l'apport supplémentaire de fer et d'acide folique et de l'enrichissement des denrées de base sur le taux de mortalité infantile n'ont pas été traités de façon distincte en raison de leur influence concomitante sur les causes de l'anémie et de la mortalité, mais aussi de leur traitement conjoint par l'outil LiST.

Analyses de sensibilité de l'impact de la mise à l'échelle

Les projections des besoins mondiaux nécessaires à l'atteinte de la cible de l'Assemblée mondiale de la santé en matière de réduction du taux de prévalence de l'anémie sur 10 ans ont été fondées du la présence présumée d'une forte capacité collective à obtenir des financements et à mettre en œuvre des interventions, et ce, à une échelle sans précédent. Les analyses de sensibilité des impacts (voir Figure 4.8) ont démontré que la réduction du taux de couverture projeté ou la fluctuation de l'efficacité de l'enrichissement des denrées de base

Tableau 4.7 Total des coûts, coût par an et par cas d'anémie évité, et coût par cas de mortalité infantile évitée

Intervention	Total des coûts sur 10 ans (milliards $ ÉU)	Coût par an et par cas d'anémie évité ($ ÉU)	Coût par cas de mortalité infantile évité ($ ÉU)
Apport supplémentaire de micronutriments pendant la grossesse	2,26	11	6 740
Traitement présomptif intermittent du paludisme pendant la grossesse dans les régions à endémie palustre	0,38	62	4 531
Apport supplémentaire de fer et d'acide folique chez la femme non enceinte	7,51	10	
Enrichissement des denrées de base	2,74	7	26 914[a]
Paquet total	**12,88**	**9**	**16 121**

Note : Puisque les coûts unitaires ont été arrondis, le total des coûts sur 10 ans n'est pas égal à la somme des coûts de chaque intervention.
a. Ce chiffre représente le coût estimé d'une mortalité évitée suite à un apport supplémentaire de fer et d'acide folique chez la femme non enceinte, combiné au coût de l'enrichissement des denrées de base à l'étape de préconception, puisqu'il était impossible au modèle d'estimer de façon indépendante l'impact des interventions sur la mortalité.

Figure 4.8 Analyses de sensibilité de l'impact des interventions pour l'atteinte de la cible en matière d'anémie

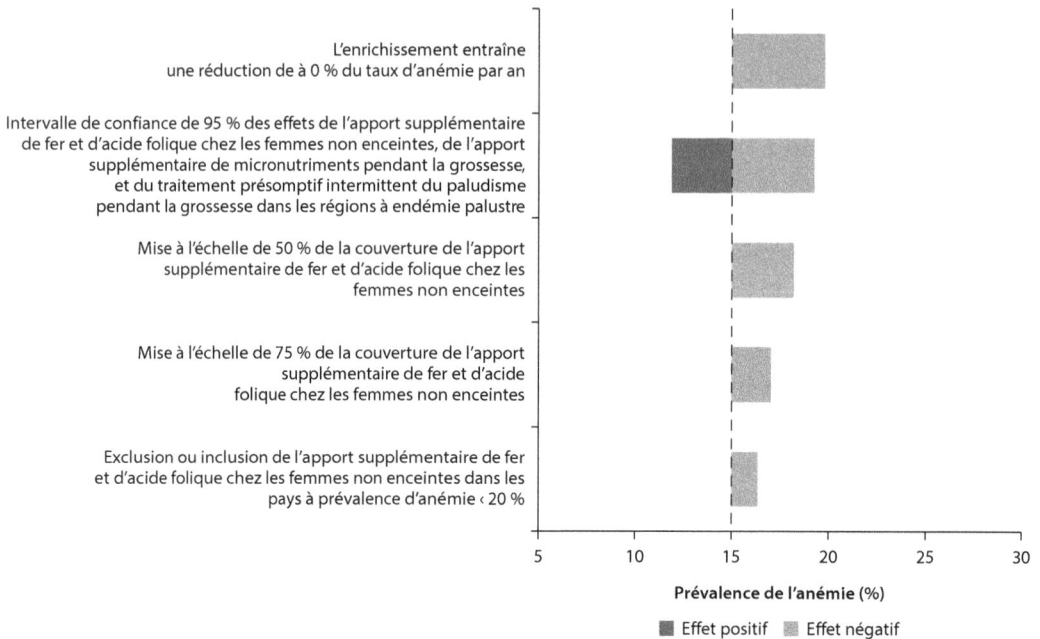

Note : Ce paquet a été présumé permettre l'atteinte d'un taux de prévalence de 15,4 pour cent ; des analyses de sensibilité démontrent que ces estimations comportaient un certain risque de déviation.

associée à d'autres interventions d'apport de micronutriments rendaient impossible, par 5 à 10 points de pourcentage, l'atteinte de la cible fixée. Par ailleurs, si l'hypothèse relative à la tendance historique du recul du taux d'anémie ne se maintenait pas, la prévalence se situerait entre 0 et 10 points de pourcentage en deçà de la cible.

Analyses coûts - avantages

L'analyse du rapport coûts - avantages tiré de la mise en œuvre du paquet modélisé d'interventions de prévention de l'anémie chez la femme fait état d'un rendement vraisemblablement positif dans les pays à revenu faible et intermédiaire de l'échantillon. Si l'on présume, dans ces pays, un taux de croissance du PIB de 3 pour cent et une actualisation de 3 pour cent des coûts et des retombées, les bénéficies nets tirés des investissements dans la prévention de l'anémie chez la femme s'élèveraient à 110,1 milliards de dollars sur 10 ans, en termes de productivité économique des femmes et pendant la vie active des enfants bénéficiaires, ce qui correspondrait à un rapport coûts - avantages agrégé de 12,1 (dans l'échantillon, le rapport médian s'élève à 10,6). Par catégorie de revenu, le rapport coûts — avantages s'élèverait respectivement à 4,2 dans les pays à faible revenu ; à 15,2 dans les pays à revenu intermédiaire inférieur ; et à 10,9 dans les pays à revenu

Tableau 4.8 Rapports coûts — avantages de la mise à l'échelle des interventions pour l'atteinte de la cible en matière d'anémie, selon des taux d'actualisation de 3 et de 5 pour cent

Région	Taux d'actualisation de 3 %			Taux d'actualisation de 5 %		
	Retombées en valeur actualisée (milliards $ EU)	Coût en valeur actualisée (milliards $ EU)	Rapport coût – avantage	Retombées en valeur actualisée (milliards $ EU)	Coût en valeur actualisée (milliards $ EU)	Rapport coût – avantage
Par région						
Afrique subsaharienne*	16,1	1,2	13,1	9,4	1,1	8,6
Asie du Sud*	25.9	1,9	14,0	14,2	1,6	8,7
Asie de l'Est et Pacifique*	33,0	3,0	10,9	21,2	2,7	7,9
Par catégorie de revenu national						
Pays à faible revenu *	2,6	0,6	4,2	1,5	0,6	2,6
Pays à revenu intermédiaire inférieur*	47,9	3,2	15,2	27,0	2,8	9,7
Pays à revenu intermédiaire supérieur *	40,1	3,7	10,9	26,0	3,3	7,9
Agrégé	**110,1**	**7,6**	**12,1**	**66,1**	**8,1**	**8,2**
Médian*			10,6			7,4

Note : * Pays de l'échantillon seulement.

intermédiaire supérieur (Tableau 4.8). Par région, le rapport coûts - avantages serait de 13,1 en Afrique subsaharienne, de 14,0 en Asie du Sud, et de 10,9 en Asie de l'Est et Pacifique.

L'application, à des fins comparatives, d'un taux d'actualisation de 5 pour cent fait diminuer légèrement le rapport coûts-avantages dans les pays de l'échantillonnage. Ce modèle plus conservateur prévoit des retombées nettes de plus de 66 milliards de dollars et un rapport coûts – avantages agrégé de 8,2 dans l'ensemble des pays (le rapport coûts - avantages médian s'établit à 7,4 dans l'échantillon). De façon générale, l'analyse du rapport coûts-avantages suggère que la prévention de l'anémie chez la femme génèrerait un rendement positif et des gains de productivité substantiels.

Discussion

L'atteinte de la cible en matière d'anémie améliorerait la vie de millions de femmes et de leurs nouveau-nés et contribuerait à une économie plus productive. La réalisation de cet objectif ambitieux représente toutefois un défi, avec une tendance à la baisse actuelle du taux de prévalence insuffisante à l'atteinte des objectifs fixés. Il faudra donc procéder à des investissements majeurs dans une mise à l'échelle rapide d'interventions éprouvées et susceptibles de réduire la charge de l'anémie supportée par les femmes.

Il faudra, pour que les programmes d'apport supplémentaire de micronutriments actuellement axés sur les enfants et les femmes enceintes puissent rejoindre les quelques 1,5 milliard de femmes non enceintes des pays à revenu faible et intermédiaire, investir des efforts colossaux dans la mise à niveau de la chaîne d'approvisionnement, la disponibilité des services de santé et l'accès aux soins. L'atteinte de la cible demandera également une expansion à grande échelle de l'enrichissement des denrées. Il a été démontré que celui-ci était très efficace et, grâce à aux avancées de la recherche et de la mise en œuvre à l'échelle, cette intervention pourrait tout à fait faire partie intégrante de la solution recherchée. L'iodation du sel reste également l'une des interventions les plus efficaces de réduction des handicaps, notamment des capacités cognitives, attribués à une carence en iode. Malgré qu'elle soit obligatoire dans plusieurs pays à travers le monde, sa couverture actuelle ne dépasse pas 50 à 70 pour cent des ménages (Mannar 2014). L'iodation du sel n'a toutefois pas été intégrée à l'analyse parce que la carence en iode ne figure pas parmi les cibles mondiales.

Les analyses ont été entravées par la piètre qualité des données disponibles et restent soumises à la validité des hypothèses qui les ont remplacées. L'analyse des coûts pourrait être considérablement améliorée grâce à des données plus rigoureuses sur les coûts unitaires et la couverture de la consommation alimentaire. Des évaluations ex post des revues d'études de cas en fonction de scénarios de mise à l'échelle en contexte réel, ainsi qu'une analyse des obstacles et des éléments facilitateurs de la mise à l'échelle permettraient certainement aux modèles de refléter la réalité de façon plus exacte.

L'anémie chez la femme pourrait être facilement évitée à travers des interventions préventives peu coûteuses, qui offrent des rendements positifs et diminuent les coûts substantiels associés à la mortalité. La réduction de l'anémie chez la femme pourrait également contribuer à l'atténuation des inégalités salariales hommes-femmes et permettre certaines d'entre elles de vaincre la pauvreté. Ensemble, les gouvernements, les partenaires techniques et financiers, et les communautés devraient saisir cette occasion d'augmentation des investissements dans la prévention et le contrôle de l'anémie.

Notes

1. Quoique l'anémie soit préoccupante à la fois chez les femmes en âge de procréer (âgées de 15 à 49 ans) et chez les jeunes enfants (âgés de 6 à 59 mois), la cible en matière d'anémie établie par l'Assemblée mondiale de la santé ne concerne que l'anémie chez les femmes en âge de procréer — soit l'ensemble des femmes enceintes et non enceintes âgées de 15 à 49 ans. Tout au long de ce rapport, le terme *anémie chez la femme* se réfère à l'anémie chez la femme en âge de procréer.

2. L'infection à ankylostomiase est associée à la prévalence de l'anémie chez les femmes enceintes et non enceintes (Smith et Brooker 2010), mais une revue des interventions de traitement par administration de vermifuges tels que les anthelminthiques démontre qu'ils n'affectent pas les taux d'hémoglobine ou la prévalence de l'anémie de façon significative (Salam *et al.* 2015). L'anémie reste un indicateur puissant de progression de la maladie et de la mortalité chez les individus porteurs du VIH,

incluant ceux qui ont initié une thérapie antirétrovirale (TARV). Généralement, la TARV améliore le bilan sérologique, mais elle ne règle pas toujours l'anémie et dans certains contextes, en augmente même le risque (Johannessen *et al.* 2011 ; Takuva *et al.* 2013 ; Widen *et al.* 2015).

3. Au moment de la rédaction de ce rapport, le site Internet de l'Organisation mondiale de la Santé (OMS) mentionnait que la publication des directives et des recommandations relatives à cette intervention était attendue en 2016. Voir http://www.who.int /elena/titles/micronutrients_pregnancy/en/.

4. Aux fins de ce rapport, le terme *anémie chez la femme en âge de procréer* a été abrégé à *l'anémie chez la femme*.

5. Un coût programmatique unitaire a été ajouté aux coûts du supplément de micronutriments afin de permettre le développement et le maintien des dispositifs efficaces de distribution aux jeunes adolescentes déjà en place dans le système d'éducation et en milieu scolaire.

6. La version bêta (version 5.41 bêta 13) de l'outil LiST a été utilisée aux fins de l'analyse.

7. Les cinq pays dans lesquels la prévalence de l'anémie se situe en dessous de 20 pour cent sont le Brésil, la Chine, l'Éthiopie, le Mexique, et le Vietnam (Stevens *et al.* 2013).

8. Le nombre de mortalités infantiles évitées est estimé à 286 854, en Inde ; 83 612 au Nigéria ; 65 762 au Pakistan ; 36 825 en Chine ; et 33 989 au Bangladesh.

Références

Bahl, K., E. Toro, C. Qureshi, et P. Shaw. 2013. *Nutrition for a Better Tomorrow: Scaling Up Delivery of Micronutrient Powders for Infants and Young Children.* Washington, DC : Institut pour les résultats du développement. http://www.resultsfordevelopment.org /nutrition-for-a-better-tomorrow.

Balarajan, Y., U. Ramakrishnan, E. Ozaltin, A. H. Shankar, et S. V. Subramanian. 2011. « Anaemia in Low-Income and Middle-Income Countries. » *The Lancet* 378 : 2123–35.

Banque mondiale. 2016. Indicateurs du développement dans le monde (base de données). Banque mondiale, Washington DC. http://data.worldbank.org/data-catalog/world -development-indicators (consulté le 1er mars 2016).

Barkley, J. S., K. S. Wheeler, et H. Pachon. 2015. « Anaemia Prevalence May Be Reduced among Countries That Fortify Flour. » *The British Journal of Nutrition.* 114 : 265–73.

Bhutta, Z. A, J. K. Das, A. Rizvi, M. F. Gaffey, N. Walker, S. Horton, P. Webb, A. Lartey, et R. E. Black. 2013. « Evidence-Based Interventions for Improvement of Maternal and Child Nutrition: What Can Be Done and at What Cost? » *The Lancet* 382 (9890) : 452–77.

Black, R. E., C. G. Victora, S. P. Walker, Z. A. Bhutta, P. Christian, M. de Onis, M. Ezzati, S. Grantham-Mcgregor, J. Katz, R. Martorell, R. Uauy, et le Groupe d'Étude sur la Malnutrition Maternelle et Infantile. 2013. « Maternal and Child Undernutrition and Overweight in Low-Income and Middle-Income Countries. » *The Lancet* 382 : 427–51.

Casey, G. J., D. Sartori, S. E. Horton, T. Q. Phuc, L. B. Phu, D. T. Thach, T. C. Dai, G. Fattore, A. Montresor, et B.-A. Biggs. 2011. « Weekly Iron-Folic Acid Supplementation with Regular Deworming Is Cost-Effective in Preventing Anaemia in Women of Reproductive Age in Vietnam. » *PLoS One* 6 : e23723.

Cercamondi, C. I., I. M. Egli, E. Mitchikpe, F. Tousou, C. Zeder, J. D. Hounhouigan, et R. F. Hurrell. 2013. « Total Iron Absorption by Young Women from Iron-Biofortified Pearl Millet Composite Meals Is Double That from Regular Millet Meals but Less than That from Post-Harvest Iron-Fortified Millet Meals. » *The Journal of Nutrition* 143 : 1376–82.

Choudhury, N, A. Aimone, S. M. Hyder, et S. H. Zlotkin. 2012. « Relative Efficacy of Micronutrient Powders versus Iron-Folic Acid Tablets in Controlling Anemia in Women in the Second Trimester of Pregnancy. » *Food and Nutrition Bulletin* 33 : 142–49.

Dahn, B., A. Woldemariam, H. Perry, A. Maeda, D. von Glahn, R. Panjabi, N. Merchant, K. Vosburg, D. Palazuelos, C. Lu, J. Simon, J. Pfaffmann, D. Brown, A. Hearst, P. Heydt, et C. Qureshi. 2015. *Strengthening Primary Health Care through Community Health Workers: Investment Case and Financing Recommendations.* http://www.who.int/hrh/news/2015/chw_financing/en/.

Fernández-Gaxiola, A. C. et L. M. De-Regil. 2011. « Intermittent Iron Supplementation for Reducing Anaemia and Its Associated Impairments in Menstruating Women. » *Cochrane Database of Systematic Reviews.* décembre (12).

Fiedler, J. L. et C. Puett. 2015. « Micronutrient Program Costs: Sources of Variations and Noncomparabilities. » *Food and Nutrition Bulletin* 36 : 43–56.

Fiedler, J. L., T. G. Sanghvi, et M. K. Saunders. 2008. « A Review of the Micronutrient Intervention Cost Literature: Program Design and Policy Lessons. » *The International Journal of Health Planning and Management* 23 : 373–97.

Fiedler, J. L. et R. Semakula. 2014. « An Analysis of the Costs of Uganda's Child Days Plus: Do Low Costs Reveal an Efficient Program or an Underfinanced One? » *Food and Nutrition Bulletin* 35 : 92–104.

Futures Institute. 2013. *OneHealth Model: Intervention Treatment Assumptions.* Glastonbury: Futures Institute. http://avenirhealth.org/Download/Spectrum/Manuals/Intervention percent20Assumptionspercent202013percent209percent2028.pdf.

Gamble, C., J. P. Ekwaru, et F. O. ter Kuile. 2006. « Insecticide-Treated Nets for Preventing Malaria in Pregnancy. » *The Cochrane Database of Systematic Reviews* (2) : CD003755.

Gera, T., H. S. Sachdev, et E. Boy. 2012. « Effect of Iron-Fortified Foods on Hematologic and Biological Outcomes: Systematic Review of Randomized Controlled Trials. » *The American Journal of Clinical Nutrition* 96 : 309–24.

Ghauri, K., S. Horton, R. Spohrer, et G. Garrett. 2016. « Food Fortification Cost Model. » Document non publié. Global Alliance for Improved Nutrition, Washington, DC.

Haider, B. A. et Z. A. Bhutta. 2015. « Multiple-Micronutrient Supplementation for Women during Pregnancy. » *Cochrane Database of Systematic Reviews,* 11 (novembre): CD004905.

Horton, S. et J. Hoddinott. 2014. « Benefits and Costs of the Food and Nutrition Targets for the Post-2015 Development Agenda: Post-2015 Consensus. » Document de perspective sur la sécurité alimentaire et la nutrition. Copenhagen Consensus Center.

Horton, S. et J. Ross. 2003. « The Economics of Iron Deficiency. » *Food Policy* 28 : 51–75.

———. 2007. « The Economics of Iron Deficiency: Corrigendum. » *Food Policy* 32 : 141–43.

Johannessen, A., E. Naman, S. G. Gundersen, et J. N. Bruun. 2011. « Antiretroviral Treatment Reverses HIV-Associated Anemia in Rural Tanzania. » *BMC Infectious Diseases* 11: 190-2334-11-190.

Kassebaum, N. J., R. Jasrasaria, M. Naghavi, S. K. Wulf, N. Johns, R. Lozano, M. Regan, D. Weatherall, D. P. Chou, T. P. Eisele, S. R. Flaxman, R. L. Pullan, S. J. Brooker, et C. J. Murray. 2014. « A Systematic Analysis of Global Anemia Burden from 1990 to 2010. » *Blood* 123 (5): 615–24.

Mannar, M. G. V. 2014. « Making Salt Iodization Truly Universal by 2020. » *IDD Newsletter* May. http://www.ign.org/newsletter/idd_may14_usi_by_2020.pdf.

Michelazzo, F. B., J. M. Oliveira, J. Stefanello, L. A. Luzia, et P. H. Rondo. 2013. « The Influence of Vitamin A Supplementation on Iron Status. » *Nutrients* 5 : 4399–413.

OIT (Organisation internationale du Travail). 2015. ILOSTAT (base de données), OIT, Genève. (consulté le 2 mai 2015) http://www.ilo.org/ilostat/faces/home/statistical-data?_afrLoop=39430847112133#percent40percent3F_afrLooppercent3D39430847112133percent26_adf.ctrlstatepercent3Dbakdhzsnf_4.

Olney, D. K., A. Talukder, L. L. Iannotti, M. T. Ruel, et V. Quinn. 2009. « Assessing Impact and Impact Pathways of a Homestead Food Production Program on Household and Child Nutrition in Cambodia. » *Food and Nutrition Bulletin* 30 : 355–69.

OMS (Organisation mondiale de la Santé). 2004. *Global Burden Of Disease 2004 Update: Disability Weights for Diseases and Conditions.* Genève : OMS. http://www.who.int /healthinfo/global_burden_disease/GBD2004_DisabilityWeights.pdf?ua=1.

———. 2005. *Choosing Interventions That Are Cost-Effective* (WHOCHOICE) (consulté en 2015)http://www.who.int/choice/costs/prog_costs/en/.

———. 2011a. *Supplémentation intermittente en fer et en acide folique chez les femmes menstruées, Directives.* Genève : OMS. http://apps.who.int/iris/bitstream/10665/44649 /1/9789241502023_eng.pdf?ua=1&ua=1.

———. 2011b. *Utilisation d'associations de micronutriments en poudre pour l'enrichisse-ment à domicile de l'alimentation des femmes enceintes, Directives.* Genève : OMS. http://apps.who.int/iris/bitstream/10665/44650/1/9789241502030_eng .pdf?ua=1&ua=1.

———. 2011c. *Weekly Iron and Folic Acid Supplementation Programmes for Women of Reproductive Age: An Analysis of Best Programme Practices.* Genève: OMS. http://www .wpro.who.int/publications/PUB_9789290615231/en/.

———. 2012a. *Guideline: Daily Iron and Folic Acid Supplementation in Pregnant Women.* Genève: OMS. http://apps.who.int/iris/bitstream/10665/44650/1/9789241502030 _eng.pdf?ua=1&ua=1.

———. 2012b. *Guideline: Intermittent Iron and Folic Acid Supplementation in Non-Anaemic Pregnant Women.* Genève : OMS.

———. 2014. *Document d'orientation en matière de politiques de l'OMS : Traitement préven-tif intermittent pour le paludisme lors de la grossesse à la sulfadoxine-pyriméthamine —* TPIp-SP. Genève : OMS. http://www.who.int/malaria/publications/atoz/policy_brief _iptp_sp_policy_recommendation/en/.

———. 2015a. *Outil de suivi des cibles mondiales,* (consulté le 15 septembre 2015) https://extranet.who.int/sree/Reports?op=vs&path= percent2FWHO_HQ_Reports /G16/PROD/EXT/Targets_Menu&VSPARAM_varLanguage=E&VSPARAM _varISOCODE=ALB.

————. 2015b. *The Global Prevalence of Anaemia in 2011*. Genève: OMS. http://www
.who.int/nutrition/publications/micronutrients/global_prevalence_anaemia_2011/en/.

————. 2016. *Guideline: Daily Iron Supplementation in Adult Women and Adolescent Girls*.
Genève: OMS. http://apps.who.int/iris/bitstream/10665/204761/1/9789241510196
_eng.pdf?ua=1&ua=1.

OMS et 1,000 Days. 2014. *WHA Global Nutrition Targets 2025: Anaemia Policy Brief*.
Genève : OMS. http://www.who.int/nutrition/topics/globaltargets_anaemia_policybrief
.pdf.

Pachon, H. 2016. Données sur la couverture de l'enrichissement alimentaire. Données non
publiées. Food Fortification Initiative, Atlanta GA.

Pachon, H., R. Spohrer, Z. Mei, et M. K. Serdula. 2015. « Evidence of the Effectiveness of
Flour Fortification Programs on Iron Status and Anemia: A Systematic Review. »
Nutrition Reviews 73: 780–95.

Peña-Rosas, J. P., L. M. De-Regil, T. Dowswell, et F. E. Viteri. 2012. « Daily Oral Iron
Supplementation during Pregnancy. » *Cochrane Database of Systematic Reviews*, 12
(décembre): CD004736.

Programme intégré mère-enfant. 2011. *Community-Based Distribution for Routine Iron/Folic
Acid Supplementation in Pregnancy*. Washington, DC : MCHIP. http://www.mchip.net
/node/632.

Radeva-Petrova, D., K. Kayentao, F. O. ter Kuile, D. Sinclair, et P. Garner. 2014. « Drugs for
Preventing Malaria in Pregnant Women in Endemic Areas: Any Drug Regimen versus
Placebo or No Treatment. » *Cochrane Database of Systematic Reviews* 10 (CD000169).

Salam, R. A., B. A. Haider, Q. Humayun, et Z. A. Bhutta. 2015. « Effect of Administration
of Antihelminthics for Soil-Transmitted Helminths during Pregnancy. » *The Cochrane
Database of Systematic Reviews* 6 : CD005547.

Smith, J. L. et S. Brooker. 2010. « Impact of Hookworm Infection and Deworming on
Anaemia in Non-Pregnant Populations: A Systematic Review. » *Tropical Medicine &
International Health* 15 : 776–95.

Stevens, G. A., M. M. Finucane, L. M. De-Regil, C. J. Paciorek, S. R. Flaxman, F. Branca,
J. P. Peña-Rosas, Z. A. Bhutta, et M. Ezzati. 2013. « Global, Regional, and National
Trends in Haemoglobin Concentration and Prevalence of Total and Severe Anaemia
in Children and Pregnant and Non-Pregnant Women for 1995–2011: A Systematic
Analysis of Population-Representative Data. » *The Lancet Global Health* 1(1) :
e16–e25.

Suchdev, P. S., J. P. Peña-Rosas, et L. M. De-Regil. 2015. « Multiple Micronutrient Powders
for Home (Point-of-Use) Fortification of Foods in Pregnant Women. » *The Cochrane
Database of Systematic Reviews* 6: CD011158.

Takuva, S., M. Maskew, A. T. Brennan, I. Sanne, A. P. MacPhail, et M. P. Fox. 2013.
« Anemia among HIV-Infected Patients Initiating Antiretroviral Therapy in South
Africa: Improvement in Hemoglobin Regardless of Degree of Immunosuppression
and the Initiating ART Regimen. » *Journal of Tropical Medicine* : 162950.

Walker, N., Y. Tam, et I. K. Friberg. 2013. « Overview of the Lives Saved Tool (LiST). »
BMC Public Health 13 (Suppl 3): S1-2458-13-S3-S1. Pub. élec., 2013 sept. 17.

Widen, E. M., M. E. Bentley, C. S. Chasela, D. Kayira, V. L. Flax, A. P. Kourtis, S. R.
Ellington, Z. Kacheche, G. Tegha, D. J. Jamieson, C. M. van der Horst, L. H. Allen,
S. Shahab-Ferdows, L. S. Adaio, et Équipe d'Étude BAN. 2015. « Antiretroviral
Treatment Is Associated with Iron Deficiency in HIV-Infected Malawian Women

That Is Mitigated with Supplementation, but Is Not Associated with Infant Iron Deficiency During 24 Weeks of Exclusive Breastfeeding. » *Journal of Acquired Immune Deficiency Syndromes.* 69 (3): 319–28.

Winfrey, W., R. McKinnon, et J. Stover. 2011. « Methods Used in the Lives Saved Tool (LiST). » *BMC Public Health* 11 (Suppl 3) : S32-2458-11-S3-S32.

CHAPITRE 5

Atteindre la cible mondiale en matière d'allaitement maternel exclusif

Dylan Walters, Julia Dayton Eberwein, Lucy Sullivan,
et Meera Shekar

Messages clés

- L'allaitement maternel optimal favorise la croissance de l'enfant ainsi que son développement cognitif et socio-émotionnel ; il prévient la maladie et la mortalité infantiles et protège contre la morbidité maternelle, incluant le cancer du sein. Il augmente également la capacité de défense contre la maladie chez l'adulte et contribue à améliorer le revenu et la productivité futurs des enfants lorsqu'ils intègrent le marché du travail.
- La cible fixée par l'Assemblée mondiale de la santé entend porter le taux d'allaitement maternel exclusif du nourrisson jusqu'à l'âge de six mois de 37 pour cent en 2012 à 50 pour cent en 2025.
- La création d'un environnement et d'une culture favorables à l'allaitement maternel passe par la prestation de séances d'éducation et de conseil aux mères ; la conduite de campagnes de masse axées sur la promotion de l'allaitement maternel optimal ; et le développement de politiques et de réglementations qui protègent la pratique de l'allaitement maternel exclusif.
- Les sommes nécessaires à la mise à l'échelle du paquet d'interventions clés de soutien à l'allaitement maternel exclusif qui permettrait d'atteindre la cible fixée par l'Assemblée mondiale de la santé dans les pays à revenu faible et intermédiaire en 2025 ont été estimées à 5,7 milliards de dollars, soit à environ 4,70 dollars pour chaque nouveau-né.
- Les coûts associés à l'absence d'investissements se traduiraient par au moins 520 000 mortalités infantiles et 105 millions d'enfants non bénéficiaires d'un allaitement maternel exclusif, ceci sans compter la morbidité additionnelle attribuable aux maladies infantiles et aux pertes cognitives.
- Il a été estimé que chaque dollar investi générait des rendements économiques de 35 dollars, ce qui fait de la stratégie pro-allaitement maternel l'un des meilleurs investissements nationaux.
- La prestation versée en vertu d'un congé de maternité devrait être prolongée depuis sa durée actuelle jusqu'à six mois, ce qui pourrait accroître le taux d'allaitement maternel et générer des retombées sociales, sanitaires et développementales supplémentaires. Toutefois, cette prolongation demanderait un investissement additionnel de 24,1 milliards de dollars sur 10 ans et serait soumise à la disponibilité d'autres financements sectoriels.
- Malgré les efforts substantiels nécessaires à l'atteinte de cette cible, celle-ci paraît moins ambitieuse que les autres. L'analyse de sensibilité présentée dans ce Chapitre confirme même qu'il serait possible de dépasser l'objectif fixé d'ici 2025 ou 2030.

La cible, telle que formulée par l'Assemblée mondiale de la santé, entend «porter le taux d'allaitement exclusif au sein au cours des six premiers mois de la vie à au moins 50 pour cent» partout dans le monde d'ici 2025 (OMS et UNICEF 2014). Dans cette optique, ce Chapitre aborde les besoins financiers associés à la conduite des interventions de soutien à l'allaitement maternel exclusif nécessaires à cet effet et présente les principaux impacts et rendements respectifs attendus. Les résultats pourront éclairer la priorisation des investissements par les différents gouvernements, l'aide publique au développement et les autres parties prenantes.

Allaitement maternel optimal et ses avantages

La pratique de *l'allaitement maternel exclusif* demande que le nourrisson de moins de six mois soit uniquement alimenté à partir de lait maternel, sans autre apport de nourriture, de liquide ou même d'eau (UNICEF 2011). *L'allaitement optimal* fait référence à une initiation précoce de l'allaitement maternel, soit directement après la naissance, et sa poursuite jusqu'à l'âge de deux ans ou au-delà. L'allaitement optimal pourrait à lui seul générer un impact sur la mortalité infantile plus important que toute autre intervention préventive (Bhutta et al. 2013).

Les données relatives aux bienfaits de l'allaitement maternel sur la santé, la nutrition, le développement cognitif et la performance économique à long terme sont tout à fait convaincantes. L'allaitement maternel protège le nouveau-né et le jeune enfant et contribue à prévenir les maladies les plus courantes telles que la diarrhée et la pneumonie, deux causes majeures de mortalité infantile (Victora et al. 2016). L'allaitement maternel pourrait également réduire le risque d'obésité et de diabète chez l'enfant et, chez la mère qui allaite, l'incidence du cancer du sein plus tard dans la vie. L'allaitement maternel exclusif au cours des six premiers mois agit également comme contraceptif naturel et peut aider à accroître l'espacement des naissances (Victora et al. 2016). Les données récentes semblent indiquer que l'allaitement maternel est également corrélé à un plus fort quotient intellectuel (QI) (Horta, Loret de Mola, and Victora 2015) et, à plus long terme, à une meilleure performance économique sur le marché du travail (Lutter 2016 ; Rollins et al. 2016).

La situation de l'allaitement maternel à travers le monde

A travers le monde, seulement 43 pour cent des nourrissons de moins de six mois bénéficient d'un allaitement maternel exclusif (UNICEF 2016). Dans les pays à revenu faible et intermédiaire, ceci signifie que plus des 68 millions d'enfants nés cette année ne bénéficieront pas d'un allaitement maternel exclusif. Le *Rapport sur la nutrition mondiale* suggère par ailleurs que 47 pays n'atteindront pas la cible en matière d'allaitement maternel et que 110 autres ne disposent pas des données nécessaires à la mesure de cet indicateur (IFPRI 2016). Toutefois, le taux d'allaitement maternel exclusif dans certaines régions — Asie du Sud et parties sud et est de l'Afrique par exemple— a augmenté depuis l'an 2000 et surpasse maintenant la cible de 50 pour cent (UNICEF 2016). Les taux dans d'autres régions demeurent inférieurs à la cible mais progressent lentement, sauf dans la région Asie de l'Est et Pacifique où ils se sont situés autour de 30 pour cent au cours de 15 dernières années. Bien que ce constat dépasse la portée de ce rapport, la très faible incidence d'allaitement maternel exclusif dans plusieurs pays à revenu élevé et de façon concomitante, une absence de données comparables.

La série sur l'allaitement maternel publiée par le *Lancet* il y a quelques années estimait que l'allaitement maternel optimal pouvait contribuer à prévenir, chaque année, 823 000 mortalités infantiles et 20 000 mortalités maternelles par cancer du sein (Rollins et al. 2016 ; Victora et al. 2016). En outre, la faiblesse des taux d'allaitement maternel à travers le monde se traduirait actuellement par des pertes économiques d'environ 302 milliards de dollars par an, soit 0,49 pour cent du revenu national brut au niveau mondial (Victora et al. 2016).

Les déterminants de l'allaitement maternel sont complexes. Plusieurs forces sociales, culturelles, économiques et commerciales font obstacle à sa pratique ou en font une promotion erronée, comme illustré à la Figure 5.1 (Rollins et al. 2016). Les pressions à son encontre sont par ailleurs plus insistantes lorsqu'un pays passe à un niveau de revenu supérieur.

En outre, la progression modeste de l'allaitement maternel exclusif au cours des dernières années risque de ne pas pouvoir être maintenue sans investissement dans des stratégies pro-allaitement maternel exhaustives. L'ampleur des financements dans la facilitation de l'allaitement maternel, bien que largement non documentée, est en effet considérée insuffisante à une hausse du taux d'adhésion au-delà des niveaux actuels (Holla-Bhar et al. 2015 ; Piwoz et Huffman 2015).

Figure 5.1 Cadre conceptuel pour un environnement facilitateur en soutien à l'allaitement maternel

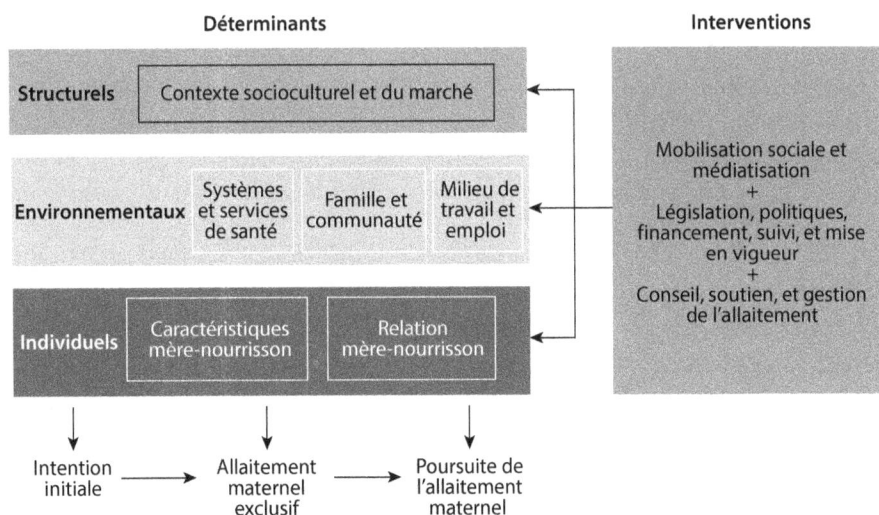

Source : Rollins et al. 2016, p. 162, © Elsevier. Reproduit avec la permission de Elsevier ; autorisation supplémentaire requise pour réutilisation.

Compte tenu des avantages indéniables de l'allaitement maternel et de sa rentabilité attestée — en termes de gains économiques comme de développement humain — il faudrait sans aucun doute procéder à des investissements plus importants dans cette pratique à excellente rentabilité.

Interventions efficaces de promotion de l'allaitement maternel

L'adoption, au niveau national, d'une stratégie exhaustive de facilitation de l'allaitement maternel constitue probablement le moyen le plus efficace d'influer sur les puissantes forces sociales, économiques et culturelles qui affectent la décision d'une mère à cet égard (Rollins et al. 2016) (voir Figure 5.1).

Une stratégie exhaustive devrait comprendre plusieurs types d'interventions, dont la combinaison précise variera d'un pays à l'autre en fonction du contexte national. Aux fins de cette analyse, le paquet minimum exhaustif comprend deux interventions à l'intention des femmes enceintes et mères de jeunes enfants (conseil sur la nutrition des nourrissons et jeunes enfants et versement d'une prestation en vertu d'un congé de maternité),[1] et deux interventions à l'endroit de la société tout entière (politiques sociales pro-allaitement et campagnes nationales de promotion de l'allaitement) (Tableau 5.1). Ce corpus a été considéré applicable à la plupart des contextes et pourrait être adapté ou complété au besoin.

Conseil aux mères et dispensatrices de soins sur les pratiques adéquates de nutrition et d'hygiène du nourrisson et du jeune enfant

Il s'agit essentiellement ici, selon le contexte national, de séances de conseil individuel ou groupé sur l'allaitement maternel exclusif menées dans la communauté et/ou un établissement de santé. Le conseil ou encore l'éducation sur l'allaitement maternel de niveau communautaire pourrait s'avérer nécessaire lorsque le système de santé du pays est faible et qu'il y a manque d'accès aux services. Une étude de Haroon et al. (2013) a confirmé que le conseil sur l'allaitement maternel se traduisait en hausse de 90 pour cent du taux d'adoption chez le nourrisson de zéro et cinq mois. Sinha et al. (2015) ont également constaté que, comparativement à l'absence de toute intervention, le conseil en établissement de santé ou dans la communauté augmentait la probabilité de pratique de l'allaitement maternel.

Politique sociales pro-allaitement

Les politiques sociales pro-allaitement cherchent à créer un environnement favorable à son utilisation et à encourager l'adoption, par la mère et le ménage, de pratiques de nutrition et de soins aux enfants optimales. Parmi les pays dans lesquels l'indice d'allaitement maternel exclusif reste inférieur à 30 pour cent, l'obtention d'un score élevé sur l'indicateur composite relatif aux politiques sociales pro-allaitement semble favoriser une progression de 1 pour cent par an de l'allaitement maternel exclusif, un résultat cinq fois plus élevé que celui des pays présentant une faible notation sur cet indicateur (Rollins et al. 2016).

Tableau 5.1 Interventions pour l'atteinte de la cible en matière d'allaitement maternel

Intervention	Population cible	Description	Preuve d'efficacité
À l'intention des mères de nourrissons			
Conseil sur la nutrition du nourrisson et du jeune enfant	Mères d'enfants âgés de zéro à 11 mois	Cette intervention comprend des séances de conseil individuel ou groupé sur la promotion de l'allaitement maternel exclusif menées dans la communauté et/ou au sein de l'établissement de santé, selon le contexte national.	Une ré-analyse réalisée par Sinha et al. (2015) pour LiST démontre que les bénéficiaires de promotion de l'allaitement maternel sont plus nombreuses à adopter l'allaitement maternel exclusif des enfants de zéro à cinq mois [RC 2,5 en établissement de santé, RC 2,61 à domicile/dans la communauté].
Prestation versée en vertu d'un congé de maternité	Mères d'enfants âgés de 0 à 11 mois	Il s'agit ici d'une prolongation des prestations monétaires versées en vertu d'un congé de maternité, depuis la durée et le niveau de référence jusqu'à six mois et 67 pour cent du niveau salarial ; prestation versée par le secteur public conformément aux recommandations de l'OIT	Sinha et al. (2015) ont démontré que le congé de maternité était corrélé à une augmentation de 52 pour cent de l'allaitement maternel exclusif [RR 1,52, 95 % IC 1,03–2,03], quoique ce résultat ne soit pas uniquement le fait d'une extension de la prestation versée en vertu d'un congé de maternité, à sa durée à son ampleur. Cette intervention a été considérée lors de l'analyse des coûts, mais non lors de la modélisation des impacts.
À l'intention de la population en général			
Politiques sociales pro-allaitement	Population en général	Cette intervention comprend les politiques, la législation, le suivi et la mise en vigueur de politiques conformes au *Code international de marketing des substituts de lait maternel* de l'OMS ; et, à l'intégration des *Dix étapes d'un allaitement réussi* à l'accréditation hospitalière et à la protection/congé de maternité.	Cette intervention a été considérée lors de l'analyse des coûts, mais non lors de la modélisation des impacts.
Campagnes nationales de promotion de l'allaitement maternel	Population en général	Cette intervention utilise la publicité et les campagnes médiatiques à des fins de promotion de l'allaitement maternel.	Sinha et al. (2015) ont démontré que les stratégies combinant une intervention médiatique au conseil et à la mobilisation communautaire pouvaient avoir un effet significatif sur l'augmentation du taux d'allaitement exclusif [RR 1,17, 95 % IC 1,01–1,14]. Cette intervention a été considérée lors de l'analyse des coûts, mais non lors de la modélisation des impacts.

Note : IC = intervalle de confiance ; LiST = Outil Vies sauvées (*Lives Saved Tool*) ; RC = rapport de cote ; RR = risque relatif.

Toutefois, l'estimation des effets de chaque politique reste un défi, notamment en raison de la fluctuation de la période d'application, du niveau de mise en œuvre et du nombre de cofondateurs. L'adoption et la mise en vigueur d'une législation nationale conforme au *Code international* de l'OMS sur la commercialisation des substituts de lait maternel sont considérées déterminantes face à la mise en marché agressive du secteur privé (Baker et al. 2016).[2]

L'accès à un congé de maternité est corrélé à une hausse du taux d'allaitement maternel (Sinha et al. 2015), et dans certains, à une diminution de la mortalité infantile (Nandi et al. 2016). Une étude a démontré qu'une nouvelle mère en emploi était plus susceptible — par 8,9 points de pourcentage — d'adopter l'allaitement exclusif du nourrisson de moins de six mois lorsque des politiques nationales garantissaient des pauses pour allaitement maternel sur le lieu de travail (Rollins et al. 2016). Quoique les pays à revenu faible et intermédiaire aient pour la plupart adopté une politique quelconque de congé de maternité et de protection, seuls quelques-uns d'entre eux ont appliqué adéquatement la législation afférente ou disposent d'un système de financement durable à cet effet.

L'initiative *Hôpital ami des bébés* instaurée en 1991 par l'OMS et l'UNICEF comprend un vaste programme de renforcement de la culture de l'allaitement maternel dans les hôpitaux (Labbok 2012) et pourrait représenter une option de politique dans certains pays. L'intégration des *Dix étapes d'un allaitement réussi* de l'OMS (OMS 1998) aux systèmes actuels d'accréditation hospitalière constitue à cet égard une avancée politique importante. Même si les politiques sociales pro-allaitement adoptées par chacun des pays risquent de varier selon le contexte national, celles qui favorisent spécifiquement une culture de soutien à l'allaitement maternel doivent recevoir les financements nécessaires à leur développement, à leur intégration dans la législation, à leur suivi et à leur mise en vigueur.

Prolongation de la prestation versée en vertu d'un congé de maternité

La prestation en vertu d'un congé de maternité désigne le transfert monétaire versé à une femme par le secteur public ou un employeur privé au titre d'une compensation à durée et de niveau déterminé, quoique largement variable selon les pays. Les prestations monétaires réduisent le coût d'opportunité assumé par les femmes qui prennent un congé de maternité afin de prendre soin des nouveau-nés et des nourrissons. Sinha et al. (2015) ont constaté que le congé de maternité était associé à une augmentation de 52 pour cent de l'allaitement maternel exclusif, un effet qui n'est cependant pas entièrement attribuable à l'extension des prestations, à leur durée ou à leur ampleur. Le congé de maternité génère probablement des retombées sociales, développementales et sanitaires beaucoup plus larges, à la fois pour la mère en emploi et son nouveau-né. Cependant, les forts taux d'emploi dans le secteur informel affichés par les pays à revenu faible et intermédiaire freinent actuellement la couverture de la prestation en vertu d'un congé de maternité et, par conséquent, son accès par les populations. Toutefois, avec le développement d'économies mieux nanties et en transition, les mères en emploi se verront offrir des prestations de plus en plus substantielles (Rollins et al. 2016). Des recherches plus approfondies devraient d'ailleurs être menées sur les effets des prestations en vertu d'un congé de maternité et des interventions pro-allaitement maternel en milieu de travail.

Campagnes nationales de promotion de l'allaitement maternel

Les données probantes indiquent que les campagnes médiatiques de promotion de l'allaitement maternel ont un effet significatif sur l'augmentation du taux national d'adhésion. Sinha et al. (2015) ont en effet démontré que les stratégies qui associaient une intervention médiatique au conseil et à la mobilisation communautaire pouvaient provoquer une hausse substantielle du taux d'allaitement maternel exclusif. Par exemple, la mise en œuvre du programme intégré *Alive & Thrive* du Vietnam (voir Encadré 9.3 du Chapitre 9) — qui comprend une campagne médiatique à large échelle, le conseil sur la nutrition du nourrisson et du jeune enfant et le plaidoyer en faveur de politiques sociales d'allaitement maternel — a, entre 2010 et 2014, favorisé une poussée de 28,3 points de pourcentage de l'allaitement maternel exclusif au cours des six premiers mois, comparativement au groupe contrôle (Walters et al. 2016). Des signaux positifs confirment donc que l'investissement dans la promotion médiatique à large échelle et le marketing social permet de contrer l'influence du marché des substituts de lait maternel et de développer une culture de soutien à un allaitement maternel optimal.

Approche analytique spécifique à la cible en matière d'allaitement maternel

La méthode d'estimation des coûts, des impacts et des rapports coûts – avantages a été détaillée au Chapitre 2; cette section se concentre donc sur l'examen des définitions importantes, la sélection de l'échantillon et les données spécifiques à la cible en matière d'allaitement maternel.

Mesurer l'allaitement maternel exclusif

En 2012, «la prévalence de l'allaitement maternel exclusif du nourrisson au cours des six premiers mois» a été retenue comme indicateur de mesure des progrès en matière *d'allaitement maternel exclusif* (OMS et UNICEF 2014). Les données sur la pratique de l'allaitement maternel considérées ici ont surtout été tirées des enquêtes démographiques et de santé (EDS) et des enquêtes en grappe à indicateurs multiples (MICS) auprès des ménages, au cours desquelles les mères ont été interrogées sur la pratique de l'allaitement maternel du nourrisson au cours des 24 dernières heures. Les enquêtes ont considéré l'allaitement comme «exclusif» lorsque la mère rapportait que le nourrisson n'avait reçu aucun autre liquide ou aliment. Pour l'obtention des données nationales sur l'allaitement maternel exclusif, l'analyse a exploité *l'Outil de suivi des cibles mondiales* OMS/UNICEF (version septembre 2015) (OMS 2015). Par ailleurs, le taux d'allaitement maternel exclusif en Inde — 65 pour cent — a été extrait du *Rapid Survey of Children* 2013-2014 (RSOC) puisque l'enquête précédente datait d'une décennie (Gouvernement de l'Inde et UNICEF 2015).

Sélection de l'échantillon

Les estimations présentées ici ont été fondées sur un échantillon de 27 pays (soit les 20 pays qui présentent la charge absolue la plus élevée et les 7 autres dans lesquels la prévalence de l'allaitement maternel exclusif est inférieure à 10 pour cent). Ces 27 pays portent à eux seuls 78 pour cent du fardeau mondial associé à l'absence d'allaitement exclusif du nourrisson (jusqu'à l'âge de six mois) (voir Tableau 2.2 pour la liste des pays). Un multiplicateur de 1,28 a ensuite été utilisé pour l'extrapolation des coûts relatifs à l'échantillon à l'ensemble des pays à revenu faible et intermédiaire.

Interventions considérées par l'analyse

Comme mentionné plus haut, la mise en œuvre d'une stratégie exhaustive représente le moyen le plus efficace d'accroître le taux d'allaitement exclusif. Celle-ci se doit d'inclure, au minimum, des politiques sociales pro-allaitement ; une campagne nationale de promotion de l'allaitement maternel ; et, le conseil aux femmes enceintes et nouvelles mères sur la nutrition du nourrisson et du jeune enfant. Ces interventions ont été retenues parce qu'elles (1) étaient applicables à l'ensemble des pays ; (2) prenaient en compte les multiples facettes des facteurs complexes qui influencent la pratique de l'allaitement maternel ; et (3) pouvaient, prises ensemble, favoriser l'atteinte de l'impact attendu sur le taux d'allaitement maternel exclusif. À long terme, il sera toutefois important de réduire les coûts d'opportunité de l'allaitement maternel, soit à travers le congé de maternité combiné à une prestation ou le soutien en milieu de travail. L'analyse a estimé les coûts associés à une prolongation des prestations en vertu d'un congé de maternité versées aux mères en emploi dans le secteur formel, mais ces chiffres n'ont pas été inclus au paquet d'interventions spécifiques à la nutrition puisque cette initiative, qui sous-tend plusieurs résultats sociaux, économiques et de santé, devrait être financée par d'autres secteurs. On pourra consulter le Tableau 5.1 pour une description plus détaillée et une estimation des effets des interventions considérés par l'analyse d'impact. Même si chacune des interventions influe de façon spécifique sur l'allaitement maternel exclusif, seul l'impact du conseil sur la nutrition a été modélisé, alors que les coûts incluent la mise à l'échelle des quatre interventions. Par conséquent, le rapport coûts – avantages demeure sous-estimé.

Estimation des coûts unitaires

En raison de l'absence de chiffres sur les interventions de politiques sociales pro-allaitement et les campagnes nationales de promotion de l'allaitement maternel, les coûts unitaires annuels afférents ont été basés sur ceux du programme *Alive & Thrive* (Alive & Thrive 2013, 2014 ; Walters et al. 2016). Les hypothèses suivantes ont été émises : le coût agrégé des politiques sociales pro-allaitement et des campagnes nationales de promotion de l'allaitement maternel correspondait respectivement à 1,0 million de dollars ; 3,0 millions de dollars ; 5,0 millions de dollars ; et 10 millions de dollars dans les pays dont les populations s'élèvent à moins de 10 000 000, 10 – 50 000 000, 50 – 250 millions et plus de 250 millions d'habitants. Vingt pour cent des coûts nationaux étaient attribués aux politiques sociales pro-allaitement et 80 pour cent aux campagnes de promotion de l'allaitement. Il a également été présumé que des économies d'échelle pouvaient être réalisées lorsque ces deux interventions étaient menées dans des pays de grande ampleur. Le coût unitaire du conseil sur la nutrition du nourrisson et du jeune enfant a été tiré d'une revue documentaire des données sur les prix (voir Annexe C). Puisque la formulation de la cible considère de façon spécifique l'allaitement maternel exclusif de la naissance à six mois, et non l'allaitement maternel optimal jusqu'à l'âge de deux ans, les montants présentés ici ne couvrent qu'une seule année de conseil sur la nutrition du nourrisson et du jeune enfant par paire mère — enfant.[3] Par ailleurs, les coûts unitaires associés à la prolongation des prestations versées par l'État pour congé de maternité ne concernent que la période entre leur durée actuelle et les six mois attendus, ceci à un taux correspondant à 67 pour cent du salaire minimum dans le pays (OIT 2015).

Estimation des niveaux de couverture actuels

Dans le cas du conseil sur l'allaitement maternel, l'analyse a été basée sur l'indice par défaut de l'outil Vies sauvées (LiST), soit la couverture de la promotion de l'allaitement maternel dans chaque pays, qui a été jugée équivalente au taux d'allaitement maternel exclusif du nourrisson entre zéro et cinq mois. Quoique cet indice présente certaines faiblesses, notamment en raison des multiples interprétations des concepts de «conseil» et de couverture, il a été considéré,[4] au moment de la conduite de l'étude, comme l'instrument de mesure disponible le plus approprié. Les analyses similaires menées dans l'avenir auraient tout avantage à pouvoir tirer parti de données standardisées sur la couverture du conseil nutritionnel. Par ailleurs, la couverture des politiques sociales pro-allaitement maternel a été estimée à partir d'informations qualitatives sur l'adoption complète ou partielle du *Code international de commercialisation des substituts du lait maternel* (OMS, UNICEF, et Réseau international des groupes d'action pour l'alimentation infantile/IBFAN) et des politiques de congé de maternité (OIT 2015). La couverture des prestations en vertu d'un congé de maternité a été estimée correspondre au produit du taux de participation féminine au marché du travail et de la couverture effective dans chacun des pays, telle qu'évaluée par l'Organisation internationale du travail (OIT).[5]

Estimation des coûts totaux

Les coûts ont été calculés à partir d'une méthode similaire à celle des autres cibles considérées par l'analyse. Les financements additionnels nécessaires à l'atteinte de la cible ont été considérés équivalents à la somme des coûts annuels supplémentaires nécessaires à la mise à l'échelle des interventions clés, depuis leur couverture de référence jusqu'à leur pleine expansion. L'hypothèse suggérait, ici aussi, une mise à l'échelle linéaire au cours des cinq premières années, suivie d'une phase de consolidation de cinq ans. Le nombre de bénéficiaires (soit la paire mère – enfant) du conseil sur la nutrition du nourrisson et du jeune enfant et d'un congé de maternité a été calculé en soustrayant le nombre de paires à la naissance de l'ensemble des enfants nés (OMS 2015).

Estimation des impacts

Aux fins de l'analyse des impacts, un modèle Microsoft Excel a été élaboré de façon à paralléliser l'approche utilisée par LiST (Bhutta et al. 2013 ; Walker, Tam, et Friberg 2013 ; Winfrey, McKinnon, et Stover 2011). Quoique plusieurs interventions relatives à la cible en matière d'allaitement maternel aient été chiffrées, l'analyse n'a finalement considéré, lors de la modélisation d'impact, qu'une seule intervention — le conseil sur la nutrition du nourrisson et du jeune enfant. Les autres initiatives de politique et à caractère médiatique sont certes recommandées, mais les études relatives à leur efficacité ont été considérées insuffisantes à une introduction confiante de leurs effets à la modélisation des impacts. Les formules et les rapports de cote utilisés par Sinha et al. (2015) lors de la ré-analyse des estimations agrégées menée dans le cadre de l'actualisation des données LiST (version 5.41 beta 13) ont été introduits au modèle afin d'évaluer l'impact du conseil sur la nutrition du nourrisson et du jeune enfant sur la prévalence de l'allaitement maternel exclusif (voir Tableau 5.1). La ré-analyse suggérait en effet que les enfants de mères ayant eu accès à la promotion de l'allaitement maternel au sein d'un établissement de santé, à domicile/dans la communauté, ou dans les deux, présentaient des rapports de cote respectifs de 2,5, 2,61 et 5,1 en matière d'allaitement maternel exclusif, comparativement aux enfants de mères non bénéficiaires. Par ailleurs, il a également été présumé ici que les effets du conseil en établissement de santé seraient plus significatifs dans les pays à revenu intermédiaire supérieur, mais que la prestation à domicile/ dans la communauté serait plus efficace dans les pays à faible revenu et à revenu intermédiaire inférieur. Afin que les projections d'impacts restent conservatrices, l'effet optimal tiré d'une promotion de l'allaitement maternel à la fois en établissement de santé et à domicile/dans la communauté n'a pas été retenu lors de la modélisation. Selon l'outil LiST, la promotion de l'allaitement maternel contribue indirectement à la prévention de la mortalité néonatale et infantile attribuable à la diarrhée et aux infections respiratoires aiguës (soit la pneumonie). Par conséquent, les projections relatives à la couverture du conseil sur l'allaitement maternel obtenues via Microsoft Excel ont été introduites au modèle LiST afin de pouvoir estimer le nombre de mortalités infantiles évitées suite à la promotion de l'allaitement maternel.

Analyse coûts – avantages

L'analyse coûts – avantages de l'investissement dans l'allaitement maternel a examiné deux types de retombées monétaires directement attribuables à une hausse de l'allaitement maternel exclusif : (1) gains sous forme de revenus supplémentaires générés grâce aux mortalités infantiles évitées, toutes causes confondues ; et (2) gains sous forme de revenus additionnels gagnés suite aux pertes de capacités cognitives évitées chez l'enfant. Ces effets ont été estimés à travers une approche similaire à celle utilisée par Rollins et al. 2016 et Walters et al. 2016. Toutefois, plutôt que d'appliquer ces gains à une période constante d'un an, l'analyse a considéré ici que les revenus supplémentaires imputables aux pertes cognitives évitées chez l'enfant auraient cours pendant toute la vie active en tant qu'adulte, soit depuis l'âge de 18 ans jusqu'à 65 ans ou l'âge moyen d'espérance de vie (le moindre des deux). Le calcul a également été fondé sur l'hypothèse voulant que l'allaitement maternel augmente le QI de 2,62 points, par rapport à un non bénéficiaire (Horta, Loret de Mola, et Victora 2015) et qu'une hausse de 1 de l'écart-type relatif au QI se traduit en augmentation de 17 pour cent du revenu salarial (Hanushek et Woessmann 2008). Certaines retombées potentielles n'ont pas été retenues, notamment l'épargne dégagée suite à la réduction des coûts du traitement de la pneumonie et de la diarrhée en raison d'un allaitement inadéquat ; à la diminution de la dépense indirecte des ménages imputable aux maladies infantiles ; à l'élimination des frais associés à l'acquisition des préparations pour nourrisson ; et, à la chute des coûts de mortalité attribuables au risque plus élevé de cancer du sein chez les femmes n'ayant pas allaité leurs enfants. Par conséquent, les estimations tirées de l'analyse coûts – avantages demeurent conservatrices.

Analyse de sensibilité

L'étude a procédé à une analyse de sensibilité unidirectionnelle des principaux facteurs d'influence des résultats en matière de coûts, d'impacts et de rapport coûts – avantages. Pour l'analyse de sensibilité des coûts, la couverture de référence du conseil sur l'allaitement maternel a été considérée fluctuer avec les autres variables plausibles. L'analyse de sensibilité des impacts a mesuré les changements dans le taux d'allaitement exclusif en 2025 suite aux modifications suivantes : (1) introduction à l'outil LiST d'une estimation moins conservatrice des modalités de prestation, de façon à mesurer les différents effets de la promotion de l'allaitement maternel (prestation combinée en établissement de santé et à domicile/dans la communauté) ; (2) exclusion des résultats en matière d'allaitement maternel obtenus en Inde par le RSOC 2013-2014 ; (3) prise en compte de la croissance (sur la base des tendances antérieures) du PIB dans les pays à revenu faible et intermédiaire, qui entraînerait une réduction annuelle moyenne de 0,34 point de pourcentage du taux d'allaitement maternel exclusif chez les enfants de zéro à cinq mois (Victora et al. 2016) ;[6] et, (4) application aux pays à revenu faible et intermédiaire d'une projection de la tendance historique moyenne d'augmentation du taux d'allaitement maternel exclusif équivalente à + 0,40 point de pourcentage par année (OMS 2015).

Résultats

Cette section présente les résultats des analyses mentionnées plus haut, notamment en matière de coûts et d'impacts.

Prévalence de l'allaitement maternel

L'Outil de suivi des cibles mondiales de nutrition de l'OMS établit à 38 pour cent la prévalence de l'allaitement maternel exclusif (OMS 2015), un constat similaire à celui de la Série du *Lancet* consacrée à l'allaitement maternel (Victora et al. 2016). En raison de la taille de l'Inde et de son influence sur les indicateurs de nutrition dans le monde, la seule introduction de son nouveau taux d'allaitement exclusif, tel qu'établi par le RSOC 2013-2014, fait passer l'incidence dans les pays à revenu faible et intermédiaire de 38 pour cent en 2012 à 43 pour cent en 2015. *Par conséquent, l'Inde serait responsable, à elle seule, de 40 pour cent de l'atteinte de la cible liée à l'allaitement maternel fixée par l'Assemblée mondiale de la santé.* Le nouveau taux a été introduit à la donnée sur la prévalence de référence de l'allaitement maternel exclusif considérée par l'analyse.

Coûts unitaires

Le coût unitaire moyen pondéré selon la population du conseil sur la nutrition adéquate du nourrisson et du jeune enfant a été estimé à 7,32 dollars par année et par paire mère-enfant, avec une fourchette nationale qui va de 0,7 dollar par année au Guatemala à 13,35 dollars dans les pays d'Afrique du Nord et du Moyen-Orient. Le Tableau 5.2 résume les différents coûts unitaires des interventions retenues. Dans le cas de la prolongation jusqu'à six mois des prestations versées en vertu d'un congé de maternité, ces coûts varient largement en raison des politiques et salaires en vigueur dans les pays de l'échantillon.

Estimation des besoins financiers totaux

Pour atteindre la cible en matière d'allaitement maternel dans les pays à revenu faible et intermédiaire, il faudrait investir 5,7 milliards de dollars sur 10 ans dans la mise à l'échelle du paquet d'interventions clés sélectionnées (voir Tableau 5.3), soit approximativement 4,70 dollars par nouveau-né. La majorité de cette somme irait au conseil sur la nutrition du nourrisson et du jeune enfant (4,2 milliards de dollars) alors que l'instauration de politiques sociales

Tableau 5.2 Coût unitaire minimum, maximum et moyen pour l'atteinte de la cible en matière d'allaitement maternel (annuel)

$ EU

Intervention	Minimum	Maximum	Coût unitaire moyen
Coût par personne et par année			
Conseil sur la nutrition du nourrisson et du jeune enfant	0,70	13,35	7,32
Prolongation des prestations en vertu d'un congé de maternité, depuis leur durée actuelle jusqu'à six mois	0,00	1 401,96	273,64
Coût par pays et par année			
Politiques sociales pro-allaitement	100 000	1 000 000	n. a.
Campagnes nationales de promotion de l'allaitement maternel	2 000 000	8 000 000	n. a.

Note : Le coût unitaire moyen a été pondéré selon la moyenne populationnelle.

Tableau 5.3 Total des financements nécessaires à l'atteinte de la cible en matière d'allaitement maternel

Intervention	Coûts totaux sur 10 ans 2016 – 2025 (millions) $ EU	Part des coûts totaux sur 10 ans (%)
Conseil sur la nutrition du nourrisson et du jeune enfant	4 159	80
Politiques sociales pro-allaitement	111	2
Campagnes nationales de promotion de l'allaitement maternel	906	18
Sous total	**5 176**	**100**
Programmes (renforcement des capacités et suivi et évaluation)	570	n.a.
Coûts totaux	**5 746**	**n.a.**

Note : les prestations en vertu d'un congé de maternité ont été exclues du coût du paquet ; n.a. = non applicable.

Figure 5.2 Besoins financiers annuels pour l'atteinte de la cible en matière de retard de croissance
Millions $ EU

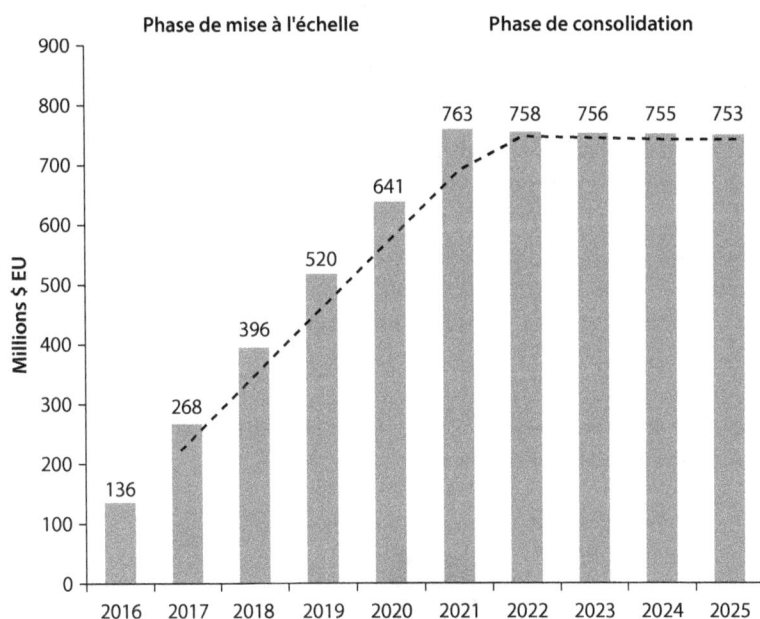

Note : les prestations en vertu d'un congé de maternité ont été exclues du coût du paquet.

pro-allaitement (111 millions de dollars) et la conduite de campagnes nationales de promotion de l'allaitement maternel (906 millions de dollars) n'absorberaient que de plus petits montants. Les coûts annuels supplémentaires nécessaires à une pleine couverture sur cinq ans passeraient de 236 millions en 2016 à 763 millions en 2021 (voir Figure 5.2)

Dans les pays à revenu faible et intermédiaire, les financements nécessaires à la prolongation des prestations en vertu d'un congé de maternité depuis leur durée actuelle jusqu'à six mois ont été estimés à 24,1 milliards de dollars sur 10 ans. Toutefois, puisque ces prestations sont également importantes pour l'atteinte d'autres objectifs sociaux, d'emploi, de genre et de développement — et non uniquement pour l'allaitement maternel — les coûts afférents ont été exclus du paquet d'interventions spécifiques à la nutrition présenté ci-dessus.

Pour atteindre la pleine couverture, il faudrait investir 38 pour cent des coûts (2,3 milliards de dollars) dans région Asie de l'Est et Pacifique, contre 25 pour cent en Afrique subsaharienne (1,5 milliard de dollars), un peu moins en Asie du Sud (0,7 milliard de dollars), et des parts mineures dans les autres régions (Figure 5.3). Finalement, la répartition selon le revenu (voir Figure 5.4) suggère un partage à parts égales des coûts entre les pays à revenu intermédiaire inférieur et supérieur (respectivement 45 et 46 pour cent), avec des besoins d'investissement largement moins importants dans les pays à faible revenu (9 pour cent).

Analyse de sensibilité des estimations de coûts

Si une seconde année de conseil sur la nutrition du nourrisson et du jeune enfant est ajoutée, conformément aux directives et en ligne avec les coûts associés à la cible en matière de retard de croissance, les besoins financiers grimpent à 8,7 milliards de dollars. Dans ce modèle, les coûts associés à la couverture du conseil sur la nutrition du nourrisson et du jeune enfant restent probablement la source la d'incertitude plus importante. Le schéma tornade issu de l'analyse de sensibilité (voir Figure 5.5) démontre que l'adoption de taux de couverture plus conservateurs — par exemple un allaitement exclusif jusqu'à quatre ou cinq mois, tel que rapporté par les EDS et enquêtes MICS, ou tout simplement

Figure 5.3 Besoins financiers sur 10 ans pour l'atteinte de la cible en matière d'allaitement maternel, par région

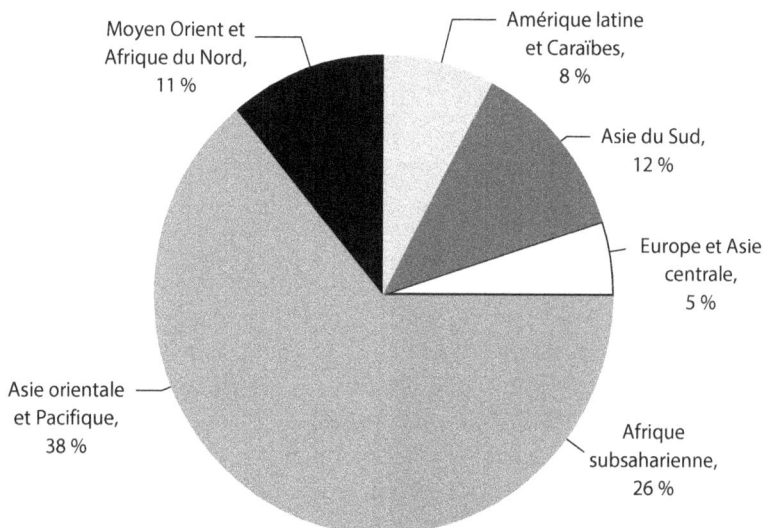

Figure 5.4 Besoins financiers sur 10 ans pour l'atteinte de la cible en matière d'allaitement maternel, par catégorie de revenu national

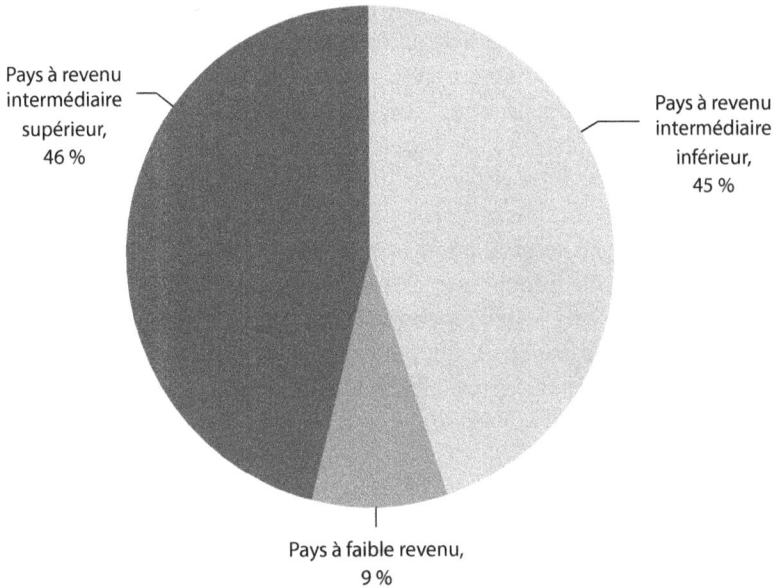

Pays à revenu intermédiaire supérieur, 46 %

Pays à revenu intermédiaire inférieur, 45 %

Pays à faible revenu, 9 %

Figure 5.5 Analyse de sensibilité de l'ensemble des besoins financiers sur 10 ans pour l'atteinte de la cible en matière d'allaitement maternel
Milliards $ EU

Couverture de référence du conseil sur la nutrition du nourrisson et du jeune enfant = soins prénataux (4 consultations et +) comme en tant que mesure indicative

Mise à l'échelle minimale nécessaire à l'atteinte de la cible (taux de couverture maximal du conseil sur la nutrition du nourrisson et du jeune enfant = 53 %

Couverture de référence du conseil sur la nutrition du nourrisson et du jeune enfant = 0 %

Couverture de référence du conseil sur la nutrition du nourrisson et du jeune enfant = taux d'allaitement maternel exclusif à 4 - 5 mois

Total des coûts sur 10 ans (milliards $ EU)

■ Coûts moins élevés ■ Coûts plus élevés

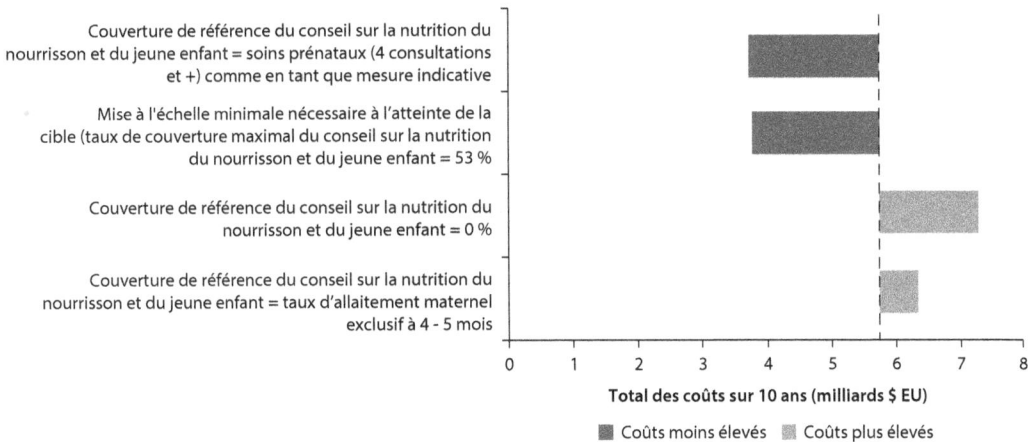

l'absence de couverture (zéro pour cent) — ramènerait les besoins financiers respectifs à 6,3 milliards et 7,3 milliards de dollars sur 10 ans. Le niveau minimum nécessaire à l'atteinte de la cible s'élève à 53 pour cent, mais une telle contraction des coûts se traduirait par un recul substantiel du nombre de mortalités et de maladies infantiles évitées.

Un cadre d'investissement pour la nutrition • http://dx.doi.org/10.1596/978-1-4648-1142-5

Impacts attendus de la mise à l'échelle

À travers le monde, les investissements dans le paquet d'interventions liées à l'allaitement maternel devraient permettre à 105 millions d'enfants supplémentaires d'avoir accès à un allaitement exclusif au cours des 10 prochaines années, avec une augmentation à 54 pour cent du taux d'adhésion (voir Figure 5.6).[7] Dans l'ensemble des pays à revenu faible et intermédiaire, ceci se traduirait par 520 000 mortalités infantiles de moins au cours des 10 prochaines années. En outre, des millions de cas de diarrhée et de pneumonie seraient évités et davantage d'enfants pourraient développer pleinement leur potentiel cognitif. Les cinq pays affichant le plus grand nombre de mortalités évitées — l'Inde, le Pakistan, le Nigéria, la République Démocratique du Congo, et l'Éthiopie — compteraient à eux seuls pour 57 pour cent des résultats obtenus dans les pays à revenu faible et intermédiaire. Quoique cet aspect n'ait pas été calculé lors de l'analyse, l'augmentation du taux d'allaitement maternel exclusif favoriserait une réduction substantielle de la mortalité par cancer du sein en raison de ses effets protecteurs sur la mère.

Il faut noter que l'approche de modélisation actuellement utilisée par LiST et reprise au fichier Excel pourrait s'avérer problématique lorsque la prévalence nationale de l'allaitement maternel exclusif est extrêmement faible et se situe entre zéro et 10 pour cent. Puisque les formules qui déterminent l'ampleur des effets du conseil sur l'adhésion dépendent d'un indicateur de couverture par défaut lui-même conjectural (soit, la prévalence d'un allaitement maternel exclusif entre zéro et cinq mois), les pays dans lesquels l'incidence reste très basse ne

Figure 5.6 Prévalence de l'allaitement maternel exclusif et des mortalités infantiles évitées suite à la mise à l'échelle des interventions nécessaires à l'atteinte de la cible en matière d'allaitement maternel

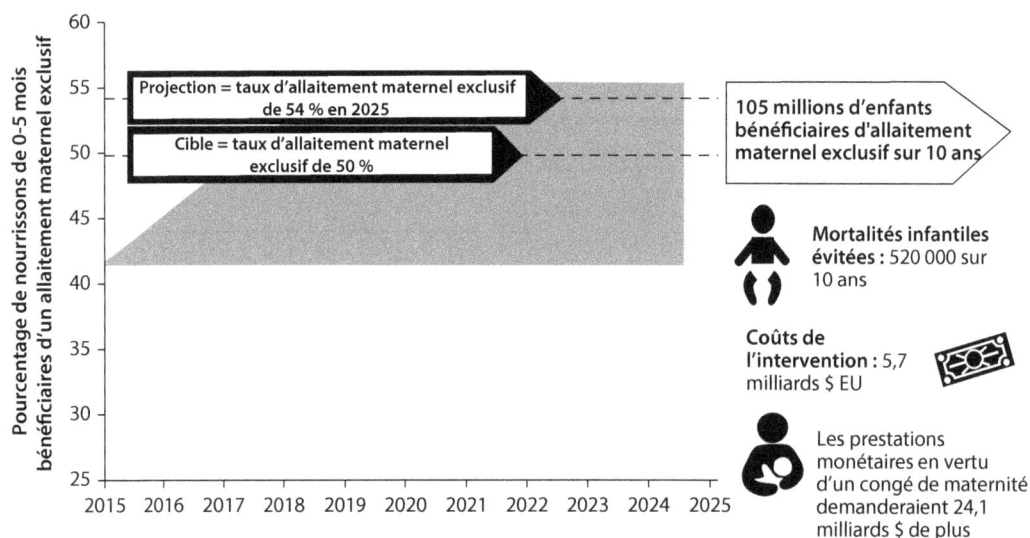

pourront montrer, avec ces modèles, qu'une hausse limitée du taux d'allaitement maternel. Par exemple, selon l'outil LiST, l'augmentation de l'incidence de l'allaitement exclusif à Djibouti passerait de 1 pour cent en 2015 à seulement 3,1 pour cent en 2025, malgré l'atteinte d'une couverture de 90 pour cent des interventions de conseil sur 10 ans. Dans le cas de la promotion de l'allaitement maternel, les limites actuelles du modèle LiST ont donc affecté les projections relatives aux pays dans lesquels le taux de référence était faible. Toutefois, celles-ci ont eu un impact minime sur les résultats des analyses menées au niveau mondial, puisque la plupart des pays de l'échantillon avaient été sélectionnés sur la base d'une forte contribution à la charge absolue.

Analyse de sensibilité des impacts de la mise à l'échelle

La formulation de prédictions précises s'est avérée difficile en raison de la confluence des facteurs influant sur l'adhésion de l'allaitement maternel dans les différents pays. L'analyse de sensibilité rend compte de la fluctuation de la projection lorsque les effets de la promotion sur l'allaitement maternel exclusif, tels qu'estimés par l'outil LiST, sont attribuables au conseil à la fois en établissement de santé et à domicile/dans la communauté. Par ailleurs, si le taux de référence ne tient pas compte des nouvelles données sur l'Inde tirées du RSOC 2013-2014, la projection mondiale en matière d'allaitement exclusif passe de 54 pour cent à 50 pour cent en 2025. L'analyse de sensibilité confirme également une modification du taux d'allaitement maternel exclusif projeté en 2025 suite à la prise en compte des effets du PIB et d'une extension des tendances historiques (voir Figure 5.7). Toutefois, dans les deux cas, la cible serait quand même atteinte.

Figure 5.7 Analyse de sensibilité des impacts estimés des interventions sur le taux d'allaitement maternel exclusif

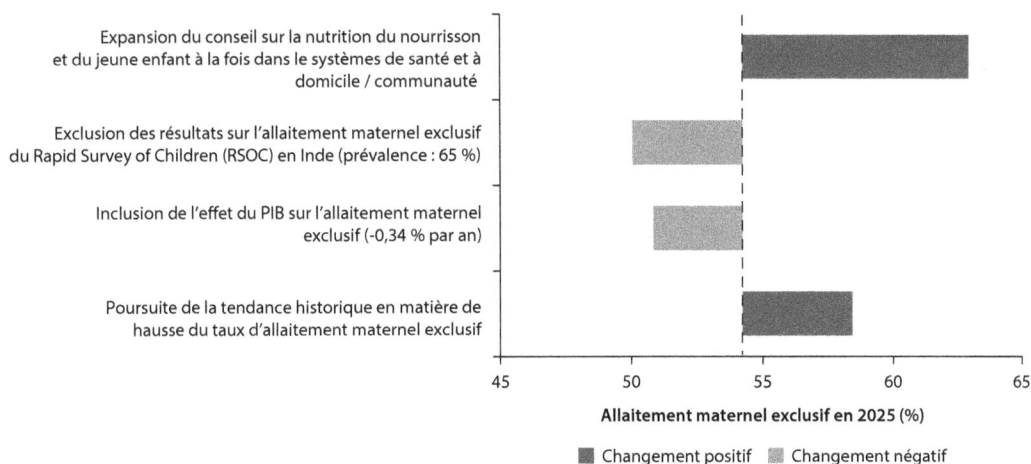

Allaitement maternel exclusif en 2025 (%)

■ Changement positif ■ Changement négatif

Même si des efforts considérables devront être investis ici, ces derniers semblent moins ambitieux que ceux qu'il faudra consacrer à l'atteinte des autres cibles mondiales de nutrition. L'analyse démontre en effet qu'il serait possible de dépasser la cible actuelle en matière d'allaitement maternel d'ici 2025 ou 2030.

Analyse coûts – avantages

L'investissement dans un paquet exhaustif de promotion et d'appui à l'allaitement maternel représente un excellent placement national. Si l'on présuppose un taux conservateur de croissance du PIB de trois pour cent et un taux d'actualisation des coûts et retombées de trois pour cent, le bénéfice net estimé au cours de la vie active des enfants bénéficiaires s'élèverait à 298 milliards de dollars, avec un rapport coûts — avantages agrégé de 34,7 et médian de 17,5 (voir le Tableau 5.4). Par région, ceci se traduirait par un rapport coûts – avantages de 18,2 en Afrique subsaharienne ; de 37,0 en Asie du Sud ; et de 33,8 en Asie de l'Est et Pacifique. Par catégorie de revenus, le rapport s'établirait à 6,3 dans les pays à faible revenu, à 27,7 dans les pays à revenu intermédiaire inférieur et à 46,3 dans les pays à revenu intermédiaire supérieur.

Avec un taux d'actualisation plus conservateur de cinq pour cent, le rapport coûts – avantages médian chuterait à 7,6 et le taux agrégé à 15,8.

Tableau 5.4 Rapport coûts – avantages de la mise à l'échelle des interventions pour l'atteinte de la cible en matière d'allaitement maternel, avec des taux d'actualisation respectifs de trois et de cinq pour cent

	Taux d'actualisation de 3 %			Taux d'actualisation de 5 %		
Catégorie de revenu	Valeur actualisée des retombées (milliards $ EU)	Valeur actualisée des coûts (milliards $ EU)	Rapport coûts – avantages	Valeur actualisée des retombées (milliards $ EU)	Valeur actualisée des coûts (milliards $ EU)	Rapport coûts – avantages
Région						
Afrique subsaharienne*	20,0	1,1	18,2	8,6	1,0	8,9
Asie du Sud*	36,1	0,9	37,0	14,5	0,9	16,8
Asie de l'Est et Pacifique*	108,2	3,2	33,8	43,3	2,8	15,2
Par catégorie de revenu national						
Pays à faible revenu*	3,5	0,6	6,3	1,3	0,5	2,5
Pays à revenu intermédiaire inférieur*	81,7	3,0	27,7	33,3	2,6	12,8
Pays à revenu intermédiaire supérieur*	147,2	3,2	46,3	59,5	2,8	21,1
Agrégé	**297,6**	**8,6**	**34,7**	**120,3**	**7,6**	**15,8**
Médian*	n,a,	n,a,	17,5	n,a,	n,a,	7,6

Note : n.a. = non applicable.

* Uniquement pays de l'échantillon.

Discussion

Les êtres humains ont toujours pensé et la science a démontré que l'allaitement maternel avait des effets nutritionnels et immunologiques inégalés sur le nourrisson et le jeune enfant. L'analyse menée ici a démontré que, malgré l'ampleur des investissements dans la promotion, la protection et le soutien à l'allaitement maternel nécessaires, l'atteinte de la cible mondiale reste possible, ce qui permettrait à la fois de sauver un grand nombre de vies infantiles et de réduire substantiellement la morbidité maternelle. En fait, la cible fixée pourrait même être dépassée et sa portée révisée à la hausse.

Dans l'ensemble des pays, le rendement serait positif et substantiel : les estimations font état de retombées de 298 milliards de dollars en valeur actualisée nette au cours de la vie active des enfants bénéficiaires, avec un rapport coûts – avantages agrégé de 34,7 et médian de 17,5 (respectivement 15,8 et 7,6 sur la base d'un taux d'actualisation plus conservateur). Les recherches récentes indiquent que, lorsque l'enfant est allaité, les gains sous forme de revenus supplémentaires au cours de la vie s'élèveraient à près de 20 000 dollars aux États-Unis (Lutter 2016). Même si les projections relatives aux gains en termes de revenus supplémentaires calculées ici sont moindres en raison de la situation économique des pays de l'échantillon, ce constat novateur confirme l'importance de la promotion de l'allaitement maternel exclusif.

Les prévisions relatives aux modèles comportementaux dans l'avenir ne peuvent être précises que si la qualité des instruments et des données est bonne et que les hypothèses formulées sont valables. L'analyse a été effectuée à partir des meilleures données disponibles, mais celles-ci devraient être complétées rapidement, particulièrement sur les questions de couverture, de coût et d'efficacité (pour certaines interventions). Les leviers de politique et la prise d'actions — notamment en matière de versement de prestations en vertu d'un congé de maternité — demandent généralement des investissements élevés pour une couverture qui se limite finalement au secteur formel. Toutefois, puisque de nombreuses femmes travaillent dans le secteur informel, particulièrement dans les pays considérés ici, leur participation reste essentielle à l'atteinte d'un impact plus important. Une meilleure mesure de la couverture du conseil sur la nutrition du nourrisson et du jeune enfant, depuis la grossesse jusqu'à l'âge de deux ans, a également un caractère urgent. On s'attend d'ailleurs à ce qu'une question sur le conseil en matière d'allaitement maternel ajoutée aux enquêtes EDS contribue à une meilleure estimation de la couverture de cette intervention, malgré que ceci ne puisse pas suffire à l'évaluation de la couverture du conseil exhaustif aux nouvelles mères jusqu'à ce que l'enfant atteigne 2 ans.

Il est également urgent que les responsables de la mise en œuvre et les chercheurs collectent et publient des données sur les coûts, ce qui permettrait aux études menées dans l'avenir d'exploiter des données plus fiables. Le logiciel de modélisation des impacts devrait également être adapté de façon à pouvoir inclure une plus large gamme d'interventions relatives à l'allaitement maternel et effectuer des projections plus solides sur les pays à forte charge. L'application de méthodes expérimentales et quasi expérimentales apparaît également nécessaire à une meilleure compréhension des impacts des interventions, notamment de politique, médiatiques et de prolongation du congé de maternité. Les décennies de lacunes dans la prise en charge des mères qui allaitent ont contribué à la création d'une culture qui stigmatise l'allaitement maternel et sous-estime les compromis associés à son absence, particulièrement dans les économies émergentes et les pays à revenu plus élevé. Actuellement, le plaidoyer en faveur de l'investissement dans la reprise de l'allaitement maternel au XXIe siècle est tout à fait clair. D'ailleurs l'analyse a démontré que la mise à l'échelle d'un ensemble clé d'interventions favorables à l'allaitement maternel optimal pouvait non seulement avoir un impact majeur sur la prévention de la mortalité infantile, mais aussi générer au fil du temps des rendements substantiels pour les sociétés, les marchés du travail et leurs économies.

Notes

1. Dans l'analyse, la *prestation versée en vertu d'un congé de maternité* désigne le transfert monétaire aux femmes et non la politique qui l'impose. Toute politique ou directive sur la prestation versée en vertu d'un congé de maternité a été considérée faire partie des interventions de politique sociale pro-allaitement.

2. Jusqu'à maintenant, 39 pays ont adopté une législation conforme au *Code international de commercialisation des substituts du lait maternel* et 96 autres ont adopté certaines mesures législatives, quoique plusieurs ne disposent pas des ressources nécessaires au suivi de l'application des directives et à la prise de sanctions en cas de violation du Code (OMS, UNICEF et IBFAN 2016).

3. Ceci diffère du calcul des coûts associés à l'atteinte de la cible en matière de retard de croissance, qui comprenait la promotion pendant deux ans de pratiques adéquates de nutrition et d'hygiène du nourrisson et du jeune enfant (voir Chapitre 3).

4. Dans certains cas, le «conseil» peut prendre la forme d'un court échange entre la femme enceinte et le professionnel de la santé au cours d'une visite pour soins prénataux. À l'autre extrémité du spectre, le «conseil» peut comprendre jusqu'à 15 consultations nutritionnelles depuis la grossesse jusqu'à la seconde année de vie de l'enfant.

5. L'OIT estime la *couverture effective* de la prestation versée en vertu d'un congé de maternité dans chaque pays; il s'agit ici du nombre de femmes qui ont droit à une prestation, mais n'en sont pas nécessairement bénéficiaires au moment de l'enquête.

6. La Série sur l'allaitement maternel du *Lancet* suggère une forte corrélation inverse entre le PIB et le taux d'allaitement maternel et estime que, «pour chaque multiplication par deux du produit intérieur brut par habitant, la prévalence de l'allaitement maternel à 12 mois chute de 10 points de pourcentage» (Victora et al. 2016, 477). Aux fins de cette étude, l'ampleur des effets a été modifiée pour correspondre à l'analyse de sensibilité du taux d'allaitement maternel exclusif dans les pays à revenu faible et intermédiaire considérés ici. Si la croissance de 5,5 pour cent du PIB par habitant enregistrée depuis 10 ans (2004 – 2014) dans les pays à revenu faible et intermédiaire (Banque mondiale 2015) se maintenait, l'augmentation serait en effet équivalente à 70 pour cent et non à une multiplication par deux du PIB d'ici 2025. En outre, selon les estimations de Victora et al. (2016), la corrélation entre le PIB par habitant et l'allaitement exclusif serait environ deux fois moins forte (soit - 0,41) qu'à 12 mois

(soit - 0,84). Par conséquent les calculs des auteurs relatifs aux effets de la croissance du PIB sur l'allaitement exclusif effectués dans un contexte d'évaluation des coûts associés à la cible de l'Assemblée mondiale de la santé ont été basés sur la formule suivante : –10 % * 70 % * (–0.41/–0.84)/10 ans = –0,34 point de pourcentage par an.

7. Il paraît important de souligner que cette projection dépend fortement des résultats enregistrés par du *Rapid Survey of Children* mené en 2013-2014 en Inde qui font état d'un allaitement maternel exclusif de 65 pour cent, ce qui, en raison de la taille de la population indienne, affecte fortement les chiffres mondiaux. Voir la discussion dans la Section *Analyse de sensibilité des impacts de la mise à l'échelle.*

Références

Alive & Thrive. 2013. *Vietnam Costing Study: Implementation Expenditure and Costs.* Hanoi: Alive & Thrive.

———. 2014. *Country Brief: Alive & Thrive Program Approach and Results in Vietnam. June 2009 to December 2014.* Hanoi: Alive & Thrive. http://aliveandthrive.org /resources/country-brief-alive-thrives-program-approach-andresults-in-viet-nam-june -2009-to-december-2014/.

Baker, P., J. Smith, L. Salmon, S. Friel, G. Kent, A. Iellamo, J. P. Dadhich, et M. J. Renfrew. 2016. « Global Trends and Patterns of Commercial Milk-Based Formula Sales: Is an Unprecedented Infant and Young Child Feeding Transition Underway? » *Public Health Nutrition* 19 (14): 2540–50.

Banque mondiale. 2015. Indicateurs du développement dans le monde (base de données). Banque mondiale, Washington DC (consulté en 2015). http://data.worldbank.org /data-catalog/world-development-indicators (accès en 2015).

Bhutta, Z. A., J. K. Das, A. Rizvi, M. F. Gaffey, N. Walker, S. Horton, P. Webb, A. Lartey, et R. E. Black. 2013. « Evidence-Based Interventions for Improvement of Maternal and Child Nutrition: What Can Be Done and at What Cost? » *The Lancet* 382 (9890): 452–77.

Cai, X., T. Wardlaw, et D. W. Brown. 2012. « Global Trends in Exclusive Breastfeeding. » *International Breastfeeding Journal* 7 : 12.

Gouvernement de l'Inde, ministère de la Femme et du Développement de l'Enfant; et UNICEF. 2015. *Rapid Survey on Children (RSOC) 2013–14: National Report.* Nouvelle Delhi. http://wcd.nic.in/sites/default/files/RSOC%20National%20Report %202013-14%20Final.pdf.

Hanushek, E. et L. Woessmann. 2008. « The Role of Cognitive Skills in Economic Development. » *Journal of Economic Literature* 46: 607–68.

Haroon, S., J. K. Das, R. A. Salam, A. Imdad, et Z. A. Bhutta. 2013. « Breastfeeding Promotion Interventions and Breastfeeding Practices: A Systematic Review. » *BMC Public Health.* 13 (Suppl 3): S20.

Holla-Bhar, R., A. Iellamo, A. Gupta, J. P. Smith, et J. P. Dadhich. 2015. « Investing in Breastfeeding: The World Breastfeeding Costing Initiative. » *International Breastfeeding Journal* 10: 8.

Horta, B. L., C. Loret de Mola, et C. G. Victora. 2015. « Breastfeeding and Intelligence: A Systematic Review and Meta-Analysis. » *Acta Paediatrica* 104 : 14–19.

IFPRI (Institut International de Recherche sur les Politiques Alimentaires). 2016. *Rapport mondial sur la nutrition 2016 : Des promesses aux impacts : Éliminer la malnutrition d'ici 2030,*

Washington, DC : IFPRI. http://ebrary.ifpri.org/utils/getfile/collection/p15738coll2
/id/130354/filename/130565.pdf.

Labbok, M. H. 2012. « Global Baby-Friendly Hospital Initiative Monitoring Data: Update
and Discussion. » *Breastfeeding Medicine: The Official Journal of the Academy of
Breastfeeding Medicine* 7: 210–222.

Lutter, R . 2016. « Cognitive Performance, Labor Market Outcomes, and Estimates of
Economic Value of Cognitive Effects of Breastfeeding. » Manuscrit non publié.
Université de Virginie, Charlottesville, Virginie.

Nandi, A., M. Hajizadeh, S. Harper, A. Koski, E. C. Strumpf, et J. Heymann. 2016.
« Increased Duration of Paid Maternity Leave Lowers Infant Mortality in Low- and
Middle-Income Countries: A Quasi-Experimental Study. » *PLoS Medicine* 13:
e1001985.

OIT (Organisation internationale du Travail). 2015. ILOSTAT (base de données). OIT,
Genève. http://www.ilo.org/ilostat/faces/oracle/webcenter/portalapp/pagehierarchy
/Page137.jspx?_afrLoop=52211198762802&clean=true#!%40%40%3F_afrLoop%3
D52211198762802%26clean%3Dtrue%26_adf.ctrl-state%3Dtsep308c4_159 (accès
le 2 mai 2015).

OMS (Organisation mondiale de la Santé). 1998. *Evidence for the Ten Steps to Successful
Breastfeeding.* Genève : OMS.

———. 2015. *Outil de suivi des cibles mondiales.* (consulté le 15 septembre 2015). https://
extranet.who.int/sree/Reports?op=vs&path=%2FWHO_HQ_Reports/G16/PROD
/EXT/Targets_Menu&VSPARAM_varLanguage=E&VSPARAM_varISOCODE=ALB.

OMS et UNICEF (Organisation mondiale de la Santé et Fonds des Nations Unies pour
l'Enfance). 2014. *Global Nutrition Targets 2025: Breastfeeding Policy Brief.* http://apps
.who.int/iris/bitstream/10665/149022/1/WHO_NMH_NHD_14.7_eng.pdf?ua=1.

OMS, UNICEF, et IBFAN (Organisation mondiale de la Santé, Fonds des Nations Unies
pour l'Enfance et Réseau international des groupes d'action pour l'alimentation
infantile). 2016. Commercialisation des substituts du lait maternel : mise en œuvre
du code international à l'échelle nationale. Rapport de situation 2016. Genève :
OMS. http://apps.who.int/iris/bitstream/10665/206008/1/9789241565325_eng.pdf
?ua=1&ua=1.

Piwoz, E. G. et S. L. Huffman. 2015. « The Impact of Marketing of Breast-Milk Substitutes
on WHO-Recommended Breastfeeding Practices. » *Food and Nutrition Bulletin* 36 (4):
373–86.

Rollins, N. C., N. Bhandari, N. Hajeebhoy, S. Horton, C. K. Lutter, J. C. Martines,
E. G. Piwoz, L. M. RIchter, et C. G. Victora. 2016. « Why Invest, and What It Will Take
to Improve Breastfeeding Practices? » *The Lancet* 387 (10017): 491–504.

Sinha, B., R. Chowdury, M. J. Sankar, J. Martines, S. Taneja, S. Mazumder, N. Rollins,
R. Bahl, et N. Bhandari. 2015. « Interventions to Improve Breastfeeding Outcomes:
A Systematic Review and Meta-Analysis. » *Acta Pediatrica* 104 (467) : 114–34.

UNICEF (Fonds des Nations Unies pour l'Enfance). 2011. *Guide de programmation, alimentation du nourrisson et du jeune enfant.* http://www.unicef.org/nutrition/files
/Final_IYCF_programming_guide_2011.pdf.

———. 2016. *From the First Hour of Life: Making the Case for Improved Infant and Young
Child Feeding Everywhere.* New York: UNICEF. https://data.unicef.org/resources/first
-hour-life-new-report-breastfeeding-practices/.

Victora, C., R. Bahl, A. Barros, G. V. A. França, S. Horton, J. Krasevec, S. Murch, M. J. Sankar, N. Walker, et N. C. Rollins. 2016. « Breastfeeding in the 21st Century: Epidemiology, Mechanisms and Lifelong Effect. » *The Lancet* 387 (10017): 475–490.

Walker, N., Y. Tam, et I. K. Friberg. 2013. « Overview of the Lives Saved Tool (LiST). » *BMC Public Health* 13 (Suppl 3): S1-2458-13-S3-S1. Epub 2013 Sep 17.

Walters, D., S. Horton, A. Y. Siregar, P. Pitriyan, N. Hajeebhoy, R. Mathisen, L. T. Phan, et C. Rudert. 2016. « The Cost of Not Breastfeeding in Southeast Asia. » *Health Policy and Planning* 31 (8): 1107–16.

Winfrey, W., R. McKinnon, et J. Stover. 2011. « Methods Used in the Lives Saved Tool (LiST). » *BMC Public Health* 11 (Suppl 3): S32.

CHAPITRE 6

Mettre à l'échelle le traitement de l'émaciation sévère

Jakub Kakietek, Michelle Mehta, et Meera Shekar

Messages clés

- En raison de la faiblesse du corpus de données sur la prévention de l'émaciation, l'estimation des coûts liés à l'atteinte de la cible mondiale paraît actuellement impossible. Pour satisfaire à cet objectif, il faudra donc procéder rapidement au développement d'une base de données et de directives de politique comme d'intervention.
- Contrairement aux chapitres précédents, l'analyse effectuée ici a été axée sur l'estimation des financements nécessaires au traitement de la malnutrition aiguë sévère et à l'atténuation de ses impacts. Toutefois, cet exercice n'a pas pris en compte les coûts et les effets associés au traitement de la malnutrition aiguë modérée, notamment en raison des lacunes en matière de base de données et de directives de traitement par l'Organisation mondiale de la Santé (OMS).
- La mise à l'échelle du traitement de la malnutrition aiguë sévère chez les 91 millions d'enfants des pays à revenu faible et intermédiaire demanderait un investissement d'environ 9,1 milliards de dollars sur 10 ans, ce qui correspond à une moyenne par enfant de près de 110 dollars en Afrique et de 90 dollars en Asie du Sud.
- Au cours de cette période, l'expansion du traitement permettrait d'éviter au moins 860 000 mortalités chez les moins de cinq ans.
- De façon conservatrice, la mise à l'échelle du traitement de la malnutrition aiguë sévère chez l'enfant générerait des retombées d'au moins 25 milliards de dollars sous forme de productivité économique annuelle accrue au cours de la vie active des enfants bénéficiaires. Chaque dollar investi donnerait donc lieu à un rendement économique d'environ quatre dollars (avec un taux d'actualisation de trois pour cent par an).
- Les estimations conservatrices ne considèrent que la réduction de la mortalité. Or, le traitement de l'émaciation pourrait avoir d'autres effets sur le développement de l'enfant (par exemple, la réduction des pertes cognitives et des handicaps physiques) qui, malheureusement, non pas encore été quantifiés.
- Il faudra mener de nouvelles recherches sur l'incidence de l'émaciation ; son occurrence à caractère cyclique (par exemple si et à quelle fréquence un enfant fait face à divers épisodes d'émaciation au cours d'une année donnée) et les différentes conséquences et vulnérabilités attribuables aux épisodes répétés ; la relation entre l'émaciation et le retard de croissance ; et, les impacts à court, moyen et long termes de l'émaciation sur le développement physique et cognitif de l'enfant. Sans investissement diligent dans la connaissance, il ne sera pas possible de procéder à un plaidoyer efficace en faveur d'un investissement mondial dans la prévention de l'émaciation.

L'émaciation et ses effets

L'émaciation — la *malnutrition aiguë* — se caractérise par une insuffisance ou une perte de poids corporel par rapport à la taille. L'OMS la considère sévère ou modérée sur la base des indices de croissance poids/taille préétablis.[1] La *malnutrition aiguë sévère* se caractérise par une émaciation prononcée et/ou une circonférence brachiale inférieure à 75 millimètres et/ou la présence d'œdème prenant le godet bilatéral. La malnutrition aiguë modérée fait référence à une émaciation modérée et/ou une circonférence musculaire brachiale supérieure ou égale à 115 millimètres, mais inférieure à 125 millimètres (OMS 2014). Malgré ceci, certaines variations dans la classification de l'émaciation rendent difficile l'identification des enfants auxquels un traitement devrait être administré. En outre, ni le rapport poids/taille ni la circonférence brachiale n'agissent comme facteurs prédictifs fiables de la mortalité, quoique la circonférence brachiale paraisse donner de meilleurs résultats (ENN et al. 2012). Pour cette raison, l'évaluation clinique des complications, notamment de l'œdème prenant le godet bilatéral, est essentielle à la distinction entre les cas sévères qui demandent un traitement en établissement et les cas moins avancés susceptibles d'être traités au niveau communautaire. Les enfants qui souffrent de malnutrition aiguë sévère ont un risque de mortalité 11 fois plus élevé que ceux qui ne sont pas malnutris. L'OMS estime qu'à travers le monde, l'émaciation cause près de 2 millions de mortalités chez les moins de cinq ans — soit cinq pour cent de l'ensemble des mortalités dans ce groupe d'âge (McDonald et al. 2013).

En 2015, 50 millions d'enfants étaient émaciés (UNICEF, OMS, et Banque mondiale 2015) dont le tiers sous une forme sévère. L'Asie du Sud abrite près de 34 millions d'entre eux, contre 14 millions en Afrique subsaharienne. Avec une prévalence respective supérieure à 15 pour cent, l'Inde, Djibouti, le Sud-Soudan et le Sri Lanka assument les plus fortes charges liées à l'émaciation, quoique son étiologie et ses causes diffèrent d'une région à l'autre. Ainsi, en Asie du Sud, l'émaciation frappe souvent les nourrissons bien avant l'âge de six mois, ce qui suggère qu'une étiologie à caractère chronique et sociétale — notamment associée à une piètre nutrition maternelle, à des pratiques d'alimentation du nourrisson inadéquates et à l'appartenance à une classe/caste inférieure — contribue à faire grimper le taux d'émaciation (Menon 2012). La charge tend également à augmenter au Moyen-Orient et en Afrique du Nord, alors que des pays tels que la République du Yémen font face à une incidence de plus de 16 pour cent (UNICEF, OMS, et Banque mondiale 2015). À travers le monde, 14 pays présentent actuellement des taux d'émaciation supérieurs au seuil correspondant à une urgence de santé publique (prévalence de plus de 10 pour cent). En plus, et contrairement au retard de croissance, les tendances identifiées sous-estiment probablement la charge réelle ; il s'agit en effet de mesures basées sur l'apparition d'épisodes de malnutrition aiguë ou à court terme attribuables à l'occurrence d'une famine, d'une crise, d'une récolte insuffisante ou d'une maladie. Par conséquent, si l'enquête se déroule hors des pics saisonniers d'émaciation, l'ampleur de la prévalence pourrait être sous-estimée. Néanmoins, l'incidence de l'émaciation à travers le monde semble s'être stabilisée à environ huit pour cent, avec un déclin minime récent à 7,5 pour cent (UNICEF, OMS, et Banque mondiale 2015).

La cible 2012 de l'Assemblée mondiale de la santé entend réduire et maintenir à moins de cinq pour cent l'émaciation chez l'enfant. Comme la cible relative au retard de croissance, elle a été introduite au point 2.2 de l'Objectif de Développement Durable 2, qui met notamment l'accent sur la réduction de la prévalence de l'émaciation et, implicitement, sur sa prévention et son traitement. Afin de pouvoir atteindre cette cible, il faudra adopter des stratégies efficaces de traitement des cas actuels et de prévention de leur occurrence dans l'avenir. Toutefois, jusqu'à maintenant, les données probantes portant sur les moyens qui permettraient de prévenir l'émaciation sont limitées et non concluantes. Coffey (2016) a en effet examiné cinq revues systématiques et une méta-analyse traitant des effets sur l'écart-type poids/taille de certaines interventions spécifiques à la nutrition. Il s'agissait notamment d'apports d'aliments et de suppléments de micronutriments chez les moins de cinq ans (notamment suppléments nutritionnels à base lipidique, repas chauds et lait enrichi distribués dans le cadre d'éducation sur la nutrition, la santé et l'hygiène). Or la mesure corolaire des effets de ces interventions sur le rapport poids/taille n'a permis dégager aucun impact. Cependant, une méta-analyse a par ailleurs établi une corrélation statistiquement positive, quoique réduite, entre l'apport supplémentaire de zinc et le rapport poids/taille (Ramakrishnan, Nguyen, et Martorell 2009). Les données relatives aux effets des interventions sensibles à la nutrition sur l'émaciation ne sont pas plus adéquates. Une revue par Cochrane de la littérature portant sur les interventions d'eau, d'assainissement et d'hygiène (WASH) n'a permis d'identifier aucun effet sur l'émaciation (Dangour et al. 2013). L'absence d'impact documenté est en partie dû à la faible qualité des études examinées et au fait que le rapport poids/taille n'est souvent considéré qu'en tant que résultat accessoire (voir Coffey 2016 pour une discussion plus approfondie). Toutefois, une étude des programmes comprenant à la fois des transferts monétaires et un apport supplémentaire d'aliments fait état d'une réduction substantielle et significative (84 pour cent) du risque d'émaciation chez les enfants du groupe bénéficiaire, comparativement aux ménages n'ayant reçu que des aliments supplémentaires (Langendorf et al. 2014). Cependant, il faudra davantage de données solides pour confirmer les impacts de programmes de protection sociale similaires.

En résumé, la littérature existante ne s'est pas réellement intéressée à la compréhension des facteurs qui influent sur l'incidence de l'émaciation ou à l'identification des interventions susceptibles la prévenir de façon efficace dans différents contextes. Il est possible qu'une meilleure maîtrise des déterminants de la malnutrition aiguë puisse être obtenue à travers la ré-analyse des données collectées dans le cadre des études existantes. Toutefois, jusqu'à maintenant, les chercheurs n'ont pas accordé la priorité à cette problématique puisque toute l'attention était portée aux questions de rétablissement et de récidive. Par conséquent, cette étude ne peut que recommander la conduite de recherches plus nombreuses, qui viendront alimenter la base de données sur la prévention de l'émaciation.

Par contre, les données sur le traitement de la malnutrition aiguë sévère chez l'enfant sont solides et bien documentées (voir Lenters et al. 2013 pour une revue). Pour cette raison, l'analyse effectuée dans le cadre de ce Chapitre a été axée sur l'estimation des coûts associés au traitement de la malnutrition aiguë sévère et à l'atténuation de ses impacts.[2] Pour pouvoir traiter de la cible mondiale en matière d'émaciation, l'analyse a donc en quelque sorte procédé à une estimation des coûts générés par la *non*-atteinte des résultats escomptés. En effet, en l'absence de stratégies préventives efficaces, il faudra investir dans une mise à l'échelle des programmes de traitement si l'on souhaite éviter la mortalité des enfants souffrant de malnutrition aiguë sévère.

Traitement de la malnutrition aiguë sévère chez l'enfant

L'OMS recommande le traitement ambulatoire des enfants présentant une malnutrition aiguë sévère sans complication (85 - 90 pour cent des cas), notamment à l'aide d'aliments thérapeutiques prêts à l'emploi et d'une cure préventive d'antibiotiques pendant sept jours (OMS 2013). Ce traitement a fait la preuve de sa capacité à réduire la mortalité et à favoriser le rétablissement dans près de 80 pour cent des cas (Hossain et al. 2009 ; Khanum, Ashworth, et Huttly 1994, 1998 ; Lenters et al. 2013).

Pourtant, et quoique le traitement de la malnutrition aiguë sévère ait fait la preuve de son efficacité, sa mise à l'échelle reste limitée : seuls près de 15 pour cent des enfants affectés ont actuellement accès au traitement (OMS 2014), notamment en raison du coût élevé y afférent (voir, par exemple, Bhutta et al. 2013 ; Horton et al. 2010). Plusieurs études ont d'ailleurs examiné différentes stratégies de contraction des coûts et d'amélioration de la rentabilité des interventions. Certains auteurs ont comparé les modalités de traitement ambulatoire et en établissement (Bachmann 2009, 2010 ; Greco et al. 2006 ; Puett et al. 2013 ; Sandige et al. 2004). D'autres ont examiné les coûts et la rentabilité associés à l'utilisation d'aliments thérapeutiques prêts à l'emploi produits au niveau local (Greco et al. 2006 ; Singh et al. 2010).

Ce chapitre identifie les investissements nécessaires au déploiement de la couverture actuelle afin que 90 pour cent des enfants souffrant de malnutrition aiguë sévère dans les pays à revenu faible et intermédiaire puissent être traités d'ici 2025 et examine l'impact de cette mise à l'échelle sur la mortalité infantile. En outre, l'analyse propose un examen du rapport coûts – avantages et une comparaison entre les investissements et les retombées économiques attendues du traitement de la malnutrition aiguë sévère chez l'enfant.

Cependant, cette étude n'a pas pris en compte la gestion de la malnutrition aiguë modérée. En effet, alors que le traitement de la malnutrition aiguë sévère est bien défini et appuyé de directives émises par l'OMS (voir OMS 2013), les modalités de gestion de la malnutrition aiguë modérée sont beaucoup moins précises.[3] En l'absence de toute directive, les pays et agences adoptent des approches très différentes. Celles-ci vont d'une distribution générale de denrées de base fortifiées ou non — par exemple de mélanges de maïs-soja et autres produits céréaliers de spécialité (tels que *SuperCereal*) — qui entend à la fois prévenir la malnutrition aiguë et traiter les cas existants de malnutrition aiguë modérée chez l'enfant, à la conduite de programmes d'apport de suppléments nutritionnels à base lipidique à des populations ciblées. Puisqu'il n'existe pas de directives ou standard mondiaux, les critères associés à l'entrée et à la sortie d'un programme d'apport d'aliments et de suppléments varient très largement. En outre, les études consacrées aux impacts du traitement de la malnutrition aiguë modérée sont limitées (voir Lenters et al. 2013). À la lumière de ces arguments, le traitement de la malnutrition aiguë modérée n'a pas été inclus à l'analyse.

Approches analytiques spécifiques à la cible en matière d'émaciation

Les processus d'estimation ont été détaillés au Chapitre 2. Cependant, quelques considérations méthodologiques spécifiques à la mise à l'échelle de la couverture du traitement de la malnutrition aiguë sévère chez l'enfant ont été résumées ci-dessous.

Mesure de l'incidence de l'émaciation

Le traitement de la malnutrition aiguë sévère s'adresse spécifiquement aux enfants de six à 59 mois souffrant d'émaciation sévère, telle que déterminée par la mesure du rapport poids/taille et de la circonférence brachiale ou par l'observation clinique d'œdème prenant le godet bilatéral. Les données de routine collectées sur l'état nutritionnel des enfants — par exemple à travers la conduite d'une enquête démographique et de santé (EDS) ou encore d'une enquête en grappes à indicateurs multiples (MICS) — renseignent sur la prévalence de l'émaciation sévère pendant une année donnée, mais risquent fort de sous-estimer le nombre d'enfants ayant besoin de traitement, et ceci pour deux raisons. Tout d'abord, la prévalence de l'émaciation sévère, une condition aiguë, peut varier considérablement au cours d'une même année. Pendant la soudure, au cours des périodes de sécheresse ou lors de désastres naturels (ou d'origine humaine), le pourcentage d'enfants souffrant de malnutrition aiguë peut augmenter très rapidement. Deuxièmement, il est tout à fait possible et même probable qu'un même enfant soit confronté à de multiples épisodes de malnutrition aiguë au cours d'une année donnée. Actuellement, les données longitudinales se limitent aux observations des systèmes de surveillance utilisés en situation d'urgence, notamment en Éthiopie, au Niger et au Soudan, où les données sur les cas de malnutrition aiguë sévère sont saisies au fil du temps dans les zones à forte insécurité alimentaire (Tuffrey 2016). Ceci ne permet pas d'estimer la pleine ampleur de l'incidence de la malnutrition aiguë sévère, ni d'ailleurs de rendre compte des variations saisonnières et des multiples épisodes de malnutrition aiguë s'étant produits hors des situations d'urgence. L'analyse effectuée ici a été basée sur les directives programmatiques de l'UNICEF (UNICEF 2015).

Celles-ci suggèrent une méthodologie de mesure approximative de la malnutrition aiguë sévère à travers la multiplication de la prévalence annuelle par un facteur de 1.6. Le calcul de la population annuelle ayant besoin de traitement pour malnutrition aiguë sévère a donc été effectué comme suit :

(Nombre d'enfants de 6 à 59 mois) * (prévalence de l'émaciation sévère) * (1.6)

Mesure de la couverture actuelle du traitement

Aucune estimation nationale de la couverture en matière de traitement de la malnutrition aiguë sévère chez l'enfant n'est actuellement disponible. Afin d'établir des données de références, l'analyse a utilisé les données compilées par le *Coverage Monitoring Network* sur le pourcentage d'enfants souffrant d'émaciation sévère au niveau infranational (par exemple du district).[4] Cette base de données exploite en effet les informations collectées par les organisations qui mettent en œuvre des programmes dans certaines régions géographiques nationales. Dans les cas où les données sur la couverture n'étaient disponibles que pour une seule région, celles-ci ont été projetées au niveau du pays. Lorsque les données couvraient plusieurs régions, une moyenne pondérée selon la population a été utilisée pour l'estimation de la couverture nationale. Enfin, lorsqu'aucune donnée pays n'était disponible, la couverture actuelle du traitement a été ramenée à zéro. Les données de référence sur la couverture utilisée par l'analyse sont disponibles à l'Annexe B.

Sélection de l'échantillon

L'estimation des besoins financiers a été fondée sur un échantillon de 24 pays (24 pays présentant la charge absolue la plus élevée et 4 autres dans lesquels la prévalence de l'émaciation dépasse 15 pour cent) qui, tous ensemble, assument 82,9 pour cent de la charge liée à l'émaciation chez l'enfant. La liste des pays inclus à chaque échantillon et pour chacune des cibles est disponible au Tableau 2.2.

Coûts unitaires et hypothèses sur les changements au fil du temps

Les coûts unitaires ont été obtenus suite à une revue de la littérature publiée depuis l'an 2000, l'examen de documents inédits et la consultation des organismes qui offrent le traitement de la malnutrition aiguë sévère (UNICEF, Save the Children, Action Contre la Faim, et autres). Lorsqu'il n'y avait aucune donnée sur le coût unitaire d'une intervention dans un pays donné, le coût moyen établi pour d'autres pays de la région a été utilisé. Tous les montants ont été convertis en dollars EU et ramenés à leur valeur en 2015. La liste des coûts unitaires utilisés ainsi que des sources de données afférentes est disponible à l'Annexe C.

Les coûts unitaires du traitement de la malnutrition aiguë sévère chez l'enfant sont plus élevés que ceux des autres interventions de nutrition, notamment en raison de la nature curative et intensive du traitement qui, même lorsqu'ambulatoire, demande beaucoup de temps (par exemple pour le triage initial, la mesure anthropométrique et le diagnostic, l'évaluation des complications, l'administration des médicaments et aliments thérapeutiques prêts à l'emploi, le conseil sur la nutrition à la mère et/ou prestataire de soins et les visites de suivi hebdomadaire). En outre, les aliments thérapeutiques prêts à l'emploi sont coûteux comparativement aux denrées utilisées par les autres interventions de nutrition. Actuellement, le lait écrémé en poudre absorberait à lui seul entre 30 et 50 pour cent de la dépense en aliments thérapeutiques prêts à l'emploi et plus du tiers des coûts nécessaires à leur fabrication (Manary 2006; Santini et al. 2013). On estime qu'au cours des 10 prochaines années, une forme plus rentable d'aliments thérapeutiques prêts à l'emploi sera disponible et remplacera le lait écrémé en poudre par une source alternative de protéines présentant des avantages similaires en termes de taux et de durée du rétablissement. Ces substituts alternatifs favoriseraient une réduction estimée à 33 pour cent du coût par kilo des aliments thérapeutiques. La valeur monétaire associée à ce rabais a été basée sur le prix moyen demandé par les 17 fournisseurs mondiaux et locaux qui ont vendu des aliments thérapeutiques prêts à l'emploi à l'UNICEF en 2015. Le prix moyen d'un carton (15 kilos) s'élevait alors à 51,57 dollars (données 2015 de la Division d'approvisionnement de l'UNICEF). Si la réduction de 33 pour cent des coûts envisagée ici était appliquée, les coûts chuteraient de 17,2 dollars par cas traité. Cette diminution a été présumée réalisée en 2020.

L'analyse a également présumé qu'une tranche supplémentaire de 20 pour cent pourrait être déduite des coûts associés au traitement au cours des 10 prochaines années. Ces économies feraient suite à une amélioration des protocoles et à une meilleure intégration du traitement de la malnutrition aiguë sévère dans les systèmes de santé nationaux. La littérature empirique sur l'épargne potentiellement réalisée suite à une modification des plateformes de prestation reste très limitée.[5] Toutefois, une hypothèse de contraction de 20 pour cent est tout à fait cohérente avec les constats de Khan et Ahmed (2003), qui ont examiné les différences dans les coûts unitaires entre les services de nutrition communautaire dispensés à travers un programme vertical mis en œuvre par une ONG et un programme étatique exécuté par le système de santé du Bangladesh.[6] Comme dans le cas des aliments thérapeutiques prêts à l'emploi, l'étude a présumé ici que l'épargne associée au traitement serait réalisée en 2020 (Figure 6.1).

Sur la base des hypothèses présentées ci-dessus, les coûts globaux de la mise à l'échelle du traitement de la malnutrition aiguë sévère chez l'enfant ont donc été considérés inférieurs de 21 pour cent aux montants nécessaires si aucune épargne n'avait été réalisée au cours de la même période (voir Figure 6.1 pour une estimation des coûts annuels entre 2016 et 2025 en fonction des deux situations). Ce résultat est en outre tout à fait cohérent avec les projections actuelles sur la chute des coûts associés au traitement de la malnutrition aiguë sévère (par exemple, Shoham, Dolan, et Gostelow 2013). Toutefois, l'hypothèse d'un recul de 21 pour cent d'ici 2020 est probablement optimiste.

Figure 6.1 Total des besoins financiers annuels pour le traitement de la malnutrition aiguë sévère en fonction d'hypothèses de maintien et de diminution des coûts unitaires, 2016 – 2025

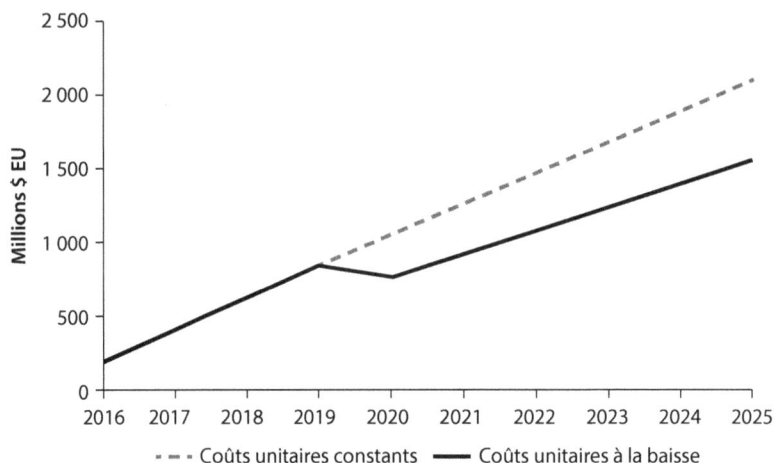

- - - Coûts unitaires constants   ——— Coûts unitaires à la baisse

Hypothèses relatives au rythme de la mise à l'échelle au cours des 10 prochaines années

L'analyse a présumé une mise à l'échelle nationale graduelle et linéaire, depuis la situation actuelle jusqu'à 90 pour cent de couverture en 2025. Ce scénario diffère de ceux qui ont été précédemment formulés pour le retard de croissance, l'anémie et l'allaitement maternel, alors qu'une phase d'expansion rapide sur cinq ans était suivie d'une phase de maintien au cours des cinq années subséquentes afin de favoriser la pleine récolte des retombées des interventions à l'échelle sur les moins de cinq ans (voir Chapitre 2 pour les détails). Ici toutefois, l'analyse a résumé une mise à l'échelle linéaire puisque l'émaciation sévère a un caractère aigu, que le traitement doit avoir des effets immédiats et que cette intervention ne chevauche aucune des autres cibles. Par ailleurs, afin de demeurer cohérente avec la littérature existante (Bhutta et al., 2013 ; Horton et al., 2010), et en raison des causes intrinsèques de la malnutrition aiguë sévère comme de l'ampleur des ressources humaines et financières nécessaires au traitement, l'analyse a présumé qu'une couverture de 100 pour cent serait irréalisable sur 10 ans. La modélisation a donc pris en compte une expansion à 90 pour cent de la couverture.

Estimation des impacts

L'outil Vies sauvées (LiST) a été utilisé pour l'estimation du nombre de mortalités évitées. En fait, celui-ci modélise l'impact de la malnutrition aiguë sévère sur la mortalité de façon indirecte : dans le modèle, celle-ci augmente le risque de mortalité infantile attribuable à l'une des quatre pathologies suivantes : diarrhée, rougeole, pneumonie et autres.[7] La Figure 6.2 résume le traitement de la malnutrition aiguë sévère par le modèle d'impact LiST.

Figure 6.2 Impact du traitement de la malnutrition aiguë sévère sur la mortalité des enfants de moins de cinq selon le modèle LiST

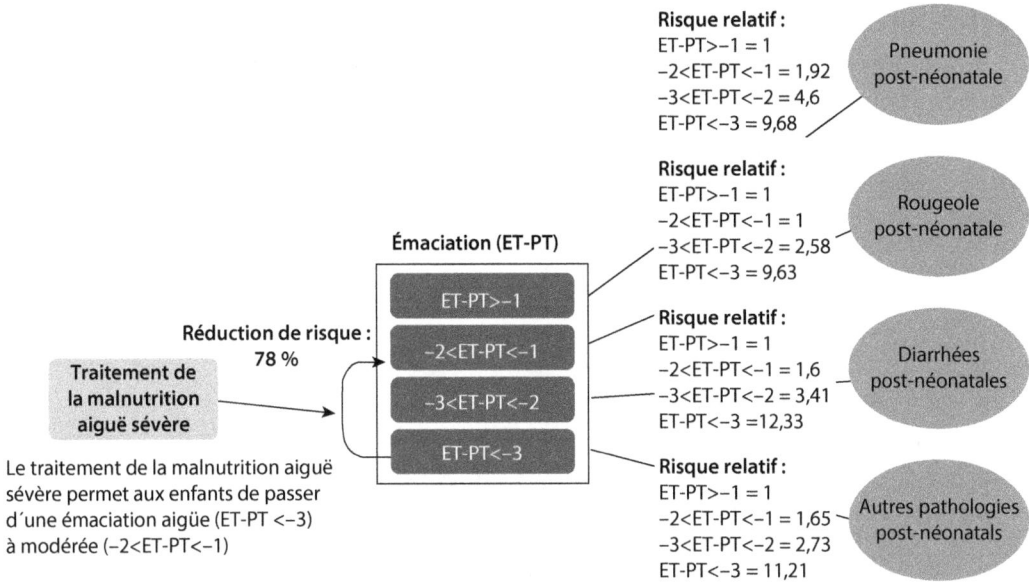

Source : calcul des auteurs à partir de l'outil LiST.
Note : ET-PT = écart-type poids-taille.

Dans l'outil LiST, l'impact de la malnutrition aiguë sévère sur la mortalité infantile dépend donc essentiellement de l'incidence des quatre causes de mortalité considérées par le modèle. Ainsi, la probabilité de mortalité infantile suite à une malnutrition aiguë sévère sera beaucoup plus forte si l'incidence nationale de diarrhée, de pneumonie, de rougeole et autres est élevée (voir note 7). Ceci implique également que le traitement de la malnutrition aiguë sévère aura des effets différents selon l'incidence de ces quatre pathologies dans le pays. Par exemple, si la malnutrition aiguë sévère multiplie par trois le risque de mortalité suite à une diarrhée, et si 10 pour cent de tous les enfants en meurent, il y aura dans le pays A où 10 pour cent des enfants en sont atteints, 30 décès supplémentaires attribuables à la diarrhée parmi les 1000 enfants souffrant de malnutrition aiguë sévère. Par contre, dans le pays B, où 50 pour cent des enfants sont atteints de diarrhée, il y aura, les 1000 enfants affectés par la malnutrition aiguë sévère, 150 mortalités de plus. Par ailleurs, si l'on présume que le traitement a des effets curatifs chez 80 pour cent des enfants affectés, son application aux 1000 enfants du pays A permettrait d'éviter 24 mortalités, mais presque six fois plus — 120 mortalités — dans le pays B (voir Tableau 6.1).

À l'aide de l'outil LiST, l'analyse a modélisé la mortalité dans chacun des pays de l'échantillon ; les impacts ont ensuite été extrapolés à l'ensemble des pays à revenu faible et intermédiaire en multipliant le nombre de mortalités évitées dans l'échantillon par 1,2 (obtenu à partir de la formule 1/0,829, où 0,829 représente la proportion des enfants souffrant d'émaciation dans les pays de l'échantillon).

Tableau 6.1 **Impact différentiel du traitement de la malnutrition aiguë sévère sur la mortalité, par prévalence sous-jacente des facteurs de risque de maladie**

Pays	Nombre d'enfants souffrant de malnutrition aiguë sévère	Risque accru de mortalité suite à une diarrhée chez les enfants souffrant de malnutrition aiguë sévère	Risque de mortalité suite à une diarrhée	Prévalence de la diarrhée	Mortalité en l'absence de traitement de la malnutrition aiguë sévère	Pourcentage d'enfants rétablis suite au traitement de la malnutrition aiguë sévère	Mortalités évitées suite au traitement de la malnutrition aiguë sévère
Pays A	1 000	3	10 %	10 %	30	80 %	24
Pays B	1 000	3	10 %	50 %	150	80 %	120

Analyse coûts – avantages

Les retombées économiques générées par la mise à l'échelle de la couverture du traitement ont été estimées sur la base de la réduction du nombre de mortalités. Chaque vie sauvée suite au traitement a été évaluée à une fois le PIB par habitant et par année (actualisé) ; l'hypothèse a considéré une entrée sur le marché du travail et une contribution à l'économie à partir de 18 ans et la poursuite de la vie active jusqu'à 65 ans, ou jusqu'à la limite d'espérance de vie nationale, le moindre des deux. Par ailleurs, il est possible, et même probable qu'un enfant doive faire face à plusieurs épisodes de malnutrition aiguë avant l'âge de cinq ans. Or cette donnée fréquentielle est essentielle à l'estimation des retombées économiques du traitement sur la base des mortalités évitées. Afin de calculer les retombées, l'analyse a donc présumé que chaque enfant traité survivrait au-delà de cinq ans et, qu'une fois parvenu à l'âge adulte, il contribuerait à l'économie nationale. Si un enfant moyen n'est confronté qu'à un seul épisode de malnutrition aiguë avant l'âge de cinq ans, sa contribution future à l'économie pourra alors être confrontée aux coûts associés à un seul traitement. S'il y a par contre récurrence, par exemple sous forme de deux ou trois épisodes, les coûts du traitement devront être multipliés en conséquence.

Malheureusement, aucune étude longitudinale ne permet actuellement d'estimer le nombre moyen d'épisodes de malnutrition aiguë subis par un enfant au cours d'une période donnée. Certaines études mentionnent le pourcentage des enfants qui ne répondent pas au traitement ou font une rechute (Isanaka et al. 2011), mais ces chiffres ne rendent compte que des bénéficiaires de traitement et sous-estiment probablement de façon importante le nombre d'épisodes de malnutrition aiguë par année et par enfant. En raison de l'absence de données, l'analyse a supposé que chaque enfant de moins de cinq ans affecté par la malnutrition aiguë avait dû faire face à 1,6 épisode au cours de sa vie.[8] Pour les besoins du scénario de référence, un taux d'actualisation de trois pour cent a été appliqué aux coûts et aux retombées et la croissance annuelle du PIB a été fixée à trois pour cent.

Résultats

Cette section présente les résultats de l'analyse associée à la cible en matière d'émaciation, soit le traitement de la malnutrition aiguë sévère, incluant ses coûts, ses impacts, et le rapport coûts-avantages.

Estimation des besoins financiers totaux

La mise à l'échelle du traitement de la malnutrition aiguë sévère chez les enfants des pays à revenu faible et intermédiaire demanderait un investissement de 1,1 milliard de dollars sur 10 ans. De ce montant, environ 8,1 milliards de dollars devraient être consacrés à la prestation directe de services alors que 12 pour cent additionnels (971 millions de dollars) seraient alloués au renforcement des capacités; au développement des politiques, des protocoles et des directives nécessaires; et, au suivi et évaluation des programmes de traitement. Sur 10 ans, ces investissements auraient toutefois permis de traiter 91 millions de cas supplémentaires de malnutrition aiguë sévère dans les pays à revenu faible et intermédiaire.

Par région, il faudrait allouer près de 45 pour cent du montant total à l'expansion de la couverture du traitement de la malnutrition aiguë sévère en Asie du Sud (Figure 6.3), et 80 pour cent de cette somme à sa seule intensification en Inde. La mise à l'échelle en Afrique subsaharienne absorberait 25 pour cent des investissements. En fait, et quoique le coût unitaire moyen estimé du traitement soit plus élevé en Afrique subsaharienne (110 dollars versus 90 dollars par enfant traité), les besoins financiers restent plus importants en Asie du Sud. Ceci s'explique par une plus forte charge absolue estimée : 40 millions de cas seraient traités sur 10 ans en Asie du Sud comparativement à 11,4 millions en Afrique subsaharienne. La part des financements nécessaires à l'expansion de la couverture serait de 16 pour cent au Moyen-Orient et en Afrique du Nord, de 11 pour cent en Asie de l'Est et du Pacifique et de trois pour cent pour les régions d'Amérique latine et des Caraïbes, d'Europe et d'Asie centrale.

Les pays à faible revenu absorberaient environ 20 pour cent des financements, contre 80 pour cent d'investissement dans les pays à revenu intermédiaire (avec, respectivement, 70 pour cent et 10 pour cent dans les pays à revenu intermédiaire inférieur et supérieur) (Figure 6.4). L'Inde accaparerait à elle seule plus de la moitié des sommes nécessaires dans les pays à revenu intermédiaire inférieur.

La Figure 6.5 présente les coûts annuels globaux sur 10 ans, soit entre 2016 et 2025. En moyenne, pour atteindre et maintenir une couverture de 90 pour cent dans l'ensemble des pays à revenu faible et intermédiaire, il faudrait investir 910 millions de dollars de plus par an dans la mise à l'échelle du traitement de la malnutrition aiguë sévère et près de 1,6 milliard de dollars au cours de la dernière année. Comme souligné plus haut, l'analyse a présumé une épargne attribuable à l'introduction de nouvelles formules d'aliments thérapeutiques prêts à l'emploi et à une amélioration de la prestation de services d'ici 2020. Ces économies ont été prises en compte dans la réduction des coûts entre 2019 et 2020, malgré la poursuite de l'expansion du traitement.

Figure 6.3 Total des besoins financiers sur 10 ans pour le traitement de la malnutrition aiguë sévère, par région

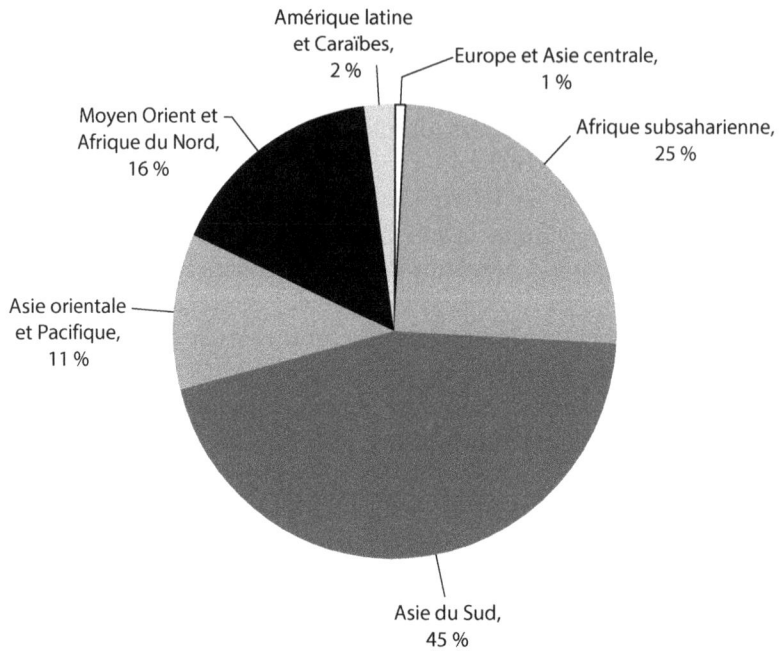

Amérique latine et Caraïbes, 2 %

Europe et Asie centrale, 1 %

Moyen Orient et Afrique du Nord, 16 %

Afrique subsaharienne, 25 %

Asie orientale et Pacifique, 11 %

Asie du Sud, 45 %

Figure 6.4 Total des besoins financiers sur 10 ans pour le traitement de la malnutrition aiguë sévère, par catégorie de revenu national

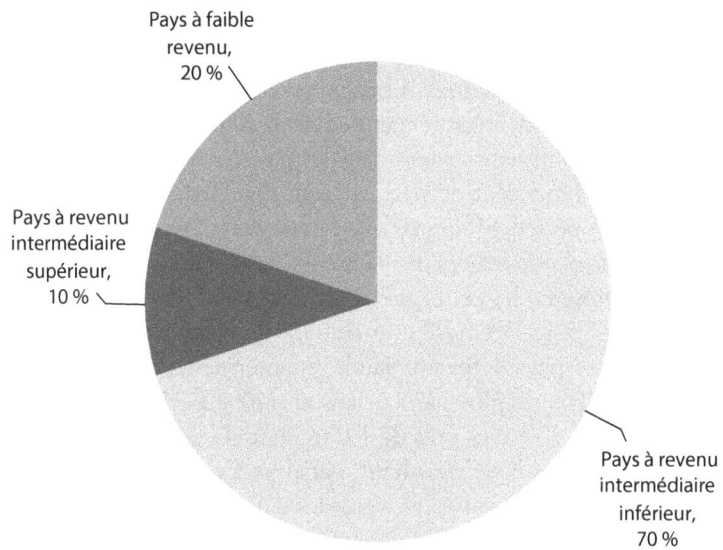

Pays à faible revenu, 20 %

Pays à revenu intermédiaire supérieur, 10 %

Pays à revenu intermédiaire inférieur, 70 %

Figure 6.5 Total des besoins financiers annuels nécessaires à la mise à l'échelle du traitement de la malnutrition aiguë sévère, 2016 – 2025

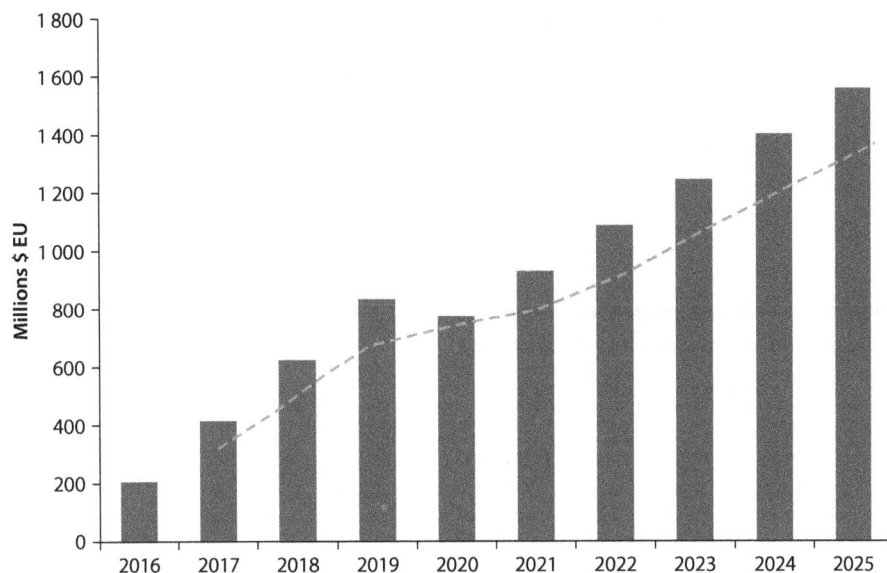

Estimation des impacts de la mise à l'échelle

L'analyse a estimé que, grâce à la mise à l'échelle, près de 91 millions de cas de malnutrition aiguë sévère chez les enfants âgés de 6 à 59 moins seraient traités sur 10 ans, ce qui correspond à un coût moyen individuel de près de 90 dollars. Ce chiffre prend en compte les hypothèses sur la réduction du coût unitaire attribuable au prix inférieur des aliments thérapeutiques prêts à l'emploi et à une amélioration de l'efficacité de la prestation de services.

Une modélisation à l'aide de l'outil LiST a permis d'estimer que la mise à l'échelle sur 10 ans du traitement de la malnutrition aiguë sévère chez l'enfant dans l'ensemble des pays à revenu faible et intermédiaire permettrait de prévenir près de 860 000 mortalités chez les moins de 5 ans (Tableau 6.2). Environ 49 pour cent de ces mortalités seraient évités en Afrique subsaharienne, contre 44 pour cent en Asie du Sud et sept pour cent dans les autres régions.

Analyses coûts – avantages

Sur la base du scénario de référence (soit un taux d'actualisation de trois pour cent appliqué aux coûts et aux retombés et une croissance annuelle de trois pour cent du PIB),[9] l'expansion de la couverture du traitement de la malnutrition aiguë sévère chez l'enfant dans l'ensemble des pays à revenu faible et intermédiaire et la mortalité évitée qui en résulterait se traduiraient en productivité économique annuelle supplémentaire d'une valeur de 25 milliards de dollars, et ceci tout au long de la vie active des enfants bénéficiaires (Tableau 6.3). Le rapport coûts – avantages agrégé en vertu du scénario de

Tableau 6.2 Estimation des impacts sur 10 ans du traitement de la malnutrition aiguë sévère

Impact	Traitement de la malnutrition aiguë sévère
Total des coûts sur 10 ans (milliards de $ EU)	9,1 milliards
Nombre de cas traités sur 10 ans	91 millions
Nombre de mortalités évitées sur 10 ans	860 000
Coût par cas de malnutrition aiguë sévère traité ($ EU)	100 $[a]
Coût par mortalités évitée ($ EU)	10 500 $

Note : a. Le coût unitaire s'élève à 89 $, plus 12 pour cent en charges programmatiques.

Tableau 6.3 Rapport coûts — avantages de la mise à l'échelle du traitement de la malnutrition aiguë sévère, avec des taux d'actualisation de 3 pour cent et de 5 pour cent

Région	Taux d'actualisation de 3 %			Taux d'actualisation de 5 %		
	Retombées en valeur actualisée (milliards $ EU)	Coûts en valeur actualisée (milliards $ EU)	Rapport coûts – avantages	Retombées en valeur actualisée (milliards $ EU)	Coûts en valeur actualisée (milliards $ EU)	Rapport coûts – avantages
Par région						
Afrique subsaharienne	13,0	1,1	11,6	5,8	1,0	6,0
Asie du Sud	6,7	3,2	2,1	2,0	2,8	0,7
Asie de l'Est et Pacifique	1,8	0,7	2,6	0,6	0,6	1,1
Par catégorie de revenus						
Pays à faible revenu	1,7	1,0	1,7	0,4	0,8	0,5
Pays à revenu intermédiaire inférieur	19,3	4,6	4,2	7,5	4,0	1,9
Pays à revenu intermédiaire supérieur	0,4	0,4	1,1	0,1	0,3	0,2
Agrégé	**25,3**	**7,1**	**3,6**	**9,1**	**5,2**	**1,5**
Médian			1,8			0,5

Note : les résultats du tableau s'appliquent aux pays de l'échantillon.

référence a été établi à 3,6,[10] ce qui suggère que chaque dollar investi dans le traitement de la malnutrition aiguë sévère générerait des retombées économiques de près de quatre dollars.

Ces résultats sont sensibles à la modification des hypothèses. L'augmentation du taux d'actualisation à cinq pour cent fait passer à 1,5 le rapport coûts – avantages. Si le nombre moyen d'épisodes d'émaciation chez un enfant de moins de cinq ans passe de 1,6 à 2,0 ou encore à 3,0, le rapport coûts – avantages chute respectivement de 3,6 à 2,7 ou 1,4 (Tableau 6.4).

Un cadre d'investissement pour la nutrition • http://dx.doi.org/10.1596/978-1-4648-1142-5

Tableau 6.4 Rapport coûts – avantages de la mise à l'échelle du traitement de la malnutrition aiguë sévère, par nombre d'épisodes annuels

Hypothèse	Rapport coûts – avantages
1,6 épisode annuel et un taux d'actualisation de 3 %	3,6
2,0 épisodes annuels et un taux d'actualisation de 3 %	2,7
3,0 épisodes annuels et un taux d'actualisation de 3 %	1.4

Discussion

En raison de l'absence de données probantes sur la prévention de l'émaciation, il a été impossible d'estimer les montants nécessaires à l'atteinte de la cible mondiale. Par conséquent, cette étude recommande fortement la priorisation de la recherche sur la prévention. Il est clair que, sans données probantes, l'atteinte de la cible mondiale en matière d'émaciation ne sera pas possible. Puisque les coûts afférents n'ont pas pu être estimés, le Chapitre a été axé sur les sommes nécessaires à l'expansion du traitement de la malnutrition aiguë sévère chez l'enfant, quoiqu'il soit tout à fait possible que la prévention de l'émaciation se révèle plus rentable que son traitement, qui reste très coûteux. Par conséquent, il a été considéré ici que l'expansion du traitement correspondait au coût de la *réduction des impacts* de l'émaciation, plutôt que de sa prévention.

En l'absence d'intervention préventive, le traitement est essentiel à la survie des enfants souffrant de malnutrition aiguë sévère. Or, actuellement, seule une minorité d'entre eux ont accès à des services curatifs. En fait, la couverture des programmes ambulatoires dans les pays à revenu faible et intermédiaire reste largement méconnue. Afin d'assurer une expansion à 90 pour cent de la couverture du traitement d'ici 2025, il faudra procéder à des investissements supplémentaires de 9,1 milliards de dollars.

Pour diverses raisons, ces estimations sont plus basses que celles rapportées par les études antérieures (Tableau 6.5). Tout d'abord, le coût unitaire de référence est inférieur à ceux de Horton et al. (2010) et Bhutta et al. (2013), notamment grâce à la disponibilité des nouvelles données nationales qui se sont révélées plus faibles que les précédentes (voir, par exemple, Alive & Thrive et UNICEF 2013 ; IFPRI 2014 ; Shekar et al. 2014 ; Shekar, Mattern, Eozenou et al. 2015 ; Shekar, Mattern, Laviolette et al. 2015 ; Tekeste et al. 2012). Ensuite, l'analyse a présumé certaines réductions dans les coûts unitaires du traitement au fil du temps, notamment suite à la diminution du prix des aliments thérapeutiques prêts à l'emploi et à l'amélioration de l'efficacité dans la prestation de services. Finalement, et contrairement aux deux autres études mondiales précédentes, l'analyse a tenu compte ici des dynamiques de croissance de la population au cours de la prochaine décennie. Les coûts annuels de la mise à l'échelle sont donc moins importants en raison des déclins populationnels attendus dans les régions d'Asie du Sud, d'Asie de l'Est et Pacifique et du Moyen-Orient et Afrique du Nord.

Tableau 6.5 Comparaison de différentes estimations des coûts du traitement de la malnutrition aiguë sévère

Intervention	Coûts unitaires ($ EU)			Coûts mondiaux annuels (milliards $ EU)		
	Horton et al. 2010	Bhutta et al. 2013	Analyse actuelle	Horton et al. 2010	Bhutta et al. 2013	Analyse actuelle
Traitement de la malnutrition aiguë sévère chez l'enfant	201 $	149–250 $	89 $	2 600 $	2 563 $	1 109

La modélisation effectuée à l'aide de l'outil LiST a permis d'établir que la mise à l'échelle du traitement de la malnutrition aiguë sévère chez l'enfant permettrait de prévenir près de 860 000 mortalités infantiles sur 10 ans. Ce résultat est plus faible que celui des études publiées antérieurement. Par exemple, Schofield et Ashworth (1996) ont estimé qu'en l'absence de tout traitement, 30 pour cent des enfants souffrant de malnutrition aiguë sévère en mourraient. De même, Bulti et al. (2015) ont établi qu'au Nigéria, le taux de mortalité suite à une malnutrition aiguë sévère non traitée était d'environ 250 pour 1000 (soit environ 25 pour cent).

Le calcul du risque de mortalité de référence suite à une émaciation sévère représente un défi puisque, comme mentionné plus haut, l'outil LiST ne permet une modélisation qu'à travers certaines pathologies spécifiques — notamment la pneumonie, la diarrhée et la rougeole — et dépend donc de leur incidence dans le pays concerné. En d'autres mots, ce modèle prend en considération les causes sous-jacentes de la mortalité chez l'enfant sévèrement malnutri.

Afin de pouvoir établir le risque de mortalité de référence avec cet outil, il a fallu calculer les décès consécutifs à un changement dans la prévalence de l'émaciation dans chacun des pays. Cependant l'outil LiST ne calcule que la fluctuation du taux de mortalité attribuable à une diminution de la prévalence de l'émaciation (et non à son augmentation). Par conséquent, dans chacun des cas, la réduction du taux de mortalité a été estimée diminuer la prévalence de l'émaciation sévère par (et uniquement par) un point de pourcentage.[11] Les chiffres relatifs à l'émaciation sévère et à la mortalité ont ensuite été comparés afin de déterminer la prévalence de référence et la réduction de la prévalence.

La différence entre le nombre d'enfants souffrant de malnutrition aiguë sévère dans l'hypothèse de référence et dans le scénario de réduction a été interprétée comme le nombre additionnel d'enfants affectés par une malnutrition aiguë sévère :

$$\text{Cas } MAS \text{ additionnels} = \text{nombre d'enfants avec } MAS \text{ (référence)} \\ - \text{nombre de mortalités (prévalence } MAS \text{ réduite)}$$

où *MAS* = malnutrition aiguë sévère.

De même, la différence dans le nombre de mortalités entre l'hypothèse de référence et le scénario de réduction de la prévalence de l'émaciation sévère a été considérée correspondre aux mortalités attribuables à une augmentation du nombre d'enfants souffrant de malnutrition aiguë sévère :

$$\text{Mortalités } MAS \text{ additionnelles} = \text{nombre de mortalités (référence)} - \text{nombre de mortalités (prévalence } MAS \text{ réduite)}$$

En clair, ces calculs ont permis de déterminer les mortalités attendues suite à une augmentation donnée du nombre d'enfants émaciés. Le rapport entre les mortalités additionnelles et les cas supplémentaires de malnutrition aiguë sévère a été interprété comme le risque sous-jacent de mortalité attribuable à une émaciation sévère :

$$\text{Risque de mortalité } MAS = \text{mortalités additionnelles } MAS/\text{cas } MAS \text{ supplémentaires}$$

Dans l'échantillon des 24 pays à forte charge d'émaciation, l'analyse a démontré que le risque agrégé de mortalité attribuable à la malnutrition aiguë sévère était de 1,43 pour cent,[12] avec une fourchette de 0,1 pour cent au Sri Lanka à 6,2 pour cent au Tchad. Comme attendu, le risque était plus élevé dans les pays à plus forte incidence de mortalité suite à la diarrhée, la rougeole, la pneumonie et autres. Pour cette raison, le risque moyen de mortalité s'est révélé plus important en Afrique subsaharienne (3,5 pour cent) que dans l'ensemble de l'échantillon.

Par ailleurs, si le risque de mortalité associé à la malnutrition aiguë sévère était ajusté selon l'estimation de Bulti et al. (2015) (soit 25 pour cent), la mise à l'échelle de la couverture du traitement permettrait d'éviter plus de 15 millions de mortalités infantiles sur 10 ans (voir Tableau 6.6). Il y aurait également une forte diminution du coût par décès évité et une augmentation de la rentabilité du traitement. Selon le modèle LiST, chaque mortalité évitée suite au traitement de la malnutrition aiguë sévère demanderait un investissement de

Tableau 6.6 Estimation de la mortalité suite à une malnutrition aiguë sévère

Indicateur	Estimation LiST	Estimation Bulti et al. 2015
Risque de mortalité suite à une malnutrition aiguë sévère	1,43 %	25,00 %
Nombre de cas de malnutrition aiguë sévère traités (millions)	90,7	90,7
Nombre de mortalités évitées (millions)	0,9	15,1
Coûts totaux (millions $ EU)	9 062 $	9 062 $
Coûts par mortalité évitée ($ EU)	10 516 $	601 $

Source : Bulti et al. 2015.

10 000 dollars ; lorsque le risque de référence est ajusté au niveau établi par Bulti et al., ce coût chute à environ 600 dollars, ce qui fait bondir le rapport coûts – avantages de 3,6 à 62,6.

Les estimations de Bulti et al. (2015) et de Schofield et Ashworth (1996) semble élevées. Or, l'étude de Schofield et Ashworth date d'une vingtaine d'années et il est plus que probable que la mortalité attribuable à l'émaciation serait maintenant plus faible en raison d'un environnement de croissance infantile plus sain, d'une meilleure couverture vaccinale et d'un accès accru aux services de santé maternelle et infantile, etc. Pour leur part, les estimations de Bulti et al. ont été tirées de données collectées par un programme de gestion communautaire de la malnutrition aiguë dans le nord du Nigéria, là où la mortalité en général — et par conséquent la mortalité attribuable à l'émaciation — était plus élevée que dans plusieurs des autres pays considérés ici. Si ce taux était appliqué à l'Inde, il y aurait eu en 2015 près de 8 millions d'enfants atteints d'émaciation sévère. Avec un indice de mortalité de 25 pour cent, ceci se serait traduit par 1,3 million de décès annuels, soit un taux de 10,5 sur 1000. Puisqu'en 2015 le taux de mortalité chez les moins de cinq ans y était estimé à 48 (Banque mondiale 2015), il paraît fort peu probable que l'émaciation ait été sous-jacente à 21 pour cent des mortalités chez les moins de cinq ans dans le pays.[13] Par conséquent, il paraît clair que les valeurs élevées imposées au risque de mortalité par les études de Schofield et Ashworth ou Bulti surestimaient l'impact de la mise à l'échelle du traitement de la malnutrition aiguë sévère. Néanmoins, ces estimations ajustées de la mortalité pourraient être traitées ici comme une limite supérieure, alors que l'évaluation générée par LiST ferait figure de limite inférieure plus conservatrice.

L'approche LiST a l'avantage de modéliser l'impact de l'émaciation à travers l'examen de la mortalité par maladie infectieuse, et par conséquent de prendre en considération le risque sous-jacent de mortalité générale dans différents contextes nationaux. Dans cette optique, les gains tirés de la réduction de la mortalité liée à l'émaciation seront nécessairement plus élevés dans les pays à forte charge de maladies sous-jacentes. Les analyses présentées plus haut ont tenu compte de ces constats : ainsi, même si seulement 25 pour cent des financements totaux étaient alloués à l'expansion des programmes en Afrique subsaharienne, 47 pour cent des mortalités évitées proviendraient de cette région. Pour cette raison, le coût par mortalité évitée serait beaucoup plus faible en Afrique subsaharienne (environ 6400 dollars) qu'en Asie du Sud et dans l'ensemble des pays à forte charge de l'échantillon (respectivement 12 600 dollars et 10 500 dollars). Le rapport coûts – avantages serait lui aussi beaucoup plus élevé en Afrique subsaharienne (environ 11,6) que dans toute autre région (3,6 dans les 24 pays à forte charge ; 2,1 en Asie du Sud).

Les retombées économiques tirées de l'expansion du traitement de la malnutrition aiguë sévère chez l'enfant ont été estimées à près de 25 milliards de dollars (avec un taux d'actualisation de trois pour cent). Il s'agit d'une estimation conservatrice, qui ne repose que sur la réduction de la mortalité, et il est possible que le traitement ait d'autres effets sur le développement de l'enfant (notamment sur la diminution des pertes cognitives et des handicaps physiques). Les études existantes semblent par exemple suggérer que les épisodes d'émaciation entravent la croissance linéaire (Black et al. 2008; Khara and Dolan 2014). Toutefois, la base de données probantes n'est actuellement pas suffisamment solide pour permettre la quantification de ces impacts additionnels.

Les analyses présentées dans ce Chapitre confirment que le traitement de la malnutrition aiguë sévère chez l'enfant reste une intervention rentable et à très fort rapport coûts – efficacité, particulièrement dans les pays où les facteurs de risque tels que les maladies infectieuses, une hygiène insuffisante et un assainissement inadéquat sont endémiques. Toutefois, si l'on veut mieux saisir les retombées de l'investissement dans le traitement et la prévention de la malnutrition aiguë, il faudra procéder des recherches plus poussées sur l'incidence de l'émaciation; le nombre d'épisodes de malnutrition aiguë potentiellement subis; et, les impacts à long terme de la malnutrition aiguë sur le développement physique et cognitif de l'enfant. En outre, quoique le traitement de la malnutrition aiguë sévère soit rentable, il s'agit d'une intervention coûteuse (approximativement, pour chaque épisode, 110 dollars par enfant en Afrique subsaharienne et 90 dollars en Asie du Sud). Les recherches à venir devront donc également se concentrer sur l'identification de stratégies de prévention de l'émaciation, ce qui permettrait de réduire le nombre d'enfants à traiter. Sans investissement à court terme dans les connaissances, il ne sera pas possible de procéder à un plaidoyer efficace pour l'investissement mondial nécessaire à l'atteinte de la cible en matière d'émaciation.

Notes

1. Pour plus d'informations sur les normes OMS de croissance poids/taille, voir http://www.who.int/childgrowth/standards/weight_for_height/en/.

2. Dans ce rapport, le terme *émaciation* a été utilisé pour la discussion des taux de prévalence ou l'atteinte de la cible mondiale en matière d'émaciation. Cependant, puisque le diagnostic est effectué à partir du rapport poids/taille et/ou de la circonférence brachiale et/ou de la présence d'œdème prenant le godet bilatéral, le terme *malnutrition aiguë* paraissait plus approprié lorsque l'étude faisait référence au traitement. Les analyses de coûts et d'impact figurant ici ont été spécifiquement basées sur le traitement de la malnutrition aiguë sévère.

3. À ce jour, l'OMS n'a publié qu'une Note technique sur l'utilisation des aliments complémentaires dans la gestion de la malnutrition aiguë modérée; voir OMS 2012 à http://apps.who.int/iris/bitstream/10665/75836/1/9789241504423_eng.pdf?ua=1.

4. Le *Coverage Monitoring Network* est en fait un consortium d'organisations non gouvernementales (dirigé par Action Contre la Faim) qui assure la gestion communautaire des programmes de lutte contre la malnutrition aiguë partout dans le monde.

5. Actuellement, certaines études contrôlées randomisées examinent les différences entre les plateformes de prestation. Elles évaluent notamment l'intégration potentielle du traitement de la malnutrition aiguë sévère chez l'enfant dans le paquet

d'interventions communautaires du système de santé au Mali et au Pakistan et les premiers résultats sont attendus fin 2016.

6. Ces réductions n'ont pas été appliquées à l'Asie de l'Est puisque les coûts unitaires utilisés considéraient déjà un modèle de prestation pour malnutrition aiguë sévère pleinement intégré (voir Alive & Thrive et UNICEF 2013).

7. Dans le modèle LiST, le terme « autres » fait référence à une catégorie spécifique de mortalité.

8. L'étude a utilisé le même facteur de correction que celui proposé par les Directives de l'UNICEF pour la traduction de la prévalence de l'émaciation en incidence (UNICEF 2015).

9. Les mêmes hypothèses ont été utilisées pour toutes les analyses coûts – avantages effectuées dans le cadre des différentes cibles.

10. Il faut noter que le rapport coûts – avantages a été calculé en divisant les retombées actualisées (25 milliards de dollars) par les coûts actualisés (7,1 milliards de dollars), à partir de l'application à l'hypothèse de référence d'un taux d'actualisation annuel de trois pour cent.

11. L'analyse n'a modélisé que les changements dans l'émaciation sévère puisque le Chapitre avait été axé sur son traitement. L'indice de changement a été arbitrairement fixé à un point de pourcentage ; cette valeur a été retenue puisqu'elle pouvait facilement être utilisée aux fins de la simulation.

12. Le *risque agrégé* fait référence au nombre total de cas de malnutrition aiguë sévère dans les 24 pays, divisé par le nombre total de cas de malnutrition aiguë sévère additionnels dans ces mêmes pays.

13. S'il était mené au Nigéria, le même exercice identifierait une mortalité liée à l'émaciation d'environ 4,5 par 100 ou encore de quatre pour cent de toutes les mortalités chez les moins de cinq ans (109 par 1000 en 2015) ; (Banque mondiale 2015) ce qui se rapproche davantage des 5 pour cent estimés à travers le monde par l'OMS.

Références

Alive & Thrive et UNICEF (Fonds des Nations Unies pour l'Enfance). 2013. « Costs of providing nutrition examination & counseling services and integrated management of severe acute malnutrition in Vietnam. » Juin 2013.

Bachmann, M. O. 2009. « Cost Effectiveness of Community-Based Therapeutic Care for Children with Severe Acute Malnutrition in Zambia: Decision Tree Model. » *Cost Effectiveness and Resource Allocation* 7 (1): 1–9.

———. 2010. « Cost-Effectiveness of Community-Based Treatment of Severe Acute Malnutrition in Children. » *Expert Review of Pharmacoeconomics & Outcomes Research* 10 (5): 605–12.

Banque mondiale. 2016. *Indicateurs de développement dans le monde* (base de données). Banque mondiale, Washington DC (consulté en 2015).

Bhutta, Z. A, J. K. Das, A. Rizvi, M. F. Gaffey, N. Walker, S. Horton, P. Webb, A. Lartey, et R. E. Black. 2013. « Evidence-Based Interventions for Improvement of Maternal and Child Nutrition: What Can Be Done and at What Cost? » *The Lancet* 382 (9890): 452–77.

Black, R. E., L. H. Allen, Z. A. Bhutta, L. E. Caulfield, M. de Onis, M. Ezzati, C. Mathers, J. Rivera, et Groupe d'Études sur la dénutrition maternelle et infantile. 2008.

« Maternal and Child Undernutrition: Global and Regional Exposures and Health Consequences. » *The Lancet* 371 (9608): 243–60.

Bulti A., S. Chtiekwe, C. Puett, et M. Myatt. 2015. « How Many Lives Do Our CMAM Programmes Save? A Sampling-Base Approach to Estimating the Number of Deaths Averted by the Nigerian CMAM Programme. » Échanges terrain 50, août. http://www.ennonline.net/fex/50/Deathsavertedcmamnigeria.

Coffey. C. 2016. «A Review of Evidence on the Prevention of Acute Malnutrition: Non-Systematic Rapid Review, Draft 7.» non publié, préparé pour le Département pour le Développement International.

Dangour, A. D., L. Watson, O. Cumming, S. Boisson, Y. Che, Y. Velleman, S. Cavil, E. Allen, et R. Uauy. 2013. « Interventions to Improve Water Quality and Supply, Sanitation and Hygiene Practices, and Their Effects on the Nutritional Status of Children » *Cochrane Database Syst Rev* 8. doi : 10.1002/14651858.CD009382.pub2.

ENN, SCUK, ACF, et HCR (Emergency Nutrition Network, Save the Children UK [Royaume-Uni], Action Contre la Faim, et Haut Commissariat aux Réfugiés des Nations Unies). 2012. *Mid Upper Arm Circumference and Weight-for-Height Z-Score as Indicators of Severe Acute Malnutrition: A Consultation of Operational Agencies and Academic Specialists to Understand the Evidence, Identify Knowledge Gaps and to Inform Operational Guidance.* Oxford, Royaume-Uni : ENN.

Greco, L., J. Balungi, K. Amono, R. Iriso, et B. Corrado. 2006. « Effect of a Low-Cost Food on the Recovery and Death Rate of Malnourished Children. » *Journal of Pediatric Gastroenterology and Nutrition* 43 (4): 512–17.

Horton, S., M. Shekar, C. McDonald, A. Mahal, et J. Krystene Brooks. 2010. *Scaling Up Nutrition: What Will It Cost?* Série sur les Directions en développement. Washington, DC : Banque mondiale.

Hossain, M. M., M. Q. Hassan, M. H. Rahman, A. Kabir, A. H. Hannan, et A. Rahman. 2009. « Hospital Management of Severely Malnourished Children: Comparison of Locally Adapted Protocol with WHO Protocol. » *Indian Pediatrics* 46: 213–17.

IFPRI (Institut International de Recherche sur les Politiques Alimentaires). 2014. *Rapport mondial sur la nutrition 2014.* Washington, DC : IFPRI.

Isanaka, A., R. F. Grais, A. Briend, et F. Checchi. 2011. « Estimates of the Duration of Untreated Acute Malnutrition in Children from Niger. » *American Journal of Epidemiology* 173 (8): 932–40.

Khan, M. et S. Ahmed. 2003. « Relative Efficiency of Government and Non-Government Organizations in Implementing a Nutrition Intervention Programme: A Case Study from Bangladesh. » *Public Health Nutrition* 6 (1): 19–24.

Khanum, S., A. Ashworth, et S. Huttly. 1994. « Controlled Trial of Three Approaches to the Treatment of Severe Malnutrition. » *The Lancet* 344 (8939): 1728–32.

Khanum, S., A. Ashworth, et S. R. Huttly. 1998. « Growth, Morbidity, and Mortality of Children in Dhaka after Treatment for Severe Malnutrition: A Prospective Study.» *American Journal of Clinical Nutrition* 67: 940–45.

Khara, T. et C. Dolan. 2014. *Technical Briefing Paper: Associations between Wasting and Stunting, Policy, Programming and Research Implications.* Oxford: Emergency Nutrition Network. http://www.ennonline.net/waststuntreview2014.

Langendorf, C., T. Roederer, S. de Pee, D. Brown, S. Doyon, A.-A. Mamaty, L. W.-M. Touré, M. L. Manzo, et R. F. Grais. 2014. « Preventing Acute Malnutrition among Young

Children in Crises: A Prospective Intervention Study in Niger.» *PLOS Med* 11 (9) : e1001714. doi:10.1371/journal.pmed.1001714.

Lenters, L. M., K. Wazny, P. Webb, T. Ahmed, et Z. A. Bhutta. 2013. « Treatment of Severe and Moderate Acute Malnutrition in Low- and Middle-Income Settings: A Systematic Review, Meta-Analysis and Delphi Process. » *BMC Public Health* 13 (3):1.

Lives Saved Tool (outil vies sauvées/LiST). 2015. Baltimore, MD : École de santé publique Bloomberg de l'Université Johns Hopkins. http://livessavedtool.org/ (accessed December 31, 2015).

Manary, M. 2006. « Local Production and Provision of Ready-to-Use Therapeutic Food (RUTF) Spread for the Treatment of Severe Acute Childhood Malnutrition. » *Food and Nutrition Bulletin* 27 (Supp. 3): S83–89.

McDonald, C. M., I. Olofin, S. Flaxman, W. W. Fawzi, D. Spiegelman, L. E. Caulfield, R. E. Black, M. Ezzati, et G. Danaei. 2013. « The Effect of Multiple Anthropometric Deficits on Child Mortality: Meta-Analysis of Individual Data in 10 Prospective Studies from Developing Countries. » *American Journal of Clinical Nutrition* 97 (4): 896–901. doi:10.3945/ajcn.112.047639

Menon, P. 2012. « Childhood Undernutrition in South Asia: Perspectives from the Field of Nutrition. » *CESifo Economic Studies* 58 (2) : 274–95. http://cesifo.oxfordjournals .org/content/58/2/274.abstract.

OMS (Organisation mondiale de la Santé). 2012. *Suppléments alimentaires pour la prise en charge de la malnutrition aiguë modérée chez les nourrissons : Note technique.* Genève : OMS.

OMS (Organisation mondiale de la Santé). 2013. *Directives : Mise à jour sur la gestion de la malnutrition aiguë sévère chez les nourrissons et les enfants.* Genève : OMS. http:// apps.who.int/iris/bitstream/10665/95584/1/9789241506328_eng.pdf.

OMS (Organisation mondiale de la Santé). 2014. *Cibles mondiales 2025 de l'Assemblée mondiale de la santé : Note de politique sur l'émaciation.* http://www.who.int/nutrition /topics/globaltargets_wasting_policybrief.pdf.

Puett, C., K. Sadler, H. Alderman, J. Coates, J. Fiedler, et M. Myatt. 2013. « Cost-Effectiveness of the Community-Based Management of Acute Malnutrition by Community Health Workers Program in Southern Bangladesh. » *Health Policy and Planning* 28 (4): 386–99.

Ramakrishnan, U., P. Nguyen, et R. Martorell. 2009. « Effects of Micronutrients on Growth of Children under 5 Y of Age: Meta-Analyses of Single and Multiple Nutrient Interventions. » *American Journal of Clinical Nutrition* 89 (1): 191–203.

Sandige, H., M. J. Ndekha, A. Briend, P. Ashorn, et M. J. Manary. 2004. « Home-Based Treatment of Malnourished Malawian Children with Locally Produced or Imported Ready-to-Use Food. » *Journal of Pediatric Gastroenterology and Nutrition* 39 (2): 141–46.

Santini, A., E. Novellino, V. Armini, et A. Ritieni. 2013. « State of the Art of Ready-to-Use Therapeutic Food: A Tool for Nutraceuticals Addition to Foodstuff. » *Food Chemistry* 140 (3): 843–49.

Schofield, C. et A. Ashworth. 1996. « Why Have Mortality Rates for Severe Malnutrition Remained So High? » *Bulletin of the World Health Organization* 74: 223–29.

Shekar, M., C. McDonald, A. Subandoro, J. Dayton Eberwein, M. Mattern et J. K. Akuoku. 2014. « Costed Plan for Scaling Up Nutrition: Nigeria. » Document de discussion,

Département Santé, Nutrition et Populations, Groupe de la Banque mondiale, Washington, DC.

Shekar, M., M. Mattern, P. Eozenou, J. Dayton Eberwein, J. K. Akuoku, E. Di Gropello et W. Karamba. 2015. « Scaling Up Nutrition for a More Resilient Mali: Nutrition Diagnostics and Costed Plan for Scaling Up. » Document de discussion, Département Santé, Nutrition et Populations, Groupe de la Banque mondiale, Washington, DC.

Shekar, M., M. Mattern, L. Laviolette, J. Dayton Eberwein, W. Karamba, et J. K. Akuoku. 2015. « Améliorer la nutrition en RDC : à quel coût? » Document de discussion, Département Santé, Nutrition et Populations, Groupe de la Banque mondiale, Washington, DC.

Shoham, J., C. Dolan, et L. Gostelow. 2013. « Managing Acute Malnutrition at Scale: A Review of Donor and Government Financing Arrangements. » Document 75du Réseau de pratique humanitaire, Institut du Développement outremer, Londres.

Singh, A. S., G. Kang, A. Ramachandran, R. Sarkar, P. Peter, et A. Bose. 2010. « Locally Made Ready-to-Use Therapeutic Food for Treatment of Malnutrition: A Randomized Controlled Trial. » *Indian Pediatrics* 47 (8): 679–86.

Tekeste, A., M. Wondafrash, G. Azene, et K. Deribe. 2012. « Cost Effectiveness of Community-Based and In-Patient Therapeutic Feeding Programs to Treat Severe Acute Malnutrition in Ethiopia. » *Cost Effectiveness and Resource Allocation* 10 (1): 1.

Tuffrey, V. 2016. *Nutrition Surveillance Systems: Their Use and Value.* Londres: Save the Children et Transform Nutrition.

UNICEF (Fonds des Nations Unies pour l'Enfance). 2015. *Gestion de la Malnutrition aiguë sévère chez l'enfant : travailler pour des résultats à l'échelle.* UNICEF : Genève. http://www.unicef.org/eapro/UNICEF_program_guidance_on_manangement_of_SAM_2015.pdf.

UNICEF, OMS, et Banque mondiale (Fonds des Nations Unies pour l'Enfance, Organisation mondiale de la Santé, et Banque mondiale). 2015. *Estimation conjointe de la malnutrition infantile : niveaux et tendances.* Base de données mondiale sur la croissance infantile et la malnutrition (accès en octobre 2015).

CHAPITRE 7

Financer l'atteinte des quatre cibles mondiales de nutrition : retard de croissance, anémie, allaitement maternel et émaciation

Jakub Kakietek, Meera Shekar, Julia Dayton Eberwein, et Dylan Walters

Messages clés

- Il faudrait investir près de 70 milliards de dollars au cours des 10 prochaines années pour atteindre les cibles de réduction du retard de croissance chez l'enfant et de l'anémie chez la femme; d'augmentation du taux d'allaitement maternel exclusif; et de traitement des 91 millions d'enfants émaciés.

- Toutefois, ces investissements auraient des retombées phénoménales : 3,7 millions de vies infantiles sauvées; une diminution d'au moins 65 millions du nombre d'enfants présentant un retard de croissance; 265 millions de femmes souffrant d'anémie de moins en 2025; 105 millions d'enfants exclusivement nourris au sein jusqu'à six mois de plus, comparativement à l'année de référence 2015; et, 91 millions d'enfants traités pour émaciation, ceci sans compter les effets des autres interventions de santé et de réduction de la pauvreté.

- Selon la cible en cause, chaque dollar investi pourrait générer des rendements économiques de 10 dollars (soit entre 4 dollars et 35 dollars). Par conséquent, les retours sur investissement dans la nutrition sont à la fois élevés et positifs, même s'ils varient selon les différents contextes nationaux. Le fort rendement généré par l'augmentation du taux d'allaitement exclusif est à cet égard particulièrement significatif (des retombées économiques de 35 dollars pour chaque dollar investi).

- Afin de prendre en compte les environnements de contraintes budgétaires, ce Chapitre propose deux plus petits paquets d'investissement alternatifs qui permettront néanmoins de prioriser les interventions et de catalyser les progrès, avec toutefois de fortes réserves sur leur capacité à atteindre les cibles mondiales d'ici 2025. Ainsi, la mise en œuvre d'un «paquet prioritaire» d'interventions pouvant être rapidement mises à l'échelle demanderait des investissements additionnels de 23 milliards de dollars au cours des 10 prochaines années, soit 2,3 milliards par an. La seconde option propose des investissements plus ambitieux sous forme de «paquet catalyseur des progrès»; celui-ci appliquerait le paquet prioritaire, mais assurerait également une expansion plus progressive des autres interventions de façon à pouvoir améliorer les dispositifs de prestation, appuyer la recherche et la mise en œuvre programmatique et investir dans des technologies améliorées, le tout pour un investissement additionnel de 37 millions de dollars par an. Dans les deux cas, il faudra, au fil du temps, procéder à des injections de fonds supplémentaires afin de mettre à l'échelle le paquet tout entier.

Le Chapitre 2 décrit les méthodes employées pour l'estimation des ressources financières nécessaires à l'atteinte de chacune des quatre cibles mondiales analysées ici. Ce Chapitre décrit comment les besoins financiers relatifs à ces quatre cibles peuvent être agrégés et met en lumière les ressources nécessaires comme des avantages associés à l'atteinte des quatre cibles.

Méthodes d'agrégation des besoins financiers liés aux quatre cibles

En raison du chevauchement de certaines des interventions menées dans le cadre de cibles différentes, l'étude ne pouvait pas procéder à l'agrégation des besoins financiers à travers une simple addition des coûts respectifs de mise à l'échelle. Pour éviter le double comptage, les interventions menées dans le cadre de plus d'une cible n'ont donc été comptabilisées qu'une seule fois. Trois interventions étaient particulièrement concernées : l'apport supplémentaire de micronutriments pendant la grossesse, le conseil sur la nutrition du nourrisson et du jeune enfant, et le traitement présomptif intermittent du paludisme pendant la grossesse dans les régions à endémie palustre.[1] Dans chacun des cas, si le coût différait d'une cible à l'autre, l'étude a retenu le montant le plus élevé. Par exemple, la mise à l'échelle du conseil sur la nutrition du nourrisson et du jeune enfant associé à la cible en matière de retard de croissance demanderait des investissements de 6,8 milliards de dollars, une estimation qui inclut les deux années de conseil nécessaires à sa prévention. Cette intervention est toutefois également essentielle à l'augmentation de l'allaitement maternel exclusif, mais, pour l'atteinte de cette cible, les financements nécessaires ne s'élèvent qu'à 4,2 milliards de dollars puisque les activités ne couvrent qu'une seule année.[2] Par conséquent, au moment de l'agrégation, seul le montant le plus important (6,8 milliards de dollars) a été considéré dans le calcul du total général ; au Tableau 7.1, les coûts associés chaque intervention/cible prise en compte dans le total agrégé ont été mis en lumière.

Comme mentionné au Chapitre 2 consacré aux méthodes, des charges programmatiques ont été ajoutées au coût des interventions relatives à chacune des cibles (renforcement des capacités ; suivi et évaluation ; et développement de politiques) (voir Tableau 7.2). Les taux hypothétiques suivants ont été appliqués à partir de la méthode proposée par Horton et al. (2010) : 9 pour cent du coût des interventions ont été imputés au renforcement des capacités de mise en œuvre ; 2 pour cent ont été alloués au suivi et évaluation et 1 pour cent au développement de politiques. Il y a une exception : dans le cas de la cible en matière d'allaitement maternel, le 1 pour cent alloué au développement de

Tableau 7.1 Besoins financiers nécessaires à l'atteinte des quatre cibles sur 10 ans

Intervention	Retard de croissance (millions $ EU)	Allaitement maternel (millions $ EU)	Anémie (millions $ EU)	Émaciation (millions $ EU)	Total (millions $ EU)	Part des coûts totaux (%)
Apport supplémentaire de micronutriments pendant la grossesse	2 309[c]	n. a.	2 017	n. a.	**2 309**	3,7
Conseil sur la nutrition du nourrisson et du jeune enfant[a]	6 823[c]	4 159	n.a.	n. a.	**6 823**	10,9
Apport de suppléments protéino-énergétiques équilibrés chez la femme enceinte	6 949[c]	n.a.	n.a.	n. a.	**6 949**	11,1
Traitement présomptif intermittent du paludisme pendant la grossesse dans les régions à endémie palustre	416[c]	n. a.	337	n. a.	**416**	0,7
Apport supplémentaire de vitamine A chez l'enfant	716[c]	n.a.	n.a.	n. a.	**716**	1,1
Apport supplémentaire de zinc à des fins prophylactiques chez l'enfant	14 212[c]	n.a.	n.a.	n. a.	**14 212**	22,8
Distribution publique d'aliments complémentaires pour enfants	12 750[c]	n.a.	n.a.	n. a.	**12 750**	20,4
Traitement de la malnutrition aiguë sévère chez l'enfant	n.a.	n.a.	n. a.	8 091[c]	**8 091**	13,0
Apport supplémentaire de fer et d'acide folique chez la femme non enceinte[b]	n.a.	n. a.	6705[c]	n. a.	**6 705**	10,7
Enrichissement des denrées de base	n.a.	n. a.	2 443[c]	n. a.	**2 443**	3,9
Politiques sociales pro-allaitement	n. a.	111[c]	n.a.	n. a.	**111**	0,2
Campagnes nationales de promotion de l'allaitement maternel	906[c]	n.a.	n. a.	**906**	1.5	
Sous total	*44 175*	*5 176*	*11 502*	*8 091*	*62 431*	*100*
Renforcement des capacités (établi à 9 % du sous-total)	3 976	466	1 035	728	**5 619**	n. a.
Suivi et évaluation (établi à 2 % du sous-total)	884	104	230	162	**1 249**	n. a.
Développement de politiques (établi à 1 % du sous-total)	442	n. a.	115	81	**614**	n. a.
Total	**49 476**	**5 745**	**12 882**	**9 062**	**69 913**	n. a.

Note : a. Comprend deux années d'éducation pour la cible en matière de retard de croissance et une seule année pour la cible associée à l'allaitement maternel.

b. Ne comprend que deux types de coûts (médicaments et distribution par le secteur public) ; exclut la dépense directe chez les femmes au-dessus du seuil de pauvreté.

c. Dans le cas de ces interventions, il y a chevauchement des coûts associés à plus d'une cible. Pour éviter un double comptage, seule la valeur la plus élevée a été retenue dans le calcul du total général.

Un cadre d'investissement pour la nutrition • http://dx.doi.org/10.1596/978-1-4648-1142-5

Tableau 7.2 Estimation des impacts de l'atteinte des quatre cibles en 2025 comparativement à l'année de référence 2015

Résultats/cible	Retard de croissance	Anémie	Allaitement maternel	Émaciation	TOTAL
Cas de retard de croissance évités en 2025	30 000 000[a]	n.a.	n.a.	n. a.	30 000 000
Nombre de mortalités infantiles évitées	2 800 000[a]	800 000 (380 000)[a]	520 000	860 000 (554 000)[a]	3 700 000
Cas d'anémie chez la femme évités en 2025	n. a.	265 000 000[a]	n.a.	n. a.	265 000 000
Nourrissons additionnels exclusivement nourris au sein	n.a.	n. a.	105 000 000[a]	n. a.	105 000 000
Nombre d'enfants traités pour émaciation sévère	n.a.	n.a.	n. a.	91 000 000[a]	91 000 000

Note : Les nombres entre parenthèses indiquent les mortalités supplémentaires évitées en plus de celles déjà comptabilisées pour la cible en matière de retard de croissance et qui contribuent au total général ; n.a. = non applicable.
a. Valeurs qui contribuent au total général.

politiques n'a pas été considéré puisque l'élaboration, l'adoption et la mise en vigueur des politiques pro-allaitement maternel avaient déjà été explicitement comptabilisées à titre d'intervention.

Total des sommes nécessaires à l'atteinte des quatre cibles

L'étude a estimé à 69,9 milliards de dollars les sommes additionnelles nécessaires à l'atteinte des quatre cibles sur une période de 10 ans (Tableau 7.1). Ceci inclut 62,4 milliards de dollars pour la conduite d'interventions directes et 7,5 milliards de dollars pour le renforcement des capacités de mise en œuvre de programmes, le suivi et l'évaluation et le développement de politiques.

Deux interventions à l'endroit des enfants — apport supplémentaire de zinc à des fins prophylactiques et distribution publique d'aliments complémentaires — mobiliseraient à elles seules plus de 40 pour cent des financements (respectivement 23 pour cent et 20 pour cent). Quatre autres interventions absorberaient un autre 45 pour cent des investissements : le traitement de la malnutrition aiguë sévère chez l'enfant ; l'apport de suppléments protéino-énergétiques équilibrés chez la femme enceinte ; le conseil sur la nutrition du nourrisson et du jeune enfant ; et, l'apport supplémentaire de fer et d'acide folique chez la femme non enceinte (respectivement 13 pour cent, 11 pour cent, 11 pour cent, et 11 pour cent).[3] Prises ensembles, les interventions d'apport supplémentaire de micronutriments pendant la grossesse et d'enrichissement des denrées de base ne demanderaient que 4 pour cent du total[4] alors que 2 pour cent seulement devraient être investis dans les campagnes nationales de promotion de l'allaitement maternel. Finalement, l'apport supplémentaire de vitamines A chez l'enfant, le traitement présomptif intermittent du paludisme dans les régions à endémie palustre et le développement de politiques sociales pro-allaitement n'absorberaient respectivement qu'un pour cent ou moins des coûts totaux.

La part relative de l'ensemble des coûts absorbée par chacune des cibles a été illustrée à la Figure 7.1. Toutefois, certaines dépenses se chevauchent d'une cible à l'autre. La part du lion va aux interventions de réduction du retard de croissance (49,5 milliards de dollars); puis à la prévention de l'anémie chez la femme (12,9 milliards de dollars); ou traitement de l'émaciation (9,1 milliards de dollars); et, finalement, à la promotion de l'allaitement exclusif (5,7 milliards de dollars). Tous les coûts couvrent une période de 10 ans.

L'Afrique subsaharienne monopolise la plus grande part des financements (39 pour cent); suivie de l'Asie du Sud (24 pour cent) et de l'Asie de l'Est et Pacifique (24 pour cent) (Figure 7.2). Par catégories de revenu national, les pays à faible revenu n'exigent qu'un peu plus du quart (27 pour cent) des sommes additionnelles nécessaires à la mise l'échelle, alors que les pays à revenu intermédiaire inférieur en absorbent environ la moitié (51 pour cent) et les pays à revenu intermédiaire supérieur moins du quart (22 pour cent) (Figure 7.3).

Figure 7.1 Besoins financiers nécessaires à l'atteinte des quatre cibles sur 10 ans, désagrégés par cible, milliards $ EU

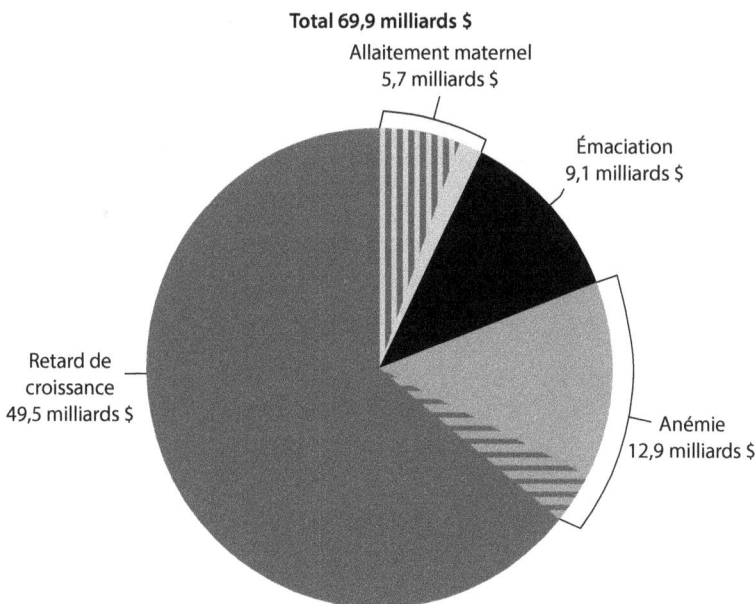

Total 69,9 milliards $

Allaitement maternel
5,7 milliards $

Émaciation
9,1 milliards $

Retard de croissance
49,5 milliards $

Anémie
12,9 milliards $

Note: Les zones hachurées indiquent un chevauchement dans les besoins financiers relatifs aux interventions qui concernent plus d'une cible.

Figure 7.2 Besoins financiers pour l'atteinte des quatre cibles sur 10 ans, par région

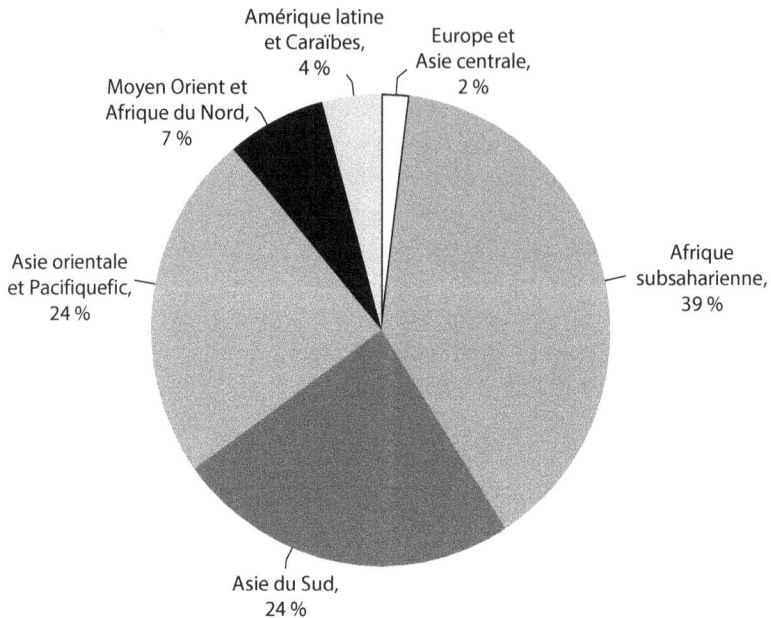

Figure 7.3 Besoins financiers pour l'atteinte des quatre cibles sur 10 ans, par catégorie de revenu national

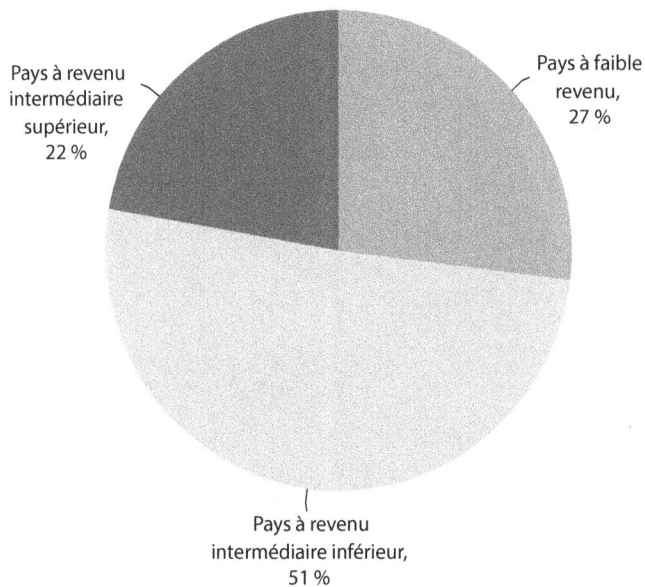

Estimation des impacts : méthode d'agrégation appliquée à l'ensemble des cibles

La méthode d'estimation des besoins financiers, des impacts et des rendements relatifs à chacune des cibles a été exposée au Chapitre 2. L'étude a procédé à l'estimation des différentes retombées attendues de l'atteinte des cibles fixées, qui ont été respectivement exprimées sous forme de réduction du nombre d'enfants présentant un retard de croissance, de diminution du nombre de femmes anémiées et d'augmentation du nombre de nourrissons ayant bénéficié d'un allaitement maternel exclusif (voir Tableau 7.2). Dans le cas de l'émaciation, l'estimation correspond au nombre d'enfants traités pour malnutrition aiguë sévère puisqu'il n'a pas été possible d'évaluer la baisse du nombre d'enfants émaciés (voir Chapitre 6 pour une discussion détaillée sur cet aspect).

Les mortalités évitées suite à la mise à l'échelle de l'ensemble des interventions menées dans le cadre des quatre cibles abordées ici ont été calculées à l'aide de l'outil Vies sauvées (LiST). Puisque trois d'entre elles — apport supplémentaire de micronutriments pendant la grossesse; conseil sur la nutrition du nourrisson et du jeune enfant; et traitement présomptif intermittent du paludisme pendant la grossesse dans les régions à endémie palustre – contribuaient à l'atteinte de plus d'une cible (voir Tableau 7.1), l'estimation du recul total de la mortalité a été ajustée pour tenir compte de ces chevauchements. Les retombées cumulatives sur la santé ont été calculées de la façon suivante : en premier lieu, l'étude a estimé le total des mortalités évitées chez les moins de 5 ans suite à la conduite des interventions associées à la *cible en matière de retard de croissance* : conseil sur la nutrition du nourrisson et du jeune enfant; apport supplémentaire de vitamines A chez l'enfant; apport supplémentaire de zinc à des fins prophylactiques chez l'enfant; distribution publique d'aliments complémentaires aux enfants; apport supplémentaire de micronutriments pendant la grossesse; suppléments protéino-énergétiques pour femmes enceintes; et, traitement présomptif intermittent du paludisme pendant la grossesse dans les régions à endémie palustre. Sur la base du modèle LiST, la mise à l'échelle de ces interventions permettrait d'éviter environ 2,8 millions de mortalités chez les moins de cinq ans dans les pays à revenu faible et intermédiaire (voir Chapitre 3 pour plus de détails).

Pour la *cible relative à l'allaitement maternel*, l'étude n'a modélisé que les impacts attendus d'une seule intervention — le conseil sur la nutrition du nourrisson et du jeune enfant. La réduction de la mortalité infantile attribuable à sa mise en œuvre a ensuite été introduite aux estimations relatives à la cible en matière de retard de croissance. Une démarche similaire a été appliquée à la *cible relative à l'anémie* puisque la mortalité chez les moins de cinq ans évitée suite à la mise à l'échelle du traitement présomptif intermittent du paludisme pendant la grossesse dans les régions à endémie palustre et de l'apport supplémentaire de micronutriments pendant la grossesse avait déjà été prise en compte dans les estimations relatives à la cible en matière de retard de croissance. Par contre, les 388 000 mortalités additionnelles évitées suite à l'apport supplémentaire de fer et d'acide folique (avant la grossesse à travers l'enrichis-sement des denrées) ont été ajoutées aux impacts des interventions de lutte contre le retard de croissance.

Finalement, afin de prendre en compte la *cible en matière d'émaciation*, le recul de la mortalité généré par la mise à l'échelle du traitement de la malnutrition aiguë sévère a été ajouté au total général des mortalités évitées.[5] Ici, la réduction attribuable à l'expansion du traitement a été ajustée afin de prendre en compte le fait que celle-ci serait concomitante à l'intensification de l'ensemble des autres interventions. Comme souligné au Chapitre 6, dans le modèle épidémiologique utilisé pour l'analyse, la mortalité attribuable à la malnutrition aiguë dépend de la prévalence des facteurs de risque tels que la diarrhée et les autres maladies infectieuses. Or, puisque les interventions mises en œuvre pour l'atteinte des trois autres cibles risquent fort de réduire cette prévalence, les impacts de la malnutri-tion aiguë sévère et de son traitement sur la mortalité sont moindres qu'ils ne le seraient si le traitement était mis à l'échelle de façon indépendante (comme modélisé au Chapitre 6). Ainsi, sur la base des résultats obtenus à l'aide du modèle LiST, l'expansion du traitement de la malnutrition aiguë sévère, si elle était accompagnée des autres interventions prévues au paquet, permettrait une réduction supplémentaire de 30 pour cent des mortalités (554 000 sur 10 ans), comparativement à son déploiement autonome (860 000 sur 10 ans). Finalement, les mortalités évitées suite aux interventions de lutte contre le retard de crois-sance (2,8 millions); l'anémie (380 000); et l'émaciation (554 000) ont été agrégées, pour un total cumulatif de 3,7 millions de mortalités évitées.

En résumé, les retombées tirées des 69,9 milliards de dollars investis sur 10 ans seraient phénoménales : en 2025, 3,7 millions de mortalités auraient été évitées et il y aurait 30 millions de cas de retard de croissance chez l'enfant de moins que pendant l'année de référence 2015 (Tableau 7.2). En outre, au cours de la décennie, 105 millions d'enfants de plus auraient bénéficié d'un allaitement maternel exclusif au cours des six premiers mois de vie.

À long terme, ces résultats se traduiraient en travailleurs plus productifs, dotés de meilleures capacités physiques et cognitives et mieux rémunérés. Le recul de la morbidité et de la mortalité attendu de ces investissements s'exprimerait donc en rapports coûts – avantages positifs et substantiels. Avec un taux d'actualisation fixé à 3 pour cent, les montants investis dans le paquet d'interventions en matière de retard de croissance, d'anémie, d'allaitement maternel et d'émaciation proposé produiraient en effet, pour chaque dollar investi, des rendements respectifs de 10,5 dollars; 12,1 dollars; 34,7 dollars; et 3,6 dollars (voir Tableau 7.3). Avec un taux d'actualisation plus conservateur de cinq pour cent, les rapports coûts – avantages demeurent tout de même positifs.

Ces rapports coûts – avantages devraient toutefois été interprétés avec pru-dence. Tout d'abord, l'agrégation des résultats obtenus dans les différents pays pourrait fausser l'estimation puisque les rapports coûts – avantages sont essentiel-lement soumis à des facteurs nationaux spécifiques tels que le produit intérieur brut (PIB); la croissance économique attendue; la prévalence de la maladie; et l'efficacité des interventions dans un contexte donné.

Tableau 7.3 Rapports coûts – avantages de la mise en œuvre des interventions nécessaires à l'atteinte des quatre cibles, taux d'actualisation de 3 et de 5 pour cent
$ EU

	Taux d'actualisation de 3 %		Taux d'actualisation de 5 %	
Cible	Rapport coûts – avantages agrégé	Rapport coûts-avantages médian	Rapport coûts – avantages agrégé	Rapport coûts-avantages médian
Retard de croissance	10,5	4,0	5,0	1,6
Anémie	12,1	10,6	8,2	7,4
Allaitement maternel	34,7	17,5	15,8	7,6
Émaciation	3,6	1,8	1,5	0,5

Ces données sont conservatrices. Dans le cas du retard de croissance, les effets transgénérationnels des interventions n'ont pas été pris en compte. La littérature suggère que la petite taille de la mère constitue un facteur de risque de retard de croissance chez l'enfant (Aguayo et Menon 2016). Par conséquent, la prévention du retard de croissance chez les filles, outre l'amélioration de leurs capacités cognitives et productives, pourrait également diminuer le risque que leurs enfants en soient atteints. En outre, l'estimation des retombées du traitement de la malnutrition aiguë sévère n'a pu saisir que les mortalités évitées. Il est probable que la malnutrition aiguë sévère a également des conséquences à long terme sur le développement physique et cognitif de l'enfant et que son traitement, qui réduit ses impacts, pourrait avoir des effets qui vont bien au-delà d'une simple réduction de la mortalité. Outre les femmes en âge de procréer, l'enrichissement en fer des denrées de bases profiterait à différents groupes populationnels, notamment aux hommes et aux enfants et, conséquemment, contribuerait à une meilleure santé, cognition, et productivité économique. En dernier lieu, la croissance de trois pour cent du PIB appliquée ici à l'ensemble de l'échantillon des pays analysés se situe bien en deçà des tendances historiques de la dernière décennie, tel que discuté au Chapitre 2, et risque fort de se révéler une estimation très conservatrice dans l'avenir.

Compte tenu des incertitudes méthodologiques entourant l'analyse des projections coûts – avantages, il est essentiel de retenir surtout que ces investissements dans la nutrition génèrent de forts rendements positifs, quoique variables selon les différents contextes nationaux.

Trois paquets d'interventions à financer : le paquet exhaustif ; le paquet prioritaire ; et le paquet catalyseur de progrès

Les investissements de 70 milliards de dollars nécessaires à la mise à l'échelle sur 10 ans du paquet complet d'interventions et à l'atteinte des cibles mondiales de nutrition constituent assurément un objectif très ambitieux, notamment en raison de la croissance modeste de la dépense étatique en santé dans les pays à revenu faible et intermédiaire et du plafonnement de l'aide publique au développement (APD) allouée à la santé. Dans un contexte de contraction des ressources, certaines interventions risquent d'être considérées plus rentables que d'autres (voir Tableau 7.4). En outre, plusieurs d'entre elles, quoiqu'intégrées au paquet complet, ne pourraient pas être mises à l'échelle immédiatement, soit parce qu'elles ne sont pas accompagnées de directives générales, soit parce qu'elles ne disposent pas de plateformes de prestation déjà établies (voir Tableau 7.5). Il s'agit notamment 1) de la distribution publique d'aliments complémentaires ; 2) de l'apport de suppléments protéino-énergétiques équilibrés ; 3) de l'apport de suppléments de zinc à des fins prophylactiques ; 4) de l'apport supplémentaire, sur une base hebdomadaire, de fer et d'acide folique chez les femmes non scolarisées ; et 5) de l'enrichissement du riz. Certaines de ces interventions, actuellement très coûteuses, bénéficieraient certainement de recherches opérationnelles additionnelles avant une pleine mise à l'échelle. Par conséquent, deux paquets alternatifs ont été proposés pour examen.

Le paquet prioritaire

Le premier paquet alternatif — le « paquet prioritaire » — comprend les interventions les plus rentables, soit celles dont le coût par résultat de santé est le plus faible (par ex cas de retard de croissance évités ; voir Tableau 7.4) et pour lesquelles des plateformes de prestation et des directives mondiales de politique sont bien établies. Sur la base de ces deux critères, le paquet prioritaire inclut : 1) l'apport supplémentaire de micronutriments pendant la grossesse ; 2) le conseil sur la nutrition du nourrisson et du jeune enfant ; 3) le traitement présomptif intermittent du paludisme pendant la grossesse dans les régions à endémie palustre ; 4) l'apport supplémentaire de vitamines A ; 5) le traitement de la malnutrition aiguë sévère ; 6) l'apport supplémentaire, sur une base hebdomadaire et intermittente, de fer et d'acide folique chez les filles de 15 à 19 ans scolarisées ; et 7) l'enrichissement en fer et en acide folique de la farine de blé et de maïs. Toutes ces interventions pourraient faire l'objet d'une pleine couverture au cours des cinq premières années, et être maintenues à ce niveau pendant les cinq années suivantes.

Ce paquet prioritaire demanderait des investissements de 23 milliards de dollars sur 10 ans (voir Tableau 7.6), soit d'environ 2,3 milliards de dollars par an. Cet effort, associé à la tendance attendue des déterminants sous-jacents à la malnutrition, permettrait de diminuer de 50 millions le nombre d'enfants présentant un retard de croissance en 2025, comparativement à l'année de référence 2015. Grâce au paquet prioritaire, près de 2,3 millions de mortalités chez les moins de cinq ans auraient également été prévenues. Toutefois, les cibles mondiales de nutrition ne pourraient pas être atteintes.

Le paquet catalyseur de progrès

Le second paquet alternatif — le « paquet catalyseur de progrès » — prévoit la mise à l'échelle de l'ensemble du paquet prioritaire et une expansion progressive

Tableau 7.4 Coûts par résultat est par intervention

Intervention	Coûts totaux sur 10 ans (milliards $ EU)	Coût par mortalité évitée ($ EU)	Coût par cas de retard de croissance évité ($ EU)	Coût par cas d'anémie évité ($ EU)	Coût par enfant bénéficiaire d'allaitement exclusif ($ EU)
À l'intention des femmes enceintes et des mères de nourrissons					
Apport supplémentaire de micronutriments pendant la grossesse[a]	2,59	7 376	3 637	11	n. a.
Conseil sur l'alimentation du nourrisson et du jeune enfant (éducation sur l'alimentation complémentaire et promotion de l'allaitement maternel combinées)	7,64	7 353	467	n.a.	n. a.
Apport de suppléments protéino-énergétiques équilibrés pour femmes enceintes	7,78	37 054	29 949	n.a.	n. a.
Traitement présomptif intermittent du paludisme pendant la grossesse dans les régions à endémie palustre.	0,47	6 594	1 535	62	n. a.
À l'intention des nourrissons et jeunes enfants					
Apport supplémentaire de vitamine A chez l'enfant	0,80	4 270	266	n.a.	n. a.
Apport supplémentaire de zinc chez l'enfant à des fins prophylactiques[a]	15,92	23 642	988	n.a.	n. a.
Distribution publique d'aliments complémentaires aux enfants	14,28	67 787	1 724	n.a.	n. a.
Traitement de la malnutrition aiguë sévère	9,1	10 500	n.a.	n.a.	n. a.
Éducation sur les aliments complémentaires[a]	4,28	16 122	273	n.a.	n. a.
Promotion de l'allaitement maternel[a]	3,36	4 347	4 761	n. a.	54
À l'intention des femmes en âge de procréer et de la population en général					
Apport supplémentaire de fer et d'acide folique chez la femme non enceinte	7,51	26 914[b]	n. a.	10	n. a.
Enrichissement des denrées de base	2,74		n. a.	7	n. a.

Note : n.a. = non applicable.

a. Dans cette analyse des coûts par résultat, les deux parties de l'intervention conseil sur la nutrition du nourrisson et du jeune enfant — éducation sur l'alimentation complémentaire et promotion de l'allaitement maternel — ont été considérées séparément.

b. Il s'agit ici du coût combiné par mortalité évitée, parce qu'il n'était pas possible d'estimer de façon distincte l'impact de chacune des interventions.

Tableau 7.5 Plateformes potentielles de prestation pour la mise à l'échelle des interventions à fort impact

Intervention	Plateformes de prestation et obstacles à l'expansion (en rouge)
Apport supplémentaire de micronutriments pendant la grossesse[a]	• Actuellement, les suppléments de fer et d'acide folique sont les plus couramment distribués, notamment à travers les consultations prénatales et postnatales de routine. Si l'OMS émet de nouvelles directives actualisées, ils pourraient toutefois être remplacés par des suppléments de micronutriments multiples.
Conseil pour la nutrition du nourrisson et du jeune enfant	• Programmes de nutrition à base communautaire • Soins de santé prénataux et postnataux • Approche médiatique, médias sociaux, etc.
Apport de suppléments protéino-énergétiques équilibrés pour femmes enceintes[a]	• Actuellement aucun programme à large échelle[b] • Certains dispositifs de prestation à travers des programmes à base communautaire (par exemple, via les mécanismes existants de distribution publique d'aliments et les instruments de protection sociale/programmes de filets sociaux en expansion rapide)
Traitement présomptif intermittent du paludisme au cours de la grossesse dans les régions à endémie palustre	• Soins prénatals dans les régions à endémie palustre uniquement
Apport supplémentaire de vitamine A chez l'enfant	• Campagnes à base communautaire • Prestation de services en établissement de santé
Apport supplémentaire de zinc chez l'enfant à des fins prophylactiques	• Aucun dispositif de prestation[b] • Possibilité d'utiliser les dispositifs de distribution de micronutriments en poudre (tels que *Sprinkle*) utilisés par les programmes à base communautaire
Distribution publique d'aliments complémentaires aux enfants	• Aucun dispositif de prestation à l'échelle[b] • La prestation pourrait être assurée par les programmes de filets sociaux/distribution publique d'aliments existants
Traitement de la malnutrition aiguë sévère	• Traitement ambulatoire des cas sans complication ; traitement en établissement des patients avec complications. • Faible couverture existante et demande la présence de systèmes de santé fonctionnels à l'échelle, sinon, prévoir un taux d'expansion plus lent
Apport supplémentaire de fer et d'acide folique chez la femme non enceinte	• Aucun exemple de dispositif de prestation à l'échelle[b] • Pour les filles de 15 à 19 ans scolarisées, possibilité de distribution à travers les écoles • Pour les autres femmes âgées de 15 à 49 ans, prestation à travers l'agent de santé communautaire, les consultations en établissement de santé et/ou le marché privé
Enrichissement des denrées de base	• Sur le marché et à travers les programmes publics de distribution de denrées enrichies. • Technologies/plateformes d'enrichissement existantes dans le cas de l'enrichissement de la farine de blé et de maïs ; mise à l'échelle rapide réalisable. • L'enrichissement du riz fait appel à des technologies différentes (par ex. revêtement ou extrusion) et pourrait être beaucoup plus coûteux. Il faudra procéder à des recherches opérationnelles supplémentaires pour réduire les coûts afférents.[b]
Politiques sociales pro-allaitement	• Politique, législation, suivi et mise en vigueur des politiques liées au *Code international sur le marketing des substituts de lait maternel* ; aux 10 étapes d'intégration à l'accréditation hospitalière de l'OMS ; et à la protection du congé de maternité
Campagnes nationales de promotion de l'allaitement maternel	• Canaux médiatiques et médias sociaux

Note : a. La mise en œuvre de cette intervention est soumise à une mise à jour des directives de l'OMS et à la révision des politiques nationales.
b. Goulots d'étranglement à la mise à l'échelle

Tableau 7.6 Total des besoins financiers pour une mise à l'échelle immédiate d'un paquet d'interventions prioritaires

Millions $ EU

Intervention	Retard de croissance	Allaitement maternel	Anémie	Émaciation	Total
Apport supplémentaire de micronutriments pendant la grossesse	2 309[a]	n. a.	2 016	n. a.	2 309
Conseil sur la nutrition du nourrisson et du jeune enfant	6 823[a]	4 159	n.a.	n. a.	6 823
Traitement présomptif intermittent du paludisme pendant la grossesse dans les régions à endémie palustre	416[a]	n. a.	337	n. a.	416
Apport supplémentaire de vitamine A chez l'enfant	716[a]	n.a.	n.a.	n. a.	716
Traitement de la malnutrition aiguë sévère chez l'enfant	n.a.	n.a.	n. a.	8 091[a]	8 091
Apport supplémentaire de fer et d'acide folique chez les filles de 15 à 19 ans scolarisées	n.a.	n. a.	622[a]	n. a.	622
Enrichissement des denrées (farine de blé et de maïs, hormis le riz	n.a.	n. a.	359[a]	n. a.	359
Politiques sociales pro-allaitement maternel	n. a.	111[a]	n.a.	n. a.	111
Campagnes nationales de promotion de l'allaitement maternel	n. a.	906[a]	n.a.	n. a.	906
Sous total	*10 264*	*5 176*	*3 334*	*8 091*	*20 353*
Renforcement des capacités (établi à 9 % du sous-total)	924	466	300	728	1 832
Suivi et évaluation (établi à 2 % du sous-total)	205	104	67	162	407
Développement de politiques (établi à 1 % du sous-total)[b]	103	n. a.	33	81	193
Total	**11 496**	**5 745**	**3 734**	**9 062**	**22 785**

Note : n.a. = non applicable.

a. Dans le cas de ces interventions, il y a chevauchement entre les coûts associés à plus d'une cible. Pour éviter le double comptage, seule la valeur la plus forte a été utilisée pour calculer le total général.

b. Le développement de politiques a été fixé à un pour cent du sous-total des interventions, mais n'a pas été appliqué aux politiques sociales pro-allaitement et aux campagnes nationales de promotion de l'allaitement maternel.

des interventions de distribution publique d'aliments complémentaires ; d'apport de suppléments protéino-énergétiques équilibrés ; d'apport supplémentaire de zinc à des fins prophylactiques ; d'apport supplémentaire, sur une base hebdomadaire, de fer et d'acide folique chez les femmes non scolarisées et d'enrichissement du riz. Au cours de cette expansion progressive, il a été présumé que l'accent serait placé au cours des cinq prochaines années sur l'élaboration de directives mondiales et la conduite de recherches opérationnelles axées sur le développement de plateformes de prestation, de produits moins coûteux ou encore de technologies plus rentables (par ex. pour l'enrichissement du riz). Les coûts estimatifs indiqués ici correspondent donc au passage de 0 à 10 pour cent de la couverture de ces interventions pendant les cinq premières années. Au cours de la période subséquente, l'analyse a considéré que l'expansion de la couverture s'accélérerait et atteindrait 60 pour cent en 2025.

La mise en œuvre du paquet «catalyseur de progrès» demanderait des investissements d'environ 37 milliards de dollars sur 10 ans (voir Tableau 7.7), soit de près de 3,7 milliards de dollars par an. Cet effort, associé à la tendance attendue des déterminants sous-jacents de la malnutrition, permettrait de réduire de 58 millions le nombre d'enfants présentant un retard de croissance en 2025 comparativement à l'année de référence 2015. Grâce à ce paquet, 2,6 millions de mortalités chez les moins de cinq ans auraient également été prévenues. Cette option permettrait certainement de catalyser la progression vers les cibles mondiales de nutrition, mais celles-ci ne pourraient toutefois pas être atteintes.

Tableau 7.7 Total des besoins financiers pour la mise en œuvre du paquet catalyseur de progrès
Millions $ EU

Intervention	Retard de croissance	Allaitement maternel	Anémie	Émaciation	Total
Apport supplémentaire de micronutriments pendant la grossesse	2,309[a]	n. a.	2,017	n. a.	2,309
Conseil sur la nutrition du nourrisson et du jeune enfant	6,823[a]	4,159	n.a.	n. a.	6,823
Apport de suppléments protéino-énergétiques équilibrés chez la femme enceinte	2,150[a]				2,150
Traitement présomptif intermittent du paludisme pendant la grossesse dans les régions à endémie palustre	416[a]	n. a.	337	n. a.	416
Apport supplémentaire de vitamine A chez l'enfant	716[a]	n.a.	n.a.	n. a.	716
Apport supplémentaire de zinc à des fins prophylactiques chez l'enfant	4,354[a]				4,354
Distribution publique d'aliments complémentaires pour enfants	3,384[a]				3,384
Traitement de la malnutrition aiguë sévère chez l'enfant	n.a.	n.a.	n. a.	8,091[a]	8,091
Apport supplémentaire de fer et d'acide folique chez les filles de 15 à 19 ans scolarisées	n.a.	n. a.	2,490[a]	n. a.	2,490
Enrichissement des denrées de base (farine de blé et de maïs, hormis le riz	n.a.	n. a.	1,002[a]	n. a.	1,002
Politiques sociales pro-allaitement maternel	n. a.	111	n.a.	n. a.	111
Campagnes nationales de promotion de l'allaitement maternel	n. a.	906[a]	n.a.	n. a.	906
Sous-total	*20,152*	*5,176*	*5,846*	*8,091*	*32,753*
Renforcement des capacités (établi à 9 % du sous-total)	1,814	466	526	728	2,948
Suivi et évaluation (établi à 2 % du sous-total)	403	104	117	162	655
Développement de politiques (établi à 1 % du sous-total)[a]	202	n. a.	58	81	317
Total	**22,570**	**5,745**	**6,547**	**9,062**	**36,673**

Note : n.a. = non applicable.

a. Dans le cas de ces interventions, il y a chevauchement entre les coûts associés à plus d'une cible. Pour éviter le double comptage, seule la valeur la plus forte a été utilisée pour calculer le total général.

b. Le développement de politiques a été estimé représenter 1 pour cent du sous-total de toutes les interventions, sauf les politiques sociales pro-allaitement et les campagnes nationales de promotion de l'allaitement maternel.

Tableau 7.8 Rentabilité par paquet d'interventions

Paquet d'interventions	Coût total sur 10 ans (milliards $ EU)	Coût par mortalité évitée ($ EU)	Coût par cas de retard de croissance évité ($ EU)[a]
Complet (atteinte des cibles)	69,9	18 900	1 063
Prioritaire	22,8	9 900	542
Catalyseur de progrès	37,0	10 771	794

Notes : a. Seules les interventions ayant un effet sur le retard de croissance (voir Chapitre 3) ont été considérées dans le calcul des coûts par cas de retard de croissance évité.

Le Tableau 7.8 compare les coûts et les résultats de santé relatifs aux trois paquets. De façon générale, le paquet prioritaire et le paquet catalyseur de progrès offrent une meilleure rentabilité que l'ensemble complet, avec des coûts plus faibles par mortalité évitée (9900 dollars pour le paquet prioritaire et 10 771 dollars pour le paquet catalyseur de progrès, comparativement à 18 900 dollars pour le paquet complet) et par cas de retard de croissance évité (542 dollars pour le paquet prioritaire et 794 dollars pour le paquet catalyseur de progrès, contre 1063 dollars pour le paquet complet).

Toutefois, dans l'ensemble, les deux plus petits paquets d'interventions sont moins efficaces ; c'est-à-dire que leurs impacts sur la santé et l'état nutritionnel des femmes et des enfants sont inférieurs à ceux du paquet complet. En vertu du paquet prioritaire, il y aurait en effet en 2025 15 millions d'enfants présentant un retard de croissance et 115 millions de femmes anémiées de plus que si le paquet complet avait été mis en œuvre ; si le paquet catalyseur de progrès était appliqué, ces chiffres passeraient à 7 millions d'enfants présentant un retard de croissance de plus et 35 millions de femmes souffrant d'anémie additionnelles, par rapport au paquet complet (voir Tableau 7.9). En outre, les paquets prioritaire et catalyseur de progrès auraient respectivement permis de prévenir 1,4 million et 1,1 million de mortalités chez les moins de cinq ans de moins que le paquet complet. Par conséquent, et comme souligné plus haut, aucun de ces deux ensembles alternatifs ne serait suffisant à l'atteinte des cibles mondiales en matière de retard de croissance et d'anémie, quoique le paquet catalyseur de progrès s'en approcherait de beaucoup.

Discussion

La mise à l'échelle de la couverture du paquet complet et à fort impact d'interventions spécifiques à la nutrition nécessaire à l'atteinte des quatre cibles mondiales de nutrition demanderait des investissements de 70 milliards de dollars sur 10 ans, soit 7 milliards de dollars par année. Les estimations présentées ici indiquent que ces investissements permettraient d'éviter près de 3,7 millions de mortalités chez les moins de cinq ans ; contribueraient à une réduction d'environ 65 millions du nombre d'enfants émaciés en 2025, comparativement à l'année de référence 2015 ; feraient chuter de 265 millions le nombre de femmes en âge de procréer souffrant d'anémie en 2025, par rapport à 2015 ; et feraient grimper

Tableau 7.9 Retombées et besoins financiers totaux par paquet d'interventions

Cible mondiale	Retombées	Paquet prioritaire	Paquet catalyseur de progrès	Paquet complet : toutes les interventions nécessaires à l'atteinte des cibles
		Besoins financiers totaux de 23 milliards $	Besoins financiers totaux de 37 milliards $	Besoins financiers totaux de 70 milliards $
1 retard de croissance	Cas de retard de croissance de moins en 2025 (vs 2015)[a]	50 millions	58 millions	65 millions
	Mortalités infantiles évitées sur 10 ans	1,5 million	2,1 millions	2,8 millions
2 Anémie	Pourcentage de réduction du nombre de femmes souffrant d'anémie	28 %	45 %	50 %
	Cas d'anémie chez la femme évités en 2025	150 millions	230 millions	265 millions
	Mortalités infantiles évitées sur 10 ans	660 000	740 000	800 000
	Mortalités maternelles évitées sur 10 ans	7 000	7 000	7 000
5 Allaitement maternel exclusif	Pourcentage de nourrissons bénéficiaires d'allaitement maternel exclusif en 2025	54 %	54 %	54 %
	Nombre additionnel de nourrissons bénéficiaires d'allaitement exclusif sur 10 ans	105 millions	105 millions	105 millions
	Mortalités infantiles évitées sur 10 ans	520 000	520 000	520 000
6 Émaciation	Nombre d'enfants traités pour émaciation sévère	91 millions	91 millions	91 millions
	Mortalités infantiles évitées sur 10 ans	860 000	860 000	860 000
Toutes les cibles	**Mortalités infantiles évitées sur 10 ans**	**2,3 millions**	**2,6 millions**	**3,7 millions**

Note : a. L'impact total du paquet d'interventions proposé tient compte des autres initiatives de santé et de réduction de la pauvreté

de 105 millions le nombre de nourrissons de moins de six mois bénéficiaires d'un allaitement maternel exclusif, comparativement à 2015. En outre, 91 millions d'enfants auraient été traités pour émaciation sévère.

Toutefois, les interventions figurant au paquet complet ne pourraient pas toutes être mises à l'échelle immédiatement. Certaines d'entre elles ne disposent pas de plateformes de prestation bien établies et efficaces alors que d'autres ne sont accompagnées d'aucune directive mondiale ou ne relèvent pas encore de technologies suffisamment efficaces. L'expansion de la couverture d'un paquet plus limité d'interventions prioritaires, rentables, et pour lesquelles des plateformes de prestation et directives sont déjà en place, demanderait des investissements de 23 milliards de dollars sur 10 ans (Tableau 7.10), soit 2,3 milliards par année. Un paquet plus large, « catalyseur de progrès », propose à la fois la mise en œuvre des interventions du paquet prioritaire, des investissements dans le développement de plateformes de prestation efficaces, dans la recherche et développement et dans une mise à l'échelle graduelle des interventions résiduelles, pour

Tableau 7.10 Mise à l'échelle des trois paquets : ressources nécessaires sur 10 ans et interventions considérées

	Paquet prioritaire	Paquet catalyseur de progrès	Paquet complet : toutes les interventions nécessaires à l'atteinte des cibles
Total des ressources nécessaires sur 10 ans (milliards $)	23	37	70
Intervention			
Apport supplémentaire de micronutriments pendant la grossesse	✓	✓	✓
Conseil sur la nutrition du nourrisson et du jeune enfant	✓	✓	✓
Apport de suppléments protéino-énergétiques équilibrés chez la femme enceinte		Graduel[a]	✓
Traitement présomptif intermittent du paludisme pendant la grossesse dans les régions à endémie palustre	✓	✓	✓
Apport supplémentaire de vitamine A chez l'enfant	✓	✓	✓
Apport supplémentaire de zinc à des fins prophylactiques chez l'enfant		Graduel[a]	✓
Distribution publique d'aliments complémentaires pour enfants		Graduel[a]	✓
Traitement de la malnutrition aiguë sévère chez l'enfant	✓	✓	✓
Apport supplémentaire de fer et d'acide folique :			
• Filles de 15 à 19 ans scolarisées et non enceintes	✓	✓	✓
• Toutes les femmes non enceintes		Graduel[a]	
Enrichissement des denrées : • Farine de blé et de maïs	✓	✓	✓
• Riz		Graduel[a]	
Politiques sociales pro-allaitement maternel	✓	✓	✓
Campagnes nationales de promotion de l'allaitement maternel	✓	✓	✓

a : La mise à l'échelle de l'intervention se fait graduellement sur 10 ans. Entre 2016 et 2021, l'hypothèse a présumé une mise à l'échelle de 10 pour cent avec accent sur l'établissement des directives mondiales et la conduite de recherches opérationnelles pour le développement de plateformes de prestation efficaces. Entre 2021 et 2025, l'expansion a été présumée s'accélérer pour atteindre 60 pour cent en 2025.

la somme de 37 milliards de dollars sur 10 ans, soit 3,7 milliards par année. Ces deux alternatives seraient plus rentables que le paquet complet, avec un coût inférieur par mortalités et retard de croissance évités. Toutefois, de façon générale, elles seraient moins efficaces en matière d'atteinte des cibles mondiales de nutrition d'ici 2025.

Plusieurs des interventions contribuent simultanément à l'atteinte de plusieurs cibles. Par exemple, le conseil pour la nutrition du nourrisson et du jeune enfant contribue à la fois à la réduction de la prévalence du retard de croissance et à l'augmentation du nombre d'enfants bénéficiaires d'allaitement maternel exclusif. De façon similaire, l'apport supplémentaire de micronutriments pendant la grossesse et le traitement présomptif intermittent du paludisme chez la femme enceinte dans les régions à endémie palustre aident à prévenir le retard de croissance et l'anémie chez la femme enceinte. Certaines données probantes font également état d'une corrélation entre les épisodes répétés de malnutrition aiguë et le risque de retard de croissance (voir Chapitre 6). Les analyses présentées aux chapitres précédents ont démontré que la mise à l'échelle de la couverture d'interventions spécifiques à la nutrition ayant fait la preuve de leur efficacité ne pourrait que concourir à l'atteinte de plusieurs des cibles de nutrition. De façon réciproque, ceci suggère qu'une approche exhaustive à l'amélioration de la nutrition des enfants, des femmes enceintes, des adolescentes et des autres femmes en âge de procréer pourrait s'avérer plus efficace et rentable que la concentration sur un aspect spécifique de la malnutrition (par exemple, uniquement l'anémie).

Les analyses présentées ici indiquent que, sur 10 ans, et outre l'atteinte des cibles mondiales de nutrition, la mise à l'échelle du paquet complet d'interventions permettrait de prévenir près de 3,7 millions de mortalités chez les moins de cinq ans. Comme discuté au Chapitre 6, le risque de mortalité associée à la malnutrition aiguë sévère chez l'enfant estimé à l'aide de l'outil LiST est plus faible que celui calculé par d'autres auteurs. Il est possible que le traitement de la malnutrition aiguë sévère soit plus élevé. Si tel était le cas, le coût estimé par mortalité évitée suite à la mise en œuvre des paquets complet, prioritaire et catalyseur de progrès serait dès lors plus faible. Par conséquent, le lecteur devrait considérer ces chiffres comme conservateurs et représentatifs d'un seuil inférieur.

Le prochain Chapitre abordera la question de la mobilisation — à partir des budgets nationaux, de l'aide internationale au développement et de sources de financement novatrices — des 70 milliards de dollars nécessaires à l'atteinte des cibles mondiales de nutrition.

Notes

1. Il faut noter que cette intervention ne concerne que les pays d'Afrique subsaharienne, où le paludisme est endémique.

2. Puisque la cible de l'Assemblée mondiale de la santé en matière d'allaitement maternel mesure les progrès accomplis à travers un indicateur d'allaitement maternel exclusif jusqu'à cinq mois, l'hypothèse retenue par l'analyse veut qu'une seule année de conseil sur la nutrition du nourrisson et du jeune enfant serait suffisante à une couverture adéquate de la période allant du troisième trimestre de soins prénataux à l'âge de six mois du nourrisson. Quoiqu'une seconde année de conseil soit recommandée, celle-ci n'aurait aucun effet sur l'augmentation de l'allaitement maternel exclusif.

3. Les coûts d'un apport supplémentaire de fer et d'acide folique aux femmes non enceintes ne considèrent que l'acquisition de suppléments pour l'ensemble des femmes et leur distribution, soit à travers le système de santé communautaire ou les hôpitaux — 70 pour cent des femmes — ou les écoles — filles scolarisées — (pour celles qui ne le

sont pas, l'étude a présumé un accès aux suppléments à travers le système de santé). Il a également été supposé que 30 pour cent des femmes vivant au-dessus du seuil de pauvreté seraient en mesure d'acquérir les suppléments chez les détaillants privés et dans les pharmacies. Ces coûts ont été exclus de l'estimation.

4. Le coût de l'enrichissement des denrées n'a pris en compte ici que la dépense du secteur public (soit, du gouvernement et en provenance de l'aide publique au développement). L'étude n'a pas considéré les coûts encourus par le secteur privé pour la fabrication, la vente au détail et la commercialisation, qui seront éventuellement assumés par les consommateurs des aliments enrichis.

5. Comme indiqué au Chapitre 6, le terme *émaciation* a été utilisé tout au long du rapport en référence au taux de prévalence ou à l'atteinte de la cible mondiale en matière d'émaciation. Toutefois, puisque le diagnostic est effectué à travers la mesure du rapport poids/taille et/ou de la circonférence brachiale et/ou la présence d'œdème prenant le godet bilatéral, le terme malnutrition aiguë a semblé plus approprié lorsqu'il était question du traitement. Les analyses des coûts et des impacts menées dans le cadre de ce rapport ont été spécifiquement basées sur le traitement de la malnutrition aiguë sévère.

Références

Aguayo, V. M. et P. Menon. 2016. « Stop Stunting: Improving Child Feeding, Women's Nutrition and Household Sanitation in South Asia. » *Maternal & Child Nutrition* 12.S1 (2016): 3–11.

Bulti A., S. Chtiekwe, C. Puett, et M. Myatt. 2015. « How Many Lives Do Our CMAM Programmes Save? A Sampling-Base Approach to Estimating the Number of Deaths Averted by the Nigerian CMAM Programme. » Échanges terrain 50, août. http://www.ennonline.net/fex/50/deathsavertedcmamnigeria.

Horton, S., M. Shekar, C. McDonald, A. Mahal, et J. Krystene Brooks. 2010. *Scaling Up Nutrition: What Will It Cost?* Série sur les Directions en développement. Washington, DC : Banque mondiale.

Schofield, C. et A. Ashworth. 1996. « Why Have Mortality Rates for Severe Malnutrition Remained So High? » *Bulletin of the World Health Organization* 74: 223–29.

CHAPITRE 8

Le Financement nécessaire à l'atteinte des cibles mondiales de nutrition

Mary Rose D'Alimonte, Hilary Rogers, et David de Ferranti

Messages Clés

- Chaque année, près de 3,9 milliards de dollars sont dépensés par les gouvernements des pays à revenu faible et intermédiaire et les partenaires techniques et financiers pour la mise en œuvre du paquet d'interventions considéré ici. La mobilisation des 70 milliards de dollars *supplémentaires* (au-delà de la dépense actuelle) nécessaires à l'atteinte des cibles mondiales de nutrition représente donc un défi considérable, mais tout de même atteignable. Au-delà des contributions acquises, il faudrait en effet procéder à des investissements annuels moyens de 7 milliards de dollars jusqu'en 2025.
- Le maintien du statu quo — soit la poursuite de la croissance actuelle de la dépense dans la nutrition — ne sera donc pas suffisant. Dans ce cas, il faudrait en effet ajouter, au-delà des investissements existants, des financements d'environ 13,5 milliards de dollars pendant les 10 prochaines années. Un tel scénario mènerait cependant à un manque à gagner de 56 milliards de dollars, et, par conséquent à l'impossibilité d'atteindre les cibles mondiales de nutrition.
- Si les gouvernements, l'aide publique au développement (APD), et les nouveaux dispositifs novateurs de financement adoptaient tous une approche de «solidarité mondiale» afin de mobiliser les ressources supplémentaires requises, la réalisation des cibles fixées serait toutefois possible.
- Les analyses ont estimé à environ un milliard de dollars la somme présentement allouée aux interventions de nutrition par l'aide publique au développement (APD), avec 53 pour cent, soit 531 millions de dollars, uniquement dévolus au traitement de la malnutrition aiguë sévère. Des financements de 358 millions de dollars (36 pour cent) sont également alloués aux interventions chiffrées ici et nécessaires à l'atteinte de la cible en matière de retard de croissance. Des sommes beaucoup plus faibles sont dirigées vers les initiatives destinées à augmenter les taux d'allaitement maternel exclusif (85 millions de dollars ou 8,5 pour cent) et à réduire le taux d'anémie chez la femme en âge de procréer (78 millions de dollars ou 7,8 pour cent). Environ 65 pour cent de l'APD allouée à la nutrition sont investis dans les 37 pays où la charge est la plus élevée.

Les chapitres précédents — incluant les sections sur les besoins financiers, les retombées, les fondements et les données probantes justifiant une dépense dans la nutrition — ont naturellement mené à la question fondamentale abordée ici : comment s'assurer d'un financement suffisant à l'atteinte des cibles mondiales de nutrition ? Au cœur de cette problématique, une question subsidiaire se pose : qui contribuera et pour combien ?

Les gouvernements,[1] l'aide publique au développement (APD)[2] ainsi que d'autres sources[3] participeront tous, de différentes façons, aux dépenses liées à la mise en œuvre des interventions de nutrition. Toutefois, la réalisation des cibles fixées dépendra de l'ampleur de ces contributions respectives au cours des années à venir. Par conséquent, l'estimation de la participation financière actuelle selon les différentes sources devrait faciliter la compréhension, par les différents acteurs mondiaux, des efforts qui seront nécessaires à l'élimination du manque à gagner et des moyens qui permettront d'y parvenir.

Au-delà des financements actuels, il faudrait investir 70 milliards de dollars supplémentaires au cours des 10 prochaines années pour pouvoir atteindre les cibles mondiales fixées. Cette somme reflète les résultats présentés aux Chapitres 3, 4, 5, et 6, et les montants correspondant à quatre des six cibles mondiales de nutrition (retard de croissance, anémie, allaitement maternel exclusif, et émaciation) agrégés au chapitre 7.

L'objectif de 70 milliards de dollars a été échelonné sur les 10 prochaines années et s'accompagne d'un plan de mise à l'échelle qui démarre avec des investissements de 1,5 milliard de dollars supplémentaires en 2016, et prévoit des augmentations annuelles progressives qui atteindraient 9,7 milliards de dollars en 2025. Ces besoins s'ajouteraient aux 3,9 milliards de dollars que le monde dépense déjà chaque année dans la nutrition. Par conséquent, la somme totale requise – soit 3,5 fois le montant de la dépense actuelle d'ici 2025 – représente un objectif de taille.

Ce chapitre fait état des données disponibles sur le financement existant, et aborde ses différentes implications sur les moyens nécessaires à l'atteinte des cibles de nutrition fixées. La prochaine section examine l'importance des investissements *actuels*, par gouvernement, et par APD. Pour ce faire, elle présente la démarche suivie pour l'identification de la donnée de référence, soit le niveau de dépense actuel – une information essentielle à la compréhension de l'évolution dans les années à venir. La section suivante présente et interprète deux scénarios de financement distincts sur la période de dix ans se terminant en 2025 (en commençant par le scénario « statu quo », suivi du scénario de « solidarité mondiale »). Le Chapitre se termine par une discussion des implications émanant des résultats de l'analyse.

Dépenses actuelles en matière de nutrition

Les données existantes ne permettent pas de saisir clairement la teneur de la dépense mondiale des gouvernements, de l'APD, et des autres sources de financement dans la nutrition. Cette section identifie donc les différentes sources de données ainsi que les méthodes utilisées pour l'estimation des investissements des gouvernements et de l'APD dans le paquet d'interventions spécifiques à la nutrition évalué ici.[4]

Le Financement national octroyé par les gouvernements

La collecte de données adéquates sur les sommes actuellement dépensées par les pays à revenu faible et intermédiaire dans des interventions de nutrition s'est révélée complexe, notamment en raison du fait que bon nombre d'entre eux ne font aucune surveillance ou suivi de routine de la dépense afférente. Par conséquent, ils ne détiennent aucune information exhaustive sur (1) les budgets alloués et dépensés dans la nutrition, (2) les interventions et les programmes mis en œuvre, et (3) les secteurs qui financent ces interventions. Il est généralement admis que les gouvernements consacrent une part plutôt modeste de leurs budgets nationaux aux interventions en nutrition.[5] Ce rapport a donc compilé et analysé les données sur la dépense publique à partir des sources suivantes :

- Revues des dépenses publiques en santé.
- *Base de données sur le Comptes nationaux de la santé* de l'Organisation mondiale de la Santé (OMS), qui contient les données générées par le *Système des Comptes de la santé* (*System of Health Accounts*/SHA). Au moment de l'étude, 15 pays avaient rapporté des dépenses liées aux déficiences nutritionnelles dans le SHA (également désigné comme Système des comptes nationaux de la santé).
- Études de cas avec analyse des budgets et des dépenses en nutrition, notamment la revue de la dépense publique dans le secteur de la nutrition de la République-Unie de Tanzanie (ministère des Finances 2014) ; l'analyse budgétaire du projet de nutrition SPRING («*Strengthening Partnerships, Results, and Innovations in Nutrition Globally*») mis en œuvre par John Snow International au Népal (SPRING 2016a) et en Ouganda (SPRING 2016 b), et; et, les analyses budgétaires menées par Save the Children (Royaume-Uni) sur les interventions réalisées au Malawi, en Zambie, et dans d'autres pays (Save the Children et Civil Society Organisation Nutrition Alliance / CSONA 2015).
- Informations sur le financement de la nutrition rapportées par les 30 pays participant à l'initiative *Scaling Up Nutrition* (SUN) et mentionnés au *Rapport 2015 sur la nutrition mondiale* (IFPRI 2015). Les données ont été tirées de budgets nationaux ou sectoriels, et ont été révisées par les chercheurs afin de s'assurer que les dépenses spécifiques à la nutrition compilées par les différents pays correspondaient bien au paquet d'interventions évalué ici. Dans le cas des programmes intégrés identifiés comme spécifiques à la nutrition (c'est-à-dire, axés sur les soins de santé mère-enfant en général, sans composante «nutrition »clairement identifiée), l'étude a appliqué un seuil minimal de 10 pour cent et un seuil maximal de 50 pour cent, en présumant que la composante «nutrition» d'un programme de santé mère-enfant plus vaste bénéficiait rarement de

plus de 50 pour cent des financements totaux. Enfin, après consultation des experts, la valeur moyenne estimée à partir de tous ces cas a été retenue comme la «meilleure» et la plus simple.

- Rapports financiers publics et documents relatifs aux budgets nationaux.

À partir de ces différentes sources, les données relatives aux interventions de nutrition financées par le secteur public ont été compilées pour 31 pays. Ces résultats sont disponibles à l'Annexe D.[6]

L'étude a eu recours à des modèles de régression pour évaluer les corrélations entre le financement public et certaines autres variables, notamment le budget de la santé; le produit intérieur brut (PIB); la dépense publique en général; ainsi que les variations régionales. Ainsi, il a été démontré que la dépense publique en santé par habitant était corrélée à la dépense publique dans la nutrition par cas de retard de croissance.[7] Malgré la petite taille de l'échantillon, le modèle utilisé restait intuitif, avec une concentration du financement de la nutrition dans les pays où la dépense en santé était la plus élevée. Ce modèle a permis, sur la base de la dépense publique en santé par habitant dans l'ensemble des pays à revenu faible et intermédiaire, d'estimer à 4,8 milliards de dollars les investissements étatiques mondiaux dans des programmes spécifiques à la nutrition. D'autres analyses ont dû être effectuées afin d'aligner les données de référence et le paquet d'interventions évalué ici.

Malgré la disponibilité de données sur le financement de certaines interventions dans quelques-uns des 31 pays de l'échantillon — l'Inde, le Guatemala, le Malawi, le Mexique, et la Tanzanie —, ce degré de désagrégation était généralement absent et a dû être estimé afin d'aligner le taux de référence sur le paquet d'interventions considérées.

Les plans de nutrition chiffrés préparés pour les pays participant à l'initiative SUN, même s'ils ne fournissent aucune information sur les allocations budgétaires ou la dépense réelle, donnent tout de même un aperçu de la ventilation en pourcentage des montants consentis aux différentes catégories de dépenses dans la nutrition (SUN 2014). Ils ont donc été utilisés ici pour estimer *la répartition* de la dépense entre les catégories d'interventions de nutrition et non pas pour évaluer la dépense *totale* (celle-ci a été obtenue à travers les sources mentionnées plus haut). Dans les pays dotés d'un plan de nutrition chiffré, la ventilation des dépenses entre les différentes interventions reflète, quoique de manière imparfaite, le montant qu'un pays *entend* investir dans des interventions de nutrition. Or, dans plusieurs cas, ces données ont pour principale limite de refléter essentiellement la planification et non le financement réel; toutefois, compte tenu des chiffres actuellement disponibles sur les interventions de nutrition, ces données ont été considérées comme la meilleure approximation possible des financements accordés.

Des études supplémentaires ont été menées en Inde, puisque ce pays à revenu intermédiaire inférieur, qui assume la plus forte charge absolue de malnutrition chronique, alloue actuellement une large part de ses ressources publiques à des projets de santé et de nutrition. À travers l'exploitation des données de nutrition plus détaillées disponibles pour l'Inde, l'étude a pu constater qu'en 2013-2014, le pays avait investi approximativement 0,9 milliard de dollars dans des programmes et des groupes cibles également concernés par ce rapport.[8] La majorité des sommes ont été consacrées à la distribution publique d'aliments complémentaires aux enfants par le projet *Integrated Child Development Services*, outre des investissements annuels de 50 millions de dollars dans les interventions spécifiques à la nutrition menées par la National Health Mission (NHM), notamment l'apport supplémentaire de micronutriments, et le traitement de la malnutrition aiguë.

Sur la base de l'ensemble des données disponibles, les 4,8 milliards de dollars présumés investis par le secteur public dans la nutrition auraient été répartis comme suit : 22 pour cent auraient été accordés à des interventions de changement de comportement et de bonnes pratiques nutritionnelles ; 2 pour cent au traitement de la malnutrition aiguë ; 7 pour cent à l'apport supplémentaire de micronutriments ; 2 pour cent à l'enrichissement ; 26 pour cent à la distribution d'aliments complémentaires ; 12 pour cent au renforcement de la gouvernance pour la nutrition ; et 29 pour cent à d'autres programmes nutritionnels non alignés sur le paquet d'interventions considéré par l'analyse (majoritairement des financements provenant de l'Inde, tel que mentionné à la note 8).[9] Ces proportions ont été appliquées au financement de la nutrition, tel qu'estimé dans les différents pays, ce qui a permis d'établir la dépense par intervention.[10] Au total, l'étude a évalué à 2,9 milliards de dollars la contribution étatique au paquet d'interventions proposé ici.

Aide publique au développement

Les chiffres relatifs à l'APD actuellement investie dans la nutrition peuvent être tirés du *Système de notification des pays créanciers* (SNPC) de l'Organisation de Coopération et de Développement Économique (OCDE) (OCDE 2016). Les «codes-objet» du SNPC permettent d'identifier les montants associés aux diverses interventions de nutrition, notamment celles qui sont incluses au paquet d'interventions évalué par cette étude.

Le code objet 12240 relatif à la «nutrition de base» se définit comme suit : «programmes de nutrition directs (alimentation maternelle, allaitement maternel et aliments de sevrage, nutrition infantile, cantines scolaires) ; identification des carences en micronutriments ; apport supplémentaire de vitamine A, d'iode, de fer, etc. ; suivi de l'état nutritionnel, éducation sur la nutrition et l'hygiène alimentaire ; sécurité alimentaire des ménages.»

Le code objet alloué à la nutrition de base est souvent utilisé pour estimer l'aide publique au développement consacrée aux interventions spécifiques à la nutrition (IFPRI 2016). Cependant, selon sa définition actuelle, il inclut également le financement d'interventions qui, selon les critères du *Lancet*, ne sont pas spécifiques à la nutrition, ou encore n'ont pas été retenues dans le paquet d'interventions chiffré ici. En outre, il reste également possible que les montants accordés la conduite de programmes spécifiques à la nutrition soient en fait enregistrés sous d'autres codes-objet relatifs à santé et à la riposte d'urgence

(ACF 2012). Pour obtenir une estimation de l'APD actuellement investie dans des interventions de nutrition alignées sur le paquet évalué ici, l'étude a examiné les lignes budgétaires projet associées à 16 codes objet du SNPC (voir liste à l'Annexe E) selon les processus décrits ci-après.

La Nutrition de base : revue qualitative des descriptions de projet. En 2013, l'APD a investi 946 millions de dollars dans la nutrition de base.[11] Afin d'identifier les sommes allouées au paquet d'interventions considéré par l'étude, les projets mentionnés aux lignes budgétaires ont été examinés et répartis dans chacune des catégories d'interventions à partir des descriptions qualitatives fournies. L'analyse s'est penchée sur tous les décaissements dans la nutrition de base effectués dans les 60 pays présentant la plus forte charge de retard de croissance ; d'anémie ; d'allaitement maternel déficient ; et d'émaciation. À eux seuls, ces pays assument 95 pour cent de la charge mondiale en matière de retard de croissance et, en 2013, ils ont bénéficié de 70 pour cent de tous les investissements dans la nutrition de base (soit l'équivalent de 945 lignes budgétaires projets).

Tel que démontré à la figure 8.1, l'APD accordée à la nutrition de base est en croissance depuis 2006, avec une part prédominante octroyée aux pays d'Afrique. En 2013, la majorité des financements étaient directement alloués aux pays récipiendaires (80 pour cent), alors que 13 pour cent étaient attribués aux régions pour des projets multipays (non illustré), et 7 pour cent de façon «non spécifiée. »[12]

Figure 8.1 Dépenses en aide publique au développement en nutrition entre 2006 et 2013
$ ÉU, millions

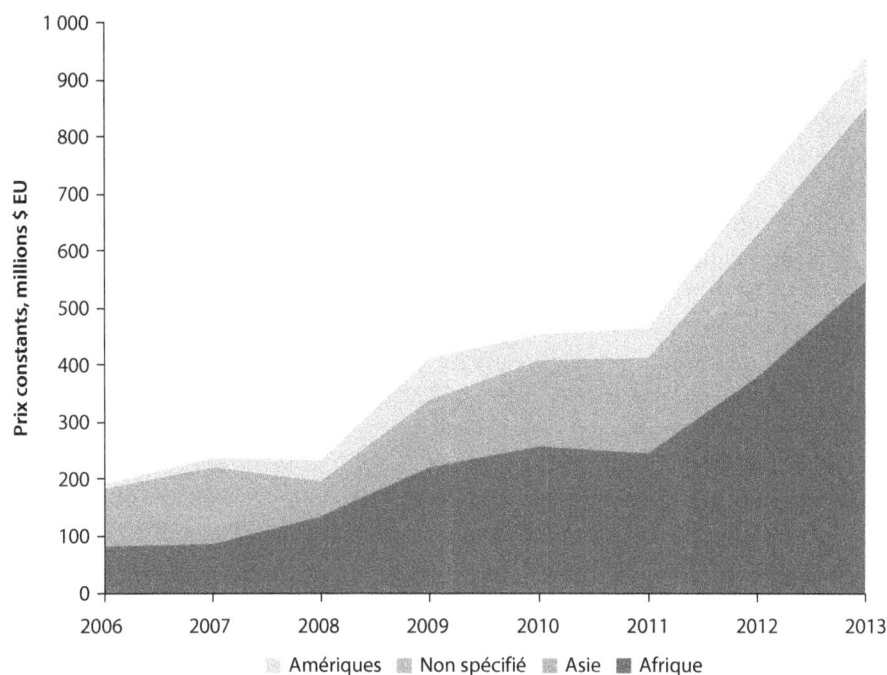

Source : OCDE 2016. Voir la note 15 pour une explication des sources de financement.

Heureusement, la production de rapports sur les interventions de nutrition de base par bailleurs de fonds semble s'améliorer puisque, selon le SNPC, les décaissements non spécifiés se chiffraient à 22 pour cent en 2006.

La revue qualitative des projets a été menée en tenant compte de toutes les données disponibles à travers le SNPC, y compris les titres de projets et les descriptions longues ou brèves des activités et des objectifs associés au financement. Une recherche documentaire supplémentaire a été menée lorsque les informations tirées du SNPC n'étaient pas suffisamment détaillées pour que le financement en cause puisse être réparti dans l'une des catégories d'intervention. Les chercheurs ont utilisé ces informations pour faire correspondre les projets mentionnés aux lignes budgétaires avec les catégories d'intervention, dont on trouvera une liste détaillée à l'Annexe E.

Lors de la revue, la plupart des projets ont été assignés à plus d'une catégorie d'intervention. Par exemple, les projets de santé mère-enfant incluent souvent à la fois des activités de conseil à la mère sur la nutrition du nourrisson et du jeune enfant, et d'apport de suppléments. Puisque les coûts varient considérablement d'une intervention à l'autre, il aurait été inexact de présumer que les parts respectives de financement étaient équivalentes. Par conséquent, les montants alloués ont été répartis en fonction des coûts relatifs à chacune des interventions dans un pays donné (les coûts respectifs étant basés sur les estimations tirées de la présente analyse).[13]

Des études de validation ont été menées sur 1 pour cent des projets ($n = 12$) : 5 chercheurs ont codifié de façon indépendante les dépenses liées à certains projets, puis contre-vérifié leurs résultats. Cet exercice a permis de déterminer que la codification était fiable.

La revue qualitative des projets a fourni des renseignements sur la nature des interventions financées par les partenaires techniques et financiers dans les 60 pays considérés par l'analyse (voir Annexe E). La moyenne entre ces 60 pays a permis d'estimer les interventions financées à travers tous les autres décaissements afférents au code nutrition de base (c'est-à-dire, les pays récipiendaires non inclus aux analyses et aux dépenses régionales).

Santé et riposte d'urgence : une évaluation rapide à partir d'une recherche par mots-clés. Outre le code objet relatif à la nutrition de base, d'autres secteurs de l'APD, notamment ceux de la santé et de la riposte d'urgence, allouent des sommes substantielles à la nutrition. En effet, la teneur nutritionnelle de projets non étiquetés comme tel peut s'avérer substantielle, notamment en raison de leur vaste ampleur comparativement aux projets de nutrition. La recherche documentaire et les entrevues avec les parties prenantes ont permis d'identifier 15 codes objet supplémentaires potentiellement porteurs de financements à la nutrition (voir liste à l'Annexe E). Une recherche rapide par mot-clé a été menée parmi tous les titres et toutes les descriptions de projet présentés sous chacun de ces codes objet afin de cerner les dépenses programmatiques jugées pertinentes.

Sous les codes objet relatifs à la santé, les dépenses associées à la nutrition n'atteignaient pas un pour cent. Une évaluation rapide a conclu que ces investissements avaient essentiellement servi au conseil sur la nutrition du nourrisson et du jeune enfant ; au traitement de la malnutrition aiguë sévère chez l'enfant ; à l'apport supplémentaire de micronutriments pendant la grossesse ; à l'apport supplémentaire de vitamine A chez l'enfant ; et, à l'apport supplémentaire de zinc à des fins thérapeutiques chez l'enfant. Parmi les codes objet liés aux interventions d'urgence, la fourchette des sommes allouées à la nutrition allait de moins d'un pour cent à cinq pour cent, avec une dépense entièrement consacrée au traitement de la malnutrition aiguë sévère.

Sommaire. En se basant sur les projections de croissance de l'OCDE, l'étude a estimé qu'en 2015, les financements alloués par l'ADP à la nutrition se chiffraient autour de 1 milliard de dollars. Ce montant représente les décaissements associés au paquet d'interventions de nutrition considéré ici et mentionnés aux 16 codes objet pris en compte par l'analyse, parmi lesquels 13 pour cent concernaient la santé, 34 pour cent les interventions d'urgence, et 53 pour cent la nutrition de base.

L'heure des comptes : le niveau actuel de financement

À partir des processus décrits plus haut, l'étude a pu établir que les financements accordés par les gouvernements et l'APD au paquet d'interventions considéré ici s'élevaient actuellement à environ 3,9 milliards de dollars par an. Il est possible que des contributions proviennent d'autres sources, mais elles n'ont pas été incluses en raison de l'insuffisance des données.

La Figure 8.2 fait état des contributions des gouvernements et des partenaires techniques et financiers à l'ensemble des cibles. Comme attendu, la part respective des financements versés par les États et les bailleurs varie en fonction des différentes interventions et régions. À elle seule, l'Inde finance près du tiers de la contribution des gouvernements au paquet d'interventions associé aux quatre cibles, et ceci en grande partie pour une seule activité : la distribution publique d'aliments complémentaires aux enfants par le biais de l'Initiative *Integrated Child Development Services*, qui absorbe la majorité des financements publics versés en vertu de la cible en matière de retard de croissance. Présentement, lorsque comparée à celle des gouvernements, la contribution versée par l'APD aux interventions nécessaires à l'atteinte des cibles en matière de retard de croissance et d'anémie est relativement faible, contrairement au traitement de l'émaciation où, par contre, elle joue un rôle beaucoup plus important.

Par ailleurs, la classification des pays par catégorie de revenu a permis d'observer certaines tendances en matière de financement de la nutrition :

- *Pays à faible revenu* : Dans les 15 pays à faible revenu pour lesquels des données sur le financement de la nutrition étaient disponibles, la dépense moyenne dans les interventions de nutrition a été estimée à seulement 0,85 dollar par enfant de 5 ans ou moins (écart-type = 1,34 ; Annexe E, Tableau E.1). Cette catégorie comprend les pays les plus pauvres, qui affichent les taux de retard de croissance parmi les plus élevés au monde. Quelques 35,9 millions d'enfants de moins de cinq ans vivent actuellement

Figure 8.2 Financement du paquet d'interventions par les gouvernements et l'APD en 2015, par cible

$ EU, milliards de dollars

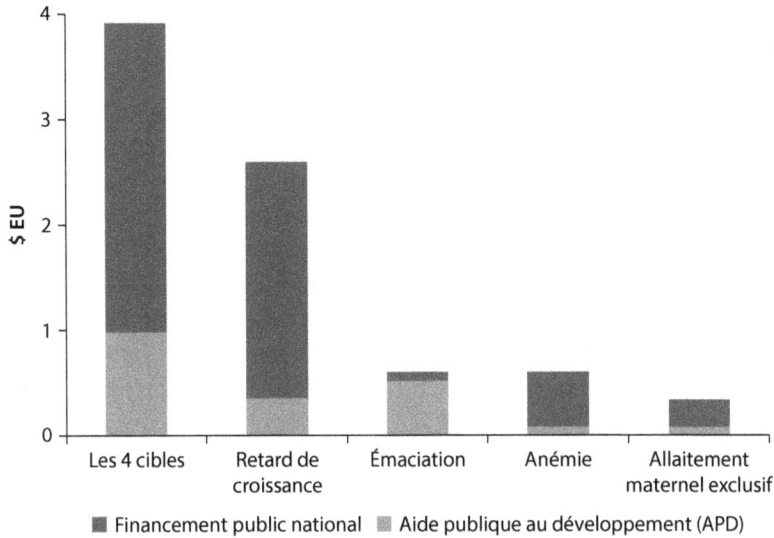

■ Financement public national ▓ Aide publique au développement (APD)

Source de données : Les données ont été compilées par les auteurs selon la méthode décrite dans le texte.
Note : le total agrégé des montants relatifs aux différentes interventions menées dans le cadre de chacune des quatre cibles ne peut être égal au total pour les quatre cibles en raison des chevauchements d'activités. La colonne consacrée à chacune des quatre cibles illustre les dépenses actuellement versées à un paquet d'interventions mutuellement exclusif.

dans les 30 pays à faible revenu, où la prévalence du retard de croissance oscille entre 22 pour cent à Haïti et 58 pour cent au Burundi. Ces pays dépendent fortement sur l'aide internationale versée en santé (c'est-à-dire, sur l'APD), qui reste une source importante d'espace fiscal (Tandon et Cashin 2010), mais cette situation pourrait dissuader l'investissement public prioritaire dans la nutrition. Selon les données de la présente étude, les pays à faible revenu n'auraient reçu en 2013 que 47 pour cent de l'ensemble de l'APD accordée à la nutrition.

• *Pays à revenu intermédiaire inférieur* : Dans les 13 pays à revenu intermédiaire inférieur pour lesquels des données sur le financement de la nutrition étaient disponibles, la dépense moyenne a été évaluée à 4,66 dollars par enfant de moins de 5 ans (écart-type = 8,12 ; Annexe E, tableau E.1).[14] Cette catégorie comprend les pays à forte charge de malnutrition, mais qui disposent de fonds publics et de systèmes de prestation généralement plus avancés que ceux des pays à faible revenu, ce qui suggère une plus grande facilité à assumer les coûts des services de santé et de nutrition (Tandon et Cashin 2010). Cette catégorie comprend l'Inde et le Nigéria, soit les deux pays dans lesquels les charges absolues en matière de retard de croissance et d'anémie sont les plus fortes. Ils abritent respectivement 58 et 11 millions d'enfants de moins de 5 ans présentant un retard de croissance. Même en les excluant, il y aurait quand même 51 millions d'enfants de moins de cinq ans affectés par un retard de croissance dans les 42 autres pays à revenu intermédiaire inférieur. Selon les données tirées de l'analyse, les pays à revenu intermédiaire inférieur auraient reçu 47 pour cent de l'APD en nutrition en 2013.

- *Pays à revenu intermédiaire supérieur :* Dans les trois pays à revenu intermédiaire supérieur pour lesquels des données sur le financement de la nutrition étaient disponibles, la dépense moyenne dans des interventions de nutrition a été estimée à 8,15 dollars par enfant de moins de 5 ans (écart-type = 3,72 ; Annexe E, tableau E.1). Les pays de cette catégorie ont une économie stable et disposent de recettes publiques plus élevées que celles des pays à faible revenu et à revenu intermédiaire inférieur. En raison de leur développement, ils sont souvent confrontés à une double charge de malnutrition : alors que la dénutrition perdure, la suralimentation et l'obésité se traduisent de plus en plus en graves problèmes de santé publique (maladies non-transmissibles-RisC 2016), deux excellentes raisons d'augmenter le financement des services nutritionnels. Même si de nombreux pays à revenu intermédiaire supérieur présentent un faible taux de retard de croissance, il reste néanmoins que, dans ces 38 pays, 20 millions d'enfants en sont affectés. Au moins la moitié de cette charge est assumée par la Chine et le Mexique, deux pays très vastes dans lesquels la prévalence est parmi les plus élevées au monde. Les pays à revenu intermédiaire supérieur sont dotés de systèmes de santé publique plus solides, et la mise en œuvre d'interventions de nutrition est plus facile que dans les pays à faible revenu ou à revenu intermédiaire inférieur. Pour les questions de santé et de nutrition, les pays à revenu intermédiaire supérieur dépendent moins de l'aide internationale. Selon les données tirées de l'analyse, les pays à revenu intermédiaire supérieur n'avaient reçu que six pour cent de toute l'APD allouée à la nutrition en 2013.

En outre, des renseignements plus poussés ont pu être tirés d'un examen minutieux des résultats des interventions financées à travers l'APD :

- L'analyse des interventions a révélé que le code objet relatif à la nutrition de base avait généralement été utilisé pour les types de programmes suivants : promotion du changement de comportement nutritionnel, essentiellement sous forme de conseil sur la nutrition du nourrisson et du jeune enfant (14 pour cent du total) ; traitement de la malnutrition aiguë (15 pour cent) ; apport supplémentaire de micronutriments et enrichissement des denrées (9 pour cent) ; distribution d'aliments complémentaires aux enfants (4 pour cent) ; recherche et développement (3 pour cent) ; initiatives de renforcement du système de santé, dont le renforcement des capacités (13 pour cent) ; et les programmes sensibles à la nutrition comme les programmes de cantines scolaires (42 pour cent). Les autres interventions, notamment l'administration de vermifuges et l'iodation du sel n'ont absorbé que moins de 1 pour cent des financements.

- En 2015, environ 1 milliard de dollars auraient été dépensés dans le cadre du paquet d'interventions considéré ici (par le biais à la fois des codes-objet relatifs à la nutrition de base, à la santé, et à la riposte d'urgence).[15] Ceci comprend les 531 millions de dollars (53 pour cent) versés pour le traitement de la malnutrition aiguë sévère et les 358 millions de dollars (36 pour cent) accordés aux interventions chiffrées associées la cible en matière de retard de croissance. Des montants beaucoup plus faibles ont été dirigés vers la promotion de l'allaitement maternel (85 millions de dollars ou 8,5 pour cent), et l'anémie (78 millions de dollars ou 7,8 pour cent). Il convient de noter que le total agrégé des montants relatifs aux différentes interventions menées dans le cadre de chacune des quatre cibles ne peut être égal au total pour les quatre cibles en raison des chevauchements d'activités.

- La Figure 8.3 illustre la répartition du milliard de dollars versé par l'APD par région, et par catégorie de revenu national. Ainsi, près de 56 pour cent des financements accordés à la nutrition ont été alloués à l'Afrique subsaharienne, la région bénéficiaire la plus importante, avec, sur la base d'une désagrégation en fonction du revenu national, une allocation de 67 pour cent

Figure 8.3 Taux de référence du financement consacré par l'APD à la nutrition, par région, et par catégorie de revenu national

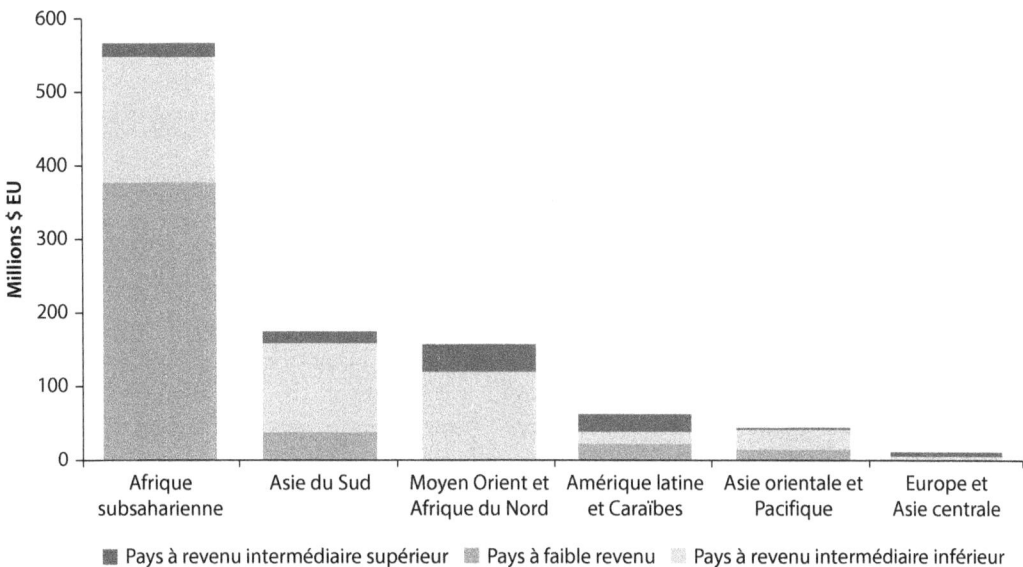

Source de données : Données compilées par les auteurs selon la méthode décrite dans le texte.

Un cadre d'investissement pour la nutrition • http://dx.doi.org/10.1596/978-1-4648-1142-5

aux pays à faible revenu. Les 37 pays dans lesquels la prévalence du retard de croissance était la plus élevée ont reçu environ 65 pour cent des fonds (647 millions de dollars).

- 5 pays répartis dans 3 régions ont bénéficié de près de 28 pour cent de l'APD accordée à la nutrition. Par ordre décroissant, il s'agit de l'Éthiopie, avec 69 millions de dollars (7 pour cent des financements) ; de la République du Yémen, avec 67 millions de dollars (7 pour cent) ; du Soudan, avec 50 millions de dollars (5 pour cent) ; de l'Inde, avec 48 millions de dollars (5 pour cent) ; et, de la République arabe syrienne, avec 43 millions de dollars (4 pour cent).[16]

Financement de la mise à l'échelle pour l'atteinte des cibles mondiales

Les données probantes sur la dépense actuelle dans la nutrition ayant été examinées dans la section précédente, les grandes questions soulevées au début du Chapitre peuvent maintenant être abordées : comment s'assurer d'un financement suffisant à l'atteinte des cibles mondiales de nutrition ? Et, qui contribuera et pour combien ? Cette section s'appuie sur l'ensemble les éléments préalablement abordés, qui serviront d'assise, et tente d'évaluer s'il sera effectivement possible de mobiliser les 70 milliards de dollars additionnels nécessaires au cours de la période de dix ans fixée, soit entre 2016 et 2025. Si les résultats sont positifs, la question relative aux moyens d'y parvenir reste posée – quels bailleurs pourraient contribuer davantage, et quels montants respectifs devraient être ajoutés aux financements de référence ?

Dans une perspective d'atteinte des cibles mondiales de nutrition, cette section définit et examine deux scénarios de financement, soit une première hypothèse axée sur le maintien du « statu quo » et une seconde qui prend en compte la « solidarité mondiale ». Ces scénarios excluent les coûts de mise à l'échelle du traitement présomptif intermittent du paludisme pendant la grossesse dans les régions à endémie palustre, ainsi que la dépense assumée par les ménages suite à l'enrichissement des denrées, et ce, pour les raisons suivantes :

- Les coûts de la mise à l'échelle du traitement présomptif intermittent du paludisme pendant la grossesse dans les régions à endémie palustre (0,5 milliard de dollars) sont déjà couverts par d'autres initiatives de santé, notamment la *President's Malaria Initiative* ; le Fonds mondial de lutte contre le sida, la tuberculose et le paludisme ; et dans une certaine mesure, les programmes étatiques (MCHIP 2012 ; Thiam, Kimotho, et Gatonga 2013). Il est peu probable que ces gouvernements ou bailleurs de fonds considèrent le financement de cette intervention comme une dépense liée à la nutrition.

- La dépense directe des ménages dans les denrées enrichies a été estimée à près de 19 milliards de dollars sur dix ans. Bien que ces montants aient été discutés dans les chapitres précédents, ils n'ont pas été inclus aux scénarios de financement puisqu'il s'agissait essentiellement ici d'aligner les 70 milliards de dollars sur les contributions du secteur public et des partenaires techniques et financiers.

Le scénario du statu quo

Ce scénario examine la tendance du financement de la nutrition à partir de la croissance économique antérieure et projetée, des engagements actuels et présume le maintien de la dépense selon la part budgétaire courante. En général, celles-ci augmentent progressivement, mais seulement si le budget général s'accroît lui aussi. Par exemple, si en 2015 un pays allouait 0,7 pour cent des fonds publics à la nutrition, l'hypothèse voudrait que cette proportion soit la même dans les années subséquentes; toutefois, ce soutien financier pourrait augmenter si les dépenses générales des gouvernements étaient majorées suite à la croissance économique, ou pour d'autres raisons. En réalité ici, tous les investissements annuels de référence sont maintenus et complétés par tout autre financement additionnel généré par la croissance économique.

Ce scénario pourrait être formulé d'une autre façon : les gouvernements, l'APD, et les autres entités n'accorderaient dans l'avenir ni plus ni moins de priorité à la nutrition qu'ils ne le font maintenant. Ceux qui cherchent à stimuler les progrès vers la réduction de la charge associée aux carences nutritionnelles risquent fort de trouver cette tendance très décevante. Dans cette perspective, il s'agit donc d'un scénario à hypothèse basse qui génèrerait de faibles résultats.

Pour comprendre les ramifications associées au scénario du *statu quo*, l'analyse a examiné les tendances probables de la dépense du secteur public et de l'ADP d'ici 2025 :

* En ce qui concerne la dépense étatique, l'analyse a pris en considération les projections nationales associées (1) à la croissance économique (PIB), (2) à la dépense publique totale, et (3) à la part de la dépense allouée la santé disponibles pour plusieurs pays, ceci de façon à identifier des points de repère indicatifs sur l'évolution des budgets concédés à la nutrition. Les données tirées des *Perspectives de l'économie mondiale* du Fonds monétaire international (FMI) ont servi d'assise à l'évaluation des tendances de la dépense publique dans la nutrition.

* Dans le cas de l'APD, tout soutien à la nutrition restera tributaire des changements qui seront apportés à l'APD totale dans l'avenir, elle-même sensible à la croissance économique (PIB) des pays donateurs. Par conséquent, et sur la base des projections effectuées pour ces variables à partir des données tirées du rapport de l'Organisation de Coopération et de Développement Économique (OCDE) pour 2013, l'analyse a estimé — par pays récipiendaire — l'aide accordée à la nutrition en 2014, 2015, et 2016, ceci en utilisant les taux de croissance respectifs fournis par l'OCDE. Les données correspondant aux années 2017 à 2025 ont été obtenues à travers des projections basées sur le taux de croissance moyen entre 2014 et 2016 (2,08 pour cent).

Le scénario du *statu quo* tient en compte des engagements pris en 2013 par certains bailleurs de l'APD dans le cadre du *Sommet pour la croissance et l'emploi*, alors que 4,15 milliards de dollars avaient été annoncés pour la conduite de programmes spécifiques à la nutrition d'ici 2020 (Secrétariat *Nutrition for Growth*, Royaume-Uni 2013). L'étude a présumé que près de la moitié de ces engagements s'étaient concrétisés (2,07 milliards de dollars).[17] Les financements ont été répartis entre les cibles proportionnellement aux investissements de chaque bailleur actuellement inscrits sous le code relatif à la nutrition de base.[18]

De plus, il est présumé qu'une toute petite contribution proviendrait des ménages à travers l'achat de produits nutritionnels. Tel que discuté au Chapitre 4, la documentation démontre qu'une fraction des femmes non enceintes qui vivent au-dessus du seuil de pauvreté seraient en mesure d'acquérir les suppléments de fer et d'acide folique nécessaires auprès de détaillants privés (Bahl et al. 2013), une observation qui s'applique également aux autres micronutriments (Leive et Xu 2008 ; Rannan-Eliya et al. 2012 ; Siekmann, Timmer, et Irizarry 2012). Ainsi, alors que les coûts associés à la mise à l'échelle de l'apport supplémentaire de micronutriments (incluant la distribution de suppléments de fer et d'acide folique aux femmes non enceintes) seraient majoritairement assumés par le secteur public et les bailleurs de fonds, certains d'entre eux se verraient en théorie compensés par la dépense des ménages. Sur la période de dix ans considérée ici, il a été estimé que la contribution des ménages sous forme d'achats directs s'élèverait à 748 millions de dollars.[19] La même hypothèse a été appliquée au scénario de solidarité mondiale.

Le scénario de solidarité mondiale

Le scénario de solidarité mondiale a été élaboré avec l'objectif explicite de démontrer comment le manque à gagner en matière de ressources nécessaires à l'atteinte des cibles de nutrition pourrait être comblé à travers une augmentation coordonnée des investissements nationaux, de l'APD, et de dispositifs de financement novateurs. La durabilité et la capacité de payer ont été prises en compte. Les principes qui régissent le scénario de solidarité mondiale sont résumés au Tableau 8.1.[20]

Résultats des deux scénarios

À partir des caractéristiques des deux scénarios, ainsi que de la discussion précédente sur les niveaux actuels de financement et les besoins conséquents dans l'avenir, l'analyse a permis de dégager les résultats et constats financiers suivants.

Le scénario du *statu quo* déboucherait sur un manque à gagner d'environ 56 milliards de dollars au cours des dix prochaines années (Figure 8.4). Ce scénario met en lumière la magnitude de l'écart qui persisterait entre les financements nécessaires à l'atteinte des cibles mondiales de nutrition et les dépenses projetées pour les dix prochaines années si les gouvernements, l'APD et les autres parties prenantes se contentaient de maintenir leurs contributions actuelles. Ce montant de 56 milliards de dollars attire l'attention sur la dure

Tableau 8.1 Principes de financement utilisés par le scénario de solidarité mondiale pour pallier à l'écart de ressources

Principe	Détails	Commentaires
Aucune réduction des financements actuels dans la nutrition	Les financements annuels 3,9 milliards de dollars sont maintenus, de manière à ce que les ajouts décrits ci-dessous se matérialisent.	Si, à l'avenir, il n'est plus possible de compter les niveaux de soutien actuels, il sera extrêmement difficile de combler le manque à gagner.
Les pays augmentent leurs dépenses dans la nutrition en fonction de seuils plus élevés	D'ici 2021, les pays augmentent la part de la dépense publique allouée à la nutrition conformément à la moyenne établie pour la catégorie de revenu à laquelle ils appartiennent (Annexe E, Tableau E.1) ; les pays au-dessus du seuil fixé augmentent leurs investissements de 1 pour cent par an.	Les gouvernements de pays qui, par rapport à leurs pairs, ont pris du retard dans la priorisation de la nutrition doivent intensifier leurs efforts afin combler l'écart entre les besoins et les ressources disponibles. L'APD ainsi que d'autres sources de financement seront toujours nécessaires pour pouvoir combler tout besoin futur.
Les pays qui ont en les moyens déboursent davantage	Entre 2016 et 2025, les pays à revenu intermédiaire supérieur assument 100 pour cent des coûts additionnels annuels. Les pays à revenu intermédiaire inférieur défraient 70 pour cent de la dépense annuelle additionnelle d'ici 2025. Les pays qui assument déjà au-delà de 70 pour cent en 2016 restent à ce niveau. Les pays à faible revenu prennent en charge 50 pour cent des coûts additionnels d'ici 2025.	L'APD devra prioriser les pays à revenu faible et intermédiaire inférieur, en concentrant ses efforts sur la période de mise à l'échelle de cinq ans. Les pays qui ont une meilleure capacité de payer, même ceux où la charge est substantielle comme la Chine et le Mexique, couvriront eux-mêmes leurs coûts.
Optimisation des nouveaux dispositifs de financement de la nutrition	Il a été présumé que les engagements du programme *Power of Nutrition*[a] et des autres dispositifs de financement novateurs se seront pleinement concrétisés, et auront été répartis entre les pays récipiendaires proportionnellement à la force de la charge associée au retard de croissance.	Les nouveaux dispositifs devraient atténuer la pression sur les coûts exercée sur les gouvernements et l'APD. Les pays bénéficiaires du Mécanisme de financement mondial[b] et du programme *Power of Nutrition* tireront largement parti de ces nouveaux financements.
Engagement du secteur privé	Les parties prenantes du secteur privé sont impliquées dans la mise à l'échelle de l'enrichissement des denrées de base, la fourniture de suppléments de micronutriments, et d'autres interventions.	Il faudra établir des partenariats entre les différents acteurs, notamment à travers une collaboration entre les secteurs publics et privés.

Note : a. Consulter www.powerofnutrition.org.
b. Voir le Mécanisme de financement mondial au http://www.worldbank.org/en/topic/health/brief/global-financing-facility-in-support-of-every-woman-every-child.

Figure 8.4 Scénario de financement de la nutrition selon l'option du statu quo : un déficit de 56 milliards de dollars

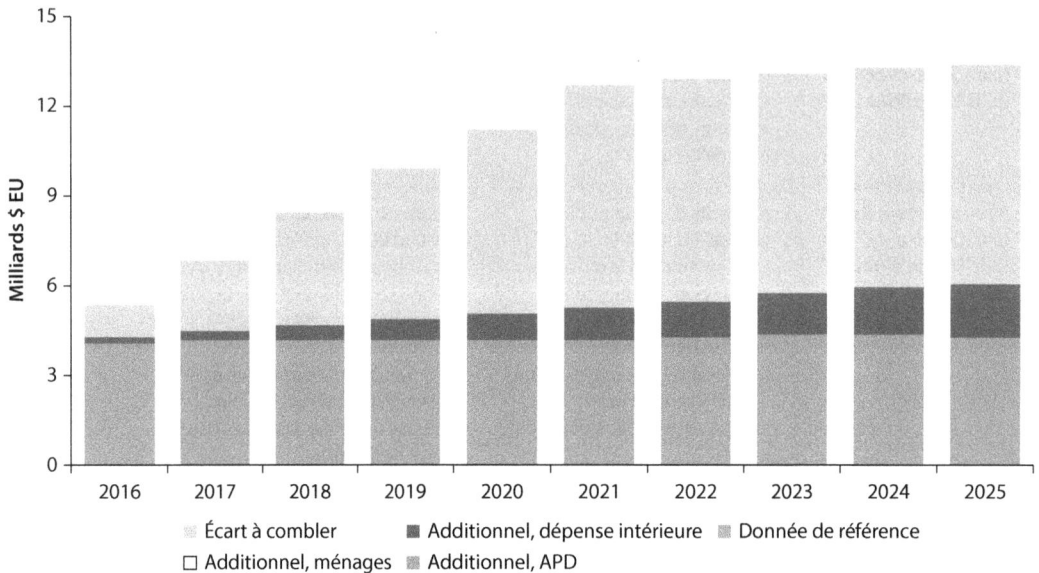

Note : la contribution supplémentaire des ménages par an est relativement faible lorsque comparée aux autres n'a donc pas été illustrée. Elle se chiffre à 748 millions de dollars sur la période de dix ans considérée ici.

réalité voulant que sans un effort financier majeur allant au-delà de la tendance actuelle, les cibles ne puissent pas être atteintes. En outre, en raison de l'ampleur de cet écart, les résultats soulignent l'importance d'une action immédiate : sans mobilisation rapide, il deviendra impossible de lever les fonds nécessaires avant l'échéance de 2025.

Le scénario de solidarité mondiale (Figure 8.5) confirme que l'écart de financement pourrait être comblé par des efforts concertés de mobilisation de ressources par les gouvernements nationaux, l'APD, et les nouveaux dispositifs de financement novateurs tels que le *Power of Nutrition* et Mécanisme de financement mondial en soutien à chaque femme, chaque enfant dans les domaines de la santé de la reproduction, de la santé des mères, des nouveau-nés, des enfants et des adolescents et de la nutrition.

- Au cours des dix prochaines années, les gouvernements devraient investir 39,7 milliards de dollars supplémentaires à partir de leurs budgets nationaux. La Figure 8.5 illustre la courbe ascendante progressive, qui prévoit une injection commune de 707 millions de dollars supplémentaires en 2016 et une contribution progressive qui culminerait à 7 milliards de dollars additionnels en 2025. Ce bond peut paraître substantiel, mais il faut noter qu'en 2025, environ 80 pour cent de ces 7 milliards de dollars supplémentaires auraient été versés par les pays à revenu intermédiaire.

**Figure 8.5 Scénario de financement de la nutrition selon l'option de la solidarité mondiale :
70 milliards de dollars devront être mobilisés pour la mise à l'échelle**

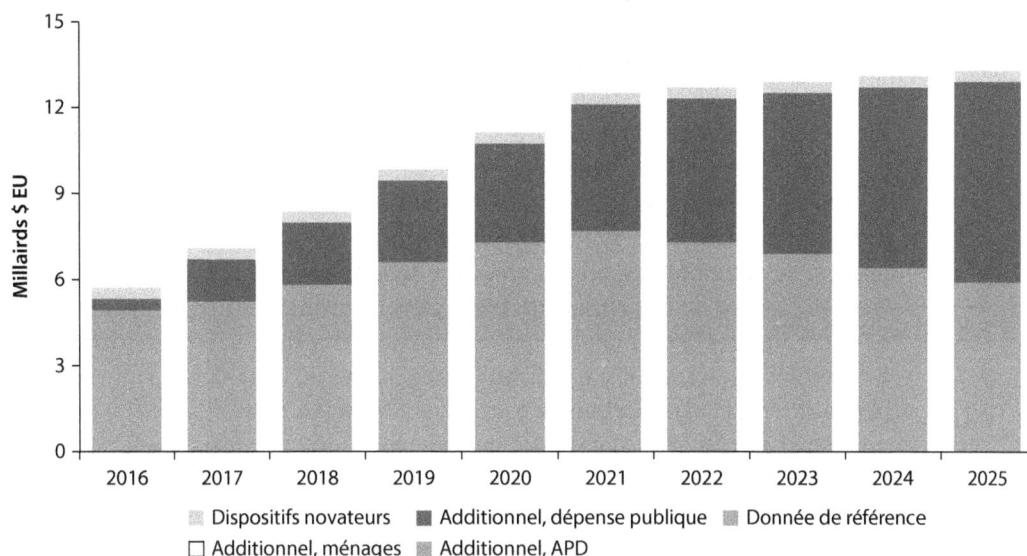

Note : la contribution supplémentaire des ménages par an est relativement faible lorsque comparée aux autres n'a donc pas été illustrée. Elle se chiffre à 748 millions de dollars sur la période de dix ans considérée ici.
ADP = aide publique au développement

- L'APD traditionnelle devrait ajouter, pendant dix ans, 25,6 milliards de dollars à sa contribution actuelle. La Figure 8.5 suggère une plus forte participation financière des bailleurs pendant les cinq premières années – ou lors de la phase de mise à l'échelle – avec un plafonnement des dépenses à 3,9 milliards de dollars additionnels en 2021. Outre cette hausse de l'APD, les investissements des partenaires techniques et financiers devraient être redirigés vers les interventions les plus efficaces et les régions à forte charge. Entre 2022 et 2025, les donateurs réduiraient leurs décaissements afin de s'aligner sur les plans de transition des différents pays, dans un effort concerté d'amélioration de l'appropriation nationale.
- La contribution des différents dispositifs novateurs permettrait d'ajouter 3,4 milliards de dollars sur dix ans.

Afin d'atteindre les objectifs fixés, il faudrait que les gouvernements des pays à forte charge augmentent d'environ 1,0 pour cent à 2,9 pour cent la part de leurs dépenses de santé projetées consacrée à la nutrition. L'APD devrait faire passer ses investissements moyens actuels de 1,0 pour cent dans le secteur de la nutrition à environ 2,8 pour cent d'ici 2021, et les stabiliser ensuite à 1,8 pour cent jusqu'en 2025.

En somme, pour combler le manque à gagner, il faudrait que les 3,9 milliards de dollars présentement investis chaque année dans la nutrition passent à 13,5 milliards de dollars d'ici 2025, et se voient donc multipliés par 3,5.

Discussion

Comme souligné d'entrée de jeu, la mobilisation des 70 milliards de dollars supplémentaires (au-delà de la dépense actuelle dans la nutrition) nécessaires à l'atteinte des cibles mondiales de nutrition représente un défi de taille, mais toutefois réalisable. La réussite reste possible si les gouvernements, les partenaires techniques et financiers et les autres entités assument leur part et s'alignent sur le scénario de solidarité mondiale identifié et étudié dans ce Chapitre. Il est maintenant certain que la poursuite du statu quo, soit le maintien de la dépense actuelle dans l'avenir, entraînerait un manque à gagner substantiel et rendrait impossible l'atteinte des cibles mondiales de nutrition. Le défi est donc clair : il faudrait hausser de façon majeure l'engagement financier dans la nutrition pour résoudre un problème mondial qui tourmente l'humanité depuis ses débuts ; en faire moins équivaudrait à condamner les générations actuelles et futures à des pertes de vie et d'opportunités tout à fait évitables. L'investissement dans les premières années d'un enfant — ou dans ses 1 000 premiers jours de vie — permettrait à la fois de sauver des vies et de renforcer le potentiel économique. D'ailleurs, les retombées économiques tirées des investissements dans une nutrition améliorée pourraient certainement inciter les gouvernements à s'engager davantage envers l'amélioration de la nutrition.

La réussite mondiale reste possible. L'expérience tirée des initiatives antérieures a démontré qu'une accélération rapide des financements pour l'atteinte des cibles mondiales de nutrition sur dix ans était réalisable (Kim 2013). Entre 2001 et 2011, le mouvement mondial de lutte contre le SIDA a vu ses financements consacrés à la prévention et au traitement passer de moins de 0,5 milliard de dollars à plus de 15 milliards de dollars — un taux d'accélération plus important que celui nécessaire à la mise à l'échelle les programmes de nutrition (ONUSIDA 2016).

Si l'on se tourne vers l'avenir, les montants associés au scénario de solidarité mondiale envers la nutrition s'insèrent tout à fait dans les projections relatives au financement de la santé dans le monde. L'aide internationale à la santé devrait en effet, malgré une certaine stagnation au cours des dernières années – soit une maigre croissance de 1,2 pour cent par an entre 2010 et 2015 — passer à 64,1 milliards de dollars d'ici 2040 [intervalle de confiance : 95 pour cent; 30,4 à 161,8 milliards de dollars] (Dieleman, Schneider *et al.* 2016). Or, dans le scénario de solidarité mondiale, la contribution maximale des partenaires techniques et financiers a été établie à environ 4,9 milliards de dollars en 2021 (soit 3,9 milliards de dollars au-delà des dépenses actuelles). Ce montant, comparativement aux quelques 3 pour cent de 2015, représenterait environ 14 pour cent l'aide au développement en santé attendue pour 2021 (Dieleman, Schneider *et al.* 2016). En tant que tel, cet objectif dépendra toutefois de la priorité accordée à la nutrition par la communauté d'aide au développement en santé.

En termes de dépense publique dans la santé, Dieleman, Templin *et al.* (2016) ont estimé que la dépense par habitant augmenterait annuellement de 3,4 pour cent dans les pays à revenu intermédiaire supérieur, de 3,0 pour cent dans les pays à revenu intermédiaire inférieur, et de 2,4 pour cent dans les pays à faible revenu. Dans le scénario de solidarité mondiale, les pays à revenu intermédiaire supérieur assumeraient 100 pour cent des coûts supplémentaires annuels nécessaires à la mise à l'échelle du paquet complet d'interventions de nutrition sur leur territoire. Les pays à revenu intermédiaire inférieur et à faible revenu défraieraient respectivement 70 pour cent et 50 pour cent des coûts supplémentaires annuels d'ici 2025. À cette date, les contributions à la nutrition représenteraient moins d'un pour cent de la dépense publique en santé projetée dans les pays à revenu intermédiaire supérieur, moins de deux pour cent dans les pays à revenu intermédiaire inférieur, et environ six pour cent dans les pays à faible revenu (Dieleman, Templin *et al.* 2016).[21]

Les décisions relatives à la répartition des ressources allouées à la santé relèvent d'un ensemble de facteurs, notamment de l'importance de la charge ; de la rentabilité des interventions ; de la capacité à contribuer et de la volonté des partenaires au développement ; des compromis intertemporels (c'est-à-dire, l'équilibre entre les contributions à court terme, par exemple sous forme de suivi et évaluation, et les gains à long terme) ; et, de l'équité en santé (Dieleman et Haakenstad 2015 ; Resch, Ryckman, et Hecht 2014). La forte charge actuelle en matière de malnutrition dans le monde et, parallèlement, les données probantes solides associées à la rentabilité des interventions de prévention et de traitement, devraient inciter à une priorisation accélérée de la nutrition — non seulement en santé, mais aussi dans tous les autres secteurs afférents. L'analyse effectuée ici pourra certainement soutenir la priorisation de la nutrition par les principaux cadres d'investissement mondial en santé, notamment dans les secteurs de la santé reproductive, maternelle, néonatale et infantile, dans lesquels la nutrition joue un rôle transversal (Black *et al.* 2016 ; Stenberg *et al.* 2013).

La combinaison d'une volonté politique avérée, d'un plaidoyer à large échelle et d'investissements intelligents permettrait certes de progresser vers les cibles mondiales de nutrition, mais uniquement si la communauté mondiale agit de concert dans l'accélération et le soutien au financement et à la prise d'actions. Que faudrait-il pour que les appuis mobilisés suffisent à une transition vers le scénario de solidarité mondiale ? La discussion exhaustive de cette question déterminante fait appel à des explications qui dépassent la portée de ce chapitre, essentiellement basé sur une présentation technique des montants qui devront être investis dans la nutrition si la mise à l'échelle se concrétise. Néanmoins, les points suivants pourront servir de point de départ à la discussion stratégique nécessaire.

Plaidoyer. Il sera primordial de procéder à la conduite d'un plaidoyer local, régional, national et international en faveur de la progression du programme de nutrition. Des messages de politique clés devront rejoindre tous les secteurs visés si l'on veut maximiser les opportunités d'investissement dans la nutrition et mobiliser des financements plurisectoriels.

Prise de décisions politiques. Pour atteindre les cibles mondiales de nutrition en 2025, il faudra procéder à une mobilisation rapide et à une priorisation des ressources. Le scénario de solidarité mondiale confie une large part de la responsabilité financière au secteur public des pays à forte charge. Cette approche est conforme aux ententes sur le financement durable conclues lors de la *Conférence sur le Financement du développement* qui s'est déroulée à Addis Abeba, en juillet 2015. Cependant, pour que la contribution étatique augmente, il faudra certainement élaborer, au cas par cas, des dossiers d'investissements qui seront ensuite présentés aux dirigeants politiques et acteurs, particulièrement au ministère des Finances, des différents pays concernés.

Pour que la mise à l'échelle du financement se concrétise, les dirigeants devront donc s'engager à augmenter et à prioriser la dépense budgétaire dans la nutrition. Dans une perspective de mobilisation des 70 milliards de dollars nécessaires avant 2025, ce constat s'applique tout autant aux instances nationales qu'aux partenaires techniques et financiers.

Priorisation. Tel que discuté aux chapitres précédents et dans un contexte de ressources limitées, la priorité devrait être accordée aux interventions les plus rentables et susceptibles d'être mises à l'échelle immédiatement. De plus amples recherches et études en sciences appliquées pourraient améliorer l'efficacité technique des interventions (en diminuant les coûts et en augmentant les impacts), et maximiser les opportunités de conduite des interventions.

Mise en œuvre à l'échelle. La mobilisation des 70 milliards de dollars supplémentaires ne sera pas suffisante, alors que différentes contraintes de mise en œuvre et de capacités risquent de jouer un rôle déterminant dans la mise à l'échelle. Ainsi, même si les ressources financières sont largement suffisantes, de nombreux autres facteurs devront être pris en compte de façon synergique, notamment le soutien technique, les plateformes de prestation, et les infrastructures d'appui. La capacité d'absorption des acteurs devra également faire l'objet de toute l'attention nécessaire.

Suivi et redevabilité. Toutes les parties prenantes devront rendre compte de leurs engagements, notamment à travers l'instauration d'une meilleure traçabilité des ressources, la conduite d'études, et la production de rapports sur les investissements respectifs dans la nutrition. En outre, la corrélation entre les investissements et les résultats obtenus, en termes d'amélioration des indicateurs nutritionnels mondiaux, ne pourra que favoriser la mise en œuvre de programmes ciblés et basés sur des données probantes. Ainsi, alors que l'analyse menée ici a permis une première estimation des investissements mondiaux actuels dans la nutrition, les études à venir pourront être fondées sur de meilleurs systèmes permanents de traçabilité des dépenses et une fiabilité accrue des données relatives aux financements. Dans le cas des gouvernements, ceci implique un renforcement de la traçabilité des ressources investies dans la nutrition, de préférence par l'entremise d'un système de suivi financier institutionnalisé qui enregistre les avancées en fonction du plan d'appui à la nutrition budgétisé. Dans le cas des partenaires techniques et financiers, il sera important de revoir la codification des investissements de l'APD dans la nutrition. Tel que mentionné plus haut, le code actuellement attribué à la nutrition de base prend en compte certains éléments qui, généralement, ne figurent pas parmi les interventions spécifiques à la nutrition, alors que d'autres codes, par exemple réservés à la santé et à la riposte d'urgence, incluent des montants substantiels qui, normalement, devrait relever d'interventions spécifiques à la nutrition. Une révision du code alloué à la nutrition de base permettrait donc d'exclure les programmes de cantines scolaires, de sécurité alimentaire des ménages, ainsi que d'autres interventions sensibles à la nutrition ; et, parallèlement, d'introduire un marqueur de politique qui faciliterait le suivi de la dépense à travers les différents secteurs et codes-objet associés à la nutrition. Ces modifications amélioreraient à la fois la traçabilité des ressources injectées dans des interventions spécifiques à la nutrition et le suivi des investissements sensibles à la nutrition.

Amélioration des déterminants sous —jacents à la malnutrition. Même si l'analyse s'est surtout intéressée aux coûts d'interventions spécifiques à la nutrition à fort impact, il faut noter que la réussite de ces programmes reste en partie soumise à la prise en considération des causes sous-jacentes à la malnutrition, notamment à travers la conduite d'interventions sensibles à la nutrition plurisectorielles. Celles-ci devraient être maintenues, mais aussi améliorées, notamment dans le cadre de programmes d'eau, d'hygiène et d'assainissement (WASH) ; d'agriculture ; de réduction de la pauvreté ; de protection sociale ; d'éducation ; et autres. L'analyse des coûts et des financements associés aux interventions sensibles à la nutrition paraît donc justifiée dans l'avenir, particulièrement eu égard aux coûts marginaux qui permettraient de rendre un programme «plus» sensible à la nutrition par l'introduction de composantes nutritionnelles de base, quel que soit le secteur en cause.

Notes

1. Dans ce chapitre, le terme *gouvernements* désigne les autorités nationales des pays à revenu faible et intermédiaire d'Afrique, d'Asie, et d'Amérique latine. Parmi les autres désignations parfois utilisées dans ce document et ailleurs, on compte *pays, États, pays ou gouvernements récipiendaires d'aide. L'expression pays en voie de développement*, non utilisée dans le texte, est souvent employée ailleurs. Les pays et les gouvernements à revenu élevé sont exclus de la définition et couverts sous la section relative à l'APD.

2. L'acronyme *APD* désigne l'aide publique au développement et les d'autres formes de soutien similaires. Elle comprend les organismes d'aide bilatéraux (et les pays à revenu élevé qu'ils représentent), les organisations multilatérales et un large éventail d'institutions caritatives (et à tout le moins les grandes organisations non gouvernementales internationales). L'aide fournie par les consortiums de bailleurs d'APD, particulièrement le Mécanisme de financement mondial et *Power of Nutrition*, est également substantielle.

3. *Autres sources* inclut les ménages (principalement à travers l'acquisition de produits et services nutritionnels) ; le secteur privé (à titre d'investisseurs dans les initiatives liées à la nutrition, d'acheteurs et de commerçants de produits, ainsi que, moins fréquemment, de bienfaiteurs caritatifs) ; et les bailleurs de fonds non gouvernementaux, notamment les organismes sans but lucratif qui ne sont pas financés à travers l'aide bilatérale ou multilatérale et ne comptent donc pas parmi les entités plus importantes regroupées sous l'APD.

4. Le financement de la nutrition par la société civile, les organisations non gouverne-mentales, les organismes philanthropiques, et autres n'est pas facile à cerner, mais pourrait s'avérer substantiel. De nombreuses petites et moyennes organisations non gouvernementales actives dans les pays à revenu faible et intermédiaire sont absentes des rapports des bailleurs de fonds et des comptes du trésor nationaux. Ces types de contributions sont généralement considérées *hors budget* et très difficiles à retracer (SPRING 2016a, 2016 b). Malheureusement, la faiblesse ou l'absence des données ne permet pas d'estimer leur contribution au financement mondial de la nutrition. Par conséquent, elles ont été exclues de la présente analyse.

5. *Global Harmonization of Budget and Expenditure Analysis Methods for Nutrition.* Atelier JSI des 3 et 4 novembre 2015 à Arlington, Virginie.

6. Lorsque les montants dépensés n'étaient pas disponibles, les sommes budgétisées ont été utilisées. Les dépenses sont souvent inférieures aux cibles budgétaires, mais aux fins de la présente analyse, la différence n'est pas très préoccupante. La Revue de la dépense publique dans la nutrition menée par la Tanzanie démontre que 79 pour cent du montant budgétisé a été réalisé (République-Unie de Tanzanie, ministère des Finances 2014). Les méthodes et les approches utilisées dans ce Chapitre ont été soumises et approuvées lors des réunions d'experts tenues pendant la conduite de l'étude, incluant par le biais du Groupe technique consultatif. Par exemple, lors de l'atelier «Global Harmonization of Budget and Expenditure Analysis Methods for Nutrition» tenu les 3–4 novembre 2015 à Arlington, Virginie, la méthodologie adop-tée a fait l'objet d'un consensus général.

7. La dépense publique en santé par habitant est corrélée à la dépense publique dans la nutrition par enfant présentant un retard de croissance (r-au carré est égal à 0,58 ; le coefficient de régression à 1,69). L'analyse des résiduels ne révèle aucune digression significative. Afin de minimiser tout impact potentiel attribuable à des valeurs extrêmes (et la possibilité d'une inexactitude de données), le pays dans lequel la dépense était très faible (Soudan du Sud) et le pays à dépense très élevée (Costa Rica) ont été omis.

8. Les allocations budgétaires à la nutrition et les données sur l'exécution ont été trans-mises par le Ministère du Développement de la femme et de l'enfant du Gouvernement indien, par le biais du Lok Sabha (Question à réponse écrite no. 861, répondue le 2 février 2015, par la base de données de questions du Lok Sabha ; voir Lok Sabha, Parlement de l'Inde, 2016). Les relevés budgétaires de la Mission Nationale de la Santé (*National Health Mission* / NHM) du Ministère de la Santé et du Bien-être Familial ont été téléchargés à partir du site Internet du Gouvernement indien au http://nrhm.gov.in/nrhmin-state.html. Environ 50 millions de dollars ont été investis dans des interven-tions spécifiques à la nutrition par la NHM en 2013–2014. En 2013–2014, le Gouvernement de l'Inde a octroyé aux États environ 1 milliard de dollars aux fins de mise en œuvre de son programme d'apports nutritionnels supplémentaires (*Supplementary Nutrition Program* / SNP) par ses Services intégrés pour le développe-ment de l'enfant (*Integrated Child Development Services* / ICSD) ; ce montant a été complété par la contrepartie financière équivalente versée par les états participants, ce qui a porté le financement du programme à 2 milliards de dollars. Ces fonds ont été inclus à l'analyse puisque l'intervention concernait essentiellement la distribution de denrées complémentaires aux ménages vulnérables. Toutefois, une partie de ces sommes a été dirigée vers des enfants plus âgés (25 mois à 6 ans) que ceux concernés par l'ana-lyse — soit les enfants de 6 à 24 mois. Sur la base des données sur les bénéficiaires communiquées par le programme SNP du Gouvernement indien, les fonds résiduels suite à cette exclusion ont été estimés à 45 pour cent. Voir Lok Sabha, Parlement de l'Inde (2016), Question à réponse écrite no. 1327, répondue le 18 juillet, 2014.

9. La gouvernance inclut la gestion des informations; le suivi et l'évaluation; la surveillance; la recherche; la coordination et le partenariat; le plaidoyer; la communication; le développement de politiques; et le renforcement des capacités systémiques.

10. Afin de ne pas surestimer les dépenses dans la lutte contre l'émaciation dans les pays où la prévalence est faible, l'analyse a présumé que les pays dans lesquels la prévalence de l'émaciation était inférieure à 5 pour cent n'investissaient pas dans la gestion de la malnutrition aiguë, probablement en raison de son caractère non prioritaire. Les proportions allouées aux autres interventions ont alors été normalisées à 100 pour cent.

11. Au moment de l'étude, les données les plus récentes disponibles dataient de 2013, et l'analyse des interventions a donc été menée sur la base de cet ensemble de données. Pour les années suivantes (2014 et 2015), le financement a été estimé à travers l'application des taux de croissance annuels obtenus de l'Organisation de Coopération et de Développement Économique (OCDE) (respectivement 1,8 pour cent et 1,9 pour cent). Voir les données de l'OCDE, 2014, Prévision de PIB réel, disponible au https://data.oecd.org/PIB/real-PIB-forecast.htm. Les données sur la dépense en 2014 devenues disponibles subséquemment ont rapporté des investissements de 937 millions de dollars, un montant inférieur de 26 millions aux prévisions effectuées à partir des prévisions sur la croissance de l'OCDE. En outre, puisqu'il y avait un retard de deux ans dans la transmission des données du Système de notification des pays créanciers (SNCP), et que la méthode d'extraction des données liées aux interventions s'appuyait largement sur les ressources, il a été impossible de déterminer si la priorisation des interventions ou des pays récipiendaires par les bailleurs avait évolué entre 2013 et 2015. Tous les montants relatifs à 2015 intégrés à ce Chapitre à titre d'APD accordée à la nutrition ont été basés sur l'analyse des données de 2013, les plus récentes au moment de l'étude. Dans l'avenir, il faudra développer un processus de suivi et de redevabilité si l'on souhaite assurer la traçabilité sur une base annuelle.

12. Afin d'estimer la ventilation nationale des décaissements au sein d'une même région, l'analyse a présumé que les fonds avaient été répartis dans les mêmes proportions que si financements avaient été directement alloués à chacun des pays. L'aide catégorisée comme «non spécifiée» a été exclue puisqu'elle n'a pas pu être assignée de façon certaine à un pays ou à une région.

13. Quelques catégories requièrent une attention spéciale. Par exemple, le «renforcement des capacités» doit souvent être distingué de la «recherche et développement» et les interventions de nutrition pertinentes dans le cadre de cette étude doivent être dissociées des autres types d'initiatives d'appui à la nutrition. Dans la plupart des cas, les descriptions de projet permettent une identification suffisamment claire pour que les hypothèses émises reflètent la réalité.

14. Les données ont révélé qu'au Guatemala, les investissements actuels dans la nutrition par enfant de moins de cinq ans équivalaient à près du double de ceux du prochain pays à dépense élevée (Inde). En excluant le Guatemala à titre de valeur aberrante, la moyenne de la dépense dans les pays à revenu intermédiaire inférieur se situe à 2,79 dollars, avec un écart-type de 4,70.

15. Ceci exclut les 54 millions identifiés par le SNCP à titre de dépense dans la nutrition de base par l'IDA. Toutefois, il s'agit ici d'une toute petite sous-catégorie de l'ensemble du portefeuille alloué à la nutrition par le Groupe de la Banque mondiale. Tel que précisé par le SNCP, «les écarts entre les données de l'OCDE (basées sur les rapports de la Banque mondiale) et les données publiées par la Banque mondiale en vertu des différents secteurs économiques et thématiques (ex.: objectifs des activités), sont attribuables à l'utilisation de différents systèmes de catégorisation. La taxonomie utilisée

par la Banque mondiale fournit un portrait désagrégé de ses activités, qui est aligné plus étroitement sur son mandat et son modèle d'affaires» (OCDE 2015); par conséquent, il s'est avéré impossible de retracer les contributions à la nutrition de l'IDA/BIRD via les bases de données de l'OCDE/SNCP. La situation se complique en outre davantage du fait que les fonds IDA/BIRD ne peuvent être reportés dans l'avenir.

16. La majorité de l'aide allouée à la Syrie a été axée vers le traitement de la malnutrition aiguë sévère.

17. Les fiches d'évaluation d'ACTION indiquent que de nombreux engagements pris par l'APD accusent un retard.

18. Puisque, la nutrition de base englobait tout autant des interventions sensibles à la nutrition, que spécifiques à la nutrition, mais non pertinentes, seulement 76 pour cent (1,57 milliard de dollars) des engagements pris lors du Sommet Nutrition pour la croissance de 2013 ont été attribués aux quatre cibles. Ce financement a été réparti de façon équitable tous les ans, de 2013 à 2020, et maintenu à ce niveau de 2021 à 2025.

19. Le taux de contribution des ménages a été établi en calculant le pourcentage de ménages qui dépensent régulièrement pour l'achat de tels produits à partir des données des enquêtes en grappes à indicateurs multiples de l'UNICEF, puis en ajoutant cette part aux coûts additionnels estimés. Ceci comprend les 505 millions directement dépensés par les ménages dans l'achat de suppléments de fer et d'acide folique destinés aux femmes non enceintes, dont il a été fait mention précédemment, et un montant relativement modeste consacré à l'acquisition de tous les autres micronutriments.

20. Il faut noter que le soutien du traitement présomptif intermittent du paludisme pendant la grossesse dans les régions à endémie palustre (coût total = 416 millions de dollars) n'a pas été inclus au scénario de solidarité mondiale car ce financement devrait provenir sous peu d'autres initiatives possiblement à travers certaines sources de financement, notamment la *President's Malaria's Initiative* et le Fonds mondial de lutte contre le SIDA, la tuberculose, et le paludisme.

21. Ici, la dépense publique en santé en 2025 a été estimée à partir des dépenses de santé par habitant, telles que rapportées par Dieleman, Templin *et al.* (2016), et les estimations populationnelles tirées des *Perspectives de la population mondiale*, Division de la population des Nations Unies à http://esa.un.org/unpd/wpp/Download/Standard/Population/. À noter qu'ici, la moyenne par catégorie de revenu diffère très peu de la moyenne de 2,9 pour cent applicable à toutes les catégories de revenu calculée par les auteurs pour le scénario de solidarité mondiale.

Références

ACF (Action contre la Faim/ACF). 2012. *Aid for Nutrition: Can Investments to Scale Up Nutrition Actions Be Accurately Tracked?* http://www.actionagainsthunger.org/sites/default/files/publications/Aid_for_Nutrition_low_res_final.pdf

Bahl, K., E. Toro, C. Qureshi, et P. Shaw. 2013. *Nutrition for a Better Tomorrow: Scaling Up Delivery of Micronutrient Powders for Infants and Young Children.* Washington, DC: Results for Development Institute. http://www.resultsfordevelopment.org/nutrition-for-a-better-tomorrow

Black, R. E., C. Levin, N. Walker, D. Chou, et M. Temmerman pour le groupe d'auteurs DCP 3 RMNCH. 2016. « Reproductive, Maternal, Newborn, and Child Health: Key

Messages from Disease Control Priorities 3rd Edition. » *The Lancet Online First.* http://dx.doi.org/10.1016/S0140-6736 (16) 00738-8

Dieleman, J. L. et A. Haakenstad. 2015. « The Complexity of Resource Allocation for Health. » *The Lancet Global Health* 3 (1) : e8–e9. http://dx.doi.org/10.1016/S2214-109X(14)70373-0

Dieleman, J. L., M. T. Schneider, A. Hakenstad, L. Singh, N. Sadat, M. Birger, A. Reynolds, T. Templin, H. Hamavid, A. Chapin, J. L. Christopher, et M. D. Murray. 2016. « Development Assistance for Health: Past Trends, Associations, and the Future of International Financial Flows for Health. » *The Lancet* 387 (10037): 2536–44.

Dieleman, J. L., T. Templin, N. Sadat, P. Reidy, A. Chapin, K. Foreman, A. Haakenstad, T. Evans, C. J. L. Murray, et C. Kurowski. 2016. « National Spending on Health by Source for 184 Countries between 2013 and 2040. » *The Lancet* 387 (10037) : 2521–35.

Institut international de recherche sur les politiques alimentaires (IFPRI). 2015. *Rapport 2015 sur la nutrition mondiale : mesures et redevabilité en vue d'accélérer les progrès mondiaux en matière de nutrition et de développement durable.* Washington, DC.

———. 2016. *Rapport sur la nutrition mondiale 2016 : Des promesses aux impacts : Éliminer la malnutrition d'ici 2030.* Washington, DC : IFPRI.

Jhpiego, Programme intégré de santé maternelle et infantile (MCHIP). 2012. *Successes and Challenges for Malaria in Pregnancy Programming: A Three-Country Analysis.*

Kim, J. Y. 2013. « Time for Even Greater Ambition in Global Health. » *The Lancet* 382 (9908): e33–e34.

Leive, A. et K. Xu. 2008. « Coping with Out-of-Pocket Health Payments: Empirical Evidence from 15 African Countries. » *Bulletin de l'Organisation mondiale de la Santé* 86 (11) : 849–56 C.

Lok Sabha, Parlement de l'Inde. 2016. Lok Sabha, Liste des questions pour des RÉPONSES ORALES (base de données des questions). http://164.100.47.192/Loksabha/Questions/questionlist.aspx

Mouvement pour le renforcement de la nutrition (*Scaling Up Nutrition*/SUN). 2014. *Planning and Costing for the Acceleration of Actions for Nutrition: Experiences of Countries in the Movement for Scaling Up Nutrition.* http://scalingupnutrition.org/wp-content/uploads/2014/05/Final-Synthesis-Report.pdf

NCD-RisC (NCD Risk Factor Collaboration). 2016. « Trends in Adult Body-Mass Index in 200 Countries from 1975 to 2014: A Pooled Analysis of 1698 Population-Based Measurement Studies with 19·2 Million Participants. » *The Lancet* 387 (10026) : 1377–96. http://dx.doi.org/10.1016/S0140-6736 (16) 30054-X

Secrétariat du Sommet Nutrition pour la croissance, Royaume-Uni. 2013. *Nutrition for Growth Commitments: Executive Summary.* https://www.gov.uk/government/uploads/system/uploads/attachment_data/file/207274/nutrition-for-growth-commitments.pdf

Organisation de Coopération et de Développement Économique (OCDE). 2015. Base de données du Système de notification des pays créanciers (SNCP) (consulté le 19 octobre, 2015), https://stats.oecd.org/Index.aspx?DataSetCode=CRS1

———. 2016. Base de données du Système de notification des pays créanciers (SNCP) (consulté le 19 septembre 2016), https://stats.oecd.org/Index.aspx?DataSetCode=CRS1.

Rannan-Eliya, R. P., C. Anuranga, J. Chandrasiri, R. Hafez, G. Kasthuri, R. Wickramasinghe, et J. Jayanthan. 2012. *Impact of Out-of-Pocket Expenditures on Families and Barriers to*

Use of Maternal and Child Health Services in Asia and the Pacific: Evidence from National Household Surveys of Healthcare Use and Expenditures. Mandaluyong City, Philippines : Banque Asiatique de Développement.

République-Unie de Tanzanie, ministère des Finances. 2014. *Public Expenditure Review of the Nutrition Sector: Main Report.* Innovex. http://scalingupnutrition.org/wp-content /uploads/2014/08/Nutrition-PER-Final-version-April-2014.pdf

Resch, S., T. Ryckman, et R. Hecht. 2014. « Funding AIDS Programmes in the Era of Shared Responsibility: An Analysis of Domestic Spending in 12 Low-Income and Middle-Income Countries. » *Lancet Global Health* 3: e52–61.

Save the children et Civil Society Organization Nutrition Alliance (CSONA), Malawi. 2015. Données non publiées sur l'Analyse du budget de nutrition.

Siekmann, J., A. Timmer, et L. Irizarry. 2012. « Home Fortification Using Market-Based Approaches to Complement Free Public Distribution of Micronutrient Powders (MNP).» 34–38. « Home Fortification with Micronutrient Powders (MND).» 34–38. Bale, Suisse: *Sight and Life.* https://www.dsm.com/content/dam/dsm/cworld/en_US /documents/home-fortification-with-micronutrient-powders-joint-publication-by -the-world-food-programme-sight-and-life-unicef-cdc-and-hf-tag.pdf

Strengthening Partnerships, Results, and Innovations in Nutrition Globally (SPRING). 2016 a. *Pathways to Better Nutrition in Nepal: Final Report.* Arlington, Virginie: Projet *Strengthening Partnerships, Results, and Innovations in Nutrition Globally* / SPRING.

———. 2016b. *Pathways to Better Nutrition in Uganda: Final Report.* Arlington, Virginie: Projet *Strengthening Partnerships, Results, and Innovations in Nutrition Globally* / SPRING.

Stenberg, K., H. Axelson, P. Sheehan, I. Anderson, A. M. Gülmezoglu, M. Temmerman, et *al.* 2013. « Advancing Social and Economic Development by Investing in Women's and Children's Health: A New Global Investment Framework. » *The Lancet* 383 (9925): 1333–54.

Tandon, A. et C. Cashin. 2010. « Assessing Public Expenditure on Health from a Fiscal Space Perspective. » Document de discussion, Santé, Nutrition et Populations Washington, DC : Groupe de la Banque mondiale. http://siteresources.worldbank.org /HEALTHNUTRITIONANDPOPULATION/Resources/281627-1095698140167 /AssesingPublicExpenditureFiscalSpace.pdf

Thiam, S., V. Kimotho, et P. Gatonga. 2013. « Why Are IPTp Coverage Targets So Elusive in Sub-Saharan Africa? A Systematic Review of Health System Barriers. » *Malaria Journal* 12 (1): 353.

ONUSIDA. 2016. *Fast-Track Update on Investments Needed in the AIDS Response.* Genève : ONUSIDA.

CHAPITRE 9

Atteindre les cibles mondiales en matière de retard de croissance, d'anémie, d'allaitement maternel et d'émaciation : cadres d'investissement et implications pour la recherche

Meera Shekar, Julia Dayton Eberwein, Jakub Kakietek, et Michelle Mehta

Messages Clés

- Au niveau mondial, il faudra, pendant les 10 prochaines années, investir 70 milliards de dollars dans la conduite d'interventions spécifiques à la nutrition à impact élevé, particulièrement dans les pays à forte charge de retard de croissance, d'anémie, et d'émaciation et à faible taux d'allaitement maternel. Outre les financements actuels, ceci correspond à un peu plus de 10 dollars par an et par enfant de moins de cinq ans.

- Quoique les estimations sur les financements nécessaires à l'atteinte des cibles mondiales de nutrition aient été basées sur des hypothèses de mise à l'échelle très ambitieuses, certains pays ont démontré qu'une expansion rapide des interventions spécifiques à la nutrition était faisable et pouvait mener à un recul du retard de croissance et des autres formes de malnutrition. Ainsi, des progrès importants en matière de repli du retard de croissance ont pu être récemment enregistrés au Bangladesh ; en Éthiopie ; au Ghana ; au Malawi ; au Pérou ; au Sénégal ; en Tanzanie ; au Vietnam ; et dans d'autres pays. En fait, l'analyse menée ici suggère qu'au moins l'une des cibles, celle liée à l'allaitement maternel, pourrait même être plus ambitieuse.

- Les retombées tirées de l'atteinte de ces cibles seraient phénoménales. En 2025, il y aurait 65 millions de cas de retard de croissance et 265 millions de cas d'anémie chez la femme de moins qu'au cours de l'année de référence 2015. En outre, sur 10 ans, au moins 91 millions d'enfants de plus auraient été traités pour émaciation sévère, et 105 millions de nourrissons additionnels auraient bénéficié d'un allaitement maternel exclusif pendant les six premiers mois de leur existence. Dans l'ensemble, la conduite des interventions nécessaires à l'atteinte des cibles fixées se traduirait également par au moins 3,7 millions de mortalités infantiles évitées. En outre, l'analyse a démontré que, pour l'atteinte des cibles, il faudrait procéder à des investissements substantiels, à la fois dans les interventions clés et d'autres initiatives de santé et de lutte contre la pauvreté.

- Dans un contexte de ressources limitées, ce rapport propose deux paquets d'investissements alternatifs, avec toutefois de fortes réserves sur la capacité de ces sous-ensembles d'interventions à atteindre les cibles mondiales. Le paquet prioritaire d'interventions susceptibles d'être mises à l'échelle immédiatement demanderait des investissements de 23 milliards de dollars sur 10 ans, soit 2,3 milliards par an ou un peu plus de 4 dollars par enfant. Le paquet catalyseur de progrès, qui verrait à l'expansion du paquet prioritaire tout en procédant à une mise à l'échelle progressive des autres interventions —de façon à pouvoir améliorer les dispositifs de prestation, soutenir la recherche comme la mise en œuvre des programmes et investir dans des technologies améliorées — demanderait 37 milliards de dollars sur dix ans, soit 3,7 milliards par an ou un peu plus de 5 dollars par enfant. Au fil du temps il faudrait toutefois procéder à de nouveaux investissements pour atteindre la pleine mise à l'échelle.
- L'analyse a également identifié certains domaines de recherche essentiels qui devraient être priorisés par la communauté internationale, notamment l'identification de stratégies évolutives susceptibles de faciliter la conduite d'interventions à fort impact ; le développement de nouveaux instruments d'appui à la priorisation par les pays des interventions les plus rentables ; et la recherche de moyens efficaces de prévention de l'émaciation chez l'enfant. Par ailleurs, la disponibilité de données plus précises sur la dépense gouvernementale et l'aide publique au développement (APD), faciliteraient certainement le suivi des progrès à venir.
- Même si le retard de croissance et les autres formes de malnutrition ont des effets irréversibles, ils ne doivent en aucun cas être considérés comme une «nouvelle normalité». Bien que l'engagement politique envers l'investissement dans la fenêtre d'opportunité des 1000 premiers jours de vie progresse rapidement, il faudra faire davantage pour que cet engagement privilégié se transforme en cause commune et que la volonté politique évolue vers un impératif économique.
- S'il bénéficie au bon moment les apports nécessaires au développement de ses fonctions cérébrales, chaque enfant sera certainement en mesure d'atteindre son plein potentiel. Les retombées de ces investissements sont durables, transportables et inaliénables. La compréhension approfondie du financement actuel de la nutrition, des besoins à venir, de leurs impacts et des dispositifs de mobilisation des financements nécessaires reste à cet égard essentielle.

Justification de l'investissement dans la nutrition

Après des décennies de sous-investissement chronique dans la nutrition, les progrès restent lents et irréguliers. Cette situation explique en grande partie pourquoi la malnutrition reste, dans plusieurs pays, l'une des causes sous-jacentes à près de la moitié de la mortalité chez les moins de cinq ans, un moteur de mortalité maternelle, et un frein au développement économique et à la réduction de la pauvreté. Présentement, la communauté internationale consacre environ 3,5 milliards de dollars par an à la lutte contre toutes les formes de malnutrition (dénutrition, carences en micronutriments, et surpoids), soit 500 dollars par individu, alors que celles-ci font obstacle aux efforts nationaux de lutte contre la pauvreté et de création de communautés prospères et productives (Global Panel 2016). Contrairement aux investissements dans des infrastructures matérielles, les sommes consacrées à la promotion de pratiques nutritionnelles adéquates génèrent des retombées à la fois durables, inaliénables, et transportables. Pourquoi ? Une nutrition optimale, particulièrement en bas âge, peut modifier de façon permanente le parcours développemental d'un individu et optimiser son potentiel productif. Si cette fenêtre d'opportunité n'est pas saisie, elle ne se présentera plus jamais.

En 2015, près de 159 millions d'enfants souffraient d'un retard de croissance dans le monde, ce qui privait ces individus de leur plein potentiel et les différents pays du capital humain nécessaire à la croissance économique (UNICEF, Organisation mondiale de la Santé, et Banque mondiale 2015). En outre, près de 50 millions d'enfants étaient émaciés et donc à risque de mort prématurée et d'incapacité physique (UNICEF, Organisation mondiale de la Santé, et Banque mondiale 2015); 36,3 millions d'enfants ne bénéficiaient pas d'un allaitement maternel exclusif pendant les six premiers mois de vie, ce qui mettait en péril leur plein potentiel cognitif, leur santé et leur capacité à saisir les opportunités économiques dans l'avenir (Victora *et al.* 2016); et, 524 millions de femmes en âge de procréer et de femmes enceintes souffraient d'anémie tous les ans, avec tous les risques supplémentaires de mortalité périnatale, de capacité de travail réduite et de baisse de productivité induits par cette pathologie (Organisation mondiale de la Santé 2008). En 2012, dans un effort de ralliement de la communauté internationale autour d'une amélioration de la nutrition, l'Assemblée mondiale de la Santé a appuyé le *Plan d'application exhaustif concernant la nutrition chez la mère, le nourrisson et le jeune enfant* (Organisation mondiale de la Santé 2014a), qui incluait pour la première fois des cibles mondiales de nutrition (voir Tableau 1.1). Celles-ci devaient permettre à la fois d'accroître l'investissement dans des interventions rentables et de catalyser les progrès de la lutte contre la malnutrition et les carences en micronutriments. Pour maintenir cet élan, les leaders mondiaux ont enchâssé certaines des cibles de l'Assemblée mondiale de la Santé dans l'Objectif de développement durable (ODD) 2.2, qui porte sur l'éradication de la malnutrition sous toutes ses formes d'ici 2030. Ceci dit, ce rapport s'était donné pour objectif d'identifier les besoins de financement nécessaires à l'atteinte de quatre des six cibles établies par l'Assemblée mondiale de la Santé en matière de : retard de croissance; anémie; allaitement maternel; et émaciation. Il a proposé dans ce cadre deux scénarios de financement alternatifs susceptibles de mobiliser les ressources nécessaires, notamment à travers les différents gouvernements, l'aide publique au développement (APD), et les dispositifs de financement novateurs.

Un cadre d'investissement pour la nutrition

Les analyses menées aux chapitres précédents démontrent qu'un apport financier supplémentaire de 70 milliards de dollars permettrait l'atteinte des cibles mondiales en matière de retard de croissance, d'anémie et d'allaitement maternel et la mise à l'échelle du traitement de la malnutrition aiguë sévère chez l'enfant. Cet investissement comprend 62,4 milliards de dollars pour la prestation de services directs, auxquels ont été ajoutés 7,5 milliards de dollars pour le renforcement des capacités, le suivi et l'évaluation et le développement de politiques.

L'atteinte des cibles aurait des retombées phénoménales (Figure 9.1). En 2025, il y aurait 65 millions de cas de retard de croissance et 265 millions de cas d'anémie chez la femme de moins qu'au cours de l'année de référence 2015. En outre, sur 10 ans, 91 millions d'enfants de plus auraient été traités pour

Figure 9.1 Retombées de l'investissement dans les cibles mondiales de nutrition

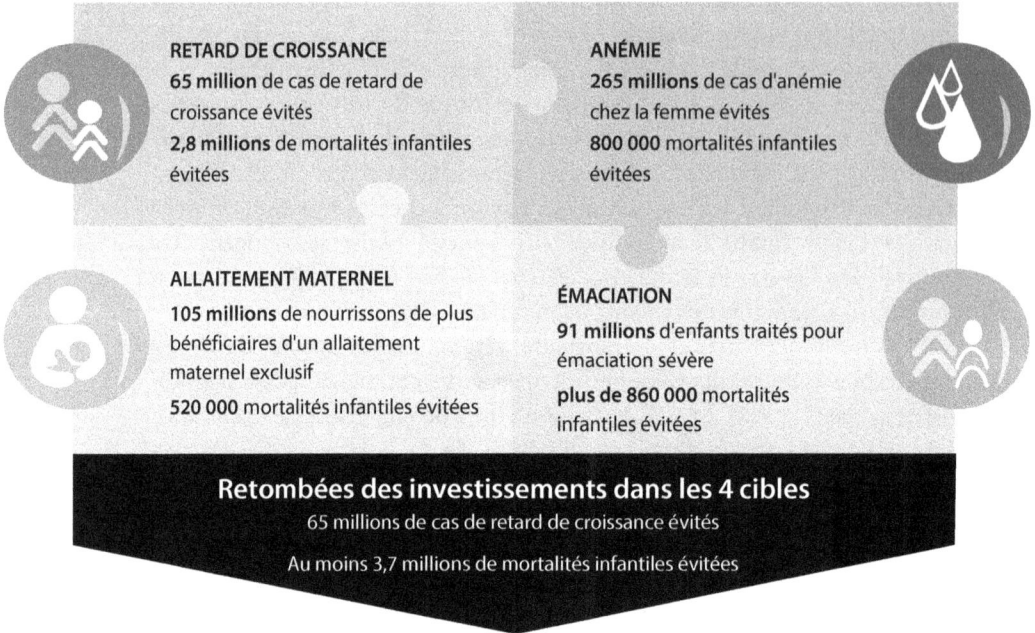

RETARD DE CROISSANCE
65 million de cas de retard de croissance évités
2,8 millions de mortalités infantiles évitées

ANÉMIE
265 millions de cas d'anémie chez la femme évités
800 000 mortalités infantiles évitées

ALLAITEMENT MATERNEL
105 millions de nourrissons de plus bénéficiaires d'un allaitement maternel exclusif
520 000 mortalités infantiles évitées

ÉMACIATION
91 millions d'enfants traités pour émaciation sévère
plus de 860 000 mortalités infantiles évitées

Retombées des investissements dans les 4 cibles
65 millions de cas de retard de croissance évités
Au moins 3,7 millions de mortalités infantiles évitées

émaciation sévère, et 105 millions de nourrissons additionnels auraient bénéficié d'un allaitement maternel exclusif pendant leurs six premiers mois de vie. Dans l'ensemble, la conduite des interventions nécessaires à l'atteinte des cibles fixées se traduirait également par au moins 3,7 millions de mortalités infantiles évitées. Les estimations présentées dans les chapitres précédents se sont concentrées sur des interventions spécifiques à la nutrition. Toutefois, l'analyse a également démontré que, pour l'atteinte des cibles en matière de retard de croissance, d'allaitement maternel, et d'anémie (et probablement d'émaciation), il faudrait aussi procéder à des investissements substantiels, à la fois dans des interventions spécifiques et sensibles à la nutrition, notamment dans les secteurs de l'agriculture, de l'eau et de l'assainissement et de promotion d'un environnement facilitateur.

L'analyse a confirmé que les retombées des investissements dans la prévention de la malnutrition chez la mère et l'enfant compensaient largement les coûts encourus. Le rapport coûts-avantages des paquets d'interventions sur le retard de croissance, l'anémie et l'allaitement maternel dépasse largement 1, le point de rupture, et se maintient dans une multitude d'autres contextes.

Alors que l'estimation des sommes nécessaires à l'atteinte des cibles mondiales de nutrition repose une mise à l'échelle ambitieuse, certains pays ont démontré qu'une expansion rapide des interventions de nutrition pouvait mener à un recul important du taux de retard de croissance, tel que récemment observé au Bangladesh ; en Chine ; en Éthiopie ; au Ghana ; au Kenya ; au Malawi ; en Tanzanie ; au Vietnam ; et ailleurs (Figure 9.2). L'expérience de deux autres pays qui ont fait état de progrès remarquables, soit le Pérou et le Sénégal, est abordée

Figure 9.2 Recul de la prévalence du retard de croissance dans des pays sélectionnés

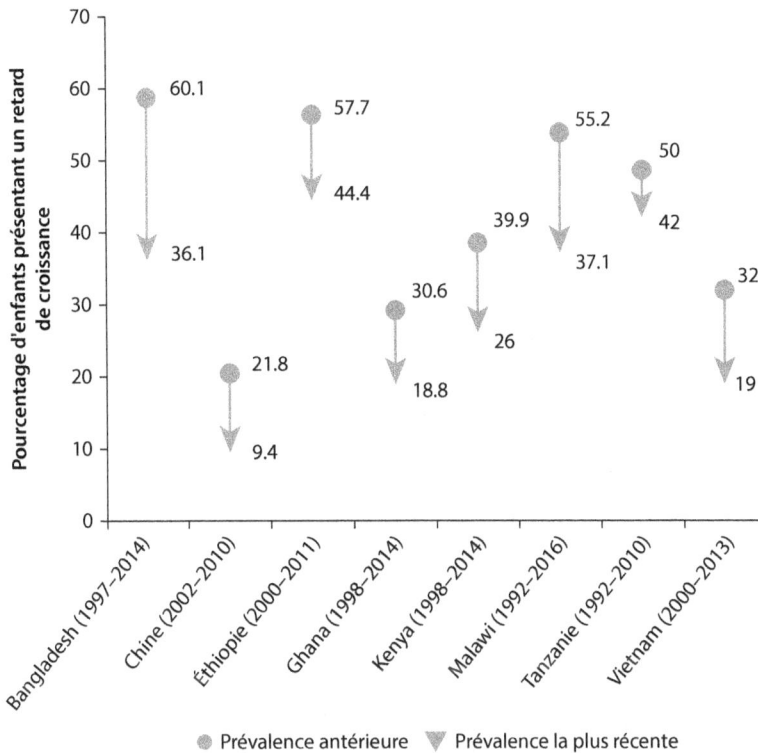

Source de données : Programme d'Enquêtes démographiques et de santé (EDS) 2015 ; Banque mondiale 2016 b. (pour le Vietnam uniquement), Institut national de Nutrition, UNICEF, Alive & Thrive 2014.

de façon plus détaille aux Encadrés 9.1 et 9.2. De plus, les données probantes en provenance du Vietnam confirment que les interventions de promotion de l'allaitement maternel et de réduction de l'anémie chez la femme peuvent s'avérer efficaces (Encadré 9.3).

Les interventions d'apport supplémentaire de vitamine A démontrent également que des impacts significatifs peuvent être obtenus si l'engagement, le financement et le renforcement des capacités permettent la mise en œuvre et la pérennisation de programmes à l'échelle (Encadré 9.4).

Discussion

Quoiqu'en termes absolus, l'investissement de près de 70 milliards de dollars supplémentaires pendant les 10 prochaines années soit colossal, il s'agit d'un montant relativement faible comparativement à d'autres problématiques mondiales d'importance. Par exemple, le monde dépense chaque jour près de 1,5 milliard de dollars (soit environ 500 milliards de dollars par an) en subventions agricoles non

Encadré 9.1 La réussite du Pérou en matière de lutte contre le retard de croissance

Toute personne qui mettrait en doute la possibilité que le retard de croissance puisse être réduit de moitié en moins d'une décennie pourrait s'inspirer de l'exemple du Pérou. En 2000, un enfant péruvien sur trois souffrait de malnutrition chronique. En 2005 – cinq ans et des millions de dollars plus tard – le chiffre restait virtuellement le même, avec 28 pour cent de prévalence chez l'enfant. Toutefois en 2014, une chose d'extraordinaire s'était produite : le taux de retard de croissance avait dramatiquement chuté à 14 pour cent. Des questions s'imposent : « comment le Pérou a-t-il réussi ? Cette expérience péruvienne serait-elle transférable ailleurs ? »

En 2010, le pays a pris pleinement conscience de l'urgence du problème de dénutrition infantile. Les responsables politiques de haut niveau ont appuyé une initiative — la « 5x5x5 » — qui avait pour objectif de réduire de 5 points de pourcentage et en 5 ans le retard de croissance chez les moins de 5 ans, mais aussi d'atténuer les inégalités d'accès aux ressources et aux soins de santé entre les milieux ruraux et urbains. À partir des quelques connaissances de base disponibles sur les déterminants des résultats nutritionnels, une communauté de pratique impliquant le gouvernement et les autres parties prenantes a ouvert la voie au ciblage et à la mise en œuvre de programmes de nutrition. De vastes campagnes médiatiques ont donné un visage à la malnutrition au moyen de spots radio et télévisés ou de vidéos, notamment *Mon avenir est dans mes premiers centimètres*, qui ont rejoint chaque ménage et chaque établissement de santé. Cet effort médiatique a également pris la forme d'une promotion des services de santé et de nutrition de base, notamment de la croissance des enfants, et de sessions sur le développement au cours de la petite enfance. Afin de soutenir la prestation et l'expansion de services de haute qualité, un solide système de suivi a été jumelé à un dispositif de financement basé sur la performance logé au Ministère des Finances, ce qui allait permettre de rediriger les ressources vers les zones où les besoins étaient les plus importants et de récompenser l'amélioration de la couverture et la prestation des services de nutrition infantile considérés les plus rentables. Un effort multisectoriel, mené par le Ministère des Finances et le Bureau du premier ministre, a favorisé le renforcement des liens entre le programme de transferts monétaires conditionnels *JUNTOS,* et la prestation de services de santé et de nutrition. Tout ceci a contribué à une multiplication par deux des consultations médicales et nutritionnelles de routine chez les enfants des milieux ruraux, qui sont passées de 20 pour cent en 2008 à 58 pour cent en 2013.

Par ailleurs, l'accès à des données annuelles sur le retard de croissance s'est également révélé déterminant dans le succès du Pérou. L'influence exercée par les données collectées ponctuellement sur la mobilisation des appuis politiques ne doit pas être minimisée. Grâce à une politique de nutrition intégrée et à un trio gagnant réunissant l'offre, la demande et la traçabilité, le retard de croissance, chez les populations rurales particulièrement vulnérables a chuté de 44 pour cent en 2008 à 28 pour cent en 2014 (*Instituto Nacional de Estadística e Informática* / INEI 2015) (Figure E9.1.1). Malgré qu'il ait dû stabiliser sa croissance économique

suite page suivante

Encadré 9.1 La réussite du Pérou en matière de lutte contre le retard de croissance *(continue)*

Figure E9.1.1 Facteurs clés de la réussite du Pérou en matière de réduction du retard de croissance

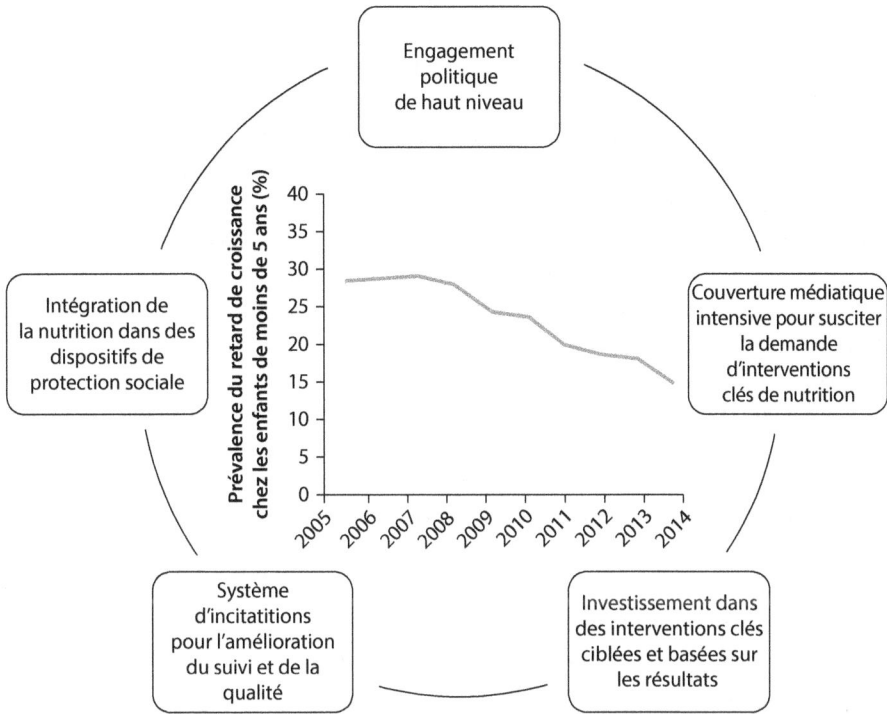

Source : INEI 2014.

pendant cette période, le Pérou a fait des efforts remarquables non seulement afin de diminuer le retard de croissance, mais aussi de susciter un engagement et une collaboration solide des divers secteurs en vue d'intégrer la nutrition aux programmes de protection sociale et, en retour, de sauver des millions de vies.

Contribution d'Alessandra Marini et d'Omar Arias, Banque mondiale

Encadré 9.2 Le processus de développement de politiques de nutrition au Sénégal : un travail en cours

Le Sénégal a longtemps souffert de malnutrition généralisée. Toutefois, avant l'an 2000, le pays avait accordé toute son attention à l'aide humanitaire nécessaire suite aux chocs ou aux crises. En 2001, le pays a admis qu'un problème pressant de retard de croissance diminuait le potentiel de développement cognitif et de croissance de près de 30 pour cent des enfants de moins de cinq ans. Trois facteurs essentiels ont contribué aux efforts proactifs du Sénégal consacrés à

suite page suivante

Encadré 9.2 Le processus de développement de politiques de nutrition au Sénégal : un travail en cours *(continue)*

la réduction du taux de retard de croissance : un engagement politique de haut niveau, une stratégie multisectorielle et un financement direct provenant en grande partie du gouvernement. Grâce à ces grands piliers, le Gouvernement a pu passer de l'atténuation de crises à l'adoption de mesures de prévention et de promotion de la nutrition, restreindre radicalement les coûts en ayant recours aux ressources locales et mettre en place au Bureau du Premier Ministre un dispositif institutionnel dédié à la lutte contre la malnutrition qui donnait une voix et une responsabilité accrues à toutes les parties prenantes. La mise en œuvre de programmes fondés sur des données probantes a permis l'adoption d'approches novatrices à la mobilisation et à la participation communautaires, et ultimement, l'appropriation des améliorations apportées à la programmation d'interventions nutritionnelles.

Les résultats obtenus suite à ces changements de priorité sont impressionnants. Dès 2010, la mise à l'échelle du programme avait permis de dispenser des services essentiels à 50 pour cent des enfants de moins de cinq ans, notamment sous forme de promotion de l'allaitement maternel exclusif, l'apport supplémentaire de vitamine A, et d'utilisation des services de santé. Seulement trois ans après cette mise à l'échelle, le taux de prévalence du retard de croissance chez les moins de cinq ans était passé de 26,5 pour cent à 18,7 pour cent (Agence Nationale de la Statistique et de la Démographie/ANSD et Classification internationale du fonctionnement, du handicap et de la santé/CIF 2012, 2015). Le Sénégal a maintenant l'un des taux de retard de croissance les moins élevés d'Afrique subsaharienne. Remarquablement, la nutrition a pu être améliorée au Sénégal malgré une croissance économique faible et inégale, qui s'est maintenue autour de 1 et 2 pour cent.

Contribution de Menno Mulder Sibanda et Michelle Mehta, Banque mondiale

Encadré 9.3 L'expérience du Vietnam : investir dans la promotion de l'allaitement maternel et la lutte contre l'anémie

Le Vietnam est en voie d'atteindre au moins deux des cibles mondiales d'ici 2025 : la hausse de l'allaitement maternel exclusif, et la réduction de l'anémie. Le pays a démontré que l'adoption de politiques et de stratégies adéquates pouvait mener à une amélioration sensible des indicateurs. En 2010, près du tiers des enfants de moins de cinq ans présentaient un retard de croissance et moins de 20 pour cent des nourrissons de six mois ou moins bénéficiaient d'un allaitement maternel exclusif. Plusieurs problématiques clés devaient être résolues, notamment la perception généralisée voulant que les femmes soient incapables de produire suffisamment de lait ; son remplacement courant par des produits de substitution ; l'introduction précoce d'eau et d'autres aliments dans l'alimentation ; la présence de campagnes de mise en marché agressives associée à une large disponibilité des préparations en poudre pour nourrissons ; l'absence de soutien communautaire et en milieu de travail ; et, l'engagement et les compétences limités des personnels en santé en matière de soutien à l'allaitement maternel exclusif.

Au cours de cette période, un nouveau modèle de franchise sociale a été mis en œuvre avec succès afin d'augmenter le conseil sur l'allaitement dispensé aux mères ; le Gouvernement

suite page suivante

Encadré 9.3 L'expérience du Vietnam : investir dans la promotion de l'allaitement maternel et la lutte contre l'anémie *(continue)*

a prolongé de quatre à six mois le congé de maternité ; de nouvelles restrictions allant même jusqu'à l'interdiction de mise en marché ont été imposées aux substituts de lait maternel ; et une vaste campagne médiatique intégrée en faveur de l'allaitement maternel a permis de rejoindre 85 pour cent des mères du pays. Cette stratégie exhaustive a modifié les perceptions, les pratiques, les politiques et les services et a permis la mise en place d'une société plus ouverte à l'allaitement maternel (*Alive & Thrive* 2013). Pendant la période 2010 - 2014, le modèle de franchise sociale, qui couvrait plus de 500 000 femmes de 15 des 58 provinces, a favorisé une hausse de 28,3 pour cent de l'indice d'allaitement maternel exclusif (chez les enfants âgés de 0 à 5 mois), comparativement aux taux des sites de référence.

Les interventions axées sur la lutte contre les carences en micronutriments — incluant l'apport de suppléments, la diversification alimentaire, et l'enrichissement des denrées — ont également fait état de résultats prometteurs et d'une baisse constante des carences, plus particulièrement de l'anémie chez la femme. Depuis les deux dernières décennies, les politiques et les stratégies du Gouvernement du Vietnam ont accordé une priorité constante au contrôle et à la prévention des carences en micronutriments, notamment à travers des politiques spécifiques de protection contre la carence de fer. Suite à ces efforts, le taux d'anémie chez les femmes vietnamiennes en âge de procréer a connu une baisse constante, pour atteindre un taux de prévalence actuel de 14 pour cent (Stevens *et al.* 2013).

L'expérience du Vietnam démontre clairement que la priorisation de politiques et de stratégies de réduction de la malnutrition axées sur l'augmentation du taux d'allaitement et le recul de la prévalence de l'anémie permet d'atteindre, voire même de surpasser, les cibles mondiales.

Contributions de Dylan Walters et Michelle Mehta, Banque mondiale

---

Encadré 9.4 Des interventions spécifiques à la nutrition à taux de couverture élevé : les enseignements tirés de l'apport supplémentaire de vitamine A

L'apport supplémentaire de vitamine A illustre de façon frappante la capacité des programmes de nutrition basés sur des données probantes à atteindre un taux de couverture élevé et durable. À travers le monde, la carence en vitamine A compromet le système immunitaire de plus de 95 millions d'enfants de moins de cinq ans. L'apport semestriel de comprimés de vitamine A constitue un moyen efficace de réduction de cette carence, ainsi que de la morbidité et de la mortalité qui y sont associées.

Les suppléments de vitamine A peuvent être administrés lors d'une consultation de routine dans un établissement de santé (par exemple, lors des visites de santé préventive et de vaccination des enfants de moins de cinq ans). Toutefois, en raison des goulots d'étranglement à la prestation des services de santé publique (faible utilisation, chaîne d'approvisionnement interrompue, soins de santé de faible qualité, etc.), des dispositifs non traditionnels sont essentiels si l'on entend rejoindre les populations vulnérables. Dans ce contexte, les campagnes d'apport supplémentaire de vitamine A représentent un outil efficace d'atteinte de taux de

suite page suivante

Encadré 9.4   Des interventions spécifiques à la nutrition à taux de couverture élevé : les enseignements tirés de l'apport supplémentaire de vitamine A *(continue)*

couverture élevés et équitables des populations et d'élimination des écarts entre les besoins des régions mal desservies et les capacités du secteur officiel de la santé.

L'apport supplémentaire en vitamine A présente plusieurs caractéristiques qui favorisent une couverture élevée des populations, même là où le système de santé manque de ressources et de capacités adéquates :

- *Des impacts positifs sur la santé et une rentabilité appuyés par des données probantes claires et solides :* la présence de données probantes solides a facilité l'adhésion politique. Des essais communautaires et des méta-analyses ont démontré qu'il existait une corrélation positive entre l'apport supplémentaire et la réduction des taux de mortalité (Imdad *et al.* 2010), alors que les experts citent régulièrement l'apport supplémentaire de vitamine A comme l'une des interventions de nutrition les plus efficaces et les plus rentables (Horton, Alderman, et Rivera 2008). Les analyses présentées dans ce rapport confirment d'ailleurs la rentabilité de l'apport supplémentaire de vitamine A (voir Tableau 7.4).
- *Des populations cibles clairement définies et des calendriers de distribution réguliers :* Dans les pays qui présentent un taux de mortalité élevé chez les moins de cinq ans, une carence en vitamine A telle qu'elle constitue un problème de santé publique, ou qui ont une certaine expérience dans la conduite de programmes de distribution de suppléments de vitamine A, celle-ci est régulièrement administrée sur une base semestrielle à tous les enfants de 6 à 59 mois.
- *Simplicité de l'intervention :* Lors des campagnes semestrielles, les agents de santé communautaires bénévoles peuvent administrer les suppléments de vitamine A de façon sécuritaire, efficace et facile, sans formation exhaustive.

En jumelant cet apport aux campagnes de vaccination infantile, ou aux jours/semaines de promotion de la santé mère-enfant, plusieurs pays sont parvenus à institutionnaliser l'apport supplémentaire de vitamine A et ont atteint des taux de couverture élevés et durables (Figure B9.4.1). Ces pays ont démontré qu'un niveau d'accès quasi universel à cette intervention de nutrition essentielle était possible.

Figure E9.4.1   Couverture de l'apport supplémentaire de vitamine A chez les enfants âgés de 6 à 59 mois, pays sélectionnés, 1999 – 2013

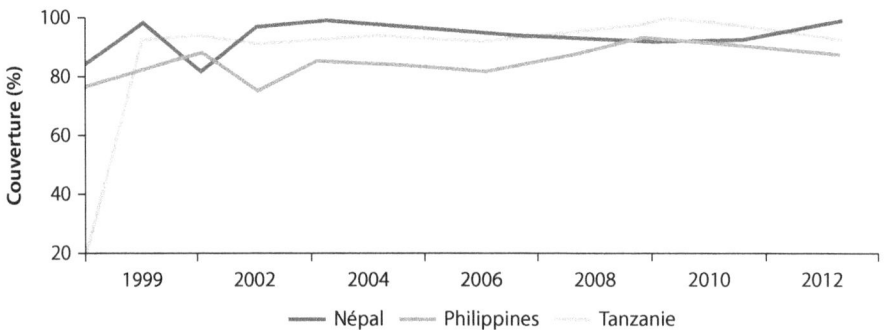

Source : Banque mondiale 2015.

Contribution d'Anne Marie Provo, Banque mondiale

ciblées et souvent contre-productives (Potter 2014), en plus d'octroyer chaque année des subventions aux combustibles fossiles de 543 milliards de dollars (environ 1,5 milliard de dollars par jour) (AIE 2014). Avec l'engagement politique et les impératifs économiques adéquats, il serait donc possible de canaliser les ressources vers des investissements plus productifs, notamment dans la nutrition, tout en générant des retombées substantielles sur les économies mondiales et nationales.

En outre, même au sein même du secteur de la santé, un précédent instructif — l'évolution récente des initiatives de financement de la lutte contre le VIH/SIDA — confirme qu'il serait possible de susciter un mouvement d'adhésion envers la nutrition. En 1998, alors que l'épidémie du SIDA faisait rage, les pays à revenu faible et intermédiaire investissaient environ 500 millions de dollars par an dans la lutte contre le VIH. Quinze ans plus tard, grâce à la forte poussée des organisations de la société civile représentant les groupes affectés et des gouvernements, près de 20 milliards de dollars sont dépensés chaque année dans le contrôle du VIH, avec plus de la moitié des financements en provenance des pays à revenu faible et intermédiaire (ONUSIDA 2013). L'approche de financement proposée pour la nutrition est quelque peu différente puisqu'elle a dû être adaptée à un contexte où la voix des jeunes enfants n'a pas la même portée que celle des groupes atteints par le VIH. Toutefois, le plaidoyer en faveur d'investissements dans les premières années de vie d'un enfant gagne rapidement du terrain, notamment grâce au soutien des leaders mondiaux, notamment du Président de la Banque mondiale, de l'*African Nutrition Leaders initiative* appuyée par la Banque Africaine de Développement, des ministres des Finances et chefs d'État de plusieurs pays à forte charge. Par conséquent, le scénario de «solidarité mondiale» développé au Chapitre 8 présume qu'au cours des cinq premières années, les financements de l'APD permettront de lancer nouvelle vague d'investissements (équivalents à 3,5 fois la participation actuelle), une première phase qui serait suivie d'un accroissement progressif, mais plus durable, de la contribution des secteurs publics pendant les cinq années suivantes.

Afin de réunir les 70 milliards de dollars nécessaires à l'atteinte des cibles en matière de retard de croissance, d'anémie et d'allaitement maternel, mais aussi d'atténuer les impacts de l'émaciation, les gouvernements nationaux devront mobiliser des fonds publics supplémentaires d'environ 4 milliards de dollars par an, alors que l'APD devra verser chaque année 2,6 milliards de dollars additionnels pendant les 10 ans à venir (Tableau 9.1).

Le scénario de solidarité mondiale (voir Chapitre 8), qui devrait permettre l'atteinte des cibles mondiales, exigera d'importants efforts de financement de la part de toutes les parties prenantes. Dans les pays à forte charge, il sera probablement difficile d'allouer près de 2,9 pour cent du budget de la santé à la nutrition, une augmentation qui représente pourtant 1 pour cent seulement de la moyenne actuelle. Quoique ce niveau de dépense intérieure puisse sembler ambitieux, bon nombre de pays ont démontré que cet objectif était réalisable. En outre, pour que le scénario de financement soit durable, l'étude a prévu que, dans les pays à forte charge, la croissance du budget national serait graduelle et s'étalerait sur 10 ans.

Tableau 9.1 Financement supplémentaire requis pour l'atteinte des quatre cibles, années sélectionnées

$ EU, millions

Source	En 2016	En 2021	En 2025	Total sur 10 ans
Gouvernements nationaux	707	4 519	7 104	39 676
APD	622	3 940	2 063	25 628
Autres sources[a]	203	570	590	4 608
Total				69 912

Note : APD = Aide publique au développement.

a. Le terme *Autres sources* inclue les dispositifs de financement novateurs, le financement du traitement présomptif intermittent du paludisme pendant la grossesse dans les régions à endémie palustre (provenant des budgets associés au paludisme), ainsi que les contributions des ménages aux interventions pertinentes.

Si les efforts sont soutenus et entamés immédiatement, et si l'engagement politique se traduit en budgets, le taux d'augmentation annuel reste réalisable. Les pays comme l'Éthiopie, l'Inde, le Malawi, et le Pakistan se mobilisent d'ailleurs déjà en ce sens.

Parallèlement, les partenaires techniques et financiers devront assumer dès les tous débuts leur part du scénario de solidarité mondiale et augmenter sensiblement, à travers l'ADP, le portefeuille de la santé alloué à la diminution du retard de croissance et à l'amélioration des résultats de nutrition. Pour certains bailleurs tels que le Canada, un pays qui consacre déjà plus de 11 pour cent de l'APD en santé à la nutrition de base, le défi sera facile à relever. Toutefois, dans 13 des pays membres de l'Organisation de Coopération et de Développement Économique (OCDE), l'aide directe à la nutrition se situe encore à moins de 1 million de dollars (OCDE 2016) ; ils pourraient par conséquent, à la lecture des données probantes présentées dans ce rapport, se voir encouragés à modifier leurs politiques afin de prioriser plus avant la nutrition. L'implication des nouveaux dispositifs de financement novateurs, notamment le Mécanisme de Financement Mondial en soutien à chaque femme et chaque enfant, et *Power of Nutrition*, qui mettent à profit des modalités de financement traditionnelles pour avoir accès de nouvelles sources d'investissement philanthropiques et privées, sera déterminante à la résorption du manque à gagner.[1]

Dans un environnement où les ressources mondiales sont limitées, et s'il n'apparaît pas possible d'investir les 70 milliards de dollars nécessaires à l'atteinte des cibles fixées, il faudra peut-être opter pour un sous-ensemble d'interventions et fixer des priorités. Dans ce contexte, le rapport propose deux paquets alternatifs. Ceux-ci permettraient de démarrer la mise à l'échelle des interventions les plus rentables (soit à efficacité allocative maximale) et les plus rapidement expansibles (soit à efficacité technique maximale), avec toutefois des réserves sur la capacité de ces sous-ensembles d'interventions à atteindre certaines des cibles d'ici 2025. La mise en œuvre d'un « paquet prioritaire » d'interventions pouvant être rapidement mises à l'échelle demanderait des investissements additionnels de 23 milliards de dollars au cours des 10 prochaines années, soit de 2,3 milliards

par an. Toutefois, s'il est combiné aux autres interventions de santé et de réduction de la pauvreté, ce sous-ensemble permettrait néanmoins de générer des
retombées importantes: l'étude a estimé qu'en 2025 et par rapport à 2015,
2,3 millions de vies auraient été sauvées et 50 millions de cas de retard de croissance auraient été évités. La seconde option propose un paquet d'investissement
un peu plus ambitieux, le « paquet catalyseur des progrès » qui mettrait à l'échelle
le paquet prioritaire tout en procédant à une expansion progressive des autres
interventions, de façon à pouvoir améliorer les dispositifs de prestation, appuyer
la recherche et soutenir la mise en œuvre des programmes. Il a été présumé que,
dans ce dernier cas, l'emphase serait placée au cours des cinq premières années
sur l'élaboration de directives mondiales et la conduite de recherches opérationnelles axées sur le développement de plateformes de prestation, de produits
moins coûteux ou encore de technologies plus rentables (par ex. pour l'enrichissement du riz). Ce paquet catalyseur de progrès demanderait un investissement
additionnel de 37 milliards de dollars pendant la décennie à venir, soit 3,7 milliards de dollars par an. Cet effort, associé aux autres initiatives de santé et de
réduction de la pauvreté, pourrait donner lieu à des avancées importantes vers
l'atteinte des cibles mondiales : il y aurait, en 2025, 2,6 millions de mortalités et
58 millions de cas de retard de croissance de moins qu'en 2015.

Par ailleurs, la clé du financement durable de la nutrition repose actuellement
entre les mains des ministres des finances des pays affectés, alors que le financement national sera hautement prioritaire, tel que convenu lors de la *Conférence
sur le Financement du développement* tenue à Addis Abeba en 2015.

Limites et contraintes

Les analyses menées dans le cadre de ce rapport ont dû faire face à d'importantes
limites, qui doivent être prises en considération.

Les données sur les coûts unitaires n'étaient disponibles que pour un nombre
limité de pays et de régions, ce qui implique que certaines études ont dû être
basées sur des extrapolations. En outre, quoique les coûts unitaires aient fréquemment relevé de programmes régionaux ou locaux (par exemple, Puett *et al.*
2013), l'étude a présumé qu'ils s'appliquaient également aux interventions nationales à large échelle, ce qui n'est pas nécessairement vrai. Finalement, les analyses
ont considéré des coûts unitaires fixes au fil du temps (sauf pour les coûts associés
au traitement de la malnutrition aiguë sévère; voir détails au Chapitre 6). Or, il
est probable que ces derniers se voient modifiés suite à une mise à l'échelle (économies d'échelle et de portée), à la maturation de certains programmes, aux gains
d'efficacité dans la prestation, aux changements apportés aux protocoles, et
autres facteurs. Malheureusement, il n'existe actuellement aucune estimation
empirique sur la fluctuation des coûts unitaires d'un programme de nutrition au
fil du temps, ni dans la littérature revue par les pairs, ni dans les documents non
publiés. Il s'agit donc d'un domaine de recherche à explorer.

De même, alors que certaines données sur les taux de couverture de référence
relatifs à certaines interventions (par ex. l'apport supplémentaire de vitamine A

chez l'enfant) étaient facilement accessibles, d'autres étaient plutôt rares –
notamment en matière de conseil sur la nutrition du nourrisson et du jeune
enfant; le traitement de la malnutrition aiguë sévère; et l'enrichissement des
denrées de base. Par ailleurs, puisque les données associées au conseil sur l'allaitement maternel et à la nutrition complémentaire ne sont généralement pas
recueillies par les enquêtes phares (par exemple, les Enquêtes démographiques
et de santé/EDS) l'étude a dû avoir recours à des mesures indirectes (comme la
prévalence de l'allaitement maternel exclusif). Les données sur le traitement de
la malnutrition aiguë sévère ne sont pas collectées par les EDS ou les autres instruments d'enquête standardisés, même si son traitement ambulatoire est considéré comme une norme optimale depuis presque dix ans (OMS *et al.* 2007). Tel
que souligné au Chapitre 6, l'extrapolation effectuée à partir des données de
référence du *Coverage Monitoring Network* surestime probablement la couverture
actuelle et entraîne, par conséquent, une sous-estimation des besoins financiers.

Malgré certains efforts récents, les données sur le financement national de la
nutrition sont plutôt limitées, avec des données disponibles en provenance de 31
pays seulement. En outre, celles-ci n'émanent pas de la dépense réelle, mais plutôt de plans ou de budgets parfois ambitieux. De plus, puisque les estimations
financières des gouvernements nationaux et de l'APD sont rarement désagrégées
jusqu'au niveau des interventions, les chiffres présentés ici doivent être considérés comme la meilleure estimation possible.

L'étude a également été confrontée au fait que les impacts estimés reposaient
essentiellement sur les résultats d'essais cliniques menés dans des contextes expé-
rimentaux, plutôt que sur la mise en œuvre d'interventions à grande échelle en
situation réelle. Par conséquent, les estimations pourraient surévaluer les effets de
la mise en œuvre des interventions, particulièrement en matière de résultats
nutritionnels, de morbidité, et de mortalité. Ce type d'obstacle n'est d'ailleurs pas
rare lors de la conduite d'études de santé publique fondées sur des modèles
mathématiques. Toutefois, il paraît clair que le manque de données probantes sur
l'efficacité des programmes à large échelle doit être comblé pour que la planification et la gestion des programmes de nutrition soient mieux informées.

Les données probantes sur la prévention de l'émaciation sont très limitées
(voir Chapitre 6 pour une discussion plus détaillée), ce qui n'a pas permis
d'évaluer les coûts nécessaires à l'atteinte de la cible fixée. L'étude s'est par
conséquent tournée vers une estimation de la dépense impartie par le traitement de la malnutrition aiguë sévère (émaciation), une intervention toutefois
relativement coûteuse (approximativement 110 dollars par épisode et par
enfant en Afrique subsaharienne, et 90 dollars en Asie du Sud). Le traitement
de l'émaciation absorbe actuellement plus de 50 pour cent de l'APD accordée
à la nutrition, mais il est possible que la prévention se révèle plus abordable que
le traitement, notamment à la lumière des données émergentes relatives aux
effets permanents de l'émaciation sur la santé et le développement de l'enfant
(Organisation mondiale de la Santé 2014c). Cependant, les données disponibles
restent insuffisantes et ne permettent pas de déterminer si tel est le cas. Tel que
mentionné au Chapitre 6, les statistiques sur la mortalité attribuable à

l'émaciation sont également peu nombreuses. L'approche utilisée ici a été basée sur les analyses de Olofin *et al.* (2013) — qui ont cherché à savoir si l'émaciation constituait un facteur de risque supplémentaire de mortalité suite à une pneumonie, à une septicémie, à la rougeole, et à d'autres maladies ou pathologies — pourrait avoir sous-estimé l'impact de l'émaciation sur le taux de mortalité. Celui-ci paraît, par contre, avoir été surestimé par certaines estimations alternatives. Il faudra donc davantage de données plus précises, plus récentes et généralisables (collectées hors de l'Afrique subsaharienne) sur les effets de l'émaciation sur la mortalité et la morbidité pour pouvoir déterminer de façon précise la rentabilité et le rapport coûts-avantages des interventions de prévention et de traitement de l'émaciation.

Les estimations mondiales présentées dans ce rapport ont été basées sur des hypothèses transposables de façon équivalente, ou non, aux différents contextes régionaux et nationaux, ou aux situations fragiles et de conflit. Pour cette raison, les conclusions et les recommandations suivantes ne s'appliquent qu'au niveau mondial, avec quelques indications de portée régionale.

Sur la base des études antérieures menées sur les coûts de la nutrition mondiale (Horton *et al.* 2010), l'analyse a ajouté des charges d'exploitation hypothétiques de 12 pour cent aux coûts de la prestation de services. Il est possible qu'il s'agisse d'une sous-estimation de la dépense programmatique réelle. Une étude récente en provenance du Kenya indique par exemple que les frais de gestion des programmes (renforcement de capacités, suivi et évaluation, frais généraux associés au programme, plaidoyer) pouvaient représenter jusqu'à 60 pour cent du coût de la prestation des services directs (UNICEF 2015). Cependant, ces charges d'exploitation pourraient tout autant être moins élevées dans des régions où les systèmes de santé sont plus solides et plus efficaces, et demandent donc moins d'investissements dans le développement des capacités, la supervision, le suivi, et les charges programmatiques que ceux d'Afrique subsaharienne. Dans cette perspective, il serait urgent de procéder à une analyse systématique des charges réelles encourues par les programmes de nutrition, et ce, dans différents contextes.

Parmi les autres obstacles, il faut mentionner les freins à la mise à l'échelle immédiate de deux des interventions les plus coûteuses — l'apport supplémentaire de zinc à des fins thérapeutiques chez l'enfant et la distribution publique d'aliments complémentaires — qui absorberaient 43 pour cent du coût total des interventions. À cela s'ajoutent la distribution de suppléments de fer et d'acide folique aux femmes non enceintes âgées de 15 à 49 ans non scolarisées, et l'apport de suppléments protéino-énergétiques équilibrés pendant la grossesse, auxquelles il faudrait consacrer une part relativement élevée des financements (environ 11 pour cent). Toutefois, peu d'expériences de mise à l'échelle de ces interventions ont été effectuées jusqu'à maintenant et les directives de l'Organisation mondiale de la Santé sur leur distribution n'ont pas encore été publiées. Puisque ces interventions sont à la fois hautement efficaces et essentielles à l'atteinte des cibles mondiales, il est impératif que le développement de ces directives se voie accorder la priorité nécessaire. La question de l'exploration de nouveaux dispositifs de prestation des services à l'échelle se fait parallèlement pressante, dans une perspective d'amélioration de l'efficacité allocative, c'est-à-dire de redirection des ressources vers les interventions les plus efficaces et les plus rentables et vers celles qui contribuent l'atteinte de plusieurs cibles. Pour toutes ces raisons, ce rapport a proposé un paquet prioritaire d'interventions alternatif, qui pourrait être mis à l'échelle immédiatement. Ce paquet ferait appel à des financements beaucoup moins élevés, évalués à 23 milliards de dollars sur 10 ans.

Les analyses présentées dans ce rapport confirment que l'atteinte des cibles en matière de retard de croissance et d'anémie ne sera possible que si la conduite des interventions spécifiques à la nutrition identifiées ici est soutenue par une amélioration des déterminants sous-jacents à la malnutrition. Ces progrès pourraient faire suite à des interventions dites sensibles à la nutrition, sur lesquelles les données probantes en matière de coûts et de retombées restent très limitées, et qui n'ont donc pas été inclues au rapport. Les interventions WASH font figure d'exception, puisqu'elles ont été considérées lors de l'analyse du retard de croissance (voir Chapitre 3). Elles sont bien définies (à l'exception de l'élimination hygiénique des selles d'enfants), et leurs impacts sur les résultats nutritionnels (via l'incidence de la diarrhée) sont bien documentés. Les interventions WASH ont toutefois été exclues des estimations de coûts et des rapports coûts-avantages, puisqu'elles devraient être financées par des dispositifs distincts axés sur l'atteinte des cibles WASH fixées par les Objectifs de développement durable.

Implications politiques et recommandations

Trois recommandations clés émergent de ce rapport :

1. Il faudra procéder à des investissements mondiaux de 70 milliards de dollars sur 10 ans dans des interventions spécifiques à la nutrition à fort impact pour être en mesure d'atteindre les cibles mondiales en matière de retard de croissance, d'anémie, et d'allaitement maternel et de mettre à l'échelle le traitement de l'émaciation sévère. Ces investissements représentent un peu plus de 10 dollars par enfant.

   Les retombées tirées de l'atteinte de ces cibles seraient phénoménales. En 2025, il y aurait 65 millions de cas de retard de croissance et 265 millions de cas d'anémie chez la femme de moins qu'au cours de l'année de référence 2015. En outre, sur 10 ans, au moins 91 millions d'enfants de plus auraient été traités pour émaciation sévère, et 105 millions de nourrissons additionnels auraient bénéficié d'un allaitement maternel exclusif pendant les six premiers mois de leur existence. Dans l'ensemble, la conduite des interventions nécessaires à l'atteinte des cibles fixées se traduirait également par au moins 3,7 millions de mortalités infantiles évitées. En outre, chaque dollar investi dans ce paquet d'interventions se traduirait par des rendements économiques se situant entre 4 et 35 dollars. Cette conclusion est conforme aux études précédentes, qui suggéraient des retombées de 18 dollars par dollar dépensé (Hoddinott et al. 2013).

Dans un contexte de ressources limitées, la priorité pourrait être accordée à la mise à l'échelle d'un plus petit paquet hautement efficace et expansible immédiatement. Ce rapport propose donc deux paquets alternatifs, avec toutefois de fortes réserves sur la capacité de ces sous-ensembles d'interventions à atteindre les cibles mondiales d'ici 2025. Le paquet prioritaire d'interventions susceptibles d'être mises à l'échelle immédiatement demanderait des investissements de 23 milliards de dollars supplémentaires sur 10 ans, soit de 2,3 milliards de dollars par an ou près de 4 dollars par enfant. Le paquet catalyseur de progrès, un peu plus ambitieux, qui verrait à l'expansion du paquet prioritaire tout en procédant à une mise à l'échelle progressive des autres interventions — de façon à pouvoir améliorer les dispositifs de prestation et soutenir la mise en œuvre des programmes —, demanderait des investissements de 37 milliards de dollars additionnels sur 10 ans, soit de 3,7 milliards de dollars par an ou un peu plus de 5 dollars par enfant. S'ils sont associés aux autres initiatives de santé et de réduction de la pauvreté, ces scénarios pourraient avoir des retombées considérables : il y aurait, pour le paquet prioritaire et le paquet catalyseur de progrès, respectivement environ 2,3 millions et 2,6 millions de vies sauvées ainsi que 50 millions et 58 millions de cas de retard de croissance de moins en 2025 qu'en 2015.

2. Même si certaines cibles, notamment en matière de diminution du retard de croissance et de l'anémie chez la femme, peuvent paraître ambitieuses et sont soumises à des financements, une mise à l'échelle et des engagements durables concertés, les expériences récentes menées dans plusieurs pays suggèrent que les objectifs restent atteignables. Par contre, la cible en matière d'allaitement maternel pourrait être beaucoup plus ambitieuse.

3. Certains domaines de recherche doivent être priorisés :

   a. *Davantage de recherches sur les stratégies évolutives qui permettraient de mettre en œuvre des interventions à fort impact* est indispensable. Il s'agirait ici de résoudre les différents goulots d'étranglement à la mise à l'échelle, et ce, par le biais d'approches budgétaires axées sur les résultats ou d'autres méthodes incitatives associées à la performance (la Banque mondiale 2016a). La recherche sur la mise en œuvre pourrait mener non seulement à expansion plus rapide, mais aussi à une augmentation de l'efficacité technique et à une diminution des coûts de prestation des interventions, ce qui aurait pour effet de réduire les besoins de financement à travers le monde dans l'avenir.

   b. Un autre domaine de recherche essentiel concerne *l'évaluation de l'efficacité allocative*, soit l'identification de la répartition optimale des financements entre les différentes interventions, ou encore de l'allocation porteuse d'un maximum d'impacts dans un contexte de contraintes budgétaires particulières. Cette étude s'est intéressée aux coûts par résultat, ce qui ne permet que quelques comparaisons limitées de la rentabilité des différentes interventions associées à une même cible.

   c. La conduite de *Recherches consacrées à l'amélioration de l'efficacité technique de la dépense dans la nutrition* est également urgente. Ces recherches devraient porter à la fois sur les nouvelles stratégies qui permettraient de remédier à des problèmes nutritionnels complexes, notamment en matière de retard de croissance et d'anémie, et sur les technologies nécessaires à l'accélération de la mise à l'échelle de ces solutions et ce, à moindre coût (par exemple pour l'enrichissement du riz). En raison de la nature multifactorielle de l'anémie, des études tentent actuellement d'établir clairement quelle part du problème pourrait être palliée par des interventions de nutrition et, par conséquent, il est possible que les estimations présentées ici doivent faire l'objet d'une révision dès que ces résultats seront disponibles. Par ailleurs, certaines carences en micronutriments (notamment en iode) n'ont pas été considérées par ce rapport parce qu'elles ne figuraient pas aux cibles mondiales, alors qu'elles ont un impact considérable sur les taux de morbidité, de mortalité, et sur la productivité économique.

d. Il est urgent que des efforts concertés soient accordés à *l'identification des interventions qui permettent de prévenir l'émaciation*. Il serait également essentiel de mieux connaître les stratégies les plus rentables de gestion de la malnutrition aiguë modérée, et de savoir si celles-ci peuvent contribuer ou non à la prévention de l'émaciation.

e. Il est essentiel de procéder au *renforcement de la qualité des données de surveillance et à l'élaboration de systèmes de collecte des données plus efficaces sur les investissements actuels* (des gouvernements nationaux et de l'APD). Il faudrait dans ce cadre améliorer la traçabilité des dépenses de nutrition à l'échelle nationale et être en mesure de suivre étroitement les décaissements, ce qui favoriserait la mesure des progrès, la redevabilité, et l'identification des zones où des gains d'efficacité, notamment allocative, pourraient être obtenus.

f. *L'amélioration des données sur les coûts unitaires des interventions menées dans différents contextes nationaux.* Dans ce cadre, des recherches approfondies devraient se pencher sur les coûts du congé de maternité, qui soutient les femmes actives sur le marché du travail et les encourage à adopter l'allaitement exclusif du nourrisson pendant les six premiers mois.

g. *Il faudrait davantage de données probantes sur les coûts et les impacts des interventions sensibles à la nutrition*, c'est-à-dire au sujet des investissements qui améliorent la nutrition par le biais d'interventions notamment menées dans les secteurs de l'agriculture, de la protection sociale, et de l'eau et de l'assainissement. Il paraît évident que le retard de croissance et l'anémie sont attribuables à plusieurs facteurs, et qu'il serait possible d'en réduire la prévalence par l'amélioration de la qualité, de l'accessibilité et de l'abordabilité des denrées ; par l'augmentation du contrôle exercé par les agricultrices sur les revenus ; et par la réduction de l'exposition aux pathogènes fécaux grâce à de meilleures pratiques d'eau, d'hygiène et d'assainissement. Toutefois, l'influence de ces interventions sur la charge globale reste méconnue. Au cours des dernières cinq années, d'innombrables études ont été menées pour éclaircir ces problèmes, et examiner la possibilité d'utiliser les programmes sociaux comme plateformes d'accès aux populations les plus vulnérables. Dans ce domaine, tout travail à venir devra tenir compte des nouveaux résultats obtenus par les études au fur et à mesure qu'elles seront publiées.

Alors que le monde est sur le point d'atteindre les nouveaux ODD, avec, pour la première fois dans l'histoire, une réduction à moins de 10 pour cent de la pauvreté générale (Banque mondiale 2016), il existe une opportunité sans précédent de sauvegarder la vie des enfants ; de renforcer le capital humain et la capacité cognitive ; comme d'offrir à tous les enfants une opportunité égale de participation à une croissance économique accélérée. Les investissements dans la nutrition sont inaliénables, transportables et porteurs de retombées tout au long de la vie — non seulement pour les enfants directement concernés, mais aussi pour nous tous — sous forme de sociétés plus robustes, qui agissent comme moteur des économies à venir. Ce qui se produit au cours des 1000 premiers jours décisifs de la petite enfance marque de façon indélébile le reste de la vie.

Alors qu'une somme de 7 milliards de dollars par an peut sembler un investissement substantiel, elle reste minime comparativement aux 500 milliards de dollars (environ 1,5 milliard/jour) consentis chaque année aux subventions agricoles (Potter 2014), et aux 543 milliards consacrés (plus de 1,5 milliard/jour) consacrés aux subventions des combustibles fossiles (IEA 2014).

Même si le retard de croissance et les autres formes de malnutrition ont des effets irréversibles, ils ne doivent en aucun cas être considérés comme une « nouvelle normalité ». Bien que l'engagement politique envers l'investissement dans la fenêtre d'opportunité des 1000 premiers jours de vie progresse rapidement, il faudra faire davantage pour que cet engagement privilégié se transforme en cause commune et que la volonté politique évolue vers un impératif économique (Figure 9.3).

Sur la base des nombreuses données probantes présentées dans ce rapport, le temps est certainement venu de transformer l'engagement privilégié dans la nutrition en cause commune et de faire évoluer la volonté politique vers un impératif économique.

Figure 9.3 Appel à l'action

Sur la base des nombreuses données probantes présentées dans ce rapport, le temps est certainement venu de transformer l'engagement privilégié dans la nutrition en cause commune et de faire évoluer la volonté politique vers un impératif économique.

Note

1. Voir encadré 1.2 au Chapitre 1 pour plus de renseignements sur *Power of Nutrition* et le Mécanisme de Financement Mondial en soutien à chaque femme et chaque enfant.

Références

AIE (Agence Internationale de l'Énergie). 2014. Perspectives énergétiques mondiales 2014. Paris : AIE. http://www.worldenergyoutlook.org/weo2014/.

ANSD (Agence Nationale de la Statistique et de la Démographie) [Sénégal] et ICF International. 2012. Enquête Démographique et de Santé, et Enquêtes et Enquête en grappe à Indicateurs Multiples (EDS-MICS) 2010–2011. Calverton, Maryland, ÉU : Agence Nationale de la Statistique et ICF International.

———. 2015. Sénégal : Enquête Démographique et de Santé Continue (EDS continue 2012–14), Rapport Régional. Calverton, Maryland, USA : Agence Nationale de la Statistique et de la Démographie et ICF International.

Banque mondiale. 2015. *Indicateurs du développement dans le monde* (base de données). http://data.worldbank.org/data-catalog/world-development-indicators (accès en 2015).

———. 2016a. Incentivizing Nutrition: Incentive Mechanisms to Accelerate improved Nutrition Outcomes. Washington, DC : Banque mondiale.

———. 2016b. *Indicateurs du développement dans le monde* (base de données). http://data.worldbank.org/data-catalog/world-development-indicators (consulté en juin 2016).

Global Planet (Global Panel on Agriculture and Food Systems for Nutrition). 2016. The Cost of Malnutrition. Why Policy Action Is Urgent. Londres, RU: Global Panel on Agriculture and Food Systems for Nutrition.

Hoddinott, J., H. Alderman, J. R. Behrman, L. Haddad, et S. Horton. 2013. « The Economic Rationale for Investing in Stunting Reduction. » *Maternal and Child Nutrition* 9 (Suppl. 2) : 69–82.

Horton, S., H. Alderman, et J. Rivera. 2008. *Hunger and Malnutrition*. Copenhaguen Consensus 2008 : Malnutrition and Hunger. http://www.copenhagen consensus.com /sites/default/files/CP_Malnutrition_and_Hunger_-_Horton.pdf.

IFPRI (Institut International de Recherche sur les Politiques Alimentaires). 2015. Rapport 2015 sur la nutrition mondiale : mesures et redevabilité en vue d'accélérer les progrès mondiaux en matière de nutrition et de développement durable. Washington, DC. http://dx.doi.org/10.2499/9780896298835.

Imdad, A., K. Herzer, E. Mayo-Wilson, M. Y. Yakoob, et Z. A. Bhutta. 2010. «Supplémentation en vitamine A pour prévenir la maladie et la mort chez les enfants âgés de 6 mois à 5 ans.» *Cochrane Database of Systematic Reviews* 12 (CD008524).

INEI (Instituto National de Estadistica e Informatica). 2015. Indicadores de Resultados de los Programas Estratégicos, 2007–2014. Lima, Pérou : INEI.

Institut National de nutrition du Vietnam, UNICEF (Fonds des Nations Unies pour l'Enfance), Alive & Thrive 2014. *Nutrition surveillance profiles* 2013. Hanoi, Vietnam.

OCDE (Organisation de coopération et de développement économiques). 2016. Base de données statistiques OCDE http://stats.oecd.org/ (consulté en 2016).

OMS (Organisation mondiale de la Santé). 2008. Prévalence de l'anémie dans le monde 1993–2005 : Organisation mondiale de la Santé, Base de données sur l'anémie. Genève : OMS. http://apps.who.int/iris/bitstream/10665/43894/1/9789241596657_eng.pdf.

———. 2014a. Plan d'application exhaustif concernant la nutrition chez la mère, le nourrisson et le jeune enfant. Genève : OMS.

———. 2014b. Global Nutrition Targets 2025: Anaemia Policy Brief. Genève : OMS.

———. 2014c. *Global Nutrition Targets 2025: Wasting Policy Brief.* http://www.who.int /nutrition/topics/globaltargets_wasting_policybrief.pdf

OMS, PAM, UNSCN, et UNICEF (Organisation mondiale de la Santé, Programme alimentaire mondial, Comité permanent de la nutrition du Système des Nations Unies, Fonds des Nations Unies pour l'enfance). 2007. *Gestion communautaire de la malnutrition aiguë.* Déclaration commune de l'Organisation mondiale de la Santé, du Programme alimentaire mondial, du Comité permanent de la nutrition du Système des Nations Unies et du Fonds des Nations Unies pour l'enfance.

ONUSIDA (Programme commun des Nations Unies sur le VIH/SIDA). 2013. *Rapport mondial : Rapport «ONUSIDA sur l'épidémie mondiale de sida 2013.* Genève : ONUSIDA.

Potter, G. 2014. « *Agricultural Subsidies Remain a Staple in the Industrial World.* » *Vitalsigns,* février 2014. Washington DC : World Watch Institute. Http://Vitalsigns.Worldwatch .Org/Vs-Trend/Agricultural-Subsidies-Remain-Staple-Industrial-World

Programme d'Enquêtes démographiques et de santé. 2016. *StatCompiler* (BETA) : Programme Enquêtes démographiques et de santé (base de données). *USAID.* Consulté en ligne en juin 2016. http://beta.statcompiler.com/.

Puett, C., K. Sadler, H. Alderman, J. Coates, J. L. Fiedler, et M. Myatt. 2013. « Cost-Effectiveness of the Community-Based Management of Severe Acute Malnutrition by Community Health Workers in Southern Bangladesh » *Health Policy and Planning,* 28 (4) : 386–99.

Stevens, G. A., M. M. Finucane, L. M. De-Regil, C. J. Paciorek, S. R. Flaxman, F. Branca, J. P. Peña-Rosas, Z. A. Bhutta, et M. Ezzati. 2013. « Global, Regional, and National Trends in Hemoglobin Concentration and Prevalence of Total and Severe Anemia in Children and Pregnant and Non-Pregnant Women for 1995–2011 : A Systematic Analysis of Population-Representative Data » *The Lancet Global Health Blog.* 1 (1): e16-e25.

UNICEF (Fonds des Nations Unies pour l'enfance). 2007. Supplémentation en vitamine A : Une décennie de progrès. New York: UNICEF.

———. 2015. *Costing of Kenya High Impact Nutrition Intervention.* Rapport de référence. Nairobi, Kenya : Bureau UNICEF Kenya.

UNICEF, Organisation mondiale de la Santé, et Banque mondiale (Fonds des Nations Unies pour l'enfance, Organisation mondiale de la Santé, et la Banque mondiale). 2015. *Joint Child Malnutrition Estimates: Levels and Trends.* Base de données mondiale sur la croissance et la malnutrition des enfants. http://www.who.int/nutgrowthdb /estimates2014/en/ (consulté en octobre 2015).

Victora, C., R. Bahl, A. Barros, G. V. A. França, S. Horton, J. Krasevec, S. Murch, M. J. Sankar, N. Walker, et N. C. Rollins. 2016. *«Breastfeeding in the 21st Century: Epidemiology, Mechanisms and Lifelong Effect.»* The Lancet 387 (10017) : 475–90.

Membres du Groupe technique consultatif (GTC)

Le Groupe Technique Consultatif (GTC) s'est réuni à quatre reprises (les 19 mars 2015 ; 10 juin 2015 ; 7 octobre 2015 ; et 22 février 2016) pour conseiller l'équipe de recherche (tableau A.1).

La dernière réunion du GTC a pris la forme d'un atelier d'un jour, qui s'est tenu à Washington, DC, pour examiner et discuter de l'ensemble des résultats. Les personnes suivantes ont participé à cette réunion : Daniel Arias (Results for Development Institute), Hugh Bagnall-Oakeley (Save the Children), Ammad Bahalim (Global Health Visions), Nora Coghlan (Fondation Bill & Melinda Gates), Helen Connolly (American Institutes for Research), Mary Rose D'Alimonte (Results for Development Institute), Julia Dayton Eberwein (Groupe de la Banque mondiale), Luz Maria De-Regil (Micronutriments Initiative), Kaia Engesveen (Organisation mondiale de la Santé), Robert Hecht (Results for Development Institute), Augustin Flory (Children's Investment Fund Foundation), Patrizia Fracassi (Secrétariat du Mouvement Scaling Up Nutrition, Programme des Nations Unies pour le développement), Kate Goertzen (1,000 Days), Robert Greener (Oxford Policy Management), Saul Guerrero (Action Contre la Faim), Stephanie Heung (Results for Development Institute), Jakub Kakietek (Groupe de la Banque mondiale), Priyanka Kanth (Groupe de la Banque mondiale), David Laborde (Institut International de Recherche sur les Politiques Alimentaires/IFPRI), Ferew Lemma (Ministère de la Santé, Éthiopie), Kedar Mankad (Campagne ONE), Alyson McColl (GMMB), Setra Mutuma (Action Contre la Faim), Obey Nkya (Bureau du Premier Ministre, Tanzanie), Kelechi Ohiri (Ministère de la Santé, Nigéria), Clara Picanyol (Oxford Policy Management), Ameta Pomeroy-Stevens (John Snow, Inc.), Danielle Porfido (1,000 Days), Kate Pritchard (GMMB), Ellen Piwoz (Fondation Bill & Melinda Gates), Hilary Rogers (Results for Development Institute), Meera Shekar (Groupe de la Banque mondiale), Shan Soe-Lin (Results for Development Institute), Lucy Sullivan (1,000 Days), Dylan Walters (Groupe de la Banque mondiale), Neil Watkins (Fondation Bill & Melinda Gates), et William Winfrey (Avenir Health).

Tableau A.1 Membres du groupe technique consultatif

Nom	Organisme
Victor Aguayo	UNICEF
Obey Assery-Nkya	Bureau du Premier Ministre, Tanzanie
Robert Black	Université Johns Hopkins
Hugh Bagnall-Oakley	Save the Children
Helen Connolly	American Institutes for Research
Luz Maria De-Regil	Micronutriments Initiative
Kaia Engesveen	Organisation mondiale de la Santé
Augustin Flory	Children's Investment Fund Foundation
Patrizia Fracassi	Secrétariat, Scaling Up Nutrition, Programme de développement des Nations Unies
Robert Greener	Oxford Policy Management
Saul Guerrero	Action Contre la Faim
Lawrence Haddad	Institut International de Recherche sur les Politiques Alimentaires
Rebecca Heidcamp	Université Johns Hopkins
Sue Horton	Université de Waterloo
David Laborde	Institut International de Recherche sur les Politiques Alimentaires
Ferew Lemma	Ministère de la Santé, Éthiopie
Kedar Mankad	Campagne ONE
Saul Morris	Children's Investment Fund Foundation
Setra Mutuma	Action Contre la Faim, Royaume-Uni
Obey Assery-Nkya	Bureau du Premier Ministre, Tanzanie
Kelechi Ohiri	Ministère de la Santé, Nigéria
Anne Peniston	USAID
Clara Picanyol	Oxford Policy Management
Ellen Piwoz	Fondation Bill & Melinda Gates
Ameta Pomeroy-Stevens	John Snow, Inc.
William Winfrey	Avenir Health

Taux de couverture de référence des interventions, par cible

Dans cette Annexe, les tableaux présentent le pourcentage de la population qui serait couverte par les interventions pertinentes, et ce, pour les quatre cibles : retard de croissance, anémie, allaitement maternel, et émaciation. Les références détaillées sur les sources des données sont fournies dans la section Références, à la fin de l'Annexe.

Tableau B.1 Cible en matière de Retard de croissance : pourcentage de population cible couverte par les interventions pertinentes au cours de l'année de référence, par pays

Pays	Prévalence du retard de croissance	Apport supplémentaire en vitamine A chez l'enfant	Éducation sur l'alimentation complémentaire	Distribution publique d'aliments complémentaires chez l'enfant	Conseils sur la nutrition du nourrisson et du jeune enfant	Apport supplémentaire de micronutriments pendant la grossesse	Apport de suppléments protéino-énergétiques équilibrés chez la femme enceinte	Traitement présomptif intermittent du paludisme pendant la grossesse dans les régions à endémie palustre	Apport supplémentaire de zinc à des fins prophylactiques chez l'enfant
					Intervention				
Bénin	34,0	48,6	32,2	32,2	40,4	0,0	0,0	15,6	0,0
Bangladesh	36,1	59,5	20,9	20,9	61,0	0,0	0,0	n.a.	0,0
Burundi	57,5	80,7	74,0	74,0	72,5	0,0	0,0	0,0	0,0
Cambodge	32,4	70,9	24,0	24,0	71,4	0,0	0,0	n.a.	0,0
Centrafrique Rép.	40,7	78,0	25,2	25,2	19,8	0,0	0,0	90,0	0,0
Chine	9,4	0,0	40,7	40,7	51,0	0,0	0,0	n.a.	0,0
Congo RDC	42,6	70,4	21,5	21,5	31,9	0,0	0,0	42,6	0,0
Égypte	22,3	16,7	41,4	41,4	49,6	0,0	0,0	n.a.	0,0
Érythrée	50,3	38,0	42,5	42,5	25,8	0,0	0,0	0,0	0,0
Éthiopie	40,4	53,1	22,4	22,4	49,8	0,0	0,0	0,0	0,0
Guatemala	48,0	41,7	75,9	75,9	35,3	0,0	0,0	n.a.	0,0
Inde	38,7	18,1	20,7	20,7	44,2	0,0	0,0	n.a.	0,0
Indonésie	36,4	61,1	41,2	41,2	40,1	0,0	0,0	n.a.	0,0
Kenya	26,0	30,3	38,5	38,5	29,6	0,0	0,0	41,2	0,0
RDP Laos	43,8	59,1	34,4	34,4	25,9	0,0	0,0	n.a.	0,0

suite page suivante

Tableau B.1 Cible en matière de Retard de croissance : pourcentage de population cible couverte par les interventions pertinentes au cours de l'année de référence, par pays *(continue)*

Pays	Prévalence du retard de croissance	Intervention							
		Apport supplémentaire en vitamine A chez l'enfant	Éducation sur l'alimentation complémentaire	Distribution publique d'aliments complémentaires chez l'enfant	Conseils sur la nutrition du nourrisson et du jeune enfant	Apport supplémentaire de micronutriments pendant la grossesse	Apport de suppléments protéino-énergétiques équilibrés chez la femme enceinte	Traitement présomptif intermittent du paludisme pendant la grossesse dans les régions à endémie palustre	Apport supplémentaire de zinc à des fins prophylactiques chez l'enfant
Libéria	32,1	60,2	24,5	24,5	27,7	0,0	0,0	63,2	0,0
Madagascar	49,2	72,7	2,7	2,7	48,8	0,0	0,0	71,1	0,0
Malawi	42,4	85,6	18,5	18,5	68,2	0,0	0,0	53,8	0,0
Mexique	13,6	63,0	40,7	40,7	14,7	0,0	0,0	n.a.	0,0
Mozambique	43,1	70,6	83,6	83,6	39,0	0,0	0,0	18,6	0,0
Myanmar Birmanie	35,1	86,0	41,0	41,0	3,0	0,0	0,0	n.a.	0,0
Népal	40,5	90,4	57,1	57,1	68,0	0,0	0,0	n.a.	0,0
Niger	40,0	59,6	62,1	62,1	21,7	0,0	0,0	34,8	0,0
Nigéria	0,4	41,3	30,2	30,2	11,5	0,0	0,0	33,7	0,0
Pakistan	45,0	72,1	36,3	36,3	36,4	0,0	0,0	n.a.	0,0
Papouasie-Nouvelle-Guinée	49,5	15,0	57,1	57,1	35,6	0,0	0,0	n.a.	0,0
Philippines	30,3	85,2	55,0	55,0	31,0	0,0	0,0	n.a.	0,0
Rwanda	37,9	92,9	16,8	16,8	83,3	0,0	0,0	72,2	0,0

suite page suivante

Tableau B.1 Cible en matière de Retard de croissance : pourcentage de population cible couverte par les interventions pertinentes au cours de l'année de référence, par pays (continue)

Pays	Prévalence du retard de croissance	Intervention							
		Apport supplémentaire en vitamine A chez l'enfant	Éducation sur l'alimentation complémentaire	Distribution publique d'aliments complémentaires chez l'enfant	Conseils sur la nutrition du nourrisson et du jeune enfant	Apport supplémentaire de micronutriments pendant la grossesse	Apport de suppléments protéino-énergétiques équilibrés chez la femme enceinte	Traitement présomptif intermittent du paludisme pendant la grossesse dans les régions à endémie palustre	Apport supplémentaire de zinc à des fins prophylactiques chez l'enfant
Sierra Leone	37,9	83,2	22,7	22,7	8,7	0,0	0,0	27,5	0,0
Somalie	25,9	62,0	11,0	11,0	8,0	0,0	0,0	9,0	0,0
Soudan	38,2	60,5	49,4	49,4	6,0	0,0	0,0	0,0	0,0
Tanzanie	34,7	60,8	21,3	21,3	45,1	0,0	0,0	26,3	0,0
Timor oriental	57,7	50,7	0,0	0,0	0,0	0,0	0,0	n.a.	0,0
Ouganda	34,2	56,8	23,8	23,8	67,2	0,0	0,0	24,5	0,0
Vietnam[a]	19,4	78,8	41,8	41,8	16,0	0,0	0,0	n.a.	0,0
Yémen	46,6	11,0	76,3	76,3	7,6	0,0	0,0	n.a.	0,0
Zambie	40,0	76,5	37,3	37,3	56,0	0,0	0,0	70,2	0,0

Sources : Apport supplémentaire de vitamine A chez l'enfant : la plupart des Enquêtes Démographiques et de Santé (EDS) récentes, réalisées entre 2002 et 2014 (mai 2015), à l'exception des cas suivants : Enquête en grappes à indicateurs multiples (MICS) en Afghanistan, en République centrafricaine, au Myanmar, en Somalie, et au Soudan entre 2006 et 2012, et FANTA (2014) au Guatemala. Conseil sur la nutrition du nourrisson et du jeune enfant, distribution publique d'aliments complémentaires chez l'enfant, politiques sociales pro-allaitement maternel, et traitement présomptif intermittent du paludisme pendant la grossesse dans les régions à endémie palustre : estimations de couverture par défaut tirées de l'outil LiST. Aucune donnée n'était disponible sur l'apport supplémentaire de micronutriments pendant la grossesse, l'apport de suppléments protéino-énergétiques équilibrés chez la femme enceinte, ou l'apport supplémentaire de zinc à des fins thérapeutiques.

Note : n.a. = non applicable.

a. Au moment de l'analyse, la prévalence rapportée du retard de croissance au Vietnam s'élevait à 19,4. Dans UNICEF, OMS et Banque mondiale 2015. Toutefois, elle a ultérieurement été corrigée à 25,9 tel qu'indiqué dans UNICEF, OMS et Banque mondiale 2016.

Tableau B.2 Cible en matière d'anémie : pourcentage de population cible couverte par les interventions pertinentes au cours de l'année de référence, par pays

Pays	Prévalence de l'anémie (%)		Couverture de référence (%)			Couverture de référence des denrées enrichies (%)			Taux consommation maximum atteignable (%)		
	Femmes non enceintes âgées de 15 à 49 ans	Femmes enceintes	Apport supplémentaire de fer et d'acide folique chez la femme non enceinte	Apport supplémentaire de micronutriments Pendant la grossesse	Traitement présomptif intermittent du paludisme pendant la grossesse dans les régions à endémie palustre	Farine de blé enrichie	Farine de maïs enrichie	Riz enrichi	Farine de blé enrichie	Farine de maïs enrichie	Riz enrichi
Bangladesh	43,5	48,0	0,0	0,0	n.a.	0,0	0,0	0,0	50,0	0,0	75,0
Brésil	19,6	32,0	0,0	0,0	n.a.	50,0	0,0	0,0	75,0	0,0	25,0
Chine	19,5	22,0	0,0	0,0	n.a.	0,0	0,0	0,0	25,0	0,0	50,0
Congo RDC	49,0	49,0	0,0	4,7	14,0	25,0	0,0	0,0	50,0	50,0	0,0
Congo, Rép.	50,7	49,0	0,0	42,9	22,0	50,0	0,0	0,0	50,0	0,0	25,0
Égypte	34,5	30,0	0,0	36,1	n.a.	50,0	0,0	0,0	50,0	50,0	25,0
Éthiopie	19,2	23,0	0,0	0,0	0,0	0,0	0,0	0,0	50,0	25,0	0,0
Gabon	50,8	60,0	0,0	56,8	3,0	0,0	0,0	0,0	75,0	25,0	50,0
Ghana	56,4	62,0	0,0	59,4	67,0	50,0	0,0	0,0	25,0	25,0	50,0
Inde	48,1	54,0	0,0	23,0	n.a.	0,0	0,0	0,0	25,0	0,0	25,0
Indonésie	22,5	30,0	0,0	30,0	n.a.	50,0	0,0	0,0	75,0	25,0	75,0
Iran, Rép. isl.	28,1	26,0	0,0	0,0	n.a.	50,0	0,0	0,0	75,0	0,0	25,0
Mali	56,2	61,0	0,0	18,3	20,0	50,0	0,0	0,0	25,0	50,0	75,0
Mexique	14,4	21,0	0,0	0,0	n.a.	50,0	0,0	0,0	75,0	75,0	0,0
Myanmar	30,3	33,0	0,0	0,0	n.a.	0,0	0,0	0,0	0,0	0,0	75,0
Nigéria	48,5	58,0	0,0	21,0	15,0	50,0	50,0	50,0	0,0	50,0	25,0

suite page suivante

233

Tableau B.2 Cible en matière d'anémie : pourcentage de population cible couverte par les interventions pertinentes au cours de l'année de référence, par pays *(continue)*

Pays	Prévalence de l'anémie (%)		Couverture de référence (%)			Couverture de référence des denrées enrichies (%)			Taux consommation maximum atteignable (%)		
	Femmes non enceintes âgées de 15 à 49 ans	Femmes enceintes	Apport supplémentaire de fer et d'acide folique chez la femme non enceinte	Apport supplémentaire de micronutriments Pendant la grossesse	Traitement présomptif intermittent du paludisme pendant la grossesse dans les régions à endémie palustre	Farine de blé enrichie	Farine de maïs enrichie	Riz enrichi	Farine de blé enrichie	Farine de maïs enrichie	Riz enrichi
Pakistan	51,1	50,0	0,0	22,1	n.a.	0,0	0,0	0,0	50,0	0,0	0,0
Philippines	25,4	32,0	0,0	47,0	n.a.	50,0	0,0	0,0	25,0	25,0	75,0
Sénégal	57,5	63,0	0,0	50,0	43,0	50,0	0,0	0,0	25,0	25,0	50,0
Afrique du Sud	27,6	30,0	0,0	11,2	n.a.	50,0	50,0	50,0	50,0	75,0	25,0
Tanzanie	39,6	61,0	0,0	3,5	33,0	50,0	50,0	50,0	25,0	75,0	25,0
Thaïlande	23,8	30,0	0,0	0,0	n.a.	0,0	0,0	0,0	0,0	0,0	75,0
Togo	52,7	58,0	0,0	37,1	44,0	50,0	0,0	0,0	25,0	75,0	25,0
Turquie	28,8	28,0	0,0	0,0	n.a.	0,0	0,0	0,0	75,0	25,0	0,0
Ouzbékistan	51,7	35,0	0,0	0,0	n.a.	50,0	0,0	0,0	75,0	0,0	0,0
Vietnam	14,1	23,0	0,0	0,0	n.a.	0,0	0,0	0,0	25,0	25,0	75,0

Sources : La prévalence de l'anémie chez la femme enceinte et non enceinte a été tirée de Stevens *et al.* 2013. À défaut de données, l'apport supplémentaire de fer et d'acide folique a été présumé être de 0 pour cent. Couverture prénatale en micronutriments : pour la prévention de l'anémie, la couverture de la supplémentation en fer (90 comprimés et plus pendant la grossesse) des Enquêtes Démographiques et de Santé (EDS) et des Enquêtes en grappes à indicateur multiple (MICS), a servi de mesure indirecte en remplacement de la couverture en micronutriments. Traitement présomptif intermittent du paludisme pendant la grossesse dans les régions à endémie palustre : données des enquêtes EDS et MICS. Couverture de référence de l'enrichissement des denrées de base (blé, maïs et riz) déterminée à partir de l'état de la législation existante sur les aliments enrichis dans les pays concernés. Un taux de 0 pour cent est présumé pour toute législation en voie de planification, un taux de 25 pour cent en présence d'une adhésion volontaire, et de 50 pour cent en présence d'une loi ayant décrété l'enrichissement obligatoire. Ces données ont été tirées de la Global Alliance for Improved Nutrition (GAIN) et de la Food Fortification Initiative (FFI) (Ghauri *et al.* 2016 ; Pachon 2016). Le taux maximal de consommation atteignable a été estimé sur la base du taux actuel de consommation ou de la demande pour ce type de denrée enrichie dans chaque pays, ou encore sur la base d'un taux maximal de couverture des denrées enrichies réalisable, puisque ces aliments ne sont pas tous consommés partout (Ghauri *et al.* 2016 ; Pachon 2016).

Note : n.a. = non applicable.

Tableau B.3 Cible en matière d'allaitement maternel : pourcentage de population cible couverte par les interventions pertinentes au cours de l'année de référence, par pays

Pays	Prévalence de l'allaitement maternel exclusif (0–5 mois)	Couverture de référence, conseil sur la nutrition du nourrisson et du jeune enfant	Couverture effective du congé de maternité avec prestations en espèces
Algérie	25,7	21,0	3,2
Bangladesh	55,3	61,0	12,1
Brésil	38,6	27,4	29,1
Tchad	3,4	40,3	2,9
Chine	27,6	11,5	13,4
Congo RDC	47,6	44,2	3,2
Côte d'Ivoire	12,1	3,4	2,4
Djibouti	1,3	1,4	1,6
Égypte	39,7	49,6	11,6
Éthiopie	52,0	49,8	3,5
Gabon	6,0	4,5	53,4
Inde	65,0	44,2	1,2
Indonésie	41,5	40,1	2,3
Iraq	19,6	16,0	0,7
Mexique	14,4	14,7	9,5
Myanmar	23,6	3,0	3,4
Nigéria	17,4	16,9	2,2
Pakistan	37,7	36,4	1,1
Philippines	34,0	31,0	39,6
République dominicaine	4,7	5,9	10,8
Somalie	5,3	8,8	1,7
Surinam	2,8	0,8	8,5
Tanzanie	41,1	45,1	4,0
Tunisie	8,5	5,9	12,3
Turquie	30,1	17,0	14,4
Vietnam	24,3	15,7	15,3
Yémen	10,3	7,6	5,3

Sources : Les taux d'allaitement maternel exclusif ont été basés sur les données du Global Nutrition Tracker de l'Organisation mondiale de la Santé (OMS)/UNICEF (WHO 2015), sauf dans le cas de l'Inde où le taux a été basé sur les résultats d'une *Enquête Rapide sur les Résultats chez les Enfants* qui date de fin 2015 (Ministère du Développement de la Femme et de l'Enfant, Gouvernement de l'Inde, 2015). Le taux de référence du conseil sur la nutrition a été basé sur les taux par défaut établis par LiST, qui reposent sur les résultats les données EDS relatives au taux d'allaitement maternel exclusif du nourrisson entre 1 et 5 mois. La couverture des congés de maternité avec prestations monétaires a été tirée des estimations de la couverture réelle de l'Organisation Internationale du Travail (OIT, 2015). Prière de consulter les informations détaillées au Chapitre 5.

Tableau B.4 Cible en matière d'émaciation : pourcentage de population cible couverte par les interventions pertinentes au cours de l'année de référence, par pays

Pays	Région	Pourcentage de la population cible couverte par le traitement ambulatoire de la malnutrition aiguë sévère
Afghanistan	Asie du Sud	40,14
Bangladesh	Asie du Sud	61,00
Tchad	Afrique subsaharienne	22,95
Chine	Asie de l'Est et Pacifique	0,00
Djibouti	Afrique subsaharienne	0,00
Congo RDC	Afrique subsaharienne	40,69
Égypte	Moyen-Orient et Afrique du Nord	0,00
Érythrée	Afrique subsaharienne	0,00
Éthiopie	Afrique subsaharienne	0,00
Inde	Asie du Sud	12,20
Indonésie	Asie de l'Est et Pacifique	0,00
Iraq	Moyen-Orient et Afrique du Nord	0,00
Mali	Afrique subsaharienne	31,18
Myanmar	Asie de l'Est et Pacifique	40,70
Niger	Afrique subsaharienne	36,16
Nigéria	Afrique subsaharienne	61,17
Pakistan	Asie du Sud	52,23
Philippines	Asie de l'Est et Pacifique	33,00
Soudan du Sud	Afrique subsaharienne	31,14
Sri Lanka	Asie du Sud	0,00
Soudan	Afrique subsaharienne	63,77
Timor oriental	Asie de l'Est et Pacifique	0,00
Vietnam	Asie de l'Est et Pacifique	0,00
Yémen	Moyen-Orient et Afrique du Nord	61,60

Sources : Il n'y a actuellement aucune estimation de la couverture du traitement de la malnutrition aiguë sévère chez l'enfant. Pour identifier la couverture de référence, l'analyse s'est appuyée sur les données du Réseau de surveillance de la couverture sur le pourcentage d'enfants qui souffrent d'émaciation sévère à l'échelle infranationale (par exemple, dans les districts) dans différents pays. Cette base de données s'appuie sur les renseignements recueillis par des organismes qui mettent en œuvre des programmes dans zones géographiques infranationales spécifiques. Dans les pays où les données étaient uniquement disponibles pour une seule région, celles-ci ont été utilisées pour extrapoler la couverture nationale. Dans les pays où les données étaient disponibles pour plusieurs régions, une moyenne pondérée en fonction de la population a servi à l'estimation de la couverture nationale. Il faut souligner qu'il est fort possible que cette approche surestime la couverture actuelle du traitement. Dans les pays où aucune donnée n'était disponible, la couverture actuelle du traitement est évaluée à zéro.

Références

Réseau de surveillance de la couverture (base de données CMN). http://www.coverage-monitoring.org/ (consultée en 2015).

Enquêtes démographiques et de Santé (EDS). Programme EDS. http://dhsprogram.com/(consulté en 2015).

FANTA (Food and Technical Assitance III Project). 2014. Guatemala: Costeo de intervenciones de nutrición en el Primer y Segundo Nivel de atención en el Marco del Convenio de Gestión por Resultados entre el Minfín y el MSPAS. Guatemala City, Guatemala : Gouvernement du Guatemala. http://icefi.org/publicaciones/guatemala-costeo-de-intervenciones-de-nutricion-en-el-primer-y-segundo-nivel-de

Ghauri, K., S. Horton, R. Spohrer, et G. Garrett. 2016. *Food Fortification Cost Model*. Document non publié. Washington, DC : Alliance mondiale pour l'amélioration de la nutrition (GAIN).

Organisation Internationale du Travail (OIT). 2015. *Base de données statistiques* de l'Organisation Internationale de Travail (OITSTAT) (consultée le 2 mai, 2015). http://www.ilo.org/ilostat/faces/home/statisticaldata?_afrLoop=39430847112133#pour cent40pour cent3F_afrLooppour cent3D39430847112133pour cent26_adf.ctrl-statepour cent3Dbakdhzsnf_4

Ministère du Développement de la Femme et de l'enfant de l'Inde, UNICEF. 2015. *Enquête Rapide sur les Résultats chez les Enfants (RSOC) 2013-2014: Rapport national*. New Delhi. http://wcd.nic.in/sites/default/files/RSOCpour cent20Nationalpour cent20Report pour cent202013-14pour cent20Final.pdf

LiST (Outil des vies sauvées), logiciel *LiST,* http://livessavedtool.org/ (consulté en 2015), Baltimore, MD, *Johns Hopkins Bloomberg School of Public Health.*

Enquête en grappe à indicateurs multiples (MICS). Base de données du Fond des Nations Unies pour l'Enfance (UNICEF). http://www.unicef.org/statistics/index_24302.html (consultée en 2015).

Pachon, H. 2016. *Food fortification coverage data*. Données non publiées sur la couverture des denrées enrichies. Atlanta : Food Fortification Initiative.

Stevens, G. A., M. M. Finucane, L. M. De-Regil, C. J. Paciorek, S. R. Flaxman, F. Branca, J. P. Peña-Rosas, Z. A. Bhutta, et M. Ezzati. 2013. "Global, Regional, and National Trends in Haemoglobin Concentration and Prevalence of Total and Severe Anaemia in Children and Pregnant and Non-Pregnant Women for 1995–2011: A Systematic Analysis of Population-Representative Data." *The Lancet Global Health*. 1(1) : e16—e25.

Organisation mondiale de la Santé (OMS). 2015. *Outil de suivi des cibles mondiales.* http://www.who.int/nutrition/trackingtool/en/ (consulté le 15 septembre, 2015).

Coûts unitaires des interventions et sources de données

Les tableaux insérés ici apportent des précisions sur les coûts unitaires de chaque paquet d'interventions proposé par cette étude, soit en matière de retard de croissance, d'anémie, d'allaitement maternel exclusif, et d'émaciation. Les références complètes sur les sources de données sont disponibles dans la section Références, à la fin de cette Annexe.

Tableau C.1 Coûts unitaires des interventions pour l'atteinte de la cible en matière de retard de croissance

Pays	Région	Coût unitaire utilisé par l'étude (2015 $ EU)*	Sources et hypothèses
Apport supplémentaire de vitamine A chez l'enfant			
Bénin, Niger	Afrique subsaharienne	0,37	Estimation du coût unitaire au Mali ; Shekar, Mattern, Eozenou *et al.* 2015
Burundi, République centrafricaine, Congo RDC, Rwanda	Afrique subsaharienne	0,55	Estimation du coût unitaire en République Démocratique du Congo ; Shekar *et al.* 2015
Érythrée, Éthiopie, Kenya, Somalie, Soudan, Tanzanie	Afrique subsaharienne	0,88	Estimation du coût unitaire au Kenya ; Dayton Eberwein *et al.* à paraître
Libéria, Nigéria, Sierra Leone	Afrique subsaharienne	0,44	Estimation du coût unitaire au Nigéria ; Shekar *et al.* 2014
Madagascar, Malawi, Mozambique, Zambie	Afrique subsaharienne	0,94	Estimation du coût unitaire en Zambie ; Shekar *et al.* 2015
Ouganda	Afrique subsaharienne	0,08	Shekar *et al.* 2015

suite page suivante

Tableau C.1 Coûts unitaires des interventions pour l'atteinte de la cible en matière de retard de croissance *(continue)*

Pays	Région	Coût unitaire utilisé par l'étude (2015 $ EU)*	Sources et hypothèses
Cambodge, Chine, République Démocratique du Laos, Myanmar, Vietnam	Asie de l'Est et Pacifique	0,03	Estimation du coût unitaire au Vietnam ; *Alive & Thrive* 2013
Indonésie, Papouasie-Nouvelle-Guinée, Timor Oriental	Asie de l'Est et Pacifique	0,03	Coût unitaire au Vietnam ; *Alive & Thrive* 2013
Philippines	Asie de l'Est et Pacifique	4,81	Neidecker-Gonzales, Nestel, Bouis 2007
Guatemala, Mexique	Amérique latine et Caraïbes	3,01	Coût unitaire au Guatemala ; Neidecker-Gonzales, Nestel, Bouis 2007
Égypte, Yémen	Moyen-Orient et Afrique du Nord	1,40	Coût unitaire moyen en Afrique multiplié selon le Multiplicateur régional OMS Choice (2,20), Horton *et al.* 2010
Bangladesh	Asie du Sud	0,04	Communication personnelle avec le Programme National de Nutrition, coût unitaire des prestations par le biais de campagnes bisannuelles (3,32 takas par enfant par année)
Inde, Pakistan	Asie du Sud	0,09	Coût unitaire en Inde ; *Micronutriments Initiative* 2006 (4,04 RS par enfant)
Népal	Asie du Sud	2,03	Neidecker-Gonzales, Nestel, Bouis 2007
Conseil sur la nutrition du nourrisson et du jeune enfant			
Bénin, Niger	Afrique subsaharienne	5,00	Coût unitaire au Mali ; Shekar *et al.* 2015 Mali
Burundi, République centrafricaine, Congo RDC, Rwanda	Afrique subsaharienne	5,00	Coût unitaire en République Démocratique du Congo ; Shekar *et al.* 2015
Érythrée, Éthiopie, Kenya, Somalie, Soudan, Tanzanie	Afrique subsaharienne	6,90	Coût unitaire au Kenya ; Dayton Eberwein *et al.*; à paraître.
Libéria, Nigéria, Sierra Leone	Afrique subsaharienne	5,00	Coût unitaire du Nigéria ; Shekar *et al.* 2014
Madagascar, Malawi, Mozambique, Ouganda, Zambie	Afrique subsaharienne	7,25	Coût unitaire en Zambie ; Shekar *et al.* 2015
Cambodge, Chine, Indonésie, RDP du Laos, Myanmar, Papouasie-Nouvelle-Guinée, Philippines, Timor oriental, Vietnam	Asie de l'Est et Pacifique	11,25	Coût unitaire au Vietnam ; *Alive & Thrive* 2013

suite page suivante

Tableau C.1 Coûts unitaires des interventions pour l'atteinte de la cible en matière de retard de croissance *(continue)*

Pays	Région	Coût unitaire utilisé par l'étude (2015 $ EU)*	Sources et hypothèses
Guatemala, Mexique	Amérique latine et Caraïbes	0,33	Coût unitaire au Guatemala pour la promotion de l'allaitement maternel et l'éducation sur l'alimentation complémentaire en établissement de santé primaire ; *FANTA* 2014
Égypte, Yémen	Moyen-Orient et Afrique du Nord	1,40	Coût unitaire moyen en Afrique multiplié selon le Multiplicateur régional OMS Choice (2,20) de Horton *et al.* 2010
Bangladesh, Inde, Népal, Pakistan	Asie du Sud	5,13	Menon, McDonald et Chakrabarti 2014 ; 7,47 $ par enfant de 6 à 12 mois, par an ; 2,8 $ par enfant de 12 à 24 mois par an ; en moyenne, 5,13 $ par enfant de 6 à 24 mois par an et 1,67 $ par femme enceinte avec enfant âgé de 0 à 6 mois, par an ; $1,76 par femme enceinte (en présumant que le nombre de grossesses est égal au nombre d'enfants 0–6 mois) ; en moyenne 3,43 $ par enfant âgé de 0 à 6 mois ; ajusté en fonction de l'inflation.

En plus des pays mentionnés plus haut et inclus à l'analyse du retard de croissance, les pays suivants ont été inclus à l'analyse de la cible relative à l'allaitement maternel

Tchad, Côte d'Ivoire	Afrique subsaharienne	5,00	Coût unitaire au Nigéria ; Shekar *et al.* 2014
Djibouti	Afrique subsaharienne	6,90	Coût unitaire au Kenya ; Dayton Eberwein *et al.* à paraître
Gabon	Afrique subsaharienne	7,25	Coût unitaire en Zambie ; Shekar *et al.* 2015
Turquie	Europe et Asie centrale	13,35	Coût unitaire moyen en Afrique multiplié selon le Multiplicateur régional OMS Choice (2,20) dans Horton *et al.* 2010
Surinam	Amérique latine et Caraïbes	0,70	Coût unitaire au Guatemala *FANTA* 2014
Brésil, République dominicaine	Amérique latine et Caraïbes	7,50	Coût unitaire mondial ; Horton 2010
Iraq	Moyen-Orient et Afrique du Nord	7,50	Coût unitaire mondial ; Horton 2010
Algérie, Tunisie	Moyen-Orient et Afrique du Nord	13,35	Coût unitaire moyen en Afrique multiplié selon le Multiplicateur régional OMS Choice (2,20), dans Horton *et al.* 2010

Distribution publique d'aliments complémentaires chez l'enfant

Burundi, République centrafricaine, Congo RDC, Rwanda	Afrique subsaharienne	40,25	Coût unitaire en République Démocratique du Congo ; Shekar *et al.* 2015
Érythrée, Éthiopie, Kenya, Somalie, Soudan, Tanzanie	Afrique subsaharienne	47,99	Coût unitaire au Kenya ; Dayton Eberwein *et al.* à paraître

suite page suivante

Tableau C.1 Coûts unitaires des interventions pour l'atteinte de la cible en matière de retard de croissance *(continue)*

Pays	Région	Coût unitaire utilisé par l'étude (2015 $ EU)*	Sources et hypothèses
Libéria, Nigéria, Sierra Leone	Afrique subsaharienne	51,10	Coût unitaire au Nigéria ; Shekar *et al.* 2014
Madagascar, Malawi, Mozambique, Zambie	Afrique subsaharienne	87,50	Coût unitaire en Zambie ; Shekar *et al.* 2015
Ouganda	Afrique subsaharienne	66,50	Shekar *et al.* 2015 Ouganda
Cambodge, Chine, Indonésie, République Démocratique du Laos, Myanmar, Papouasie-Nouvelle-Guinée, Timor oriental, Vietnam	Asie de l'Est et Pacifique	36,00	Coût unitaire en Indonésie ; communication personnelle avec le Ministère de la Santé (2015)
Philippines	Asie de l'Est et Pacifique	15,84	Communication personnelle avec le Ministère de la Santé (mai 2015) : mélange instantané riz et mongo/mélange riz et mongo au sésame (P : 6,00/paquet) ; âgé de 6 à 11 mois : 120 jours x P 6,00/paquet d'aliments complémentaires (AC) = P 720,00/enfant ; âgé de 12 à 23 mois : 88 jours (sur semaine) x P 6,00/paquet d'AC = P 528,00 ; coût moyen par enfant 15,84 $.
Guatemala, Mexique	Amérique latine et les Caraïbes	66,23	Coût unitaire moyen en Afrique multiplié selon le Multiplicateur régional OMS Choice (2,25), dans Horton *et al.* 2010
Égypte, Yémen	Moyen-Orient et Afrique du Nord	66,23	Coût unitaire moyen en Afrique multiplié selon le Multiplicateur régional OMS Choice (2,20), dans Horton *et al.* 2010
Bangladesh, Inde, Népal, Pakistan	Asie du Sud	29,03	Apport d'aliments complémentaires (AC) pour enfants 12–26 mois ; Menon, McDonald, et Chakrabarti 2016

Apport supplémentaire de zinc à des fins thérapeutiques chez l'enfant

Pays	Région	Coût unitaire utilisé par l'étude (2015 $ EU)*	Sources et hypothèses
Bénin, Burundi, République centrafricaine, Congo RDC, Érythrée, Éthiopie, Kenya, Libéria, Madagascar, Malawi, Mozambique, Niger, Nigéria, Rwanda, Sierra Leone, Somalie, Soudan, Tanzanie, Ouganda, Zambie	Afrique subsaharienne	4,61	Basé sur les coûts de l'apport supplémentaire de poudres de micronutriments (*Sprinkles*) pour enfants au Congo RDC (voir Shekar *et al.* 2015 DRC). Une boîte de 30 sachets de micronutriments « Sprinkles » coûte 0,86 $ et chaque enfant reçoit 120 sachets par an ; ajout 25 pour cent de plus en frais de ; 0,31 $ par enfant pour la distribution des kits alimentaires, l'identification des bénéficiaires, la création de structures de santé communautaires, et la supervision.

suite page suivante

Tableau C.1 Coûts unitaires des interventions pour l'atteinte de la cible en matière de retard de croissance *(continue)*

Pays	Région	Coût unitaire utilisé par l'étude (2015 $ EU)*	Sources et hypothèses
Cambodge, Chine, Indonésie, RDP du Laos, Myanmar, Papouasie-Nouvelle-Guinée, Philippines, Timor oriental, Vietnam	Asie de l'Est, Asie-Pacifique	4,61	Basé sur les coûts de l'apport supplémentaire de poudres de micronutriments (*Sprinkles*) pour enfants au Congo RDC (voir Shekar *et al.* 2015 RDC). Une boîte de 30 sachets de micronutriments « Sprinkles » coûte 0,86 $ et chaque enfant reçoit 120 sachets par an ; ajout 25 pour cent de plus en frais de ; 0,31 $ par enfant pour la distribution des kits alimentaires, l'identification des bénéficiaires, la création de structures de santé communautaires, et la supervision.
Guatemala, Mexique	Amérique latine et Caraïbes	6,19	Basé sur les coûts de l'apport supplémentaire de poudres de micronutriments (*Sprinkles*) pour enfants au Congo RDC (voir Shekar *et al.* 2015 DRC). Une boîte de 30 sachets de micronutriments « Sprinkles » coûte 0,86 $ et chaque enfant reçoit 120 sachets par an ; ajout 25 pour cent de plus en frais de ; 0,31 $ par enfant pour la distribution des kits alimentaires, l'identification des bénéficiaires, la création de structures de santé communautaires, et la supervision. Estimation du coût unitaire multiplié par le multiplicateur régional OMS *Choice* (2,35), dans Horton *et al.* 2010.
Égypte, Yémen	Moyen-Orient et Afrique du Nord	6,01	Basé sur les coûts de l'apport supplémentaire de poudres de micronutriments (*Sprinkles*) pour enfants au Congo RDC (voir Shekar *et al.* 2015 RDC). Une boîte de 30 sachets de micronutriments « Sprinkles » coûte 0,86 $ et chaque enfant reçoit 120 sachets par an ; ajout 25 pour cent de plus en frais de ; 0,31 $ par enfant pour la distribution des kits alimentaires, l'identification des bénéficiaires, la création de structures de santé communautaires, et la supervision. Estimation du coût unitaire multiplié par le multiplicateur régional OMS Choice (2,20) dans Horton *et al.* 2010.
Bangladesh, Inde, Népal, Pakistan	Asie du Sud	2,40	Basées sur les coûts de l'apport supplémentaire à domicile de poudres de micronutriments (« Sprinkles ») au Pakistan (Sharieff, Horton, Zlotkin 2006), adapté à 120 jours par an (un sachet par enfant par jour, 120 sachets par enfant par an) : inclut la production : 0,015 $ par sachet ; la distribution et les frais généraux : 0,005 $ par sachet ; coût total par sachet : 0,02 $.

suite page suivante

Tableau C.1 **Coûts unitaires des interventions pour l'atteinte de la cible en matière de retard de croissance** (continue)

Pays	Région	Coût unitaire utilisé par l'étude (2015 $ EU)*	Sources et hypothèses

Apport supplémentaire de micronutriments pendant la grossesse

Il n'y a actuellement aucun programme à l'échelle d'apport supplémentaire de micronutriments pendant la grossesse. Le coût unitaire reste donc approximatif et a été basé sur le coût unitaire de la distribution de suppléments de fer et d'acide folique puisqu'il avait été assumé que la plateforme de distribution serait la même (distribution durant les consultations pré et post natales). Le coût unitaire de l'apport supplémentaire de fer et d'acide folique au Kenya (Dayton Eberwein *et al.* à paraître) a été utilisé en remplaçant le fer et l'acide folique par le coût d'un supplément de 13 minéraux essentiels soit : rétinol (vitamine A) 800 ER ; vitamine E 10 mg ; vitamine D 200 Unités internationales (5 µg) ; vitamine B1 1,4 mg ; vitamine B2 1,4 mg ; niacine 18 mg ; vitamine B6 1,9 mg ; vitamine B12 2,6 µg ; acide folique 400 µg ; vitamine C 70 mg ; fer 30 mg (fumarate de fer ou sulfate ferreux) ; zinc 15 mg ; cuivre 2 mg ; sélénium 65 µg ; iode 150 µg. Le coût de l'apport supplémentaire a été tiré du catalogue des fournisseurs UNICEF, consulté en 2015 (UNICEF 2015). Le paquet coûtait 13,57 $ et chaque comprimé 0.01357 $. Par rapport aux frais de distribution des suppléments de fer et d'acide folique, le comprimé multi micronutriments a fait grimper le coût de 1,29 $ par femme enceinte. Il a été présumé qu'une augmentation semblable s'appliquerait à l'ensemble des pays inclus à l'échantillon (puisqu'il a été obtenu en substituant un intrant par un autre tout en maintenant la stabilité des autres coûts). Le coût de l'apport supplémentaire de micronutriments aux femmes enceintes a donc été calculé à partir du coût de l'apport supplémentaire de fer et d'acide folique, par pays, auquel on a ajouté 1,29 $, soit le coût associé à la substitution du fer et de l'acide folique par un supplément de micronutriments pendant la grossesse. Le tableau fait état des sources des coûts unitaires associés à l'apport supplémentaire de fer et d'acide folique.

Pays	Région	Coût unitaire (2015 $ EU)*	Sources et hypothèses
Bénin, Niger	Afrique subsaharienne	2,56	Coût unitaire au Mali ; Shekar *et al.* 2015
Burundi, République centrafricaine, Congo RDC, Rwanda	Afrique subsaharienne	3,29	Coût unitaire au Congo RDC ; Shekar *et al.* 2015
Érythrée, Éthiopie, Kenya, Somalie, Soudan, Tanzanie	Afrique subsaharienne	4,04	Coût unitaire au Kenya ; Dayton Eberwein *et al.* à paraître
Libéria, Nigéria, Sierra Leone	Afrique subsaharienne	3,08	Coût unitaire au Nigéria ; Shekar *et al.* 2014
Madagascar, Malawi, Mozambique, Zambie	Afrique subsaharienne	3,40	Coût unitaire en Zambie ; Shekar *et al.* 2015
Ouganda	Afrique subsaharienne	4,04	Shekar *et al.* 2015 Ouganda
Cambodge, Chine, Indonésie, RDP du Laos, Myanmar, Papouasie-Nouvelle-Guinée, Timor Leste, Vietnam	Asie de l'Est Pacifique	2,12	Coût unitaire au Vietnam ajusté pour l'apport supplémentaire de fer et d'acide folique ; Casey *et al.* 2011
Philippines	Asie de l'Est et Pacifique	3,54	Communication personnelle avec le Ministère de la Santé (mai 2015)
Guatemala, Mexique	Amérique latine et Caraïbes	7,55	Coût unitaire moyen en Afrique multiplié selon le Multiplicateur régional OMS Choice (2,35) d'Horton *et al.* 2010
Égypte, Yémen	Moyen-Orient et Afrique du Nord	7,07	Coût unitaire moyen en Afrique multiplié selon le Multiplicateur régional OMS Choice (2,20) dans Horton *et al.* 2010
Bangladesh	Asie du Sud	2,04	Communication personnelle avec le Ministère de la Santé et du Bien-Être familial (mai 2015)
Inde, Népal, Pakistan	Asie du Sud	1,80	Coût unitaire en Inde ; Menon, McDonald et Chakrabarti 2016

suite page suivante

Tableau C.1 Coûts unitaires des interventions pour l'atteinte de la cible en matière de retard de croissance *(continue)*

Pays	Région	Coût unitaire utilisé par l'étude (2015 $ EU)*	Sources et hypothèses
En plus des pays mentionnés plus haut et inclus à l'analyse du retard de croissance, les pays suivants ont été inclus à l'analyse de la cible relative à l'anémie :			
Ghana, Mali, Sénégal, Togo	Afrique subsaharienne	3,08	Coût unitaire au Nigéria ; Shekar *et al.* 2014
Congo RDC, Gabon	Afrique subsaharienne	3,29	Coût unitaire au Congo RDC ; Shekar *et al.* 2015
Afrique du Sud	Afrique subsaharienne	4,04	Coût unitaire au Kenya ; Dayton Eberwein *et al.*; à venir
Thaïlande	Asie de l'Est et Pacifique	2,12	Coût au Vietnam (données sur le coût unitaire de l'apport supplémentaire de fer et d'acide folique) ; Casey *et al.* 2011
Turquie, Ouzbékistan	Europe et Asie centrale	7,07	Moyenne en Afrique multipliée par le multiplicateur régional de 2,20, dans Horton *et al.* 2010
Brésil	Amérique latine et Caraïbes	7,55	Avec le multiplicateur régional de 2,35 d'Horton *et al.* 2010
République Islamique d'Iran	Moyen-Orient et Afrique du Nord	1,80	Coûts en Inde ; Menon, McDonald et Chakrabarti 2016
Apport de suppléments protéino-énergétiques pendant la grossesse			
Bénin, Burundi, Rép. Centrafricaine, Congo RDC, Érythrée, Éthiopie, Kenya, Libéria, Madagascar, Malawi, Mozambique, Niger, Nigéria, Rwanda, Sierra Leone, Somalie, Soudan, Tanzanie, Ouganda, Zambie	Afrique subsaharienne	25,00	Coût mondial ; Bhutta *et al.* 2013
Cambodge, Indonésie, RDP du Laos, Myanmar, Papouasie-Nouvelle-Guinée, Philippines, Timor oriental, Vietnam	Asie de l'Est et Pacifique	54,72	Coût unitaire en l'Indonésie ; communication personnelle avec le Ministère de la Santé (mai 2015)
Chine	Asie de l'Est et Pacifique	25,00	Coût mondial ; Bhutta *et al.* 2013
Guatemala, Mexique	Amérique latine et Caraïbes	25,00	Coût mondial ; Bhutta *et al.* 2013
Égypte, Yémen	Moyen-Orient et Afrique du Nord	25,00	Coût mondial ; Bhutta *et al.* 2013
Bangladesh, Inde, Népal, Pakistan	Asie du Sud	16,93	Coût unitaire en Inde ; Menon, McDonald, et Chakrabati 2016

suite page suivante

Tableau C.1 Coûts unitaires des interventions pour l'atteinte de la cible en matière de retard de croissance *(continue)*

Pays	Région	Coût unitaire utilisé par l'étude (2015 $ EU)*	Sources et hypothèses
Traitement présomptif intermittent du paludisme pendant la grossesse dans les régions à endémie palustre			
Bénin, Burundi, Rép. Centrafricaine, Congo RDC, Érythrée, Éthiopie, Kenya, Libéria, Madagascar, Malawi, Mozambique, Niger, Nigéria, Rwanda, Sierra Leone, Somalie, Soudan, Tanzanie, Ouganda, Zambie	Afrique subsaharienne	2,18	Coût mondial, White *et al.* 2011
En plus des pays mentionnés plus haut et inclus à l'analyse du retard de croissance, les pays suivants ont été inclus à l'analyse de la cible relative à l'anémie			
Rép. Congo, Gabon, Ghana, Mali, Sénégal, Afrique du Sud, Togo	Afrique subsaharienne	2,18	Coût mondial, White *et al.* 2011

* Tous les coûts unitaires tirés de la documentation ont été convertis en dollar ÉU et rajustés à leur valeur en 2015, en tenant compte de l'inflation ; μg = microgrammes ; DC = denrées complémentaires ; P = Peso philippin.

Tableau C.2 Coût unitaire des interventions pour l'atteinte de la cible en matière d'anémie

Apport supplémentaire de fer et d'acide folique chez la femme non enceinte		Coût unitaire utilisé par l'étude (2015 $ EU)			
Pays	Région	Distribution en milieu scolaire + supplément	Distribution à travers le système de santé communautaire + supplément	Distribution à travers le système hospitalier/ clinique + supplément	Distribution des suppléments à travers les détaillants privés + majoration
Bangladesh	Asie du Sud	0,46	0,22	1,49	0,24
Brésil	Amérique latine et Caraïbes	0,63	0,35	2,28	0,24
Chine	Asie de l'Est et Pacifique	0,63	1,60	2,07	0,24
Congo RDC	Afrique subsaharienne	0,46	0,21	1,78	0,24
Congo, Rép.	Afrique subsaharienne	0,46	0,21	1,78	0,24
Égypte	Moyen-Orient et Afrique du Nord	0,63	0,44	0,54	0,24
Éthiopie	Afrique subsaharienne	0,46	0,21	1,78	0,24
Gabon	Afrique subsaharienne	0,46	0,21	1,80	0,24
Ghana	Afrique subsaharienne	0,46	0,21	1,80	0,24
Inde	Asie du Sud	0,46	0,22	1,49	0,24
Indonésie	Asie de l'Est et Pacifique	0,63	0,28	1,11	0,24
Iran, Rép. isl.	Moyen-Orient et Afrique du Nord	0,63	1,01	5,54	0,24

suite page suivante

Tableau C.2 Coût unitaire des interventions pour l'atteinte de la cible en matière d'anémie *(continue)*

Apport supplémentaire de fer et d'acide folique chez la femme non enceinte		Coût unitaire utilisé par l'étude (2015 $ EU)			
Pays	Région	Distribution en milieu scolaire + supplément	Distribution à travers le système de santé communautaire + supplément	Distribution à travers le système hospitalier/ clinique + supplément	Distribution des suppléments à travers les détaillants privés + majoration
Mali	Afrique subsaharienne	0,46	0,21	1,80	0,24
Mexique	Amérique latine et Caraïbes	0,63	1,76	2,28	0,24
Myanmar	Asie de l'Est et Pacifique	0,63	0,28	1,49	0,24
Nigéria	Afrique subsaharienne	0,46	0,21	1,80	0,24
Pakistan	Asie du Sud	0,46	0,22	0,54	0,24
Philippines	Asie de l'Est et Pacifique	0,63	0,28	2,07	0,24
Sénégal	Afrique subsaharienne	0,46	0,21	1,78	0,24
Afrique du Sud	Afrique subsaharienne	0,46	0,21	1,80	0,24
Tanzanie	Afrique subsaharienne	0,46	0,21	1,78	0,24
Thaïlande	Asie de l'Est et Pacifique	0,63	0,87	1,11	0,24
Togo	Afrique subsaharienne	0,46	0,21	1,80	0,24
Turquie	Europe et Asie centrale	0,63	1,78	2,31	0,24
Ouzbékistan	Europe et Asie centrale	0,63	1,78	2,31	0,24
Vietnam	Asie de l'Est et Asie-Pacifique	0,63	0,28	2,07	0,24

Enrichissement des denrées de base		Coût unitaire utilisé par l'étude (2015 $EU)		
Pays	Région	Farine de blé enrichie	Farine de maïs enrichie	Riz enrichi
Bangladesh	Asie du Sud	0,20	n.a.	1,41
Brésil	Amérique latine et Caraïbes	0,20	n.a.	0,08
Chine	Asie de l'Est et Pacifique	0,20	n.a.	1,68
Congo RDC	Afrique subsaharienne	0,15	0,15	n.a.
Congo, Rép.	Afrique subsaharienne	0,15	0,15	0,08
Égypte	Moyen-Orient et Afrique du Nord	0,29	0,15	0,08
Éthiopie	Afrique subsaharienne	0,21	0,15	n,a,
Gabon	Afrique subsaharienne	0,15	0,15	0,55
Ghana	Afrique subsaharienne	0,06	0,15	0,55
Inde	Asie du Sud	0,17	n.a.	0,08
Indonésie	Asie de l'Est et Pacifique	n.a.	0,15	1,41
Iran, Rép. isl.	Moyen-Orient et Afrique du Nord	0,20	n.a.	0,08
Mali	Afrique subsaharienne	0,15	0,15	1,41
Mexique	Amérique latine et Caraïbes	0,20	0,15	n.a.

suite page suivante

Tableau C.2 Coût unitaire des interventions pour l'atteinte de la cible en matière d'anémie (continue)

Enrichissement des denrées de base		Coût unitaire utilisé par l'étude (2015 $EU)		
Pays	Région	Farine de blé enrichie	Farine de maïs enrichie	Riz enrichi
Myanmar	Asie de l'Est et Asie-Pacifique	n.a.	n.a.	1,41
Nigéria	Afrique subsaharienne	0,06	0,15	0,08
Pakistan	Asie du Sud	0,20	n.a.	n.a.
Philippines	Asie de l'Est et Pacifique	0,20	0,15	1,41
Sénégal	Afrique subsaharienne	0,08	0,15	0,55
Afrique du Sud	Afrique subsaharienne	0,15	0,30	0,08
Tanzanie	Afrique subsaharienne	0,08	0,15	0,08
Thaïlande	Asie de l'Est et Pacifique	n.a.	n.a.	1,41
Togo	Afrique subsaharienne	0,15	0,15	0,08
Turquie	Europe et Asie centrale	0,20	0,15	n.a.
Ouzbékistan	Europe et Asie centrale	0,20	n.a.	n.a.
Vietnam	Asie de l'Est et Pacifique	0,20	0,15	1,41

Source : *Apport supplémentaire de fer et d'acide folique chez la femme non enceinte :* chacun des coûts unitaires associés aux quatre différentes plateformes de distribution aux femmes non — enceintes comprend le coût d'un supplément, soit $0,12 par femme par an, d'après le *OneHealth Tool* (*Futures Institute 2013*) plus des frais de transport de 10 pour cent. En outre, les coûts de distribution associés aux programmes scolaires pour jeunes filles âgées de 15 à 19 inscrites au secondaire (Banque mondiale 2016) incluent des frais programmatiques supplémentaires de $0,33 pour les régions Afrique subsaharienne et Asie du Sud, et de 0,50 $ dans les autres régions de l'échantillon (OMS 2011). Il a été présumé que le coût des suppléments de fer et d'acide folique achetés chez les détaillants privés inclurait une majoration de 84 pour cent semblable à celle observée par Bahl *et al.* (2013) sur les suppléments de multi-micronutriments, soit 0,24 $ par femme et par an. Il a été estimé que la distribution de suppléments de fer et d'acide folique aux femmes par le biais d'une consultation dans un centre de santé communautaire ou en milieu hospitalier demanderait deux consultations, de cinq minutes chacune. Les coûts associés aux ressources humaines de santé ont été estimés en multipliant le temps alloué à l'ensemble des consultations annuelles par le salaire estimé des agents de santé communautaire, qui se situe entre 80 $ et 917 $ par mois (Casey *et al.* 2011 ; Dahn *et al.* 2015 ; Programme de Santé Intégrée Mère — Enfant 2011), ou des infirmières qui va de 3 047 $ à 40 265 $ par an dans les pays de l'échantillon (MSO 2005). Voir détails au Chapitre 4.

Source : *Enrichissement des denrées de base :* Le coût unitaire de l'enrichissement des denrées de base par personne et par année, a été tiré soit du modèle d'estimation des coûts de l'Alliance mondiale pour une nutrition améliorée (GAIN, Ghauri *et al* 2016) pour l'enrichissement du blé et du maïs, ou d'Alavi *et al.* (2008) pour l'enrichissement du riz. Dans les pays où il n'y avait aucune estimation, les mesures indirectes les plus proches ont été utilisées. Afin de tenir compte des différentes diététiques entre les populations, les données du modèle GAIN ou de la *Food Fortification Initiative* (FFI) ont suggéré qu'il y avait respectivement, dans chaque pays, une demande nulle, faible, ou modérée du consommateur pour un aliment de base en particulier, de sorte que le coût unitaire par personne de l'enrichissement des denrées était alors respectivement égal à 0 pour cent, 25 pour cent, et 50 pour cent.

Note : Le coût unitaire de l'apport supplémentaire de micronutriments aux femmes enceintes a été détaillé au Tableau C.1. Tous les coûts unitaires tirés de la littérature ont été convertis en dollar U.S. et ajusté aux valeurs de l'inflation en 2015.

n.a. = non applicable.

En plus des coûts unitaires liés à l'apport supplémentaire de micronutriments pendant la grossesse détaillés au Tableau C.1, les coûts unitaires suivants ont été utilisés pour l'analyse des coûts associés à l'anémie

Outre les coûts unitaires du conseil pour la nutrition du nourrisson et du jeune enfant présentés au Tableau C.1, les coûts unitaires suivants ont été utilisés pour l'étude des coûts associés à l'allaitement maternel.

Tableau C.3 Coûts unitaires des interventions pour l'atteinte de la cible en matière de l'allaitement maternel

Pays	Région	Coût unitaire utilisé par l'étude (2015 $EU.)		Sources
		Campagnes nationales de promotion de l'allaitement maternel	Politiques sociales pro-allaitement	
Djibouti, Gabon	Afrique subsaharienne	800 000	200 000	*Alive & Thrive* 2013, 2014; Walters *et al* 2016
Tchad, Côte d'Ivoire, Somalie, Tanzanie	Afrique subsaharienne	2 400 000	600 000	*Alive & Thrive* 2013, 2014; Walters *et al* 2016
Congo Rép. Dém., Éthiopie, Nigéria	Afrique subsaharienne	4 000 000	1 000 000	*Alive & Thrive* 2013, 2014; Walters *et al* 2016
Myanmar, Philippines, Vietnam	Asie de l'Est et Pacifique	4 000 000	1 000 000	*Alive & Thrive* 2013, 2014; Walters *et al* 2016
Chine, Indonésie	Asie de l'Est et Pacifique	8 000 000	2 000 000	*Alive & Thrive* 2013, 2014; Walters *et al* 2016
Turquie	EUCA (*European Control Association*)	4 000 000	1 000 000	*Alive & Thrive* 2013, 2014; Walters *et al* 2016
République dominicaine, Surinam	Amérique latine et Caraïbes	800 000	200 000	*Alive & Thrive* 2013, 2014; Walters *et al.* 2016
Brésil, Mexique	Amérique latine et Caraïbes	4 000 000	1 000 000	*Alive & Thrive* 2013, 2014; Walters *et al* 2016
Algérie, Iraq, Tunisie, Yémen	Moyen-Orient et Afrique du Nord	2 400 000	600 000	*Alive & Thrive* 2013, 2014; Walters *et al* 2016
Égypte	Moyen-Orient et Afrique du Nord	4 000 000	1 000 000	*Alive & Thrive* 2013, 2014; Walters *et al* 2016
Bangladesh, Pakistan	Asie du Sud	4 000 000	1 000 000	*Alive & Thrive* 2013, 2014; Walters *et al* 2016
Inde	Asie du Sud	8 000 000	2 000 000	*Alive & Thrive* 2013, 2014; Walters *et al* 2016

Note : Les coûts unitaires tirés de la littérature ont été convertis en dollars EU et ajustés aux valeurs de 2015. Les hypothèses sur la couverture actuelle et sur la mise en œuvre de politiques sociales pro-allaitement maternel sont présentées en détail au Chapitre 5.

Tableau C.4 Coûts unitaires des interventions de traitement de la malnutrition aiguë sévère

Pays	Région	Coût unitaire utilisé par l'analyse (2015 $ÉU)*	Sources et hypothèses
Tchad, Mali, Niger	Afrique subsaharienne	135,33	Coût unitaire au Mali ; Shekar *et al.* 2015
Djibouti, Érythrée, Sud-Soudan, Soudan	Afrique subsaharienne	95,17	Basé sur Dayton Eberwein *et al.* À paraître. Hypothèse : cent pour cent des cas bénéficient d'un traitement ambulatoire (83,32 $ [82 pour cent en intrants]) ; en outre, 15 pour cent des enfants présentent des complications et ont besoin de traitements supplémentaires en milieu hospitalier (79,03 $ par cas). Coût unitaire total : 83,32 + 79,03* 0,15 = 95,17 $
Congo Rép. Dém.	Afrique subsaharienne	162,00	Shekar *et al* 2015

suite page suivante

Tableau C.4 Coûts unitaires des interventions de traitement de la malnutrition aiguë sévère *(continue)*

Pays	Région	Coût unitaire utilisé par l'analyse (2015 $ÉU)*	Sources et hypothèses
Éthiopie	Afrique subsaharienne	147,74	Tekeste *et al* 2012
Nigéria	Afrique subsaharienne	160,00	UNICEF Nigéria 2015
Chine, Indonésie, Myanmar Birmanie, Philippines, Timor oriental, Vietnam	Asie de l'Est et Pacifique	57,49	Coût unitaire au Vietnam; *Alive et Thrive* 2013, Hypothèses : coût 2013 par cas sans complications : 1 252 197 dongs 55,69 $ EU) et avec complications : 1 435 897 dongs (63,85 $ EU); en supposant que 15 pour cent des cas présentent des complications; coût unitaire moyen pondéré de 1 270 567 dongs 56,50 $ EU); en supposant un taux de change de 1 $ EU = 22 727,27 dongs [1/12/2015]
Égypte, Iraq, Yémen	Moyen-Orient et Afrique du Nord	218,90	Moyenne de l'Afrique : en supposant que le coût de l'intrant (ATPE) n'est pas différent de la moyenne pour l'Afrique (70 $); coûts hors intrants (ex. : main d'œuvre) ont été ajustés avec le multiplicateur OMS CHOICE de 2,20; (137,68 − 70) * 2,20 + 70 = 218,90
Afghanistan, Pakistan	Asie du Sud	158,15	Coût unitaire au Pakistan; UNICEF 2012
Bangladesh	Asie du Sud	179,97	Puett *et al* 2013
Inde, Sri Lanka	Asie du Sud	107,38	Coût unitaire en Inde; Menon, McDonald et Chakrabati 2016

* Les coûts unitaires tirés de la littérature ont été convertis en dollars EU et ajustés aux valeurs de 2015.
ATME = Aliment thérapeutique prêt-à-l'emploi.

Références

Alavi, S., B. Bugusu, G. Cramer, O. Dary, T.-C. Lee, L. Martin, J. McEntire, et E. Wailes. 2008. *Rice Fortification in Developing Countries: A Critical Review of the Technical and Economic Feasibility*. Washington, DC: Academy for Educational Development.

Alive & Thrive. 2013. *Vietnam Costing Study: Implementation Dépense and Costs*. Hanoi, Vietnam: Alive & Thrive.

———. 2014. *Country Brief : Program Approach and Results in Vietnam*, juin 2009 à décembre 2014. Obtenu à Hanoi : Alive & Thrive. http://aliveandthrive.org/countries /viet-nam/.

Bahl, K., E. Toro, C. Qureshi, et P. Shaw. 2013. *Nutrition for a Better Tomorrow: Scaling Up Delivery of Micronutriments Powders for Infants and Young Children*. Washington, DC: Results for Development Institute.

Banque mondiale. 2016. *Base de données des Indicateurs du développement mondial*. http:// data.worldbank.org/data-catalog/world-development-indicators (accessed January 3, 2016).

Bhutta, Z. A., J. K. Das, A. Rizvi, M. F. Gaffey, N. Walker, S. Horton, et al. 2013. « Evidence-Based Interventions for Improvement of Maternal and Child Nutrition: What Can Be Done and at What Cost? » *The Lancet* 382 (9890): 452–77.

Casey, G. J., D. Sartori, S. E. Horton, T. Q. Phuc, L. B. Phu, D. T. Thach, et B.-A. Biggs. 2011. « Weekly Iron-Folic Acid Supplementation with Regular Deworming Is Cost-Effective in Preventing Anaemia in Women of Reproductive Age in Vietnam. » *PloS one* 6 (9): e23723.

Dahn, B., A. Woldemariam, H. Perry, A. Maeda, D. von Glahn, R. Panjabi, et C. Lu. 2015. *Strengthening Primary Health Care through Community Health Workers: Investment Case and Financing Recommendations.* http://www.who.int/hrh/news/2015/CHW -Financing-FINAL-July-15-2015.pdf?ua=1.

Dayton Eberwein, J., J. Kakietek, D. de Beni, G. Moloney, A. Pereira, J. K. Akuoku, M. Volege, S. Matu, et M. Shekar. À paraître. « *Scaling Up Nutrition in Kenya: What Will It Cost?* » Document de discussion Santé, Nutrition et Populations. Washington, DC : Banque mondiale.

FANTA (*Food and Technical Assitance III Project*). 2014. *Guatemala: Costeo de intervenciones de nutrición en el Primer y Segundo Nivel de atención en el Marco del Convenio de Gestión por Resultados entre el Minfin y el MSPAS.* Guatemala City, Guatemala : Gouvernement du Guatemala. http://icefi.org/publicaciones/guatemala -costeo-de-intervenciones-de-nutricion-en-el-primer-y-segundo-nivel-de.

Futures Institute. 2013. *OneHealth Model: Intervention Treatment Hypothesis.* Glastonbury: Futures Institute. http://avenirhealth.org/Download/Spectrum/Manuals/Intervention pour cent20Hypothèses pour cent202013pour cent209 pour cent2028.pdf.

Ghauri, K., S. Horton, R. Spohrer, et G. Garrett. 2016. «Food Fortification Cost Model» Alliance mondiale pour l'amélioration de la nutrition. Document non publié. Washington, DC.

Horton, S., M. Shekar, C. McDonald, A. Mahal, and J. K. Brooks. 2010. « *Scaling Up Nutrition: What Will It Cost?* » Série Directions du Développement. Washington, DC : Banque mondiale.

Menon, P., C. M. McDonald, et S. Chakrabarti. 2016. « Estimating the Cost of Delivering Direct Nutrition Interventions at Scale: National and Subnational Level Insights from India » *Maternal & Child Nutrition* 12 (S1): 169–85.

Micronutriments Initiative. 2006. *India Micronutriments National Investment Plan* 2007–2011. Nouvelle Delhi : Micronutriments Initiative.

Neidecker-Gonzales, O. P. Nestel, et H. Bouis. 2007. « Estimating the Global Costs of Vitamin A Capsule Supplementation: A Review of the Literature. » *Food And Nutrition Bulletin* 28 (3): 307–16.

Organisation mondiale de la Santé (OMS). 2005. *Choosing Interventions that Are Cost-Effective* (OSM-CHOICE). http://www.who.int/choice/costs/prog_costs/en/ (accès en 2015).

———. 2011. *Weekly Iron and Folic Acid Supplementation Programmes for Women of Reproductive Age: An Analysis of Best Programme Practices.* Genève: OSM. http://www .wpro.who.int/publications/PUB_9789290615231/en/.

Pachon, H. 2016. *Food fortification coverage data.* Non publié. Atlanta: Food Fortification Initiative.

Programme intégré de Santé Mère-Enfant. 2011. *Community-Based Distribution for Routine Iron/Folic Acid Supplementation in Pregnancy.* Washington, DC : MCHIP http://www.mchip.net/node/632.

Puett, C., K. Sadler, H. Alderman, J. Coates, J. L. Fiedler, et M. Myatt. 2013. « Cost-Effectiveness of the Community-Based Management of Accute Malnutrition by Community Health Workers in Southern Bangladesh. » *Health Policy and Planning* 28 (4): 386–99.

Sharieff, W., S. E. Horton, et S. Zlotkin. 2006. « Economic Gains of a Home Fortification Program: Evaluation of "Sprinkles" from the Provider's Perspective. » Revue canadienne de santé publique, 97 (1) : 20–3.

Shekar, M., Z. Hyder, A. Subandoro, J. Dayton Eberwein, K. Kakietek, A. L. Pereira, et J. K. Akuoku. 2015.

« Scaling Up Nutrition in Uganda: What Will It Cost? » Non publié. Washington, DC : Banque mondiale.

Shekar, M., Z. Hyder, A. Subandoro, J. Dayton Eberwein, K. Kakietek, A. L. Pereira, R. Sunkutu, et J. K. Akuoku. 2015. « Scaling Up Nutrition in Zambia: What Will It Cost? » Non publié. Washington, DC : Banque mondiale.

Shekar, M., M. Mattern, P. Eozenou, J. Dayton Eberwein, J. K. Akuoku, E. Di Gropello et W. Karamba. 2015. « Scaling Up Nutrition for a More Resilient Mali: Nutrition Diagnostics and Costed Plan for Scaling Up. » Document de discussion Santé, Nutrition et Population. Washington, DC : Groupe de la Banque mondiale.

Shekar, M., M. Mattern, L. Laviolette, J. Dayton Eberwein, W. Karamba, et J. K. Akuoku. 2015. « Mettre à l'échelle la nutrition en RDC : à quel coût ? » Document de discussion Santé, Nutrition et Population. Washington, DC : Groupe de la Banque mondiale.

Shekar, M., C. McDonald, A. Subandoro, J. Dayton Eberwein, M. Mattern et J. K. Akuoku. 2014. « Costed Plan for Scaling Up Nutrition: Nigeria. » Document de discussion Santé, Nutrition et Population. Washington, DC : Groupe de la Banque mondiale.

Tekeste, A., M. Wondafrash, G. Azene, et K. Deribe. 2012. « Cost Effectiveness of Community-Based and In-Patient Therapeutic Feeding Programs to Treat Acute Severe Malnutrition in Ethiopia. » *Cost Effectiveness and Resource Allocation* 10 (4): 1.

UNICEF (Fonds des Nations Unies pour l'Enfance). 2012. *Evaluation of Community Management of Acute Malnutrition (CMAM) Pakistan Country Case Study*. New York: UNICEF.

———. 2015. Catalogue des approvisionnements de l'UNICEF. https://supply.unicef.org /unicef_b2c/app/displayApp/(cpgsize=5&layout=7.0-12_1_66_68_115_2 &uiarea=2&carea=4F0BC9C3A0B90688E10000009E711453&cpgnum=1)/.do?rf =y (accessed 2015).

UNICEF Nigéria. 2015. « In Nigeria, Saving Lives and Investing in the Future », septembre. http://www.unicef.org/infobycountry/nigeria_83094.html

Walters, D., S. Horton, A. Y. M. Siregar, P. Pitriyan, N. Hajeebhoy, R. Mathisen, L. T. Phan, et C. Rudert. 2016. « The Cost of Not Breastfeeding in Southeast Asia. » *Health Policy and Planning* 31 (8): 1107–16.

White, M. T., L. Conteh, R. Cibulskis, et A. C. Ghani. 2011. « Costs and Cost-Effectiveness of Malaria Control Interventions: A Systematic Review » *Malaria Journal* 10 (1): 1.

Investissements actuels des gouvernements dans la nutrition

Le Tableau D.1 présente une estimation des investissements étatiques dans les programmes spécifiques à la nutrition, et ce, par source ; ce Tableau fournit également des données sur la dépense versus le budget, lorsque disponibles. Ces données ont été compilées à travers une revue systématique de toutes les informations disponibles sur le financement étatique des programmes de nutrition, tel que mentionné au Chapitre 8.

Alors que les données sur le financement national de la nutrition sont limitées, de plus en plus d'efforts ont été consacrés à l'identification des investissements gouvernementaux, notamment suite au plaidoyer du mouvement *Scaling Up Nutrition* (SUN) et d'autres plateformes, qui invitait les pays à monter un dossier d'investissement dans la nutrition. Au cours des dernières années, la disponibilité des données s'est nettement améliorée. Toutefois, il existe encore de nombreuses lacunes en matière de données quantitatives et qualitatives sur la dépense nationale dans la nutrition. Avec les quelques données publiques sur la dépense des ménages, il s'est avéré impossible d'estimer de façon précise la dépense réelle dans la nutrition. Même lorsque certaines données existent sur l'allocation budgétaire et la dépense dans la nutrition, la désagrégation par programme et par projet n'est pas disponible. Il faudra donc mener des études approfondies dans ce domaine et procéder au renforcement des capacités pour s'assurer que des systèmes de traçabilité financière soient mis en œuvre dans les différents pays et utilisés pour suivre les progrès des programmes de nutrition nationaux.

Tableau D.1 Estimations des dépenses publiques dans les programmes de nutrition provenant de différentes sources

Pays	Source	Type de donnée de financement	Année des données les plus récentes	Total DPN ($EU, millions)*	DPN par enfant émacié de moins de cinq ans ($ EU)**	DPN par enfant de moins de cinq ans ($ EU)**	DPN en tant que part de la DPG (%)**	DPN en tant que part de la DPS (%)**
Pays à faible revenu (n = 15)				53,34 $	2,09 $	0,85 $	0,15 %	1,38 %
Bénin	GHED	Dépense	2012	0,37 $	0,65 $	0,22 $	0,02 %	0,20 %
Burkina Faso	GHED	Dépense	2013	1,00 $	1,02 $	0,32 $	0,03 %	0,22 %
Burundi	GHED	Dépense	2012	9,00 $	9,09 $	4,49 $	1,02 %	8,18 %
Cambodge	GHED	Dépense	2012	0,20 $	0,35 $	0,11 $	0,01 %	0,09 %
Comores	RNM ajusté	Allocation budgétaire approuvée	2014	0,06 $	1,75 $	0,54 $	0,03 %	0,47 %
Congo RDC	GHED	Dépense	2013	3,00 $	$0,53 $	0,24 $	0,05 %	0,54 %
Éthiopie	GHED	Dépense	2008	2,23 $	$0,38 $	0,15 $	0,03 %	0,17 %
Haïti	GHED	Dépense	2012	0,03 $	0,10 $	0,02 $	0,00 %	0,05 %
Madagascar	RNM ajusté	Allocation budgétaire approuvée	2014	1,01 $	0,62 $	0,27 $	0,05 %	0,34 %
Malawi	Analyse budgétaire *Save the Children*	Allocation budgétaire approuvée	2014	0,81 $	0,66 $	0,28 $	0,04 %	0,44 %
Népal	RNM ajusté et SPRING	Allocation budgétaire approuvée	2014	1,75 $	1,64 $	0,62 $	0,05 %	0,34 %
Niger	GHED	Dépense	2013	12,00 $	7,57 $	3,01 $	0,58 %	6,73 %
Sud Soudan	RNM ajusté	Allocation budgétaire approuvée	2012	0,01 $	0,01 $	0,00 $	0,00 %	0,01 %
Tanzanie	RDP	Dépense	2012	21,30 $	6,70 $	2,37 $	0,28 %	2,82 %
Ouganda	GHED	Dépense	2012	0,57 $	0,25 $	0,08 $	0,01 %	0,06 %

suite page suivante

Tableau D.1 **Estimations des dépenses publiques dans les programmes de nutrition provenant de différentes sources** (continue)

Pays	Source	Type de donnée de financement	Année des données les plus récentes	Total DPN ($EU, millions)*	DPN par enfant émacié de moins de cinq ans ($ EU)**	DPN par enfant de moins de cinq ans ($ EU)**	DPN en tant que part de la DPG (%)**	DPN en tant que part de la DPS (%)**
Pays à revenu intermédiaire inférieur (n = 13)				2 240,37 $	11,85 $	4,67 $	0,14 %	1,55 %
Bangladesh	RNM adjusté	Allocation budgétaire approuvée	2014	45,00 $	8,11 $	2,96 $	0,18 %	1,84 %
Cameroun	GHED	Dépense	2011	0,06 $	0,05 $	0,01 $	0,00 %	0,01 %
Côte d'Ivoire	GHED	Dépense	2013	1,91 $	1,89 $	0,56 $	0,03 %	0,32 %
Guatemala	Analyse budgétaire	Dépense	2014	63,11 $	66,16 $	27,20 $	0,81 %	4,48 %
Inde	Analyse budgétaire	Allocation budgétaire approuvée; Dépenses	2013	2 060,46 $	33,13 $	16,86 $	0,41 %	8,59 %
Indonésie	Analyse budgétaire	Allocation budgétaire approuvée; Dépenses	2015	18,96 $	2,16 $	0,83 $	0,01 %	0,19 %
Kenya	GHED	Dépense	2013	5,02 $	2,73 $	0,69 $	0,04 %	0,49 %
Lesotho	RNM adjusté	Allocation budgétaire approuvée	2014	1,39 $	15,28 $	5,25 $	0,09 %	0,62 %
Mauritanie	GHED	Dépense	2013	1,63 $	12,91 $	2,71 $	0,11 %	2,11 %
Pakistan	RNM adjusté	Allocation budgétaire approuvée	2014	16,06 $	1,50 $	0,75 $	0,03 %	0,66 %
Philippines	RNM adjusté	Allocation budgétaire approuvée	2012	22,06 $	6,60 $	1,89 $	0,05 %	0,63 %
Vietnam	RNM adjusté	Allocation budgétaire approuvée	2014	3,53 $	2,39 $	0,50 $	0,01 %	0,08 %
Zambie	Analyse budgétaire Save the Children	Affectation budgétaire approuvée	2014	1,18 $	1,08 $	0,41 $	0,02 %	0,16 %

suite page suivante

Tableau D.1 **Estimations des dépenses publiques dans les programmes de nutrition provenant de différentes sources** (continue)

Pays	Source	Type de donnée de financement	Année des données les plus récentes	Total DPN ($EU, millions)*	DPN par enfant émacié de moins de cinq ans ($ EU)**	DPN par enfant de moins de cinq ans ($ EU)**	DPN en tant que part de la DPG (%)**	DPN en tant que part de la DPS (%)**
Pays à revenu intermédiaire supérieur (n = 3)				227,82 $	54,50 $	8,14 $	0,03 %	0,23 %
Brésil	Analyse de budget	Allocation budgétaire approuvée	2015	57,21 $	48,10 $	3,88 $	0,01 %	0,05 %
Mexique	Analyse de budget	Allocation budgétaire approuvée	2014	118,85 $	75,11 $	10,73 $	0,03 %	0,28 %
Afrique du Sud	Analyse de budget	Allocation budgétaire approuvée	2015	51,76 $	40,28 $	9,83 $	0,05 %	0,35 %
Tous les pays à revenu faible et intermédiaire (n = 31)				2 521,53 $	11,25 $	3,16 $	0,13 %	1,34 %

Note : DPN = Dépense publique dans la nutrition ; DGE = Dépense publique générale ; DPS = Dépense publique en santé ; GHED = *Global Health Expenditure Database* (OMS 2015) ; RNM = Rapport sur la Nutrition Mondiale (Institut international de recherche sur les politiques alimentaires/IFPRSI, 2014) ; RDP = Revue des dépenses publiques ; SPRING = *Strengthening Partnerships, Results, and Innovations in Nutrition Globally*. *RNM ajusté* signifie que le chiffre tiré du rapport a été ajusté selon un processus de standardisation interne afin de permettre la comparaison de certaines données (tel que décrit au Chapitre 8).

* Ces catégories de revenu apparaissent sous forme de total dans l'ensemble des catégories de revenu.

** Ces catégories de revenu apparaissent sous forme de moyenne dans l'ensemble des catégories de revenu.

Références

Institut international de recherche sur les politiques alimentaires *(IFPRI)*. 2014. Rapport 2014 sur la nutrition mondiale. Washington, DC : IFPRI.

Organisation mondiale de la Santé (OMS). 2015. *Global Health Expenditure Database.* http://apps.who.int/nha/database (consultée le 18 septembre, 2015).

SPRING (Strengthening Partnerships, Results, and Innovations in Nutrition Globally). 2016. *Pathways to Better Nutrition in Uganda: Final Report.* Arlington, VA : SPRING.

Aide publique au développement actuellement accordée à la nutrition, à travers les différentes catégories d'aide

Les données sur le financement accordé par les bailleurs aux programmes de nutrition ont été tirées du Système de notification des pays créanciers (SNCP) de l'Organisation de Coopération et de Développement Économique (OECD).

Le tableau E.1 résume tous les codes-objet utilisés par l'étude. Tel qu'indiqué au Chapitre 8, puisque le code-objet associé à la nutrition de base ne captait pas toutes les formes d'aide publique au développement concernées(APD), l'étude a analysé un ensemble de codes-objet sous lesquels, selon les parties prenantes, pourraient avoir été mentionnées des interventions de nutrition, soit les codes-objet associés à la santé et à la riposte d'urgence. La section suivante décrit en détail les méthodes utilisées pour explorer ces autres codes-objet.

Saisie des investissements dans la nutrition mentionnés sous le code-objet Nutrition de base du Système de notification des pays créancier. Le Chapitre 8 décrit les méthodes utilisées pour identifier les décaissements à l'échelle des interventions mentionnés au code-objet relatif à la nutrition de base. Le tableau E.2 présente les résultats de cette étude, et désagrège la répartition par intervention de la dépense dans la nutrition de base parmi les 60 pays les plus affectés.

Saisie des investissements dans la nutrition mentionnés sous le code-objet Santé du Système de notification des pays créanciers. Dans la pratique, les interventions de nutrition sont souvent menées par le biais de programmes de santé mère-enfant et par d'autres initiatives de santé, et sont donc généralement classifiées par l'APD sous la rubrique Santé. Afin de les identifier, cette étude s'est penchée sur les données relatives aux décaissements en APD inscrits en vertu de six codes « Santé » : soins santé de base, santé reproductive, éducation sur la santé, développement des personnels de santé, maladies infectieuses, et développement de personnels de santé des populations et en santé reproductive. Ces six items ont été retenus suite à des consultations avec des experts dans le financement de

Tableau E.1 Sommaire des codes-objet analysés

Code-objet	Dénomination du code-objet	Total des décaissements en 2013 (millions de dollars EU)	Méthode de repérage utilisée	Pourcentage de projets repérés en vertu du code-objet et selon méthode concernée	Pourcentage des décaissements aligné sur le paquet d'interventions chiffré par l'étude
12 240	Nutrition de base	946	Catégorie de projet	70 (n = 945)	53,0 %*
12 220	Soins de santé de base	3 217	Recherche par mot-clé	100	0,9 %
12 250	Contrôle des maladies infectieuses	1369	Recherche par mot-clé	100	<0,01 %
12 261	Éducation en santé	167	Recherche par mot-clé	100	1,5 %
12 281	Développement des personnels de santé	107	Recherche par mot-clé	100	2,4 %
13 020	Soins de santé reproductive	1678	Recherche par mot-clé	100	5,7 %
13 081	Développement des personnels en santé des populations et reproductive	68	Recherche par mot-clé	100	0,0 %
51 010	Appui au budget général	9629	Recherche par mot-clé	100	0,0 %
52 010	Programmes d'aide et de sécurité alimentaires	1290	Recherche par mot-clé	100	2,0 %
53 030	Aide à l'importation (équipements)	315	Recherche par mot-clé	100	0,0 %
53 040	Aide à l'importation (équipements)	58	Recherche par mot-clé	100	0,0 %
72 010	Assistance matérielle et services d'urgence	7405	Recherche par mot-clé	100	1,2 %
72 040	Aide alimentaire d'urgence	3835	Recherche par mot-clé	100	5,3 %
72 050	Coordination de l'aide ; services de protection et d'appui	835	Recherche par mot-clé	100	0,5 %
73 010	Aide à la reconstruction et à la réhabilitation	625	Recherche par mot-clé	100	0,0 %
74 010	Prévention et préparation aux désastres	1017	Recherche par mot-clé	100	0,2 %

* Le solde des dépenses inscrites au code nutrition de base a été alloué à des interventions non incluses au le paquet d'interventions évalué ici (ex. : administration de vermifuges ; iodation du sel), à des interventions sensibles en nutrition (ex. : cantines scolaires), et à d'autres dépenses non spécifiées.

Tableau E.2 Segmentation moyenne des décaissements 2013 imputés à la nutrition de base (12 240) par intervention/activité, à travers 60 pays

Catégorie d'intervention	Allocation moyenne (%)
Conseil sur la nutrition du nourrisson et du jeune enfant	13,7
Traitement de la malnutrition aiguë	15,2
Administration de vermifuges	0,5
Apport supplémentaire	
Fer et acide folique chez la femme enceinte	0,6
Poudres de micronutriments pour enfants et femmes enceintes	0,7
Apport de zinc à des fins thérapeutiques et SRO	3,6
Vitamine A chez l'enfant	1,3
Distribution publique d'aliments complémentaires	4,1
Iodation du sel	0,2
Enrichissement des denrées de base	2,7
Recherche et développement	2,6
Renforcement du système	12,7
Sensible à la nutrition*	42,1

Source : Les compilations des auteurs ont été basées sur des données sur les décaissements datant de 2013 et tirées du Système de notification des pays créanciers (SNCP) de l'Organisation de Coopération et de Développement Économique (OCDE 2016).
*Sensible à la nutrition comprend : les cantines scolaires, les interventions de sécurité alimentaire du ménage, les programmes de sécurité alimentaire, les interventions d'autonomisation des femmes, et autres programmes sensibles à la nutrition.

la nutrition, des bailleurs de fonds et des promoteurs de la nutrition, et à une recherche documentaire approfondie.

Une recherche par le mot-clé «Nutrition» a été effectuée dans les titres et les descriptions, longues et courtes, des projets inscrits sous ces autres codes de santé (Tableau E.1).[1] Parmi les codes-objet relatifs aux soins de santé de base, à la santé reproductive, à l'éducation en santé, et au développement des personnels de santé, les projets qui comprenaient le mot «Nutrition» représentaient entre 1 et 6 pour cent du total des décaissements en vertu du code en cause. Aucune mention de la nutrition n'a pu être repérée sous les codes objet «développement des ressources humaines en santé des populations» ou «santé reproductive».

Une évaluation rapide des descriptions de projet a permis de constater que la majorité des décaissements étaient liés aux interventions suivantes : conseil sur la nutrition du nourrisson et du jeune enfant, traitement de la malnutrition aiguë sévère chez l'enfant, apport supplémentaire de micronutriments chez la femme enceinte et de vitamine A chez l'enfant, et administration de zinc à des fins thérapeutiques chez l'enfant. Dans le but de ventiler les décaissements effectués dans le cadre des interventions incluses sous le code «Santé», l'étude a eu recours à une méthode de pondération des coûts similaire à celle appliquée au code-objet nutrition de base, telle que décrite au Chapitre 8.

Saisie des investissements dans la nutrition en vertu des codes-objet du SNCP liés à riposte d'urgence et à l'aide alimentaire. L'étude a appliqué ici une méthode semblable à celle adoptée précédemment. Elle a procédé, à travers les descriptions de projets, à la recherche des mots-clés suivants : «nutrition», «gestion de la communautaire de la malnutrition aiguë», «malnutrition aiguë sévère», «aliments thérapeutiques prêts à l'emploi» ainsi des différents acronymes afférents. Les codes-objet suivants ont aussi été inclus : appui au budget général; programmes d'aide et de sécurité alimentaires ; aide à l'importation; services et secours matériel d'urgence ; aide alimentaire d'urgence ; coordination de l'aide ; aide à la reconstruction et à la réhabilitation; et services de préparation et de prévention des désastres. L'analyse n'a pu relever aucune mention de la nutrition sous les mots-clés appui au budget général; ou aide à l'importation (équipements et produits de base); ces codes ont donc été retirés de l'étude.

Le Tableau E.1 indique que, suite à la recherche par mot-clé, les projets à composante nutritionnelle représentaient entre moins d'un pour cent et cinq pour cent des décaissements. Une évaluation rapide des descriptions de projet a confirmé que l'ensemble avait servi au traitement de la malnutrition aiguë sévère chez l'enfant.

Recherche sur l'enrichissement des denrées. Le code correspondant au secteur «agriculture» (311) a été examiné de façon à vérifier s'il contenait des financements associés à l'enrichissement des denrées. Aucun financement supplémentaire en faveur de l'enrichissement des denrées de base n'a été repéré en vertu de ce code.

Note

1. Lorsque téléchargée, la dernière mise à jour des données du SNCP de l'OCDE datait du 19 octobre 2015.

Déclaration des avantages environnementaux

Le Groupe de la Banque mondiale s'est engagé à réduire son empreinte environnementale. À l'appui de cet engagement, nous exploitons des moyens d'édition électronique et des outils d'impression à la demande installés dans des centres régionaux à travers le monde. Ensemble, ces initiatives permettent une réduction des tirages et des distances de transport, ce qui se traduit par une baisse de la consommation de papier, de l'utilisation de produits chimiques, des émissions de gaz à effet de serre et des déchets.

Nous suivons les normes relatives à l'utilisation du papier recommandées par l'Initiative Green Press. La plupart de nos livres sont imprimés sur du papier certifié par le Forest Stewardship Council (FSC) et contenant entre 50 et 100 % de fibre recyclée dans la quasi-totalité des cas. Cette fibre est soit écrue, soit blanchie à l'aide d'un procédé totalement sans chlore (TCF), d'un traitement sans chlore (PCF) ou d'un blanchiment sans chlore élémentaire amélioré (EECF).

D'autres informations sur les principes environnementaux de la Banque sont disponibles sur le site http://www.worldbank.org/corporateresponsibility.

green press INITIATIVE

www.ingramcontent.com/pod-product-compliance
Lightning Source LLC
Chambersburg PA
CBHW080518220326
41599CB00032B/6128